Eckhard Bieger

Das Kirchenjahr zum Nachschlagen

Eckhard Bieger

DAS KIRCHENJAHR
ZUM NACHSCHLAGEN

Entstehung – Bedeutung – Brauchtum

In Zusammenarbeit mit Hans Wolfgang Heßler

Verlag Butzon & Bercker Kevelaer

Die Deutsche Bibliothek – CIP-Einheitsaufnahme

Bieger, Eckhard:
Das Kirchenjahr zum Nachschlagen : Entstehung –
Bedeutung – Brauchtum / Eckhard Bieger. In Zusammen-
arbeit mit Hans Wolfgang Hessler. – 3., vollst. überarb.
und erw. Aufl. – Kevelaer : Butzon & Bercker, 1995
    ISBN 3-7666-9961-X
NE: HST

ISBN 3-7666-9961-X

3., vollständig überarbeitete und erweiterte Auflage 1995

© 1995 Verlag Butzon & Bercker D-47623 Kevelaer
Druck und Bindearbeiten: Bercker Graph. Betrieb GmbH, Kevelaer

Inhalt

Vorwort

Das Rad des Jahres dreht sich und erfaßt mehr oder weniger intensiv unser Leben. Aus der religiösen Tradition gewinnen bestimmte Tage und Wochen des Jahres eine tiefere Dimension. Dazu soll dieses Buch den Zugang einfach und direkt ermöglichen. Weiter finden sich Informationen zur Entstehung eines Festes, einer religiös geprägten Zeit, wie z.B. des Advents oder der Zeit zwischen Ostern und Pfingsten, sowie zum Brauchtum der Festzeiten.

Das Buch wurde für Journalisten geschrieben. Deshalb finden sich Hinweise für Beiträge in Presse, Hörfunk und Fernsehen. Da auch Kirchenleute das Buch lesenswert finden, kann es jetzt in dritter Auflage erscheinen. Erstmalig sind die speziellen Feiertage der evangelischen Kirche berücksichtigt sowie bei den großen Festen die Akzente, die die protestantische Tradition setzt. Ich danke Hans Wolfgang Heßler für seinen Beitrag. Wir haben lange Jahre in Sachen kirchlicher Fernseharbeit kooperiert. Diese Kooperation trägt auch das gemeinsame Engagement für den Dienst, den die Kirchen durch ihre Feiertagskultur der Gesellschaft leisten. Uns ist bewußt, daß das Buch weiterhin von einem katholischen Duktus geprägt ist, konnten aber feststellen, daß es mehr Übereinstimmungen gibt, als man allgemein voraussetzt. Das gilt nicht nur für die Hauptfeste, sondern auch für die Gedenktage der Heiligen.

Der besondere Dank gilt Werner Stratenschulte von der Allgemeinen Programmentwicklungsgesellschaft, der von der ersten Auflage an dieses Projekt begleitet und ermöglicht hat.

Für Anregungen, kritische Einwände und Hinweise auf historische Erkenntnisse sowie auf neuere Entwicklungen der Festkultur sind wir dankbar.

Frankfurt, Juni 1995   Eckhard Bieger S.J.

1. Kirchliche Feste - ihre öffentliche Dimension

Wir erleben ein Kalenderjahr als geschlossene Einheit, in dem sich das ganze Leben spiegelt. Unterschiedliche Befindlichkeiten, Zeiten der Anspannung und der Arbeit wechseln mit Zeiten des Genießens, der Besinnung, des Ausspannens. Wärme und Kälte, Leben und Sterben werden erfahren.

Vorgegeben ist der Ablauf der Jahreszeiten. In diesen Ablauf legen die Religionen, und so auch das Christentum, ihre Feste. Damit gewinnt der Jahresablauf eine tiefere Dimension. Das wird an Weihnachten deutlich, für jeden auch individuell, wenn er Geburtstag feiert oder das Fest des Namenspatrons einen Tag besonders heraushebt.

Weil das Kirchenjahr praktisch alle Themen der menschlichen Existenz anspricht, bietet es nicht nur der kirchlichen Verkündigung, sondern auch den Medien die Möglichkeit, die Menschen "zeitgerecht" zu erreichen.

In den ersten beiden Kapiteln werden allgemeine strukturelle Merkmale und die Probleme der Vermittlung herausgearbeitet sowie ein Überblick über den Festkalender gegeben.

Ab dem 3. Kapitel werden die Feste einzeln dargestellt. Für die Darstellung wird jeweils ein bestimmter Aufbau gewählt, so daß eine schnelle Orientierung möglich ist.

1.1 Kirchliche Feste - ein erster Überblick

Kirchliche Feste sind Veranstaltungen einer Religionsgemeinschaft. Der öffentliche Charakter der Religion hat zur Folge, daß die Feste in die Alltagswelt hineinwirken, den Festtagen nicht nur einen Freizeitcharakter, sondern eine besondere Bedeutung geben.

Diese Bedeutung vermittelt sich nicht durch Appell, sondern durch Gottesdienste, Prozessionen und andere Feiern. Diese sozialen Formen ermöglichen eine Teilnahme an dem Fest. Als Handlungen haben Feste, unabhängig von ihrem konkreten Anlaß, mehrere Bedeutungsschichten:

- Ausdruck der Zugehörigkeit zu einer religiösen Gemeinschaft

- Zustimmung zu den Wahrheiten und Zielen, die die Glaubensgemeinschaft vertritt
- Neue Vergewisserung der zentralen Aussagen wie auch der Hoffnungen der Glaubensgemeinschaft
- Ausdrücklicher Bezug auf die Transzendenz und den Stifter der Glaubensgemeinschaft

Die christliche Religion hat eine Vielzahl von Festen und Feiertagen ausgebildet. Der Festkalender ist das Gerüst kirchlichen Lebens. Dieser Kalender hat vielfältige Entwicklungen durchlaufen. In seiner heutigen Form wurde er für die katholische Kirche 1969 im Anschluß an die vom II. Vatikanischen Konzil eingeleitete Liturgiereform festgelegt. Zwischen katholischem und evangelischem Festkalender gibt es jedoch keine gravierenden Unterschiede. Katholischerseits gibt es einige Feste mehr und vor allem eine ausgeprägtere Heiligenverehrung, in der evangelischen Kirche sind einige Gedenktage zu berücksichtigen.

Festkalender
beider Kirchen
fast gleich

Das Kirchenjahr gliedert sich in
- die Advents- und Weihnachtszeit
- die Fasten- und Osterzeit, die bis Pfingsten reicht, und den auf Pfingsten folgenden
- Jahreskreis, der nicht mehr durch besondere Festzeiten herausgehoben ist.
- Der November ist als Monat der Toten geprägt.

Unabhängig vom Festkalender ist der Heiligenkalender aufgebaut. Da der Gedenktag eines Heiligen sich an dessen Todestag orientiert bzw. an Einweihungstagen von Kirchen, richtet sich der Heiligenkalender nicht an den Festzeiten aus.

Heiligenfeste
sind nicht auf die
Festzeiten
abgestimmt

Schließlich gibt es noch die individuellen Feste, die Lebensabschnitte akzentuieren und religiös interpretieren: die Taufe als Aufnahme in die menschliche und kirchliche Gemeinschaft, die Konfirmation bzw. Firmung markiert in unserer Kultur das Ende der Kindheit. In der katholischen Kirche wird vorher noch die Erstkommunion gefeiert, in das Kind zur vollen Mitgliedschaft der Gottesdienstgemeinschaft zugelassen wird, d.h. es empfängt die Kommunion, geht zum Abendmahl. Weitere individuelle Feste sind die Hochzeit sowie die Weihe für ein kirchliches Amt.

Individuelle Feste
wie Taufe oder
Hochzeit

11

Trotz der Trennung der Kirchen in der Reformation blieb eine einheitliche Festkultur erhalten. Vor allem wurden die Termine nicht geändert. Bei allen theologischen und kirchlichen Verschiedenheiten wurde damit eine gemeinsame Basis nicht aufgegeben, die für die Alltagskultur prägend geblieben ist. Erst die Liturgiereform nach dem II. Vatikanischen Konzil führte zu einer Verschiedenheit der Zählung. In der katholischen Kirche werden jetzt die Sonntage der Vorfastenzeit, d.h. vor Aschermittwoch, nicht mehr der Fastenzeit, sondern dem normalen Kirchenjahr zugerechnet. Außerhalb der Festzeiten wurde die Zählung der Sonntage neu geordnet, während der evangelische Kalender die Zählung der Sonntage nach Epiphanie bzw. nach Trinitatis, dem Dreifaltigkeitssonntag, beibehalten hat.

Der folgende Aufriß zeigt das Grundgerüst der Festzeiten sowie die besonderen Tage der Konfessionen:

Katholische Feiertage		Evangelische Feiertage
Katholische Feiertage	Advent 24.12.Heiligabend 25.12.Weihnachten 06.01.Epiphanie	*Evangelische Feiertage*
Sonntage im Kirchen- jahr bis Aschermittwoch		Sonntage nach Epiphanie
	Gebetswoche für die Einheit der Christen 18.-25. Januar oder vor Pfingsten 2.2.Darstellung im Tempel, Lichtmeß	
	Aschermittwoch Fastenzeit Weltgebetstag der Frauen	
	Palmsonntag Gründonnerstag Karfreitag Karsamstag Ostern	
		Rogate-Sonntag
	Christi Himmelfahrt Pfingsten Dreifaltigkeitssonntag	
Fortsetzung der Sonn- tage im Kirchenjahr bis Christkönig Fronleichnam Donnerstag nach dem Dreifaltigkeitssonntag Herz-Jesu-Fest - Freitag in der Woche nach Fronleichnam		Sonntage nach Trinitatis
	Erntedank meist an einem Sonntag im Oktober	
		Reformationstag/-fest 31. Oktober Buß- und Bettag Mittwoch vor dem
Christkönigssonntag	Letzter Sonntag im Kirchenjahr	Totensonntag

Die Gedenktage der Heiligen unterscheiden sich in ihrem jeweiligen Datum nicht zwischen den Konfessionen, nur spielen die Heiligenfeste in der katholsichen Praxis eine größere Rolle und es werden mehr Heiligenfeste gefeiert. (s.u. Abschnitt 4)

1.2 Feste in einer Industriekultur

Kirchliche Feste sind dem Ablauf des Jahres eingepaßt und charakterisieren ihrerseits einzelne Jahreszeiten. Zwischen dem Aufbau des Festkalenders und dem Zeitrhythmus der Industriegesellschaft gibt es jedoch immer größere Differenzen.

1.2.1 Christliche Feste in einer Arbeits- und Freizeitwelt

Kirchliche Feste strukturieren den Jahresablauf: Weihnachten und Ostern mit ihren Vorbereitungszeiten, Feste mit charakteristischen Riten wie Fronleichnam oder das Fest des heiligen Martin.

Veränderungen:
Das öffentliche wie auch das alltägliche Leben wurden noch in den fünfziger Jahren stärker vom kirchlichen Festkalender geprägt. Es gab auch mehr kirchliche Feiertage, die jedoch für den industriellen Arbeitsrhythmus nicht mehr funktional waren, z.B. Dreikönige 6. Januar, Josef 19. März, Peter und Paul 29. Juni, Mariä Himmelfahrt 15. August, Mariä Empfängnis 8. Dezember.

Der Wechsel von Arbeitszeit und Freizeit:
Heute wird das Leben stärker durch die Freizeit strukturiert: Wochenenden und Urlaubszeiten. Kirchliche Feiertage in der Weihnachtszeit, Ostern, Pfingsten, Fronleichnam,

Allerheiligen verlängern eher die Freizeitwochenenden. Dadurch ergibt sich eine Diskrepanz zwischen den Strukturierungselementen. Es stehen sich gegenüber:

religiös orientierte Strukturierungselemente, d.h. Vorbereitungszeiten, Feste, Festzeiten und die Freizeitrhythmen einer Industriegesellschaft.

In früheren Jahrhunderten sicherten die kirchlichen Feste und Festzeiten die Freizeit der Menschen. Sie hatten eine ähnliche Funktion wie heutige Tarifverträge.

Überschneidungen gibt es in den Phasen der Festzeiten: Die kirchlichen Feiertage erweitern die "Frei-Zeit". Dadurch erhalten diese Zeiten einen religiös-kirchlichen Akzent, der auch in den Rundfunkprogrammen seinen Niederschlag findet.

Das Leben der Kirchengemeinden wird bis heute durch die Feiertage bestimmt, weil die Feste organisiert werden müssen. Diese Aufgabe wird gleichrangig neben der religiösen Unterweisung (Katechese), den sozialen Diensten, der Bildungsarbeit und den Treffen der verschiedenen Gruppen gesehen. Für die Gemeinden sind die Feste wichtige Integrationselemente, denn bei keinen anderen Veranstaltungen kommen so viele Gemeindemitglieder zusammen. An den Gottesdiensten der großen Feste nehmen mehr Menschen teil als an den Sonntagsgottesdiensten.

Tourismus als Konkurrent kirchlicher Feste
Viele Gemeindemitglieder nehmen deshalb an Festen ihrer Gemeinde nicht teil, weil sie zu den Festzeiten unterwegs sind. Das trifft auch für viele Sommerwochenenden zu, nicht zuletzt für die Dauercamper auf den zahlreichen Wohnwagenplätzen, die sich während der warmen Jahreszeit kaum in ihrer "Stadt-Wohnung" aufhalten.

Auflösung kirchlicher Bindungen
Die Zahl der Menschen, die am kirchlichen Leben teilnehmen, ist in den letzten Jahren ständig zurückgegangen.

Das zeigt sich auf zwei Ebenen:
Rückgang des Kirchenbesuches, Rückgang der kirchlichen Eheschließungen, Rückgang der Taufen und Kirchenaustritte. Das hat auch eine geringere Teilnahme an kirchlichen Festen zur Folge.

Rückgang der "privaten" religiösen Praxis, z.B.
Tischgebet, gemeinsame Bibellesung in der Familie, Gebetserziehung. Das hat auch zur Folge, daß die kirchlichen

15

Feste in der Familie in weit geringerem Maße mitgefeiert werden. Wegen des Rückgangs der religiösen Praxis in den Familien sind die Kirchengemeinden fast allein die Träger des christlichen Festkalenders geblieben. Es gelingt ihnen nur schwer, die Aussagen der christlichen Feste über den Kreis der Gottesdienstbesucher hinaus zu vermitteln.

Viele dieser Themen, z.B. die Botschaft des Friedens, die Frage nach dem Tod, das Gedächtnis der Toten, die Aufforderung zur Überprüfung der eigenen Lebenspraxis, haben nicht nur für die Mitglieder einer Glaubensgemeinschaft Bedeutung. Sie könnten daher auch außerhalb der Kirchen in Hörfunk- und Fernsehprogrammen sowie Artikeln aufgegriffen werden, die nicht nur für die kirchlich orientierten Hörer und Zuschauer bestimmt sind.

Die Themen der Festzeiten und Feiertage kommen im Ablauf des Jahres auch unter anderen Oberbegriffen in der Berichterstattung der Medien vor. Die ökologischen Themen fordern zu einer Veränderung des Lebensstils heraus, wie das in der Fastenzeit und auch im Advent Thema ist. Das Verhältnis von Arm und Reich, die Bedrohtheit des Lebens und zugleich das Aufbrechen neuen Lebens, der Übergang von der Kindheit in das Erwachsenenalter, Wachstum und Ernte, die Begabung des Menschen, Inspiration und der Ausgriff auf die Zukunft werden in Unfällen, in Erfolgsstorys, in Programmentwürfen von Parteien und Gewerkschaften, bei Kongressen und Festivals Thema. Wenn es der kirchlichen Verkündigung öfters gelänge, diese Themen aktuell aufzugreifen, wäre der Graben zu den Medien und den Lebensgefühlen und -themen, die diese artikulieren, nicht so groß.

Allerdings wird die religiös-christliche Deutung dieser Erfahrungen nicht mehr von allen akzeptiert. Die religiösen Feste finden heute in einem Umfeld statt, das eine religiöse Deutung menschlicher Grunderfahrungen nicht einfach mehr voraussetzt oder sogar ablehnt.

1.2.2 Das Heilige in einer säkularisierten Gesellschaft

In den religiösen Festen geht es um die Begegnung mit der lebensspendenden Macht, aus der das Leben kommt und, vor allem im Juden- und Christentum, um Befreiung und Erlösung.

16

Die zentrale christliche Festzeit der Kar- und Ostertage ist eine Umwidmung des jüdischen Passafestes, das die Befreiung des Volkes aus Ägypten zum Inhalt hatte. Auch Pfingsten geht von einem jüdischen Datum, dem Siebenwochen-Fest aus, an dem der Gesetzgebung und des Bundesschlusses am Sinai gedacht wird. Im Christentum werden diese Feste umgewidmet und auf die Erlösung durch Tod und Auferstehung Jesu konzentriert, die weiterhin als Botschaft der Befreiung verkündet werden. Wie im Judentum besagen auch die christlichen Feste, daß das, was Gott getan hat, heute gilt. Im Judentum geben die Feste die Gewißheit, daß Gott das Volk befreit hat und einen Bund mit ihm eingegangen ist. Im Christentum wird die Menschwerdung des Sohnes Gottes und die Erlösungstat Jesu in den Mittelpunkt gestellt und dabei eine besondere Gegenwart des menschgewordenen, gestorbenen und auferstandenen Sohnes Gottes behauptet. Diese neue Gegenwärtigkeit ist ontologisch deshalb möglich, weil der Gekreuzigte sich nach drei Tagen seinen Jüngern zu erkennen gab, ohne jedoch in das Leben der Jünger einfach zurückzukehren. Es ist eine neue Gegenwärtigkeit, die sich für die folgenden Generationen in seinen Worten und im eucharistischen Mahl manifestiert. Somit eröffnet jeder Gottesdienst eine Begegnung mit Gott.

Botschaft der Befreiung

Nähe Gottes

Wie können christiche Feste aber in einem Umfeld gefeiert werden, das sich selbst nicht durchgängig als religiös versteht und die Voraussetzung ablehnt, daß es hier und jetzt eine direkte Beziehung Gottes zu den Menschen gibt? Können religiöse Feste noch eine öffentliche Bedeutung einfordern, wie das über Jahrhunderte hinweg selbstverständlich war?

Wir stehen am Ende einer zweihundertjährigen Entwicklung und wohl am Beginn neuer religiöser Aufbrüche, die auf der einen Seite das Verständnis der traditionellen Feste verändern, möglicherweise aber auch wiederbeleben werden. Wie kam es aber zu der heutigen Situation, die einen neuen Zugang zur religiösen Deutung der menschlichen Existenz zu eröffnen scheint? Ein kurzer Rückblick auf die Aufklärung ist nötig.

Feste finden wieder neue Akzeptanz

17

Die Aufklärung drängte den Einfluß der Kirchen zurück

Der erste Impuls der Aufklärung war, den Einfluß der Kirche einzugrenzen und sie aus dem öffentlichen Leben zurückzudrängen.

Die Säkularisation als Enteignung des Kirchengutes 1803 führte in Deutschland zum Einzug von 22 Bistümern und 280 Klöstern. 3,1 Millionen Einwohner dieser Gebiete, die zugleich politische Größen waren, waren davon betroffen. Das war erst einmal eine Entmachtung vor allem der katholischen Kirche in Deutschland. In den protestantischen Teilen waren die Klöster bereits in der Reformationszeit aufgehoben, und die kirchliche Autorität war an die Landesfürsten übergangen.

Dabei gab und gibt es jedoch nicht nur eine Einflußnahme der Kirche auf Staat und Gesellschaft. Auch der Staat hat Einfluß auf die Kirche ausgeübt und sie funktional als Element z.B. der Stabilisierung gesehen. Otto der Große gab den Bischöfen Macht, weil diese ihre Macht nicht vererben konnten. Staatliche Macht suchte sich sogar religiös zu legitimieren. Der mittelalterliche Kaiser war Vicarius (Stellvertreter) Christi - das Gottesgnadentum der absolutistischen Herrscher und der preußischen Könige und Kaiser legitimiert Herrschaft ebenfalls religiös. Im Investiturstreit befreite sich die Kirche insoweit vom Einfluß des Staates, als sie dessen Mitbestimmung bei der Besetzung von Bischofsstühlen zurückdrängte.

Trennung von Staat und Kirche ging von der Kirche aus

Der Staat überließ der Kirche jahrhundertelang das Bildungssystem und die Sorge für Kranke, Waisen und Bettler.

Die gesellschaftliche Erwünschtheit kirchlicher Leistungen wird jedoch von vielen bestritten. Auf jeden Fall hat die Kirche im Kernbereich der modernen gesellschaftlichen Entwicklung keinen Einfluß erhalten und wohl auch nicht gesucht: Die Wirtschaft hat sich autonom entwickelt und ihre Normen und Zielsetzungen unabhängig von der Religion ausgebildet.

Kirchen haben keinen Einfluß auf die Wirtschaft

Naturwissenschaften und Weltbild der Bibel

Umstrittener war die Einflußnahme der Religion auf die Entwicklung der Wissenschaften. Hier hat die Kirche nicht kampflos das Feld geräumt. Auch hat es aus diesem Lager die heftigsten Angriffe auf die Kirche gegeben, weil die Erkenntnisse der Naturwissenschaften das Weltbild der Bibel und der Antike in Frage stellten.

18

Die Auseinandersetzung mit der Religion erfolgte nicht nur auf der Ebene der Institutionen. Es gibt auch, zumindest seit dem Spätmittelalter und der Renaissance, eine Auseinandersetzung mit der Idee der Religion. Die Religionskritik, vor allem ihre Protagonisten des 19. und 20. Jahrhunderts, wollen nicht nur Bereiche des gesellschaftlichen Lebens dem Einfluß der Kirche entziehen. Sie wollen den Menschen überhaupt nicht mehr von seinem Bezug zur Transzendenz her als Geschöpf definieren, sondern ihn als autonomes Subjekt sehen, das sich zwar in der Welt vorfindet, aber ohne Bezug auf Gott und das Jenseits seinen Lebensplan entwirft und die Gestaltung der Welt, der sozialen Umwelt und der eigenen Lebensgeschichte in die Hand nimmt.

Bezug zur Transzendenz oder Autonomie

Säkularisierung heißt dann nicht nur Freisetzung von immer mehr Bereichen in eine von der Religion autonome Selbstbestimmung, sondern auch ein Verständnis des Menschen, das ihn nicht mehr aus dem Bezug auf eine Transzendenz definiert. Die Aufhebung dieses Bezuges wird als Voraussetzung für eine entschiedenere Selbstverwirklichung (Feuerbach, Marx), als Bejahung des Lebens (Nietzsche), als Voraussetzung für Freiheit (Sartre) gesehen. Mit wissenschaftlicher Argumentation wurden religiöse Vorstellungen als Illusion gekennzeichnet (Rationalismus). Der Mensch und die Gesellschaft emanzipieren sich nicht nur von einer Bestimmung durch die Kirche.

Säkularisierung

Der Kommunismus ist auch als Entwurf einer neuen, christentumsfreien Gesellschaft zu verstehen. Der Ursprung des Menschen wird nicht mehr aus der Schöpfung durch eine transzendente Macht abgeleitet, sondern als Entwicklungsprozeß der Materie verstanden. Der Kommunismus führte neue Gedenktage ein sowie Feste des einzelnen, z.B. als Jugendweihe, ein Fest der Namensgebung und der Eheschließung.

Kommunismus entwickelte eigene Feste

Die Prognosen der Religionskritiker des 19. Jahrhunderts sagten im Zusammenhang mit der Durchsetzung des wissenschaftlichen Denkens und der damit einhergehenden Entmythologisierung und der Entwicklung der Technik, die eine religionsfreie Gestaltung von immer mehr Lebensbereichen ermöglichen sollte, ein kontinuierliches Absterben der Religion voraus.

Prognosen zum Absterben der Religion

Nachdem der Fortschrittsglaube, der anstelle der Orientierung an der Transzendenz eine alternative Perspektive für den Entwurf einer säkularisierten Gesellschaft bereitgestellt hatte, durch die Wissenschaft selbst außer Kraft gesetzt wurde, gestaltet sich das Verhältnis von Moderne und Religion wieder neu.

In den religiösen Traditionen sind Werte bewahrt worden, deren Verlust jetzt erkannt wird, und der durch Feste geprägte Jahresrhythmus wird als Gegengewicht gegen den ständigen Beschleunigungsdruck der technischen Zivilisation gesehen. Nun waren die Feste auch nicht aus dem öffentlichen Bewußtsein verschwunden. Der größere Teil der Bevölkerung fühlte sich den Kirchen zugehörig und es ist beiden Kirchen gelungen, im Zeitalter der Industrialisierung und der großen sozialen Umwälzungen einen bestimmenden Einfluß auf die alltägliche Lebenspraxis und die kulturelle Ausgestaltung der Festzeiten zu behalten. Deshalb bleiben die Feiertage und Festzeiten wohl ein Faktor auch des öffentlichen Lebens und geben damit Themen für die Medien ab. In der jetzigen Umbruchszeit ist allerdings noch nicht abzusehen, welche Gestalt sich die "Religion nach der Aufklärung" sucht und welche Bedeutung die christlichen Feste haben werden.

Wie kommt aber das Religiöse überhaupt zur Darstellung? Wie finden Festzeiten und Feiertage eine Gestalt und welche Formen können für Beiträge in Presse, Hörfunk und Fernsehen gefunden werden?

Feste gegen Beschleunigungsdruck

Feste bleiben Thema der Medien

2. Die Darstellbarkeit des Religiösen

2.1 Die Feiertagspraxis der Kirchen und die Inszenierbarkeit der Feste in den Medien

Feste werden in den Kirchen als Gottesdienste gefeiert und haben damit eine kommunikative Form:
- Die Versammlung wird begrüßt,
- richtet sich auf Gott aus und
- hört die Ursprungserzählungen von der Entstehung des Festes bzw. dem Ereignis, das in dem Fest wieder gegenwärtig gesetzt werden soll.
- In der Predigt werden diese Texte aktualisiert. An diesen Wortgottesdienst schließt sich in der katholischen Kirche meist
- die Abendmahlsfeier an.

In einigen Gegenden ist es bei den Katholiken noch üblich, zu einer Andacht, zu einem Wortgottesdienst am Nachmittag oder frühen Abend in die Kirche zu kommen.

Gottesdienst als Zentrum des Festes

Um den Gottesdienst gruppieren sich noch andere Riten, z.B. Prozessionen sowie Brauchtum, das dann auch die häusliche Kultur prägt.

Das Thema des Festes wird also kirchlich durch Gottesdienste, besondere Riten und das Brauchtum zum Ausdruck gebracht und auf die Gegenwart bezogen.

Da die Medien einen großen Teil des Tagesablaufes in der heutigen Kultur bestimmen, bringen sie zu den Festzeiten und Feiertagen Beiträge, die ebenfalls eine Beschäftigung mit den Inhalten des Festes ermöglichen. Artikel in der Presse, in denen das Brauchtum erläutert wird, Vorschläge für die Gestaltung in den Familien und Überlegungen zum Thema des Festes gehören zum Standardprogramm.

Medien ermöglichen eine ergänzende Beschäftigung mit dem Thema des Festes

Der Hörfunk kann auf das reiche musikalische Repertoire der Festzeiten zurückgreifen.

Kirchenmusik

Im Fernsehen sind von den Kirchenredaktionen eigene Akzentsendungen zu den Feiertagen entwickelt worden, die jedoch nicht das Programm prägen. Die Jesusfilme sowie die Verfilmung von religiösen Romanen werden vor allem

Religiöse Filme

21

in der Karwoche wiederholt. Der Karfreitag bietet jährlich einen Schwerpunkt religiöser Filme.

Wie dem Prediger stellt sich auch den Redaktionen die Aufgabe, zu den Festzeiten und Feiertagen Beiträge zu gestalten.

Gottesdienstübertragungen werden ergänzend zum Gottesdienstbesuch gesehen

Natürlich bietet es sich auch an, in Hörfunk und Fernsehen Gottesdienste zu übertragen bzw. gottesdienstähnliche Feiern zu gestalten. Da, wie Zahlen aus Kanada belegen, etwa 50 % der Zuschauer von Gottesdienstübertragungen auch an einem Gottesdienst in ihrer Kirche teilnehmen, wird die potentielle Zahl der Hörer und Zuschauer nicht durch den Kirchenbesuch so beeinträchtigt, daß die Übertragungen in Konkurrenz zu dem Kirchenbesuch stehen. Damit können kirchliche Bedenken zerstreut werden, Übertragungen hielten Kirchenmitglieder davon ab, an dem örtlichen Gottesdienst teilzunehmen, und Hörfunk- wie auch Fernsehsender können davon ausgehen, ein größeres Publikum zu erreichen.

Feste werden nicht notwendig durch die Medien verdrängt

Der Überblick zeigt, daß auch in einer medienbestimmten Zivilisation die christlichen Feste nicht ausgeblendet werden und vor allem die Interessierten sich durch die Medien mit dem Festgedanken beschäftigen können. Jedoch ist die Realisierung von Beiträgen zu den Festen nicht so einfach möglich, wie z.B. die Verfilmung eines Romans. Deshalb muß der Frage nach der Darstellbarkeit der Religiösen noch weiter nachgegangen werden:

2.2 Feste in der Dramaturgie von Hörfunk und Fernsehen

Die Thematisierung religiöser Feste in den Printmedien erscheint nicht so schwierig, weil das Brauchtum sowie die Gestaltung des Festes z.B. in anderen Ländern durch Fotos dargestellt werden kann. Der Hörfunk und das Fernsehen erfordern jedoch eine Dramaturgie. Es müssen Geschichten erzählt, Sieger ermittelt, Veränderungen als Nachrichten mitgeteilt werden. Zudem wollen die Festzeiten das Tempo verlangsamen und die Befindlichkeit, die mit einem Feiertag verbunden ist, findet sich selten in den Musikfarben der Hörfunkkanäle wieder. Das Kirchenjahr ist also nicht einfach in die Musikfarben des Radios, in das Tempo sowie die Dramaturgie des Fernsehens zu übersetzen.

Feste verlangsamen und haben keine mediengemäße Dramaturgie

Den Kirchen muß jedoch daran gelegen sein, die Festzeiten in die durch Medien geschaffene Öffentlichkeit einzubringen, wie das in früheren Generationen durch den Bau von Kirchen, durch Prozessionen, Glockengeläut, Passionsspiele und andere kommunikative Strategien gelungen ist. Ein mediales Konzept muß breiter angelegt sein, als daß nur Festgebräuche und Festinhalte medial vermittelt werden.

Beiträge in den Medien anstelle von Glockengeläut und Prozessionen

Dazu eine erste Sammlung von Ideen:

- Die Auswahl der Spielfilme in Fernsehprogrammen kann entsprechend den Grundthemen der Feste erfolgen, ohne daß immer eine ausdrücklich christliche Interpretation und kirchliche Darstellung erforderlich wären. Leben - Übeleben, ein Kind als Neuanfang, Lebenskrise und Neuanfang, (politische) Verfolgung, die Erfahrung einer Inspiration, Weltgemeinschaft und Begegnungen der Kulturen sind Themen des weihnachtlichen wie des österlichen Festkreises, die ohne ausdrücklichen Bezug auf diese Feste in vielen Fällen wiederzufinden sind.

Spielfilme transportieren Grundgedanken der Feste

- In Serien könnten die Feiertage mit ihrem Brauchtum aufgegriffen werden, auch wenn es schwierig erscheint, schon bei der Produktion das genaue Sendedatum zu kennen. Da aber nur einige Wochen des Jahres durch christliche Festzeiten geprägt sind, müßten Lösungen möglich sein. Der Advent, Weihnachten bis zum 6. Januar, die Fasten- sowie die Osterzeit bis Pfingsten kommen aus kirchlicher Sicht in Frage, weiter der Monat November.

Brauchtum der Feste als normaler Bestandteil von Serien

- In Shows und Talkrunden könnten vor allem im Advent und der Fastenzeit Menschen eingeladen werden, die für eine Meditationspraxis stehen, Erfahrungen mit dem Fasten gemacht haben, die Dritte Welt kennen, die verschiedenen Kirchen des Orients repräsentieren, sowie auch Vertreter anderer Religionen.

Talkrunden zu religiösen Themen

- Der Hörfunk kann Beispiele religiöser Pop- und Rockmusik vorstellen. Da die Gregorianik wieder populär geworden ist, können die Gesänge zu den einzelnen Festtagen vorgestellt und Mönche und Ordensfrauen aus Abteien eingeladen werden, die den Gregorianischen Choral pflegen. Kirchenmusik, die Kantaten und Oratorien gehören bereits zum Standardprogramm der Kulturprogramme an den Feiertagen.

Religiöse (Pop- und Rock-)Musik

23

Zu den einzelnen Festen sind im jeweiligen Abschnitt Ideen und Vorschläge gesammelt, wie die Aussage der Festzeit und der Feiertage thematisch aufgegriffen werden kann. Es finden sich dort auch Informationen zum Brauchtum.

Für die Medien kann es eine Herausforderung sein, die Aussagedimensionen der religiös geprägten Zeiten und der Feiertage zur Darstellung zu bringen. Wäre doch dann ein Feiertagsprogramm bzw. die Programmgestaltung in der Advents- und Fastenzeit nicht nur ein Angebot, einfach Sendungen zu sehen bzw. zu hören, sondern es würde eine

Orientierung vermittelt, die sich nicht nur am aktuellen politischen Geschehen orientiert, sondern existentielle Fragen aufgreift und einen Beitrag leistet, der die Gesellschaft zukunftsfähig erhält bzw. wieder werden läßt. Dieser Kulturauftrag sollte nicht auf die als Kulturprogramme ausgewiesenen Hörfunk- und Fernsehkanäle beschränkt bleiben, sondern gerade für die Nicht-Spartenprogramme als Herausforderung gesehen werden.

Doch wie ist das genauer möglich? Die Antwort hängt mit der Frage zusammen, wie die religiöse Dimension dargestellt werden kann. Die Frage ist nicht neu und hat im Zusammenhang mit dem Bilderstreit schon einmal ein Konzil bewegt (II. Konzil von Nikaia 787).

2.3 Die Darstellbarkeit des Religiösen in den Medien

Das Fernsehen kann als Leitmedium der spätindustriellen Gesellschaften angesehen werden, auch wenn der Monitor seine Funktion verändert und die Übertragung von Texten eine größere Bedeutung gewinnt. Im Moment ist noch nicht abzusehen, welche kulturellen Auswirkungen die Digitalisierung endgültig haben wird. Die Fernsehprogramme werden noch in analoger Technik übermittelt und haben, wie der Film, die Möglichkeit, die religiöse Dimension analog darzustellen. Film und Fernsehen wie auch die Fotografie können an die Bildtradition anknüpfen, die sich im Christentum - gegen das Bildverbot des Alten Testamentes - entwickelt hat. Die Menschwerdung des Sohnes Gottes ist

der theologische Grund für die christliche Bildkultur. Sein Lebensweg, die Begegnungen und Wundertaten waren durch die Evangelien bereits als Vorlagen für die Maler zusammengestellt. Es verwundert dann nicht, daß Jesusfilme und speziell für das Fernsehen konzipierte Mehrteiler erfolgreiche Programme geworden sind. Wie wird aber in den Lebensberichten der Evangelien, in der Malerei sowie im Film die religiöse Dimension zum Ausdruck gebracht? Die Evangelien nutzen dafür literarische Mittel, indem sie die wunderbare Herkunft des neuen Messias an den Anfang stellen. Engel bezeugen die göttliche Herkunft des Kindes, Sterndeuter kommen und Herodes fühlt sich bedroht. Dieser neue Messias tritt innerhalb des Judentums als Gesandter Gottes auf, ruft zum Glauben und begegnet seinen Anhängern nach seinem Tod auf neue Weise. Die Evangelien sind voller Verweise auf die Transzendenz, die in der jungen Kirche als Einwirken des Geistes Christi von der Apostelgeschichte dargestellt wird. In der Malerei werden besondere Stilmittel verwendet, die religiöse Bedeutung der dargestellten Personen zu bezeichnen, so der Heiligenschein und der offene Himmel bis zu Ausmalungen des Himmels im Barock. In der römischen Königshalle, der Basilika, wo die Statthalter des Kaisers Audienz hielten und zu Gericht saßen, wurde Christus als Pantokrator in die Apsis gemalt bzw. durch Mosaiktechnik dargestellt. Dieser erste Kirchenbaustil präsentiert Christus als den neuen Herrscher, Kyrios war ein Kaisertitel. Nach dem Konzil von Ephesus 431 (s.u. S. 242f) wurde mehr und mehr Maria mit dem Kind als Gottesmutter an diesen Platz gemalt.

Der religiöse Film kann an die christliche Ikonografie anknüpfen, zumal er ebenfalls Darstellungstechniken hat, den Helden der Handlung bereits in der Exposition herauszustellen, so daß die Jesus-Figur und andere Protagonisten im Rahmen des Hollywood-Schemas darstellbar sind. Auch der Film kann durch die Lichtführung einer Person eine besondere Aura verleihen. Schwierig ist nur die Wunderthematik, weil die Zuschauer die Technik des Filmtricks kennen. Die im Roman entwickelte Technik des inneren Monologs wird auch im Film zur Darstellung religiöser Erfahrungen genutzt, weiter das schon in der Bibel verwendete Stilmittel, der Traumgesichte. Im dokumentarischen Film ist es die religiöse Selbstaussage der Personen sowie die Beobachtung ihrer religiösen Praxis, die es ermöglicht, den religiösen Bezug darzustellen. Es können auch religiöse Räume, Klöster und Kirchen sowie religiöse Symbole

Literarische Mittel zur Darstellung des Religiösen

Darstellung des Religiösen in der Malerei

Lichtführung und innerer Monolog im religiösen Film

Selbstaussage der Personen

aus dem Umkreis der portraitierten Personen die religiöse Aussagedimension bildlich erschließen.

Insofern Filmhandlungen auch meist einen Lebensentwurf der Helden darstellen, den diese gegen widrige Umstände und persönliche Gegner durchsetzen, sind die Biografien von religiösen Menschen ebenfalls verfilmbar.

Religiöse Biografie

Sogar das Heldenschema der gängigen Fernsehserien ermöglicht die Darstellung religiös motivierter Handlungen und manche Realisatoren wagen sich sogar an die Darstellung religiöser Erfahrungen. Hingewiesen sei hier als herausragendes Beispiel auf die letzte Folge der Serie "Heimat", in der die Anwesenheit der Toten bei der Kirmes von Schabach gezeigt wird.

Serienschema ist offen für die Darstellung des Religiösen

Die filmischen Möglichkeiten zur Darstellung des Religiösen wurden von einigen Künstlern noch weiter vorangetrieben. Eine Intensivierung filmischer Formen läßt sich jedoch nicht mehr aus einem analogen Verständnis der Bildmedien ableiten, sondern steht in Korrepondenz zu der Konzentration auf das Wort. Denn es gibt die andere Tradition, die davon ausgeht, daß Gott der "Ganz Andere" ist und eine analoge, bildliche Darstellung eher den religiösen Zugang versperrt. Diese Tradition wird in unserem Kulturraum mehr durch den Protestantismus vertreten, der als religiöse Erneuerungsbewegung die spätmittelalterliche Bilderflut beiseite geräumt hat, am konsequentesten der Kalvinismus, so daß für das heutige Auge reformierte Kirchen besonders kahl wirken. Vielleicht erklärt die unterschiedliche Bildtradition der Konfessionen auch, warum es mehr Pfarrerserien mit katholischen Protagonisten gibt und warum im Hollywood-Kino eher katholische Geistliche zu sehen sind. Unerklärt bleibt allerdings, warum Hollywood, das nicht zuletzt von Juden aufgebaut wurde, die katholische Ausformung des Christentums bevorzugt.

Tradition der negativen Theologie im Film

Die bildlose Tradition des Alten Testamentes fand in verschiedenen Gegenbewegungen gegen die bildliche Darstellung des Religiösen ihren Ausdruck, so auch im Bilderstreit, dem Ikonoklasmus, der auf dem II. Konzil von Nikaia 787 so geklärt wurde, daß die Verehrung nicht der Ikone, dem Abbild gilt, sondern dem im Bild dargestellten Urbild.

Bilderstreit im Christentum

26

Die Richtung, die die bildliche Darstellung des religiösen Bezuges nicht für fruchtbar hält, verweist jedoch nicht einfach auf eine leere Fläche, sondern stützt sich auf das Wort. Nach dem Ende des Tempelkultes mit der Zerstörung Jerusalems hat das Judentum bewiesen, daß es durch den Synagogen-Gottesdienst, der sich allein auf das Wort stützt, sein religiöses Erbe lebendig erhalten konnte.

Im Wort ist der Zugang zu Gott möglich und hat mit besonderer Betonung in den Kirchen der Reformation seinen kulturellen Ausdruck gefunden. Dies bezieht sich nicht nur auf das Gebet, sondern gerade auf die Worte Jesu. Das sind im Besonderen die Gleichnisreden und die Ansprachen Jesu, die in der Bergpredigt und den Redeteilen des Johannes-Evangeliums zu finden sind. In diesen Worten, so die Glaubensvorstellung der Christen, wendet sich Jesus an den heutigen Zuhörer. Dies ist als besondere Gegenwärtigkeit zu verstehen, anders als wenn z.B. ein Text von Platon heute zum Sprechen gebracht wird, denn Jesus spricht nicht als historische Persönlichkeit, sondern als der, der in seiner Auferstehung präsent ist und so von der Gottesdienstgemeinde in den Kyrierufen angesprochen wird. Die Evangelien sind so konzipiert, daß die Auferstehung den Worten und Taten des historischen Jesus eine besondere Autorität verleiht, so daß das Johannes-Evangelium die Abschiedsreden bei der Abendmahlsfeier Jesus in den Mund legen konnte, obwohl diese Reden erst von Propheten in der johanneischen Gemeinde komponiert wurden. Die Kirche am Ende des 2. Jahrhunderts hat diese Texte als authentische Verkündigung erkannt und auch dieses Evangelium in den Kanon des Neuen Testamentes aufgenommen.

Jesus bleibt in seinen Worten gegenwärtig

Die Gegenwärtigkeit des Auferstandenen wird als Wirken des Geistes erfahren, so daß die Kirche, die die Geschichte bis zum Ende der Welt sozusagen zu überbrücken hat, als Geschöpf des Geistes verstanden wird. Das erklärt auch die Bedeutung Marias für das Kirchenverständnis, die von Lukas als Frau mit einer besonderen Geistbegabung dargestellt wird.

Geistbegabung als Fundament der Kirche

Der Wortorientierung entspricht auf der Medienseite der Hörfunk, vor allem weil er die musikalische Tradition der Liturgien vermitteln kann. Auch die Printmedien können diese Tradition eher aufnehmen als das Fernsehen.

Wortorientierung und musikalische Tradition

27

Aber auch auf den Film hat die Überzeugung, daß Gott nicht anschaubar ist, ihren Einfluß ausgeübt und zur Radikalisierung der filmischen Mittel geführt, die vor allem im europäischen Kino zum Tragen gekommen ist.

Paul Schrader interpretiert in "The Transcendental Style in Film: Ozu, Bresson, Dreyer"; Los Angeles und London 1972, die filmische Darstellungsmethode des japanischen und der zwei europäischen Regisseure als Darstellung eines Bruches in der Wirklichkeit. Das knüpft an einen Religionsbegriff an, der die religiöse Erfahrung in dem Zerbrechen bisheriger Selbstverständlichkeiten sieht bzw. als das Aufscheinen einer anderen Dimension in der Erfahrungswelt der einzelnen wie auch von Gruppen und Völkern.

Religion scheint in den Brüchen auf

Dieser Religionsbegriff wird der doppelten Erfahrung des Religiösen gerecht, die sich auch in vielen Bekehrungsgeschichten wiederfindet: Das Erschreckende, Bedrohliche des Religiösen auf der einen Seite und das Verheißungsvolle, Befreiende zum anderen muß auch in der medialen Vermittlung angezielt werden. Deshalb ist Religiosität nicht als heile Welt vermittelbar und kann ohne Krisen nicht bio-grafisch erzählt werden.

Religion: erschreckend und verhei-ßungsvoll

Faßt man religiöse Erfahrungen allerdings in einer solchen Breite, dann kann jede Krise zur religiösen Erfahrung erklärt werden. Es ist also notwendig, die Deutung dieser Erfahrungen zu präzisieren.

2.4 Die Deutungen von Erfahrungen als religiös

Die Religionskritik hat das Phänomen "Religion" als eine dem einzelnen von den Kirchen aufgedrängte Ideologie und als Machtinstrument erklärt. Die religiösen Vorstellungen werden aus dem vorwissenschaftlichen Erklärungsbedarf der Naturphänomene hergeleitet. Menschliche Erfahrungen sind in diesem Kontext psychologisch bzw. tiefenpsychologisch zu verstehen und eben nicht religiös. Es geht also nicht um die Erfahrungen selbst, sondern um ihre Interpretation. Die Religionsphilosophie, vor allem in England und Deutschland, hat dem entgegengehalten, eine religionsfreie Interpretation der menschlichen Existenzerfahrungen werde diesen Erfahrungen selbst nicht gerecht. Hermann Lübbe konstatiert in "Religion nach der Aufklärung" den Fehlschlag der Pro-

Religion: vorwissenschaft-liche Ideologie?

phezeiung, Religion würde in der Moderne funktionslos und sich daher verflüchtigen. Gerade die forcierte Individualisie-rung konfrontiert den Einzelnen mit seinen Kontingenz-erfahrungen, die ihn letztlich vor die Frage stellen, warum er selbst ist.

Individualisierung bringt die Frage nach dem Religiösen an die Oberfläche

Dies zur Dimension der Deutung. In einer pluralistischen Weltanschauungsgesellschaft und auf dem Forum einer Öffentlichkeit, die allenfalls die Vernunft, wenn nicht die Ausgefallenheit eines Lebensentwurfes bzw. die Infragestellung des Bisherigen als maßgebende Instanz anerkennt, muß die christliche Sicht des Menschen mit anderen Deutungsmustern in Konkurrenz treten. Was ist aber das Besondere des christlichen Ansatzes und seiner jüdischen Wurzeln: Der Monotheismus und die damit gegebene Prägung der abendländischen Kultur, die als einzige den Personbegriff ausgebildet hat. Wir begegnen in der Religionskritik noch einmal diesem tief eingewurzelten Erbe, das im Zeitalter des Wiedergeburtsglaubens und vielförmiger esoterischer Vorstellungen ein neues Gewicht erhalten wird.

Konkurrenz der Deutungsmuster

Kulturelle Leistung des Monotheismus: Der Personenbegriff bleibt Basis der Moderne

Der Monotheismus konnte sich herausbilden, weil alle Erfahrungen und Lebensgeschichten auf einen transzendenten Partner bezogen wurden - sowohl Befreiung und Heil, wie auch Niederlage und Verschleppung des Volkes nach Babylon. Neue Befreiungserfahrungen wurden nicht durch die Einführung einer neuen Gottheit erklärt, auch die Einbrüche und Depressionen wurden nicht durch die Etablierung von Gegeninstanzen, die dem Rettergott sein Handeln streitig machen, gedeutet. Die Propheten erklären die Bedrängung Israels durch Assyrien und das darauf folgende babylonische Reich, das Jerusalem erobert, als Strafgericht desselben Gottes, der Israel aus Ägypten befreit hat.

Nicht viele Götter für verschiedene Biografien

Der Monotheismus des Judentums hat somit einen medialen Aspekt, nämlich die Einheit der Bücher des Alten Testamentes, in die das Neue Testament die Jesusgeschichte einliest.

Monotheismus und nur eine Bibel

Im Christentum ist der Bezug auf den einen Menschen, den menschgewordenen Gott, zentral - und das ist der einzig wichtige Unterschied zum Judentum. Über diesen Menschen wird wie über Abraham, Moses, David und Jeremias erzählt, d.h. wie im Alten Testament ist das Handeln Gottes am Lebensweg seiner Gerechten abzulesen.

Jesus als der einzige Bezugspunkt

29

Weihnachten und die Karwoche mit Ostern sowie die
Vorbereitungszeiten zu diesen Festen erzählen die entscheidenden Abschnitte des Lebens Jesu jährlich neu. Die theologischen Aussagedimensionen, die hier zu referieren sind,
finden sich bei den jeweiligen Festen in Kapitel 3.

Ein letztes muß noch angefügt werden, um den Deuteansatz
der jüdisch-christlichen Tradition zu beschreiben: Der einzelne findet sich in den Lebensgeschichten von Moses,
David und den Propheten, vor allem im Lebensschicksal Jesu
sowie in dem der ersten Christen und der Heiligen wieder.

Erzählend, in Biographien vermittelt sich die Deutung der
Lebenserfahrungen und nur in dem Horizont der biblischen
Tradition kann der einzelne seine Krisen und Befreiungen als
christlich verstehen. Die Erzählkategorie ist also von zentraler Bedeutung für die Vermittlung der jüdich-christlichen
Tradition. Die satzhaften Aussagen der Glaubensbekenntnisse und der Konzilien haben die Funktion, die Bedeutung
der in den Erzählungen gemachten Aussagen zu klären und
zu verdeutlichen.

2.5 Religion in der Zeit - Religion im Raum

Die jüdisch-christliche Tradition stellt die religiöse Dimension auf der Zeitachse dar. Damit ermöglicht sie die Vorstellung eines historischen Rahmens und den Entwurf einer
Biographie. Im Zusammenhang mit der Herausbildung der
neuzeitlichen Konzeption von Individualität konnte sich der
Roman entwickeln und daraus der Film. Die Nähe der

Medien zur christlichen Auffassung der Zeit - sie haben sich
ja aus diesem Zeitverständnis heraus entwickelt - eröffnet die
vielfältigen Möglichkeiten, eine christliche Interpretation
der (Krisen-)Erfahrungen des einzelnen und auch der Geschichte darzustellen.

Wegen des Auf-
erstehungs-
glaubens keine
räumliche
Fixierung der
christlichen
Vorstellungswelt

Die Dimension des Raumes und heiliger Orte ist nicht
konstitutiv für das Christentum, auch wenn sich Wallfahrten
herausgebildet haben (s. u. Kap. 8.1). Selbst Rom als Zentrum der katholischen Kirche hat nicht mit Notwendigkeit
eine bleibende Bedeutung. Der Papst kann durchaus anderswo auf der Welt hinziehen. Das unterscheidet die christliche
Religion vom Islam und auch vom Judentum. Mit Ostern und
den Auferstehungsberichten (s.u. Kap. 3.6.5.6, S. 120ff) ist
dem Christentum eine universelle Dimension eingestiftet

und vom Auferstandenen die Verheißung mitgegeben, daß er seine Jünger bis ans Ende der Welt begleitet. Deshalb können die kirchlichen Feste überall gefeiert werden, auch wenn Weihnachten in Bethlehem, Ostern in Jerusalem oder Rom einen besonderen Akzent erhalten.

Räumlich präsentieren sich die Christen durch die Architektur ihrer Kirchen, durch die sie die Anwesenheit des Göttlichen und die Herrschaft des Gottessohnes proklamieren:

- Die Basilika, die Königshalle des römischen Imperiums, und nicht Tempel werden die ersten Gotteshäuser, als die Christen die Katakomben verlassen. Die Christen hatten sich der göttlichen Verehrung des Kaisers verweigert und setzten an dessen Stelle das Bild des Pantokrators, des herrschenden Christus, in die Apsis der Königshalle. *(Königshalle, nicht Tempel als erste Kirchen)*

- Die Romanik zentriert den Altar in der Vierung als Schnittpunkt der Himmelsrichtungen. Die achteckige Kuppel ist Abbild des Himmels. Da Sieben die Zahl der Vollkommenheit ist und die Acht die Vollkommenheit noch übertrifft, kann so symbolisch der Himmel dargestellt werden. *(Achteck als Abbild des Himmels)*

- Die Gotik sieht den Kirchenraum als Leib Christi. Das geneigte Haupt Christi am Kreuz wird in einigen gotischen Kirchen durch seitliches Abknicken des Chorraumes dargestellt. *(Raum als Leib Christi)*

- Der Barock bildet einen Festsaal ab. An der Stelle des Thrones steht der Tabernakel mit dem eucharistisch gegenwärtigen Christus. Die Decke ist durchscheinend auf die himmlische Welt. *(Tabernakel am Platz des Königs)*

- Die Kirchenbauten des 20. Jahrhunderts folgen unterschiedlichen theologischen Raumkonzepten. In vielen Fällen wird ein Versammlungsraum komponiert, in dem sich die Gemeinde am Ort trifft, wobei der Kirchenraum häufig Teil eines Gemeindezentrums ist. *(Kirchen als Versammlungsräume)*

Diese Raumkonzepte können bei Gottesdienstübertragungen durch Kamerafahrten und den Aufbau einer Bildkomposition umgesetzt werden, so wie auch in Filmen und dokumentarischen Berichten. *(Raumkonzepte filmisch umsetzen)*

31

Der Raum als Darstellungsebene des Religiösen spielt in den Religionen des Orients eine große Rolle und wurde auch vom Christentum im 1. Jahrtausend seiner Geschichte genutzt, nämlich in Form von kosmologischen Vorstellungen. Die Entstehung des Weihnachtsfestes ist eng mit diesen Vorstellungen verknüpft (s. Kap. 3.2.3.1, S. 48f). Bereits das Matthäus-Evangelium kennt Weise, die aufgrund von Sternkonstellationen nach Palästina gekommen sind. Diese kosmische Dimension berührt sich heute wieder mit den Motiven, die hinter der Raumfahrt stehen. Der religiöse Aspekt einer Kosmologie liegt darin begründet, daß mit diesen Vorstellungsräumen der weltumspannende Anspruch der Herrschaft des in den Himmel aufgefahrenen Christus zum Ausdruck gebracht werden kann.

3. Feste und Festzeiten im Kirchenjahr

3.1 Advent

3.1.1. Anthropologische Grundlagen

Der Advent ist Vorbereitungszeit auf Weihnachten und gehört zum Fest dazu. Der Advent wird in seinem Charakter von Weihnachten bestimmt - er ist Vorbereitung auf die Ankunft des Erlösers. Es ist eine Zeit der Erwartung. Die Kinder freuen sich auf ein schönes Fest, die Erwachsenen bereiten das Fest vor.

Damit ist die Thematik des Advents jedoch nicht ausgeschöpft. Denn die Erwartung richtet sich bei den Christen nicht nur auf die Geburt Jesu - es gibt auch die Erwartung seines zweiten Erscheinens, mit dem die Geschichte ihr Ziel erreichen soll. Dieser Aspekt des Advents könnte heute wieder greifen. Wir sind gezwungen, uns mit der Zukunft auseinanderzusetzen, wir müssen uns von vielen naiven Vorstellungen über die kommenden Entwicklungen lösen. Der Advent soll neues Denken einüben.

Advent - Zeit der Besinnung auf die Zukunft

Die Auseinandersetzung mit der Zukunft ist ein Spezifikum der jüdischen Religion. Sie denkt nicht zyklisch, erwartet nicht die Wiederkehr des immer Gleichen. Träger dieses Gedankens sind die Propheten - die von ihren Zeitgenossen meist nicht verstanden werden. Das ist heute sicher nicht anders, auch wir versuchen, Propheten mundtot zu machen.

Zeit der Propheten

Den Advent erleben Christen mehr als bei anderen kirchlichen Festzeiten in gemeinsamen Vorstellungen einer alle Christen verbindenden Kirche. Den Anfang, der von jenem ersten Advent ausgegangen ist, teilen katholische und evangelische Christen zusammen mit anderen in der weiten Ökumene unterschiedslos miteinander. Hier stehen so gut wie keine gravierenden theologischen Unterschiede zwischen ihnen. Im Advent sind sie nicht getrennt. Unterschiedliche kalendarische Daten und Traditionen wie bei den Orthodoxen ändern daran nichts.

Erwartung einüben

33

Zwischen jenem Advent zusammen mit Weihnachten einerseits und dem Glauben an einen anderen, noch ausstehenden Advent andererseits ist allen Christen in ihren Konfessionen und Denominationen eine Zeit gewährt.

Der Stern als Hoffnungszeichen

Immer wieder sind - noch einmal - die Adventskerzen angezündet. Als lichterne Boten. Der erwartete Stern von Bethlehem - das ist ihre Botschaft - wird an Last und Sorge, an Erwartung und Zuversicht der Menschen nicht achtlos vorbeiziehen.

Der Schöpfer des Himmels und der Erden läßt seine Schöpfung nicht im Stich. In der Adventszeit erleben Menschen Vorfreude auf die Vergewisserung dessen.

Gegegmittel gegen Spießigkeit

Der Advent spiegelt einen wichtigen Zug menschlicher Erfahrung wider - daß der Mensch noch nicht am Ziel ist, daß er mit der Gegenwart selten zufrieden ist. Damit diese Unzufriedenheit nicht zur Spießigkeit führt, muß sich die Erwartung weiträumig ausspannen.

3.1.2. Bezug zur Öffentlichkeit

Gegensatz zwischen Besinnung und Kaufimpulsen

Der Advent ist eine sympathische Zeit, die nicht als so streng gilt wie die Fastenzeit. Der Glanz des Weihnachtsfestes und sein Stimmungsgefüge prägen den Advent. Anders als Ostern hat Weihnachten keinen Karfreitag.

Verengter Sinn von Weihnachten

Der Advent gilt als eine Zeit der Stille und der Besinnung, die ganz im Gegensatz zu dem Gebaren in der Öffentlichkeit steht. Während in vielen Familien am Sonntagnachmittag ein Zusammensein gepflegt wird, sind die Straßen von der Weihnachtswerbung geprägt. Der Brauch, zu Weihnachten Geschenke zu kaufen, wird verstärkt durch die Auszahlung eines Weihnachtsgeldes. So ist der Advent auch die Zeit des Einzelhandels.

Advent gegen Weihnachtsidylle

Der Advent wird, als Vorbereitungszeit auf Weihnachten, von dem verengten Verständnis dieses Festes geprägt, das möglichst nur die Idylle sieht, das, was das Gefühl anspricht. Der christliche Sinn von Weihnachten wird eher als Korrektiv für die vorweihnachtliche Konsumwelle gesehen. Erfahrungsgemäß intensiviert sich in Krisenzeiten die religiöse Bedeutung einer solchen Zeit.

Brot für die Welt

Ebenfalls in der Adventszeit beginnt alljährlich die bundesweite evangelische Sammelaktion "Brot für die Welt". Im Wechsel der Veranstaltungsorte wird diese populäre

34

Aktion jeweils am 1. Advent mit einem Gottesdienst zusammen mit einem informativen Rahmenprogramm eröffnet. Die Spenden kommen Hilfsprojekten in den Entwicklungsländern zugute.

Mit diesem Beitrag bekunden seit vielen Jahre Menschen in Deutschland ihre Nähe und Solidarität mit Benachteiligten in Übersee, durch sichtbare Zeichen eines Teilens und verantwortlichen Miteinanders. Die Sammelaktion 1993/1994 erbrachte in der Bundesrepublik insgesamt 125 Millionen DM.

Die Katholiken in Deutschland werden durch verschiedene Informationen und Anregungen mit der Situation der Kirche in Südamerika vertraut gemacht. Zur Unterstützung dieser Kirchen wird eine Spendenaktion durchgeführt, die an Weihnachten ihren Höhepunkt hat. "Adveniat" heißt das Bischöfliche Hilfswerk für Südamerika. (s.u. 3.1.5)

Kirche in Lateinamerika

3.1.3. Entstehung des Advents

Ähnlich wie Ostern hat auch Weihnachten eine Vorbereitungszeit ausgebildet. Heute sind es die Wochen zwischen dem 1. Adventssonntag und Weihnachten.

In Frankreich gab es, ähnlich wie vor Ostern, eine sechswöchige Vorbereitungszeit mit einem Karnevals-Vorspann. Der 11.11. als Beginn der Karnevalszeit hat dort seinen Ursprung. Der Termin für den Beginn der fränkischen Adventszeit ergibt sich aus einer Berechnung von 40 Wochentagen bis zum 6. Januar, der anfangs der Termin des Weihnachtsfestes in Gallien war. Die Wochentage, nicht die Samstage und Sonntage, waren Fasttage.

Der 11.11.

Neben der Vorbereitung auf die Geburt Christi, wie sie im Osten und in Rom im Mittelpunkt steht, hat der Advent in Gallien einen besonderen Akzent erhalten. Die Wiederkunft Christi am Ende der Welt war ein beherrschender Gedanke im 6. Jahrhundert. Durch diese Ausprägung wurde der Advent als Bußzeit begangen. Spuren davon finden sich heute noch, aber sie bestimmen nicht den Charakter dieser Zeit.

Geburt Christi und Weltende

35

3.1.4. Aussagen der Adventszeit

In die Vorbereitungszeit auf die Ankunft Christi sind verschiedene Themenstränge verwoben.

Alttestamentliche
Texte

Im Advent wird auf das Alte Testament zurückgegriffen, in dem sich die Erwartung eines Messias herausgebildet hat. Die Christen haben in den alttestamentlichen Schriften viele Hinweise auf Jesus entdeckt. Bereits in den Evangelien wird darauf hingewiesen, daß alttestamentliche Verheißungen erfüllt sind.

Propheten
Johannes der
Täufer

Eine besondere Rolle spielen die Propheten, besonders Jesaja, aber auch Johannes der Täufer, der Vorläufer des Messias.

Geburt Jesu
und
Gottessohnschaft

Die Vorbereitung auf die Geburt Jesu hat durch die Auseinandersetzung um die Gottessohnschaft Jesu einen besonderen Akzent bekommen. Wie Weihnachten nicht nur das Geschenk feiert, das Gott in dem Kind den Menschen machte, sondern ebenso den Sohn Gottes, der Mensch geworden ist, so ist der Advent auch auf die theologische Aussage der Menschwerdung hin orientiert.

Wiederkunft
Christi

Nicht nur auf die Geburt Jesu, seine erste Ankunft in der Welt, richtet der Advent seinen Blick. Die zweite Ankunft des Gottessohnes am Ende der Welt ist auch Thema des Advent. Im Gallien des 6. Jahrhunderts war der Gedanke an das Weltende lebendig.

Das Weltgericht war im Bewußtsein, was sich in den Gerichtsszenen an den mittelalterlichen Kathedralen widerspiegelt. In der Vorbereitung auf das Weltgericht hat der Advent Bußcharakter, allerdings nicht so ausgeprägt wie die Fastenzeit.

3.1.5. Elemente, Bilder, Brauchtum

Im Mittelpunkt der Adventszeit stehen die Sonntage, die auch eigens gezählt werden. Als Adventsschmuck hat sich nach dem 1. Weltkrieg der Adventskranz durchgesetzt. Für jeden der vier Sonntage hat dieser Kranz eine Kerze.

Adventskranz -
ein junger
Brauch

Adventskalender

Für die Kinder gibt es eigene Adventskalender. Jeder Tag im Dezember bis zum 24. hat ein eigenes Bild, das jeweils durch Aufschlagen eines kleinen Türchens sichtbar wird.

Strohhalme
sammeln

Es hat einen pädagogische Hintergrund, wenn Kinder Strohhalme für die Krippe sammeln - für eine gute Tat gibt es einen Strohhalm.

Neben den Adventssonntagen werden Wochentage noch besonders durch die sogenannten Rorate-Messen herausgehoben. Eine besondere Bedeutung haben die Wochentage vor dem Weihnachtsfest.

Rorate ist das Anfangswort des Eingangsverses (Rorate caeli desuper - Tauet Himmel ... Jes 45,2). Rorate-Messen werden an den Samstagen oder täglich in der Zeit vom 17. bis 24. Dezember gefeiert. Die Texte nehmen besonderen Bezug auf Maria. Dadurch, daß in dem seit 1969 gültigen Meßbuch jeder Tag im Advent eigene Texte erhalten hat, sind die Rorate-Messen als besondere Frömmigkeitsübung zurückgegangen. Rorate-Messen

An den letzten sieben Tagen vor Weihnachten, vom 17. bis 24., werden die O-Antiphonen gebetet oder gesungen. Antiphonen sind Gebetsverse. Die O-Antiphonen wenden sich an den kommenden Messias. Sie beginnen jeweils mit "O" und haben daher ihren Namen. Die O-Antiphonen beziehen sich auf Jesus: O-Antiphonen

1. O Weisheit, hervorgegangen aus Gottes Mund, mächtig wirkst du in aller Welt, und freundlich ordnest du alles. Komm, o Herr, und lehre uns den Weg der Einsicht.

2. O Herr und Fürst des Hauses Israel, du bist dem Mose erschienen in der Flamme des Dornbuschs und gabst ihm das Gesetz am Sinai. Komm, o Herr, und erlöse uns mit starkem Arm.

3. O Wurzel Jesse, gesetzt zum Zeichen für die Völker. Vor dir verstummen die Mächtigen, zu dir rufen die Völker. Komm, o Herr, und erlöse uns, zögere nicht länger.

4. O Schlüssel Davids und Zepter des Hauses Israel, du öffnest und niemand schließt, du schließest und niemand öffnet. Komm, o Herr, und befreie aus dem Kerker den Gefangenen, der da sitzt in Finsternis und im Schatten des Todes.

5. O Anfang, Glanz des ewigen Lichtes, du Sonne der Gerechtigkeit, komm, o Herr, und erleuchte uns, die wir sitzen in Finsternis und im Schatten des Todes.

6. O König der Völker, den sie alle ersehnen. Du Eckstein, der das Getrennte eint. Komm, o Herr, und befreie den Menschen, den du aus Erde erschaffen hast.

7. O Immanuel, Gott mit uns. Du König und Lehrer, du Sehnsucht der Völker und ihr Heiland. Komm, o Herr, und erlöse uns, Herr, unser Gott.

Frautragen

In Tirol und Oberbayern wurde ein alter Brauch wiederbelebt. Ein Marienbild wird an den neun letzten Abenden vor Weihnachten von einem Bauerngehöft zum anderen getragen und auf den Hausaltar gestellt. Die Nachbarschaft versammelt sich um das Bild und betet gemeinsam. In der Weihnachtsnacht wird das Bild dann in die Pfarrkirche gebracht.

Familienandachten

In den letzten Jahren bemühen sich einige Diözesen, den Brauch sogenannter Familienandachten, häuslicher Gebetsstunden in der Adventszeit, einzuführen.

Herbergssuche

Ein alpenländischer Brauch ist die Herbergssuche. Jugendliche ziehen von Haus zu Haus, singen ein Herbergslied

Adventsspiele

und erhalten Gaben. Teilweise werden dabei auch kleine Spiele aufgeführt. Diese Herbergssuche hängt wohl mit den

Klöpfel-Nächte

sogenannten Klöpfel-Nächten zusammen. In den drei Donnerstagsnächten des Advents ziehen Kinder und Jugendliche umher, klopfen gegen Türen und Fenster und werfen Erbsen, singen oder sprechen Verse. Es handelt sich wohl ursprünglich um einen Orakelbrauch. Der Brauch wird in Süddeutschland geübt, heißt in Baden, im Elsaß und der Schweiz Bosselns oder Bochselns.

Totenbräuche

Während im Kirchenjahr das Totengedächtnis auf den November konzentriert ist, leben im Advent noch Totenbräuche fort. Es gibt wohl Vorstellungen, daß die Toten in den Winternächten unterwegs sind (Wilde Jagd). Dämonisches wirkt in den Gestalten des Knecht Ruprecht, Hans Muff und Krampus weiter (s. Stichwort Nikolaus 4.6.6, S. 283f).

Adventsblasen

In den verschiedenen Regionen hat sich das Adventsblasen erhalten, das auf einen Brauch der Hirten in der vorweihnachtlichen Zeit zurückgeht.

Adventssingen

Daß das Brauchtum auch in den audiovisuellen Medien wirksam ist, zeigen z.B. das Adventssingen an den Adventssonntagen sowie Reportagen über Adventsbräuche.

Weihnachtsgebäck

Zu den Gepflogenheiten des Advents gehört auch das Backen des Weihnachtsgebäcks. Illustrierte und Bücher bieten hier einen reichhaltigen Service.

38

Einzelne Heiligengedenktage im Advent haben ein besonderes Brauchtum ausgebildet, das in Verbindung mit Advent und Weihnachten zu sehen ist.

Am Barbara-Tag (4. Dezember) werden Zweige von Kirschbäumen oder anderen Obstbäumen abgeschnitten und in Wasser gestellt, damit sie Weihnachten blühen. Die blühenden Zweige sollen wohl ursprünglich versinnbildlichen, daß das Leben über den Winter hinübergerettet wird.

Der Lucia-Tag (13. Dezember) ist sowohl in Südeuropa wie auch in Nordeuropa mit vielfältigem Brauchtum verknüpft. Er war bis zur gregorianischen Kalenderreform der alte Mitt-Wintertag. Es gibt Orakelbräuche, Bräuche zur Dämonenabwehr. Lucia erscheint als Gabenbringerin und in Schweden als Lichtbringerin.

Ein neuer "Brauch" ist der Spendenaufruf zur Adveniat-Kollekte (Adveniat regnum tuum: Zu uns komme dein Reich), die parallel zur Misereor-Kollekte der Fastenzeit aufgebaut wurde. Seit 1961 werden die Katholiken zu Spenden für die Kirche in Lateinamerika aufgerufen. Die Gelder werden von einer Geschäftsstelle in Essen verwaltet (Am Porscheplatz 7, 45001 Essen, Telefon 0201 / 17560).

3.1.6. Themen für Beiträge
Ausgangspunkt "Lebensgefühl"

Der Advent ist gekennzeichnet durch eine unerfüllte Spannung. Die Hektik der Vorweihnachtszeit erzeugt leicht ein Gefühl der Leere. Das Kaufen von Geschenken und die Erwartung, beschenkt zu werden, bringen nicht die erhoffte Erfüllung.

Es können auch Erwartungen aufgegriffen werden, die die Menschen bewegen: Sehnsucht nach Frieden, Loskommen von Konsum- und Leistungsdenken, Zeit-Haben, Rückbesinnung auf Sinnfragen des Lebens...

Diese Art von Erwartungen artikulieren sich oft nur als Zeitkritik, ohne daß eine Erfüllung erhofft wird. Es sind Hoffnungen ohne Glauben, während das Christentum eine Spannung zwischen Verheißung und bereits begonnener

Heiligenfeste im Advent

Barbara

Lucia

Adveniat-Kollekte

39

Erfüllung der Verheißungen kennt.

Unter dem Titel "Adventsgespräch" können verschiedene Themen aufgegriffen werden:

Das Alte Testament als Vorgeschichte des Christentums
Die christliche Religion fußt auf der jüdischen. Jesus ist nach dem Glauben der Christen der im Alten Testament verheißene Messias, während die Juden den Messias noch erwarten. Die Loslösung der jungen Kirche vom Judentum erfolgte erst nach längerem Ringen, sie war nicht unbedingt notwendig und kann als ebenso tragisch angesehen werden wie die Spaltungen der christlichen Kirchen.

Das Alte Testament ist nicht nur das heilige Buch der Juden, sondern auch das der Christen. Die junge Kirche hat erst mit Hilfe des Alten Testaments ihren Glauben formulieren und verstehen können.

Die thematischen Möglichkeiten des Alten Testaments können hier nicht entwickelt werden. Es muß auf die leicht zugänglichen Handbücher verwiesen werden.

Das Judentum
Die Thematisierung des Alten Testaments kann auch weitergeführt werden zu einem "Gespräch mit dem Judentum", zur Darstellung seiner Geschichte, auch nach dem Jahre 0 bis hin zum neuen Staat Israel und der religiösen Praxis heute lebender Juden. Ein formaler Aufhänger können die "Wege Israels" sein - die Wanderschaft Abrahams von Mesopotamien nach Palästina, der Josephssöhne nach Ägypten, der Israeliten unter Moses von Ägypten nach Palästina, der Juden in diesem Jahrhundert.

Erwartung des Messias
Die christliche Religion steht nicht allein mit ihrem Glauben an einen Heilbringer. Die Erwartungen des Alten Testaments und anderer Religionen können miteinander verglichen und auch Heilserwartungen unserer Zeit dargestellt und von der christlichen Überlieferung her kritisiert werden.

Das Thema Zukunft

Die Erwartungen der Christen auf die Wiederkehr Christi, die sich in den Texten der Evangelien vom Weltgericht und der Geheimen Offenbarung niederschlagen, sowie die Hoffnung auf einen neuen Himmel und eine neue Erde stehen in Konkurrenz zu den Vorstellungen anderer Weltanschauungen:

- Technologisch und ökonomisch orientierte Zukunfts-forschung, die teilweise heutige Entwicklungslinien in die Zukunft verlängert oder das Ende der technischen Zivilisation vorhersagt
- Die Vorstellung eines neuen Zeitalters des "Wasser-manns" in der Esoterik

Zukunft der Kirchen

Eher unbemerkt von Europäern gewinnen die Kirchen der Dritten Welt an Bedeutung. In der katholischen Kirche werden diese Länder zahlenmäßig das Übergewicht bekommen. Auch die Zahl der Priester und Ordensleute nimmt in diesen Ländern zu. Es ist an der Zeit, daß sich die europäischen Christen auf diese Veränderungen vorbereiten und sich für die geistigen Entwicklungen dieser Kirchen öffnen.

Die Kirchen Lateinamerikas

Durch die Adveniat-Sammlung wird der Blick auf Südamerika gelenkt. Hier gibt es vielfältige Entwicklungen, über die bereits berichtet wird und weiter berichtet werden muß:

- Soziale Gerechtigkeit
- Neue Gemeindemodelle
- Theologische Strömungen, u.a. Theologie der Befreiung
- Die Rolle der Indios
- Ökonomische Fragen, Nord-Süd-Konflikt
- Aktuelle Konflikte
- Der Urwald im Amazonas Gebiet

Die Propheten

Die jüdische Religion ist wesentlich durch die Propheten geprägt. Der Prophet ist weniger der apokalyptische Seher, der Verborgenes, Zukünftiges schaut, sondern der, der in der Gegenwart bereits die drohende und auch wieder gnadenvolle Zukunft sieht. Der Prophet erkennt die Strömungen der Gegenwart, die Zeichen der Zeit und konfrontiert die Zeitgenossen damit. Solche Männer und Frauen sind heute genauso unbequem wie die Propheten in ihrer Zeit. Sie sollten wenigstens im Advent gehört werden.

Schwierig ist die Darstellung zeitgenössischer Propheten. Werden z.B. C.F. von Weizsäcker, Ernesto Cardenal, Mutter Teresa, Ivan Illich, Roger Schutz, Vaclav Havel, Pedro Arrupe als Propheten tituliert, würden sie sozusagen durch den Rundfunk in diese Rolle eingesetzt. Das riefe zumindest heftige Reaktionen hervor. Unproblematischer wäre es, Texte der Propheten mit zeitgenössischen Texten zu konfrontieren. Es kann ebenso gezeigt werden, daß Aussagen der Propheten auch heutige Situationen treffen. Es können Zeichenhandlungen der Propheten (Jeremia versteckte einen Gürtel am Euphrat, um die Verbannung Israels vorauszusagen (Jer 13) oder das Gleichnis vom Töpfer im 18. Kap.) mit Zeichenhandlungen heutiger Menschen in Zusammenhang gebracht werden: Menschen, die kein Fleisch essen, um gegen die Verschwendung von Getreide, das als Futtermittel verwendet wird, zu protestieren, und andere Beispiele.

Vorgeschichte der Geburt Jesu

Vor allem das Lukasevangelium berichtet über verschiedene Ereignisse vor der Geburt Jesu. Die Berichte werden in der Adventszeit im Gottesdienst gelesen und sind damit auch Adventsthemen. (s. bei Weihnachten 3.2.4, S. 55 f)

- Verkündigung der Geburt Jesu durch den Engel
- Besuch Marias bei Elisabeth (Heimsuchung)
- Ankündigung der Geburt Johannes' des Täufers und seine Geburt

Eine formale Idee wäre es, kurze Beiträge mit "Kleine Schritte nach Bethlehem" zu überschreiben und auch aktuelle Bezüge einzubringen.

Johannes der Täufer
Eine wichtige Figur des Advents ist Johannes der Täufer,
der Vorläufer Jesu. Berichte über seine Geburt und sein
Auftreten werden in den Gottesdiensten des Advent gelesen.

Advent in der Familie
Für die Gestaltung adventlicher Lese- und Gebetsstunden
in der Familie können in Beiträgen Anregungen gegeben
werden.

Fernseh-Adventskalender
Der Adventskalender der Kinder kann als formale Idee für
einen Spot in einer täglichen Nachrichten- bzw. Magazin-
sendung aufgegriffen werden. Wichtig ist, daß hinter jedem
"Türchen" etwas Neues, Überraschendes angeboten wird.
Aktuelles kann in Kurzreportagen aufgegriffen, ein Text
vorgelesen, ein Prophet oder Heiliger des Advents dargestellt
werden.

Mit diesem Kalender könnte man am 1. Adventssonntag
beginnen, das entspräche dem kirchlichen Kalender.

Die nähere Vorbereitung auf Weihnachten beginnt am
17.12. Hier könnten besondere Akzente gesetzt werden.
(s.o. 3.1.5, S. 36ff - Brauchtum)

3.2 Weihnachten und die Weihnachtszeit

Neuer Anfang

3.2.1 Anthropologische Voraussetzungen des Festes

An Weihnachten wird die Geburt eines Kindes gefeiert. Wie bei jedem Kind ist damit die Chance eines neuen Anfangs gegeben. Mit dieser Geburt wurde tatsächlich die Zählung der Zeit neu begonnen.

Zukünftige Rolle des Kindes

Mit diesem Kind verbinden sich Verheißungen, ein Motiv, das bereits im Alten Testament bekannt war:
- Isaak war dem Abraham verheißen worden
- Samuel und Samson und Johannes der Täufer waren verheißene Kinder

Diese Motive sind auch in einer "Durchschnittsfamilie" nicht unbekannt. Die Geburt des Stammhalters (vgl. Isaak) hat eine besondere Bedeutung. Es gibt Mütter, die für ihre Kinder eine religiöse Berufung erhoffen.

Überwindung der Angst

Ein Kind wird als Geschenk erfahren. Im Kind offenbart sich das Geheimnis des Lebens; daß es lebt, daß es gesund ist, muß auf dem Hintergrund der Ängste der Eltern gesehen werden, die immer mit einer gewissen Furcht gelebt haben, ob das Kind lebend und gesund zur Welt kommt.

Erfahrung des Ursprungs, des Lebens

Das lebendige Kind vermittelt eine Erfahrung vom Ursprung des Lebens. Die Eltern haben das Leben selbst nicht hervorgebracht, sondern weitergegeben. Es ist die

44

Erfahrung, daß das Leben unerschöpflich, immer wieder neu und jung ist, daß es stärker ist als all seine Bedrohung.

Das Kind selbst wird als Geschenk gesehen, es ist den Eltern, der Familie, allen Menschen geschenkt worden - als Bereicherung und Aufgabe, als Herausforderung.

Das Kind als Geschenk

Für dieses Geschenk danken Menschen dem Vater aller Menschen, dem Ursprung des Lebens, dem Schöpfer. Das Kind kommt aus seiner Hand. Bei den Pygmäen in Gabun erhebt der Häuptling das Neugeborene, hält es der Sonne entgegen und spricht:

Geschenk des Schöpfers

> Dir Schöpfer, Dir dem Mächtigen,
> Opfere ich diese neue Pflanze -
> Neue Frucht des alten Baumes
> Du bist der Herr
> Wir sind die Kinder
> Dir dem Schöpfer, Dir dem Mächtigen
> Wir sind keine Tiere
> Wir werden nicht geboren wie Tiere
> Wenn wir zur Welt kommen
> Schaut uns der Schöpfer an
> Und wir schauen ihn an -
> Mit dem Angesicht ihm zugewandt

Das Neugeborene hat eine besonders starke Beziehung zur Mutter. Daher sind Maria und das Kind in der abendländischen Kunst zum Urbild der Beziehung zwischen Mutter und Kind geworden.

Das Kind und die Mutter

Weihnachten hat jedoch nicht nur das Thema Geburt, Geschenk, Freude. Es gibt auch die Bedrohung. Der König Herodes fühlt sich durch den Nachkommen Davids bedroht und bedroht wiederum das Kind. Hier werden Motive angesprochen, die es auch in der alltäglichen Lebenserfahrung gibt. Ältere Geschwister fühlen sich unmittelbar durch das Neugeborene bedroht, sie fürchten, daß das Kleine die ganze Zuwendung der Eltern auf sich zieht. Neugeborene können eine Konkurrenz für andere potentielle Erben sein. Schließlich kann ein Neugeborenes den Lebensraum der übrigen Familie einengen - weil die Wohnung zu klein geworden, der finanzielle Spielraum noch begrenzter ist.

Bedrohung

3.2.2. Bezug zur Öffentlichkeit

Die verschiedenen Lebensbezüge, die das Weihnachtsfest anspricht, finden sich nur in schmalen Ausschnitten in den heute üblichen Festgebräuchen wieder.

Die Feier des Kindes, die Erfahrung des Lebens, der Geschenkcharakter einer Geburt - das alles artikuliert sich fast gar nicht bzw. wird mehr bei einer Geburt in der Familie und bei einer Taufe erlebt.

Obwohl Weihnachten das christliche Fest ist, das noch den größten Nachhall in der Öffentlichkeit findet, sind die möglichen Themen des Festes kaum gegen die Festtagsgebräuche der Konsumgesellschaft durchzusetzen.

Es sollen hier aber nicht die Kritiken der bundesrepublikanischen Weihnacht resümiert werden, sondern die Aspekte aufgegriffen werden, die tatsächlich an die Inhalte des Festes anknüpfen.

Weihnachten ist, anders als z.B. Sylvester und Neujahr, ein Fest, bei dem die Kinder mit einbezogen sind, ja im Mittelpunkt stehen.

Es ist in Deutschland ein Fest der Familie, bei dem Familie besonders ausdrücklich erlebt wird. Bei den Erwachsenen verbinden sich mit dem Fest Erinnerungen an die eigene Kindheit. Geborgenheit und Zusammengehörigkeit werden erlebt.

Weihnachten wird daher von vielen, die in keiner Familie leben, die sich in ihrer Familie nicht wohlfühlen, schmerzlich erlebt. Sie haben das Gefühl, nicht dazuzugehören. Weihnachten verstärkt das Bewußtsein der Einsamkeit - das liegt aber nicht in der ursprünglichen Idee des Festes. Als kirchliches Fest hat es öffentlichen Charakter. Die Weihnachtsgottesdienste schließen niemand aus, wie es die Feiern in den Familien tun. Die Bedeutung, die das Weihnachtsfest für das Selbstverständnis der Familie hat, daß an Weihnachten die Familie sich selbst feiert, hat kulturgeschichtliche Wurzeln, die nicht zuletzt im Pietismus zu suchen sind. Seine familienorientierte Gestaltung entwickelte sich erst im 19. Jahrhundert.

Das Weihnachtsfest hatte über Jahrhunderte hinweg einen stärker öffentlichen Charakter, als wir es gewohnt sind. Die Weihnachtsfeiern der Vereine und Betriebe gehen auf Feiern der Zünfte und Bruderschaften zurück. Der familiäre Charakter

---

Die Festtagsgebräuche der Konsumgesellschaft decken zentrale Inhalte zu

Kinder sind einbezogen

Erfahrung der Familie

Erfahrung der Einsamkeit

46

der Feiern bildete sich erst im 18. und 19. Jahrhundert heraus und damit auch die Intimität des Festes, die bis heute seine Erlebnisqualitäten prägt.

Daß an Weihnachten Geschenke ausgetauscht werden, prägt die Vorbereitungszeiten auf das Fest und ist wichtiger Inhalt der familiären Feierlichkeit. Obwohl das Schenken zur Konvention geworden ist, hat es doch einen symbolischen Charakter behalten, der allerdings unter dem Zugriff der Werbung seinen Sinngehalt fast verloren hat.

Von seinem Ursprung her hat das Geschenk sogar Anspruchscharakter: Die Kinder hatten das Recht, von ihren Paten Geschenke zu erhalten (ursprünglich am Nikolaustag). Daß der einzelne auch heute ein Anrecht darauf hat, daß ihm etwas geschenkt wird, daß er etwas bekommt, das nicht nur Gegenwert einer Leistung ist, gibt dem Geschenk immer noch seinen besonderen Charakter. Im christlichen Sinn drückt sich darin aus, daß den Menschen an Weihnachten etwas geschenkt wurde, das sie sich nicht erwerben konnten und das sie nicht verdient hatten.

Neben dem Austausch von Geschenken hat das Festessen in der Familie eine zentrale Bedeutung. Ein vielfältiges, regional bestimmtes Brauchtum prägt die Mahlzeiten. Stärker als bei anderen Festen hält man an Weihnachten an bestimmten Speisen fest, z.B. an der Gans, am Karpfen.

Der starke familiäre Akzent von Weihnachten prägt den Charakter des Festes und damit auch seine Bezüge zum öffentlichen Leben. Zumindest am Heiligabend "erstirbt" das öffentliche Leben, weil alle Welt sich in den Bereich der Familie zurückzieht. Die Privatsphäre gilt in diesen Stunden als besonders geschützt. All denen, die am Heiligabend arbeiten müssen, Bahnbeamte, Straßenbahnfahrer, Krankenhauspersonal und Schichtarbeiter, gilt ein besonderes Mitgefühl.

Neben der Familie thematisiert Weihnachten auch den "Frieden". Hier sind Elemente der christlichen Tradition im öffentlichen Bewußtsein besonders lebendig. Ausgehend von der Friedensbotschaft, die die Hirten von den Engeln erhielten, wird Friede als Möglichkeit menschlichen Zusammenlebens an diesem Fest besonders ins Bewußtsein gehoben. Der Friedensgedanke ist sicher eine Chance, das Fest über die Vermittlung von Stimmungen hinaus wirksam werden zu lassen.

Die Weihnachtszeit bietet Raum, Geschichten zu erzählen, bedingt auch durch das frühe Dunkelwerden. Zu keinem anderen Fest gibt es so viele Geschichtenbücher.

3.2.3 Entstehung der Feste der Weihnachtszeit

Weihnachten gehört nicht zum Urbestand der christlichen Liturgie. Erst im Laufe der Entwicklung hat die Urkirche Ereignisse aus dem Leben Jesu in eigenen Festen aufgegriffen. Diese Feste kamen zu der Feier des Sonntags und des Jahresgedächtnisses der Auferstehung, dem Osterfest, hinzu. Die Herausbildung des Weihnachtsfestes wurde darüber hinaus von außen angestoßen, ein Grund dafür, daß es in der Christenheit zwei Weihnachtsfeste gibt: den 25. Dezember und den 6. Januar.

3.2.3.1 Der 25. Dezember

Das Weihnachtsfest am 25. Dezember ist in Rom entstanden. Der Tag der Wintersonnenwende wurde mit einem Fest des "sol invictus", des unbesiegten Sonnengottes, begangen. Dieses Fest war 274 durch Kaiser Aurelian eingeführt worden.

Fest des "sol invictus"

Um die Christen gegen dieses Fest zu immunisieren, hatte die Kirche dem heidnischen Sonnengott die "wahre Sonne" das "wahre Licht der Welt" entgegengesetzt.

Diese Ableitung des christlichen Geburtsfestes ist in der historischen Forschung jedoch nicht einhellig. Es ist auch möglich, daß die Christen bei dem Versuch, das Geburtsdatum Jesu genauer zu bestimmen, den Tag der Sommersonnenwende zum Ausgangspunkt nahmen. Am 24. Juni wird die Geburt Johannes' des Täufers gefeiert. Nach den biblischen Berichten wurde Jesus sechs Monate später geboren. (Lk 1,26)

Im Johannesevangelium wird folgendes Wort des Täufers über Jesus berichtet:

Ihr selbst könnt mir bezeugen, daß ich gesagt habe: Ich bin nicht der Messias, sondern nur ein Gesandter, der ihm vorausgeht ... Er muß wachsen, ich aber muß kleiner werden. *(Joh 3,28)*

48

Dieses Wort wurde auf die Sonne bezogen. Nach dem Fest des Täufers nimmt die Sonne ab, nach dem Fest der Geburt Christi nimmt die Sonne zu. Da die religiöse Vorstellungswelt der Antike sowie des ersten christlichen Jahrtausends kosmologisch geprägt war, hatte der Geburtstag Jesu am Tag der Wintersonnenwende auf jeden Fall eine große symbolische Aussagekraft, die sicher die Verbreitung des Weihnachtsfestes beschleunigte.

Möglicherweise haben sich beide Tendenzen gegenseitig verstärkt. Dem Fest des Sonnengottes ein christliches Fest entgegenzusetzen war wohl nur möglich, wenn die Berechnung des Geburtsdatums unter den Christen akzeptiert war. Die Geburt Jesu am Tag der Wintersonnenwende symbolisierte für die Menschen der damaligen Zeit, daß Gott mit diesem Kind das Leben neu entstehen ließ, ein Licht im Dunkeln entzündete.

Ein weiteres Motiv für die Verbreitung des Weihnachtsfestes war die Infragestellung der Gottessohnschaft Jesu durch Arius. Für ihn war der Logos ein Geschöpf Gottes, Gott nicht wesensgleich. Logos war ein philosophisch geprägter Begriff, den das Johannesevangelium auf Jesus anwendete (Joh 1,1-18). Logos bedeutet Wort, Weisheit, Sinn. Jesus ist das Wort Gottes, das der Vater ausspricht, und durch dieses Wort ist alles erschaffen (Joh 1,3), es ist der tiefste Sinn des Kosmos. Ähnliche Gedanken, wie sie die jüdische Weisheitsphilosophie entwickelt hatte, fanden die Christen in der Philosophie des Mittleren Platonismus wieder. Dieser sah im Logos allerdings ein Geschöpf Gottes, nicht wie die Christen eine Person des dreifaltigen Gottes. Arius hat sich der damaligen Philosophie angeschlossen (s.u. ausführlicher 3.9. Dreifaltigkeitssonntag). Das Konzil von Nicäa verurteilte 325 seine Lehren, die jedoch erst in den Jahrzehnten danach ihre größte Verbreitung fanden, von verschiedenen Kaisern unterstützt wurden und erst mit dem Konzil von Konstantinopel 381 überwunden waren.

Das Weihnachtsfest hat daher von Anfang an nicht nur die Inkarnation des Sohnes, das Erscheinen der Zweiten Person der Gottheit im Fleisch, sondern auch die ewige Geburt des Sohnes aus dem Vater zum Thema. Das wird heute noch in einer der Präfationen von Weihnachten deutlich:

Theologische
Deutung der
Gottessohnschaft

49

In Wahrheit ist es würdig und recht, dir, Vater im Himmel, zu danken durch unseren Herrn Jesus Christus. Denn groß ist das Geheimnis seiner Geburt, heute ist er, der unsichtbare Gott, sichtbar als Mensch erschienen. Vor aller Zeit aus dir geboren, hat er sich den Gesetzen der Zeit unterworfen. In ihm ist alles neu geschaffen. Er heilt die Wunden der ganzen Schöpfung ...

Das Weihnachtsfest der Ostkirche ist der 6. Januar. Es hatte in der Westkirche bis zur Liturgiereform 1969 die gleiche Stellung wie der 25.12. Diese liturgische Gleichstellung hatte jedoch faktisch keine Bedeutung. Im Zentrum stand im Westen immer der 25. Dezember. Die Reform hat nur das bestätigt, was in der Praxis der Kirche schon üblich war.

3.2.3.2. Der 6. Januar

Das Weihnachtsfest am 6. Januar ist in Alexandrien entstanden. Eine christliche Sekte feierte an diesem Tag das Fest der Taufe Jesu. Nach ihrem Verständnis war die Taufe durch die Herabkunft des Geistes die eigentliche Geburt des Sohnes. Das Datum geht wahrscheinlich auf das Fest des alexandrinischen Stadtgottes zurück. In der Nacht vom 5. auf den 6. Januar wurde der Geburtstag des Gottes Äon, Gott der Zeit und der Ewigkeit, gefeiert.

Fest des alexandrinischen Stadtgottes

Das Gedächtnis der Taufe Jesu an diesem Tag kann sich von dem Brauch, am Fest des Gottes Äon Wasser aus dem Nil zu schöpfen, herleiten.

Am 6. Januar wird auch des Weinwunders bei der Hochzeit zu Kana gedacht, weil nach heidnischen Vorstellungen in der Nacht vom 5. auf den 6. Januar aus manchen Quellen Wein fließt.

In Gallien wurde zeitweise auch der 6. Januar als Hauptweihnachtsfest gefeiert. Zwischen Gallien und dem Osten bestanden enge Verbindungen.

Dadurch, daß der Osten wie der Westen gegenseitig das Weihnachtsfest des anderen übernahmen, erhielten beide Feste eine unterschiedliche Akzentsetzung.

- 25.12. Das Fest der Geburt: Gott und Mensch in einem unscheinbaren Kind
- 06.01. Die Bedeutung des Kindes wird schon zu Beginn von den Magiern erkannt: Erscheinung, Epiphanie des Herrn.

3.2.3.3 Fest der Taufe Jesu (in der katholischen Kirche)

Die Liturgiereform des Jahres 1969 hat traditionelle Inhalte des Epiphaniefestes auf die folgenden Sonntage gelegt. Am Sonntag nach Erscheinung wird das Fest der Taufe Jesu gefeiert, das Evangelium der Hochzeit zu Kana wird am 2. Sonntag nach Erscheinung gelesen.

3.2.3.4 Stephanus und Johannes: 26. und 27. Dezember

Weihnachten hat wie Ostern eine eigene Festwoche ausgebildet. Bereits vorhandene Feste wurden beibehalten und durch das Weihnachtsfest aufgewertet. In Deutschland ist durch den sogenannten 2. Feiertag der Gedenktag des heiligen Stephanus, des ersten Märtyrers, besonders ins Bewußtsein gerückt. Dieser Tag ist in der Liturgie nicht weihnachtlich geprägt, vielmehr steht der Bekennermut des Diakons Stephanus im Vordergrund. Die Gerichtsverhandlung, seine Verteidigungsrede und seine Hinrichtung werden in der Bibel selbst überliefert (Apg 6,8 - 8,11).

Mit dem Fest des Apostels Johannes am 27.12. ist der Brauch einer Weinsegnung verbunden. Es gibt eine Legende, daß Johannes, ohne Schaden zu nehmen, einen Becher vergifteten Weines getrunken habe (zum Brauchtum siehe bei 3.2.5.).

3.2.3.5 Unschuldige Kinder: 28. Dezember

Anders als die Gedenktage des heiligen Stephanus und des heiligen Johannes steht dieses Gedächtnis in unmittelbarer Beziehung zu Weihnachten. Im Matthäusevangelium wird berichtet, daß Herodes die Knaben bis zum Alter von zwei Jahren in Bethlehem aus Angst vor einem Rivalen hat umbringen lassen. Der biblische Bericht greift Elemente der Mosesgeschichte im Buch Exodus 1,16 auf.

Der Pharao ließ alle neugeborenen Knaben töten. Überliefert ist auch die Grausamkeit des Herodes, der drei seiner Söhne hinrichten ließ.

Aus der Verbindung beider Motive, Jesus als der neue Moses und die Infragestellung der Herrschaft des Herodes durch den neuen Messias, ist wohl diese Überlieferung entstanden, die die Idylle des Weihnachtsfestes sehr schnell aufhebt.

3.2.3.6. Neujahr

Acht Tage nach Weihnachten

Der Neujahrstag ist kein ursprünglich christliches Fest, sondern geht auf die Kalenderreform Cäsars im Jahre 46 zurück, der den Jahresbeginn vom 1. März auf den 1. Januar verlegte. Die ausgelassenen Feiern in der Nacht zum 1. Januar gehen ebenfalls auf die Römer zurück. Gegen die heidnischen Feierlichkeiten setzten die Christen sogar ein Fasten, in Rom wurde ein Marienfest eingeführt, das aber wieder in den Hintergrund trat. In Spanien und Gallien hatte sich im 6. Jahrhundert ein Fest der "Beschneidung des Herrn" herausgebildet, das ein Ereignis der Kindheitserzählungen aufgreift. In Lk 2,21 heißt es: "Als acht Tage vergangen waren und das Kind beschnitten werden sollte, erhielt das Kind den Namen Jesus, wie der Engel es genannt hatte, noch bevor es im Mutterschoß empfangen war." Der 8. Tag nach Weihnachten, wenn man den 25.12. als ersten mitzählt, ist der 1. Januar. Dieser Festinhalt setzte sich allgemein durch, mit der Liturgiereform 1969 wurde auf das alte römische Marienfest zurückgegriffen. Es heißt jetzt "Hochfest der Gottesmutter Maria und des Namens Jesu". In den östlichen Kirchen wird ein Marienfest am 26. Dezember begangen. In der Liturgie des Tages wird auch Bezug auf den Neujahrstag genommen. Es wird ein Symbolgebet für das neue Jahr gesprochen. Papst Paul VI. hat den 1. Januar zum Weltfriedenstag erklärt. Das Friedensthema wird in den Gottesdiensten aufgegriffen. Von Bedeutung ist auch das jährliche Papstwort zu diesem Tag.

3.2.3.7 Darstellung des Herrn: 2. Februar

Alttesta-mentlicher Brauch

Dem Lukasevangelium entsprechend wurde Jesus nach dem mosaischen Gesetz in den Tempel gebracht, und zwar am 40. Tag nach der Geburt, der damit auf den 2. Februar fällt. In

52

Deutschland heißt das Fest auch Lichtmeß, weil es mit einer Lichtprozession verbunden ist. Diese geht auf eine alte heidnische Sühneprozession in Rom zurück, die verdrängt werden sollte. Das Licht im christlichen Gottesdienst nimmt auf den Evangeliumsbericht Bezug, in dem Jesus von dem greisen Simeon als "Licht zur Erleuchtung der Heiden und zur Verherrlichung Israels" begrüßt wird.

Lichterprozession

Zählt man vom 6. Januar an 40 Tage, so kommt man auf den 14. Februar, an dem die Ostkirchen das Fest der Darstellung des Herrn feiern. Möglicherweise ist der Valentinstag in Frankreich auch von da hergeleitet, ohne daß der Inhalt des Festes noch bewußt ist. In Gallien war eine Zeitlang der 6. Januar das Weihnachtsfest.

Valentinstag

3.2.3.8 Fest der Heiligen Familie

Am Sonntag nach Weihnachten wird ein sehr junges Fest begangen, das erst im 19. Jahrhundert entstanden ist. Die heilige Familie wird als Vorbild gesehen und ihre Verehrung gefördert.

3.2.4 Aussage des Festes

Im Weihnachtsfest fließen verschiedene theologische Linien zusammen. Wie bereits aus der Entstehungsgeschichte des Festes deutlich wurde, ist die Aussage des Festes nicht auf eine Formel zu bringen.

Gott ist Mensch geworden - die unterschiedlichen Berichte der Evangelien tragen nicht zuletzt zur thematischen Fülle des Weihnachtsfestes bei. Sie stellen das Geheimnis der Menschwerdung unterschiedlich dar. Während das älteste Evangelium, das Markusevangelium, mit dem öffentlichen Auftreten Jesu beginnt, haben die drei anderen einen "Vorspann".

Johannes hat einen Hymnus an den Anfang gesetzt. Der Hymnus greift Weisheitsspekulationen des Judentums auf und identifiziert Jesus mit der Weisheit, die unter den Menschen ihr Zelt aufgeschlagen hat. Das Weisheitsmotiv wird noch radikalisiert - der Logos, das Wort, der Sohn Gottes, ist wesensgleich mit dem Vater.

Der Logos-Hymnus des Johannes-Evangeliums

Der Leser des Johannesevangeliums weiß durch diese Einleitung, wer der Jesus ist, von dem berichtet wird. Das Evangelium arbeitet heraus, wie die Menschen, die "Welt", auf den fleischgewordenen Logos reagiert haben. Das erste Kapitel des Johannesevangeliums wird in einer der drei Weihnachtsmessen gelesen. Es hat die Theologie der frühen Kirche in starkem Maß beeinflußt. Im Kontrast dazu stehen die Berichte von Matthäus und Lukas.

Midrasch-Erzählungen bei Matthäus und Lukas

Diese stellen nicht in der Form eines Hymnus den Ursprung des Logos aus Gott und sein Erscheinen in der Welt dar, sondern erzählen Geschichten, in denen sie die Bedeutung des Kindes - für den heutigen Leser eher indirekt - aufzeigen. Die Menschen der damaligen Zeit haben sicher unmittelbarer als wir verstanden, was wir erst durch die Hilfe der Bibelwissenschaft entdecken, die diese Erzählungen mit der Literatur des damaligen Judentums und deren Erzählabsichten vergleicht. Aus dem Vergleich mit ähnlichen Erzählungen des damaligen Judentums kann exakter bestimmt werden, welche Aussageabsichten die Texte haben. Es sind Midrasch-Erzählungen, durch die die Juden Ereignisse auf dem Hintergrund des Alten Testaments deuteten. Die alttestamentlichen Texte werden herangezogen, um die Überlieferung über die Geburt Jesu auszugestalten. Eine Fülle von Anspielungen auf verschiedene alttestamentliche Stellen finden sich bei Matthäus und Lukas. Bei der Entwicklung dieser Erzählungen, die die Evangelisten sicher schon vorfanden, war nicht ein historisches Interesse im heutigen Sinne leitend. Es geht in den Erzählungen nicht um die exakte Beschreibung der Ereignisse, vielmehr wird in Erzählungen mitgeteilt, was die Ereignisse bedeuten. Aus dem Wissen um Jesus, den Gekreuzigten und Auferstandenen, sind diese Erzählungen entwickelt worden.

Im Alten Testament fanden schriftgelehrte Christen viele Hinweise auf die Vorgänge, die sich beim Auftreten des Messias abspielen sollten. Auch wir gehen in ähnlicher Weise mit den Erzählungen um. Wir sehen in der Geburt im Stall, in der Verfolgung des Kindes durch die Machthaber

Deutung durch Rückgriff auf das Alte Testament

und darin, daß zuerst die einfachen Hirten das Kind gefunden haben, den Lebensweg und das Schicksal dieses Kindes vorgezeichnet. Auch wir entdecken in den verschiedenen Eigenarten der Erzählungen Aussagen über den göttlichen Ursprung des Kindes. Trotzdem muß heute mit Hilfe der Bibelwissenschaft eine Brücke zu den Texten geschlagen werden. Im folgenden werden nur in einem Überblick einige

54

Aspekte zusammengestellt, da exegetische Abhandlungen leicht zugänglich sind. Im Anhang werden einzelne Kommentare und Monografien auch in Textauszügen vorgestellt (3.2.4.). Die Textproben sind so ausgewählt, daß sie jeweils auf andere Teile der biblischen Erzählungen Bezug nehmen und auch anstelle des folgenden Überblicks benutzt werden können.

Lukas

Lukas ist der Evangelist, der unsere Vorstellungen von Weihnachten am stärksten geprägt hat. Er überliefert die Erzählungen:

- Verkündigung des Engels Gabriel an Maria
- Besuch Marias bei Elisabeth
- Herbergssuche
- Geburt im Stall
- Verkündigung an die Hirten
- Beschneidung und Darstellung Jesu im Tempel
- Der Zwölfjährige im Tempel

Lukas parallelisiert die Ankündigung und Geburt Jesu mit der Johannes' des Täufers. Auch die Geburt des Johannes wird durch einen Engel angekündigt und geschieht auf wunderbare Weise, denn die Mutter war unfruchtbar und bereits im vorgerückten Alter. Schon die Empfängnis der beiden Kinder deutet darauf hin, daß sie von Gott mit besonderen Aufgaben bedacht werden. Das ist in der biblischen Überlieferung nicht ungewohnt. Isaak wurde von der neunzigjährigen Sarah geboren (Gen 17 und 18). Die Mütter von Samson (Ri 13) und Samuel (1. Sam 1,1-20) waren unfruchtbar. All diese Geburten werden den Eltern vorher angekündigt. Die Angesprochenen erheben Einwände bzw. fragen zurück. Zur Bestätigung der Verheißung wird ein Zeichen gegeben. Für Maria ist die Schwangerschaft von Elisabeth das verbürgende Zeichen.

Alttestament-liche Parallelen zu den Geburts-tagsgeschichten

Ankündigung der Geburt

Daß Jesus von einer Jungfrau geboren wurde, ist im Verständnis der damaligen Zeit nichts Außergewöhnliches. Ähnliche Berichte gibt es über Buddha, Augustus und Sargon. Die Erzählung will vor allem aussagen, daß das

Jungfrauengeburt - kein Ärgernis für die antike Welt

Kind aus Gott hervorgegangen und daß der Ursprung des Kindes in Gott zu suchen ist.

Daß das Kind Gottes Sohn ist, drückt Lukas auch durch die Verwendung alttestamentlicher Texte aus.

- In Lukas (1,76) heißt es in Anspielung auf Maleachi (3,1), daß Johannes dem Herrn, d.h. Gott vorausgeht. Jesus wird mit Jahwe identifiziert.
- Der Engel spricht zu Maria: Der Heilige Geist wird über dich kommen und die Kraft des Höchsten wird dich überschatten. Darum wird auch das Heilige, das aus deinem Schoß hervorgehen wird, Sohn Gottes heißen. Der Heilige ist aber Gott selbst (Lk 1,35).
- Jesus ist König, "seiner Herrlichkeit wird kein Ende sein" (Lk 1,33). Diese Aussage wird im Alten Testament von Gott gemacht.
- Jesus ist der Retter. Jesus heißt "Jahwe-Retter", beim Propheten Zefanja (3,17) wird Gott selbst als der Retter Israels verkündet. "Der Herr, dein Gott, ist bei dir, ein Held, der Rettung bringt". Die Engel verheißen den Hirten den "Retter".

In diesem Zusammenhang gewinnt auch die Bedeutung des Tempels in den lukanischen Kindheitsberichten Bedeutung. Die Dynamik der Erzählung tendiert auf den Tempel hin. Hier geben Simeon und Hanna den Eltern Aufschluß über die Bestimmung des Sohnes.

Die alttestamentlichen Messiaserwartungen sind erfüllt.

Aber noch mehr drückt sich darin aus. Die Juden glauben an eine besondere Gegenwart Gottes im Tempel, die Mensch-werdung Gottes verwirklicht auf vollkommene Weise das Wohnen Gottes im Tempel. Der Weg Jesu zum Tempel ist die Erfüllung von Verheißungen, die auch Simeon und Hanna bestätigen. Der Zwölfjährige sagt dann zu seinen Eltern: "Wußtet ihr nicht, daß ich im Haus meines Vaters sein muß?" (Lk 2,49)

Parallel dazu wird auch die Gestalt Marias gedeutet. Sie ist die Tochter Sions, der Gnade und Freude verheißen werden. Der Gruß des Engels ist wie eine Weissagung des Propheten Zefanja (3,14 - 15) über Jerusalem aufgebaut. Das Überschatten durch den Heiligen Geist erinnert an die

56

Gegenwart Gottes im Zelt der Bundeslade und später im Tempel in der Gestalt einer Wolke.

Im Kontrast zu den Aussagen über das Kind stehen die Umstände der Geburt. Hier zeigt sich ein Charakteristikum der christlichen Botschaft, die nicht allein aus dem Alten Testament abzuleiten ist.

Jesus tritt nicht wie ein großer Herrscher in die Welt, sondern unscheinbar. Er wird in einem Stall geboren und nur von einfachen Hirten erkannt. Daß sein Lebensweg nicht einfach von Erfolg gekennzeichnet wird, sagt die Verheißung des Simeon: "Dieser ist zum Fall und zur Auferstehung vieler in Israel bestimmt, zum Zeichen des Widerspruchs. Auch deine eigene Seele wird ein Schwert durchdringen." (Lk 2,34 f)

Jesus als der Messias der Armen

Matthäus

Matthäus setzt in seinen Erzählungen über die Geburt Jesu andere Akzente:

Empfängnis und Geburt werden nur in Berichtsform erwähnt (Mt 1,18-25), allerdings mit verschiedenen Verweisen darauf, daß alttestamentliche Verheißungen in Erfüllung gegangen sind.

Die Huldigung der Weisen und die Flucht aus Ägypten, ebenso der Kindermord sind eigenständige Erzählstücke dieses Evangeliums.

Das Sternmotiv ist in der damaligen Zeit üblich. Den Großen wurde ein besonderer Stern zugeschrieben.

Daß nicht Juden, sondern Heiden den jüdischen Messias gefunden haben, ist eine Erfahrung der jungen Christengemeinden. Wie Jesus wurden auch die Christen von den Juden abgelehnt. In dem Bericht über die Weisen dürfte auch auf eine Stelle im Buch Numeri Bezug genommen werden. Bileam war von Balak, einem Israel feindlichen König, aus dem Zweistromland herbeigerufen worden, um Israel zu verfluchen. Statt eines Fluches spricht er eine Verheißung aus:

Die Heiden, nicht die Juden finden den neuen Messias

"Spruch Bileams, des Sohnes Beors, Spruch dessen, der Gottesworte hört ... Ich sehe ihn, aber nicht jetzt, ich erblicke ihn, aber nicht in der Nähe: Ein Stern geht in Jakob auf, ein Zepter erhebt sich in Israel ..." *(Num 24,15-17)*

57

Auch die Erzählungen von der Flucht nach und der Rückkehr aus Ägypten dürften alttestamentlich motiviert sein. Das Volk Israel hielt sich in Ägypten auf und kehrte wieder nach Palästina zurück. Jesus ist der neue Moses - wie dieser schon als Kind in Gefahr, doch auf wunderbare Weise gerettet, ist er von Gott zum Retter seines Volkes bestimmt.

Die Erzählungen über die Geburt Jesu sind Lehrstücke, die theologische Aussagen machen wollen:

- Die Erwartungen, die sich auf einen Messias richten, haben sich erfüllt, Jahwe hat seine Verheißungen eingelöst.
- Das Kind hat seinen Ursprung aus Gott, es ist Sohn Gottes, in ihm kommt Gott selbst, so wie es die Propheten geweissagt haben.
- Das Kind ist der Retter, der Mose noch überbietet.
- Der Sohn ist ein Geschenk des Friedens - eine neue Zeit bricht an.
- Die einfachen Menschen und die Heiden erkennen den Messias, das offizielle Judentum lehnt ihn ab.
- Das Lebensschicksal Jesu zeichnet sich in den Ereignissen der Geburt bereits ab.

Die Aussagen der biblischen Texte bieten einen Maßstab, an dem die Gestaltung der Feste der Weihnachtszeit gemessen werden muß. Auf jeden Fall rechtfertigen sie keine falsche Sentimentalität und keine vorschnelle Versicherung, daß alles in Ordnung ist.

3.2.5 Elemente, Bilder, Brauchtum

Zentrum des Weihnachtsfestes ist für Katholiken nicht eine Krippenfeier, sondern die Messe - das Gedächtnismahl, das Jesus mit seinen Jüngern hielt. Dieses Mahl erhält an Weihnachten einen besonderen Akzent. Nicht allein Leiden, Tod und Auferstehung stehen im Zentrum, sondern auch die Menschwerdung, die Erscheinung des Wortes Gottes, die sich nach dem Glauben der Christen im Verlesen der biblischen Berichte sowie in den eucharistischen Gestalten von Brot und Wein jetzt ereignet, denn in den Gestalten wird der Gottessohn anwesend geglaubt.

In einem Gebet, das in der Messe über Brot und Wein gesprochen wird, heißt es:

Himmlischer Vater,
erfülle die Gaben dieser Erde mit deinem Segen,
damit sie das Geheimnis dieses Tages darstellen;
wie Christus
als neugeborener Mensch und wahrer Gott
vor uns aufleuchtet,
so laß uns durch diese irdische Speise
das göttliche Leben empfangen.

In den meisten Gegenden wird die Messe um Mitternacht oder am Abend gefeiert, in einigen Gegenden auch in der Frühe des ersten Weihnachtstages. Dabei haben die Messen, entsprechend ihres Evangeliums, unterschiedliche Akzente.

Drei Messen an Weihnachten

1. Die erste Messe in der Nacht hat das Evangelium der Geburt nach Lk 2,1-7.
2. Die Messe am frühen Morgen heißt auch Hirtenmesse, weil das Evangelium von der Erscheinung der Engel vor den Hirten und dem Besuch der Hirten im Stall berichtet.
3. Die Messe am 1. Weihnachtsfeiertag ist geprägt vom Prolog des Johannesevangeliums, in dem die Menschwerdung mehr philosophisch-theologisch dargestellt wird.

Die Krippe, d.h. die Nachbildung des Stalles, in dem Jesus geboren wurde, mit den Figuren des Kindes, Marias und Josefs, der Hirten und der Engel, hat im Gottesdienst selbst keine Funktion. Sie prägt aber zusammen mit dem Schmuck den Kirchenraum. Bei Andachten, d.h. Gottesdiensten am Nachmittag und Abend, ist die Krippe allerdings stärker einbezogen. Dabei findet oft ein eigener Kindersegen statt. Nach den Gottesdiensten gehen Kinder und Erwachsene zur Krippe, um die Szene zu betrachten und um zu beten. Manche machen sogar eine Art Krippenwallfahrt und besuchen die Krippen in verschiedenen Kirchen.

Weihnachtskrippe ohne liturgische Funktion

Die Krippendarstellungen sind im Mittelalter entstanden, das im Gegensatz zur frühen Kirche ein starkes Interesse an den konkreten Umständen und den Begebenheiten des Lebens Jesu entwickelte. Auf Franz von Assisi geht die erste Krippenfeier zurück (1223 im Wald von Greccio). Die Krippe und die Krippenspiele wurden als Frömmigkeitsübung gefördert.

Von der Malerei sind die Motive der biblischen Erzählungen immer wieder aufgegriffen worden. Dieses Erbe lebt heute in den Weihnachtskarten fort.

Krippendarstellungen in den Wohnungen

Die Krippe hat auch seit dem 17. Jahrhundert Eingang in die Familien gefunden. Sie gehört zum weihnachtlichen Schmuck und soll an den zentralen Inhalt des Weihnachtsfestes erinnern.

Der Nachmittag des 24.

Für evangelische Christen beginnt Weihnachten mit dem Gottesdienst am Heiligen Abend (am späten Nachmittag oder am Abend des 24. Dezember). Wohlbefinden in trauter Stimmung und weihnachtlicher Wärme sind in diesen Stunden auch im protestantischen Milieu das Gewohnte und Erhoffte.

In diesen Stunden der Weihnachtsfreude ist jedoch auch eine andere, harte, schmerzvolle Realität präsent. Denn die vertraute Weihnachtsgeschichte "Es begab sich aber zu der Zeit ..." bleibt an diesem Tage der Erinnerung an die Geburt Christi unvollständig ohne die Erwähnung einer anderen Erfahrung aus der biblischen Überlieferung. "Und das Licht scheint in der Finsternis, und die Finsternis hat`s nicht begriffen" (Johannes 1.5).

Gefährdete Botschaft

Das Licht hat die Finsternis erreicht. Aber immer noch beherrschen Mächte der Finsternis nicht nur die Randgebiete der Schöpfung. Menschen auf der Dunkelseite, auf der Schattenseite dieser Welt stellen immer noch die Mehrheit. Finsternis hält sie in Leiden, in Unrecht und Hunger, ausgegrenzt und zukunftslos. Die frohe Botschaft, die in diesem Fest der Weihnacht gründet, ist faktisch immer auch eine gefährdete. Sie ist um Absicht und Wirkung gebracht dann, wenn sie sich nicht auch in Zeichen einer mitmenschlichen, einer politischen Intervention zugunsten der durch die guten Gaben dieser Schöpfung nicht Gesegneten zu erkennen gibt. Also denen gegenüber, zu denen Freude und Zuversicht dieser festlichen Zeit nicht gelangen.

Die Predigten zum Fest der Geburt des Heilands lassen sich auch von dieser Herausforderung immer stärker bestimmen.

Ein wichtiges Element sowohl der kirchlichen wie auch der familiären Feiern ist das Lied. Die Weihnachtslieder sind bekannt und beliebt, nicht zuletzt deshalb, weil auch Erwachsene mit den Liedern viele positive Erinnerungen verknüpfen.

Der Tannenbaum, der Tannenschmuck sowie die Kerzen sind der jahreszeitliche Festschmuck und zugleich Hinweis auf die Bedeutung des Lichtes - Licht, das trotz der Winterzeit nicht ganz erlischt - und das, christlich gesehen, Sinnbild für den Erlöser ist. Auch an Ostern stehen die Kerzen und das Feuer im Mittelpunkt der Feier. Die grüne Tanne weist auf das Leben hin, das auch im Winter nicht untergeht.

Das reiche Brauchtum der Weihnachtszeit, das allerdings nicht mehr lebendig ist, geht zu einem großen Teil auf heidnische Vorstellungen zurück, die teilweise durch das Christentum uminterpretiert wurden, aber auch selbständig weiterlebten.

Bei den Germanen gab es das Julfest, das als Mittwinterfest ursprünglich im Januar gefeiert, aber nach der Christianisierung auf den 25.12. verlegt wurde. Mit diesem Fest waren Riten verbunden, die die Ernte des nächsten Jahres beeinflussen sollten, zum anderen war die Mittwinterzeit eine Zeit der Toten, der Dämonen und der "Wilden Jagd".

Der grüne Baum und das Verzehren von Ährengrütze und Weihnachtsbroten sollten die Fruchtbarkeit ins neue Jahr hinüberbringen. Man gab auch den Tieren vom Weihnachtsbrot zu fressen, damit sich ihre Fruchtbarkeit auf das kommende Jahr übertrage.

Das Essen von Schweinefleisch in manchen Gegenden hatte auch mit dem Schwein, dem Eber als Fruchtbarkeitssymbol, zu tun. Auch Umzüge sollten Segen und Fruchtbarkeit für das nächste Jahr bringen.

Das Weihnachtsgebäck geht wohl auch auf Fruchtbarkeitsriten zurück. Es wird schon seit Jahrhunderten in bestimmten Formen (Schnecke, Kranz, Henne, Hirsch, Eber) gebacken. Ihm wurden heilende Kräfte zugesprochen. Selbstverständlich gehören besonderes Essen und Backwerk zum Charakter jedes Festes.

Weihnachtsumzüge in Masken und Lärm hat es in verschiedenen Gebieten gegeben. Sie stellen Dämonen dar, aber auch Tiere, z.B. Bären oder Wölfe. Einige Bräuche lassen sich als Dämonenabwehr interpretieren, z. B. das Lärmen, Türen bemalen, Glockengeläute. Andererseits stellte man den Dämonen und den Hausgeistern Eßwaren hin. Hier dürften Opfermahlzeiten noch wirksam sein. Es gab auch in verschiedenen Gegenden die Vorstellung, daß die Toten an Weihnachten in die Häuser kommen. Man deckt ihnen den Tisch oder stellt ihnen Speisen ans Fenster oder vor die Tür. Überhaupt verbindet sich mit der Weihnachtszeit die Vorstellung einer größeren Nähe zum Übersinnlichen, einer Verbindung mit Geistern. Licht und Feuer haben selbstverständlich eine große Bedeutung. Das Licht wird über die Winterzeit hinübergerettet.

Ursprünge des Weihnachtsbaumes

Der Weihnachtsbaum und -zweig galten als Lebensbewahrer, sie spenden Fruchtbarkeit und Gesundheit. Das gilt vor allem für die abgeschnittenen Zweige, die zu Weihnachten zum Grünen und Blühen gebracht werden. Es wurden auch aus Zweigen von immergrünen Bäumen (Wacholder, Buchs, Eibe, Stechpalme) Sträuße gebunden und in den Häusern aufgehängt.

Der Weihnachtsbaum selbst hat aber wohl wenig Beziehung zu Fruchtbarkeitsriten. Er kam im 16. Jahrhundert auf und wurde zuerst in Zunftstuben aufgestellt und mit Obst, Nüssen und Gebäck behängt. Allmählich übernahmen dann die Familien diesen Brauch, und zwar zuerst in den Städten und an den Fürstenhöfen. Im 19. Jahrhundert wurde der Weihnachtsbaum sogar zu einem deutsch-nationalen Symbol. Erstmals im deutsch-französischen Krieg 1870/71 und dann im 1. Weltkrieg wurde der Weihnachtsbaum bei Weihnachtsfeiern des Militärs aufgestellt und erhielt so eine Breitenwirkung.

Weihnachtsgeschenke

Die Weihnachtsgeschenke gehen auf verschiedene Ursprünge zurück. Äpfel, Nüsse haben wohl mit Fruchtbarkeitsvorstellungen zu tun. Daß die Kinder Geschenke erhalten, geht auf ein altes Recht zurück. Die Paten mußten den Kindern an bestimmten Tagen des Jahres etwas schenken.

Vom Nikolaus zum Christkind

Die Beschenkung der Kinder war im ausgehenden Mittelalter am 6. Dezember, dem Nikolaustag. Luther und der Protestantismus setzten gegen diesen Brauch den Weihnachtstag. Das Christkind brachte nun die Geschenke, aus dem heiligen Nikolaus wurde der Weihnachtsmann. Aus den Nikolausmärkten wurden Christkindlmärkte.

Mit der Weihnachtsnacht und der Weihnachtszeit werden Vorstellungen wundersamer Vorgänge verbunden, die auch heute noch in Weihnachtserzählungen tradiert werden:

Die Tiere können reden, Bäume blühen und tragen Früchte, die Glocken versunkener Kirchen läuten.

Es ist aber auch die Nacht des Spuks, die Toten ziehen umher (Wilde Jagd), Ahnen und Gottheiten kehren bei den Menschen ein, Geister zeigen sich. In Vorkommnissen der Weihnachtszeit wird orakelhaft das kommende Jahr abgelesen, ob einer stirbt, ob es eine gute Ernte gibt, welchen Bräutigam das Mädchen findet.

Der Weihnachtsschmuck, die Krippe, die Lieder und in den Familien auch der Duft des Weihnachtsgebäckes schaffen die spezifische weihnachtliche Atmosphäre. Diese Stimmung wird auch durch die Programme von Hörfunk und Fernsehen verbreitet, vor allem durch Barockmusik, durch "versöhnliche" Erzählungen und Geschichten; eine Idylle, die immer mehr fragwürdig erscheint.

Die Berichte von der Suche nach einer Unterkunft, der Geburt in einem Stall, von Hirten und Magiern, der Flucht nach Ägypten und dem Kindermord haben eine Erzähltradition ausgebildet, die auch heute noch wirksam ist. Die von Weihnachten ausgelöste Erzähltradition

Diese Erzählungen werden von den Hörfunk- und Fernsehprogrammen in breitem Umfang aufgegriffen. In den Erzählungen wird die Aussage des Weihnachtsfestes wohl oft authentischer weitervermittelt als durch manche Predigten und Meditationen.

Die Szenen der Evangelienberichte wurden auch im Zusammenhang mit den Weihnachtsgottesdiensten in und vor dem Kirchenraum aufgeführt. Die Tradition eines Weihnachtsspieles ist heute noch in einigen Gegenden lebendig, wo an den Weihnachtstagen Theaterstücke aufgeführt werden. Weihnachtsspiele

Mit Weihnachten ist das Buch eng verbunden. Vielleicht deshalb, weil Weihnachten zum Erzählen anregt. Bücher gehören zum Weihnachtsfest, und es gibt auch eine Fülle von Weihnachtsliteratur mit Geschichten, Liedern, Bildern; Fest des Buches

Lesebücher, Erzählungen, Bücher, in denen die Feiern der Weihnacht in den verschiedenen Ländern und Regionen dargestellt werden: Erinnerungen an Weihnachtsfeste und Arbeitsbücher zur Gestaltung von Weihnachtsfeiern, Liederbücher, Kunstbücher.

Weihnachtliche Briefkultur

Weihnachten ist Anlaß, Briefe zu schreiben; hinzu kommt der Jahreswechsel, um mit Verwandten und Bekannten wieder in Kontakt zu treten.

Weihnachtsfeiern

Vor dem Festtermin treffen sich die Angehörigen von Vereinen, Verwaltungen und Betrieben zu Weihnachtsfeiern. Hier sind wohl alte Traditionen wirksam. Denn ehe Weihnachten zum typischen Familienfest wurde, gab es bereits Weihnachtsfeiern der Zünfte und Bruderschaften. Der erste Bericht über den geschmückten Weihnachtsbaum bezieht sich auf die Feier einer "Stubengesellschaft" in Schlettstadt im Elsaß. Die Weihnachtsfeiern haben auch teilweise den Charakter von Wohltätigkeitsveranstaltungen.

Die vielen Elemente und Bräuche des Weihnachtsfestes, die hier nur in einem kleinen Überblick und nur in einer Auswahl zusammengestellt werden konnten, zeigen, wie tief dieses Fest verwurzelt ist. Seine emotionalen Qualitäten können leicht mißbraucht werden. Es ist aber auch möglich, die humanisierende Funktion von Festriten und Brauchtum aufzuzeigen und ihre Tradition zu verlebendigen.

An einigen Tagen der Weihnachtszeit hat sich noch ein spezielles Brauchtum herausgebildet:

Johanniswein

Am 27. Dezember, dem Fest des Evangelisten Johannes, wird der "Johannis-Wein" gesegnet und ausgeteilt. Bei den Germanen, aber auch bei anderen Völkern war ein Trunk zu Ehren der Götter ein religiöser Ritus. Bei den Germanen hieß das "Minne trinken". Die Christen machten daraus einen Trunk zu Ehren bestimmter Heiliger. So spricht man im Mittelalter von "Johannisminne". Wegen der Weinsegnung an diesem Tag hat sich der Brauch bei diesem Heiligen besonders gehalten.

Kinder-Herrschaft

Es gab und gibt den Brauch, vor allem in Klöstern und Schulen, daß an einem Tag des Jahres der oder die Jüngste das Regiment übernimmt. Dieser Tag war meist der der "Unschuldigen Kinder".

Neujährchen

Neben den Glückwünschen zum neuen Jahr gibt es auch den schon lang eingeführten Brauch, daß die Höhergestellten

64

den Niedergestellten ein Geschenk machen. Ähnlich wie die Kinder Anspruch auf Geschenke haben, haben es auch an diesem Tag die Untergebenen. In einigen Gegenden war und ist es üblich, daß die Eltern der beschenkten Kinder am Neujahrstag den Paten, von denen die Kinder etwas erhalten hatten, ein Gegengeschenk machen.

In Deutschland hat das Weihnachtsfest am 6. Januar weniger die Aussage, daß sich die Gottheit Christi gegenüber den Weisen aus dem Morgenland bei der Taufe und bei dem Weinwunder in Kana offenbarte. Vielmehr stehen die drei Magier, Weisen, im Vordergrund, die seit dem 6. Jahrhundert Könige genannt werden. Die Dreizahl leitet sich wohl von den drei Gaben Gold, Weihrauch und Myrrhe her, die im Evangelium erwähnt werden. Die Namen Caspar, Melchior und Balthasar werden den Weisen seit dem 9. Jahrhundert gegeben. Sie gelten als Vertreter der drei Rassen, der drei Erdteile und der drei Lebensalter. Seit dem 12. Jahrhundert gibt es den Mohrenkönig. Die Reliquien der Drei Könige wurden in Mailand verehrt und 1164 nach Köln überführt, wo sie in einem Goldschrein im Dom aufbewahrt werden. Dadurch breitete sich die Verehrung der Drei Könige in Deutschland aus.

Mit dem Dreikönigstag ist ein Haussegen verbunden. Über der Tür werden die Jahreszahl und die Namen der Könige mit Kreide aufgezeichnet: 19+C+M+B+95. Die Buchstaben lassen sich auch folgendermaßen deuten "Christus Mansionem Benedicat" - Christus segne das Haus. In den letzten Jahren hat sich ein mittelalterlicher Brauch wiederbelebt. Kinder, Sternsinger genannt, ziehen von Haus zu Haus, dabei wird der Haussegen mit Kreide angebracht. Die Kinder erhalten Gaben, die in den letzten Jahren den Missionswerken zugute kommen.

Am 6. Januar werden auch Wasser und Salz gesegnet, zum Gedächtnis an die Taufe Jesu, sowie die Kreide, mit der die Sternsinger die Türbalken bezeichnen. Wie in den Nächten der Weihnachszeit haben sich auch Dämonenglauben und Riten zur Dämonenabwehr erhalten. Die Drei Könige sind auch Patrone der Reisenden. Die Gasthausnamen Mohr, Stern, Krone erinnern daran.

Sternsinger

Haussegen C+M+B

Patrone der Reisenden

65

Blasiussegen

In enger Verbindung mit dem Lichtmeßtag steht das Fest des heiligen Blasius am 3. Februar, der nach der Legende einen Knaben heilte, der an einer Fischgräte zu ersticken drohte. Blasius ist einer der 14 Nothelfer, an seinem Gedenktag wird ein Segen mit zwei gekreuzten Kerzen gespendet, der vor Halskrankheiten schützen soll. In solchen Segnungen wird die Erlösung für Leib und Geist deutlich, die die christliche Religion jedem Menschen verheißt.

3.2.6 Themen für Beiträge

Weihnachten, so wie wir es heute feiern, geht auf verschiedene Ursprünge zurück. Die Entwicklung der Weihnachtsfeste ist auf vielen Wegen und unter verschiedenen Einflüssen erfolgt. Die Festtage zwischen dem 25. Dezember und 6. Januar, hinzuzurechnen ist auch der 2. Februar, beziehen sich auf einzelne Abschnitte der Kindheitsevangelien, wie sie Lukas und Matthäus überliefert haben. Die Weihnachtsfeste haben weitere Motive an sich gezogen, die oft aus nicht-christlichen religiösen Vorstellungen stammen und teilweise vom Christentum aufgegriffen und uminterpretiert wurden. Damit bietet Weihnachten ein breites Themenspektrum an, das stichwortartig hier aufgelistet werden soll.

- Die Hoffnung, die Kinder mit sich bringen
- Lebensbedingungen der Kinder
- Kinder in anderen Ländern
- Bedrohung der Kinder
- Wie Eltern die Geburt ihrer Kinder erleben bzw. erlebt haben
- Mutter und Kind
- Rivalität der Geschwister

Für diesen und die folgenden Themenkreise kann die Form des Gesprächs, z.B. mit Müttern, aufgegriffen werden.

Neuer Anfang
Das Kind bietet die Chance eines neuen Anfangs. Mit dem Jesuskind hat sogar eine neue Zeit angefangen. Ein neuer Anfang ist nicht unbedingt mit einem Kind verknüpft, aber in der Weihnachtszeit könnte von Menschen erzählt werden, die einen neuen Anfang machen konnten.

66

- Genesung von einer Krankheit
- Überwindung einer Krise
- Begegnungen, die das eigene Leben verändert haben
- Veränderungen, die ein Kind bewirkt hat
- Bekehrung

Neues Leben - Ursprung des Lebens
Weihnachten als Mittwinterfest hält die Erwartung des wiederkommenden Lebens wach. Die blühenden Zweige, blühende Tulpen und Narzissen, die zu Weihnachten geschenkt werden, und der Tannenbaum sind Zeichen, daß das Leben im Winter nicht erlischt.

Das neue, unerschöpfliche Leben, das immer wieder hervorbricht, ist ein weihnachtliches Thema. Meditationen über das Leben, die das Ursprunghafte einer Blüte, eines grünenden Baumes, eines Kindes vermitteln, sagen vielleicht mehr über Weihnachten als die vielen Geschichten über Schnee- und Wintererlebnisse.

Familie
Weihnachten ist ein Fest der Familie, an dem die Hoffnung besteht, die positiven Seiten des Familienlebens zu erleben. Weil die Erwartungen oft zu hoch sind, schlägt die Erfahrung der realen Weihnacht leicht um. Jugendliche können die Festvorstellungen der Eltern nicht mitvollziehen und empfinden das Fest als Belastung. Die Ursache ist u.a., daß Weihnachten als einziges Fest der Familie übriggeblieben ist und als familiäre Sonderveranstaltung zu einer Pflichtübung wird. Hinzu kommt der Verdruß über den Geschenkerummel.

Beiträge könnten helfen, negative Erfahrungen aufzuarbeiten und Inhalte anzubieten, die auch für solche Zuschauer und Hörer umzusetzen sind, die die christlichen Aussagen des Weihnachtsfestes nicht übernehmen.

- Erfahrungen verschiedener Familien mit Weihnachten
- Möglichkeiten, Feste zu feiern
- Wie halten wir es mit den Geschenken?
- Nachbarschafts- und Verwandtschaftsbesuche

- Die Einsicht, daß Familiengemeinschaft keine Sonderveranstaltung sein sollte, sondern dauernd gepflegt werden
  muß
- Wiederaufnahme der gemeinsamen Hausmusik

Einsamkeit

Für die, die an Weihnachten mit der Einsamkeit besonders
konfrontiert werden, sollten eher Sendungen konzipiert
werden als für diejenigen, die in einer Familie leben. Die
Einsamen dürften mehr Radio hören und fernsehen als die
anderen. Neben Hörspielen, Buchlesungen und Filmen, die
eine Teilnahme an Erlebnissen anderer Menschen ermöglichen, sollten auch Beiträge zur Lebenshilfe angeboten
werden.

- Was habe ich an Weihnachten gemacht?
- Wie bin ich mit der Einsamkeit fertiggeworden?
- Anrufe bei der Telefonseelsorge als Spiegelbild
  problematischer Weihnachtserfahrungen

Die Botschaft der Engel auf den Feldern Bethlehems verheißt
Frieden, weil Gott den Menschen Frieden anbietet. Damit ist
zugleich ein Anspruch verbunden, den nicht nur diejenigen
teilen, die auf dem Boden des Christentums stehen. Der
Friede umfaßt viele Dimensionen:

- Friede mit sich selbst
- Friede mit der Familie
- Friede mit der Nachbarschaft, im Betrieb
- Friede zwischen den Völkern
- Frieden mit der Natur, der Schöpfung
- Friede mit Gott

Möglichkeiten des Unfriedens werden in vielen Sendungen
dargestellt. In der Weihnachtszeit könnten Sendungen, die
die Chance des Friedens aufzeigen, im Vordergrund stehen.

Weihnachten - Fest der Völker
Die Feier der Weihnacht ist bei den Völkern oft sehr
verschieden. Die Darstellung der Festgebräuche kann rein
folkloristisch gesehen werden. Es ist aber auch möglich,
mit Hilfe dieses sympathischen Festes das Verständnis für
andere Völker zu vertiefen sowie einen neuen Zugang zu
den verschiedenen Nationalitäten zu erschließen, z.B. zu
jenen, die als "Gastarbeiter" in Deutschland leben.

Biblische Themen
Aus den biblischen Motiven der Weihnachtszeit können
Elemente aufgegriffen und aktualisiert werden.

- Herbergssuche: Wo suchen heute Eltern für sich und ihr
  Kind eine Bleibe? Wohnungssuche.
- Die drei Weisen - Suche nach einem Messias, nach
  Menschen, die von weit hergekommen sind, Menschen,
  die, von außen kommend, etwas am Christentum entdeckt
  haben, das die Christen nicht mehr wahrnehmen.
- Bethlehemitischer Kindermord
  Kinder heute, die verfolgt, gequält, umgebracht werden.
- Familien auf der Flucht - in Krisengebieten, auf der
  Flucht vor der Arbeitslosigkeit, dem Krieg.
- Der Zwölfjährige im Tempel - religiöse "Begabung"
  von Kindern, was denken sie über den Ursprung der
  Welt, den Sinn des Lebens, über Gott?
- Reportagen vom "Ort des Geschehens" als Möglichkeit,
  die Weihnachtsgeschichten szenisch darzustellen, z.B.
  Hirten, Palast des Herodes, Gefolge der "Drei Könige".
- Es ist weiter möglich, durch den Mund eines der
  Evangelisten zu erzählen und Bezüge zum öffentlichen
  Leben Jesu, zu seinen Worten und Taten herzustellen.

Geschichten erzählen
Die von Matthäus und Lukas ausgelöste Erzähltradition
wird in Hörfunk und Presse durch Erzählen von Geschichten
aufgegriffen. Es hat sich teilweise bewährt, im Fernsehen
einen Erzähler zu Wort kommen zu lassen, ohne aus der
Geschichte eine Spielhandlung zu machen. Eine Geschichte
ist die Legende vom unbekannten vierten König, der erst am
Karfreitag in Jerusalem eintrifft.

Symbole, Bilder, Brauchtum
Darstellung der Symbole der Weihnachtszeit, ihrer Aussage,
ihrer Geschichte.

- Krippe
- Weihnachtsbaum
- Sternsinger

Weihnachtliche Gepflogenheiten

- Weihnachtsfeiern - Vereine, Betriebe, Pfarreien
- Christbaum versteigern
- Weihnachtsbazar

Gottes Sohn wurde Mensch
Die zentrale Aussage des Weihnachtsfestes entzieht sich der
Darstellung. Die Bilder der Maria mit dem Kind, des Stalles,
der drei Magier geben dieses Geheimnis nicht wieder. Auch
die Weihnachtsevangelien sprechen eher zurückhaltend und
in Andeutungen. Das Kind selbst wird überhaupt nicht als
außergewöhnlich dargestellt, es vollbringt keine Krafttaten
wie junge Heroen der Sage, es heilt niemanden, es spricht
noch nicht einmal.
Die Aussage "Dieses Kind ist Gottes Sohn" wird von den
Glaubenden gemacht, von den Hirten, den Magiern. Auch
heute gibt es Weise und Hirten, die von Jesus sagen, er sei
Gottes Sohn. Wie sind sie zu diesem Glauben gekommen,
wie erfahren sie diesen Glauben?

- Wie hat der Künstler das Geheimnis aufgefaßt?
- Für wen hat er das Bild gemalt?
- Was wollte er mit dem Bild mitteilen?

Weihnachten ohne christlichen Inhalt
Um die Aussage des Weihnachtsfestes im Kontrast
herauszuarbeiten, könnte man z.B. in einem Hörspiel ein
Land darstellen, in dem es den Feiertag gibt, in dem aber
keiner mehr Weihnachten feiert. Es könnte dann deutlich
werden, daß das Brauchtum und die Gepflogenheiten der

Weihnachtszeit nur "funktionieren", weil es einen christlichen Ursprung der Inhalte des Festes gibt. Das ist eine innere Verbindung, die viele Zeitgenossen nicht mehr erkennen.

Das Weihnachtsfest von Christen in einem Land, in dem Weihnachten kein offizielles Fest ist, z.B. Indien. In diesen Ländern zeigt sich der Sinn von Weihnachten vielleicht deutlicher als dort, wo Weihnachten zum kulturellen Bestand gehört.

Weihnachtslieder
Einzelne Lieder haben eine besonders Entstehungs- und Wirkungsgeschichte.
z.B. "Es kam ein Engel hell und klar ..." ist von Martin Luther gedichtet. Mehrere Lieder sind Übersetzungen mittelalterlicher lateinischer Hymnen.

3.3 Verkündigung des Herrn: 25. März

"Mariä Verkündigung"

Dieses Fest erhält sein Datum vom 25. Dezember. Ihm liegt der Bericht des Lukasevangeliums zugrunde, daß der Engel Gabriel der Jungfrau Maria die Geburt eines Kindes ankündigte. Der 25. März ist im Bewußtsein der Katholiken ein Marienfest. Bis zur Liturgiereform 1969 hieß das Fest auch "Maria Verkündigung", jetzt hat es seinen ursprünglichen Namen zurückerhalten.

3.3.1 Anthropologische Grundlagen

Das Kind der Jungfrau

Das Fest hat einen spezifisch religiösen Inhalt: daß eine Jungfrau ein Kind gebiert, das keinen irdischen Vater hat. Diese Vorstellung war in verschiedenen Epochen faszinierend, heute stößt sie eher auf Skepsis und wird von den Theologen häufig "entmythologisiert". Neue Bewegungen, die die alten Mythen wieder ausgraben, sich mit Druiden, Feen und magischen Künsten beschäftigen, können sich wieder für die Gestalt der jungfräulichen Mutter interessieren. Faszinierend dürfte für alle jedoch das Entstehen eines Menschen sein. Der Gedanke, daß in jedem Menschen ein göttlicher Funke wirksam ist, daß der Mensch Anteil hat an der Transzendenz, am Prinzip des Geistigen, findet sich in vielen Philosophien und Religionen.

3.3.2 Bezug zur Öffentlichkeit

Das Fest der "Verkündigung des Herrn", das eigentlich zu Weihnachten, nämlich in den Advent gehört, fällt in die Fastenzeit, zu der es keinen Bezug hat. Im Vergleich zu den Marienfesten am 15. August oder 8. Dezember hat es im Bewußtsein auch der Katholiken einen geringeren Stellenwert.

3.3.3 Entstehung des Festes

Ursprünglich lag das Datum im Advent

Im Osten wird das Fest bereits seit der Mitte des 5. Jahrhunderts gefeiert. Dort wurde es "Verkündigung der Gottesgebärerin" genannt. Im Westen gab es auch im 5. Jahrhundert ein Gedächtnis der Verkündigung am Samstag vor Weihnachten. In Rom wird es seit dem 7. Jahrhundert am 25. März gefeiert und hieß "Verkündigung des Herrn", es gab jedoch auch den Titel "Verkündigung Mariens", der sich durchsetzte. Erst mit der Liturgiereform nach dem Konzil wurde der alte Name "Verkündigung des Herrn" wieder eingeführt.

3.3.4 Aussage des Festes

Das Fest bezieht sich einmal auf das Geheimnis der Menschwerdung Gottes, das an Weihnachten gefeiert wird. (s.o. 3.2.4, S. 56)

Menschwerdung Gottes

Ein anderer Aspekt des Festes ist die Gestalt Marias, die durch den Gruß des Engels als begnadeter Mensch ausgewiesen wird.

Die Gestalt Marias

"Sei gegrüßt, du Begnadete,
der Herr ist mit dir" (Lk 1,28)

In dieser Anrede sehen die Katholiken die Freiheit Marias von aller Sünde, auch von der Erbsünde, begründet (s. 4.5).

Der Engel verheißt Maria, daß sie den ersehnten Messias gebären wird, der über das "Haus Jakob in Ewigkeit herrschen" wird. Dieses Kind empfängt Maria nicht von einem Mann:

"Der Heilige Geist wird über dich kommen, und die Kraft des Höchsten wird dich überschatten. Deshalb wird auch das Kind heilig und Sohn Gottes genannt werden." (Lk 1,35)

Maria wird als Jungfrau Mutter. Das bestätigt, daß sie Mutter Gottes, Gottesgebärerin ist (s.u. 4.5.3).

3.3.5 Elemente, Bilder, Brauchtum

Der 25. März ist ein Fest, das meist in die Fastenzeit fällt, die sozusagen durch das Fest unterbrochen wird. In der feierlichen Messe wird der Bericht aus dem Lukasevangelium verlesen.

Unterbrechung der Fastenzeit

Die Verkündigungsszene, die Begegnung zwischen dem Engel und Maria, ist ein häufiges Motiv der Kunstgeschichte. Mit dem Fest hat sich, bedingt durch das Datum, Frühjahrsbrauchtum verbunden. Der Tag gilt als günstig für die Saat und das Setzen von Bäumen, das Vieh wird das erste Mal ausgetrieben.

Frühlingsbrauchtum

3.3.6 Ideen für Beiträge und Sendungen

Die wunderbare Empfängnis

Beispiele für
Verheißungen

Die wunderbare Empfängnis ist ein Motiv, das bereits im Alten Testament eine Rolle spielt. Sarah empfängt Isaak, als sie schon alt ist (Gen 18 und 21), ebenso Elisabeth den Johannes den Täufer (Lk 1,5-25), der Prophet Samuel wird von der lange Zeit kinderlosen Hanna geboren (1 Sam 1,1-20), ebenso der Held Simson oder Samson (Ri 13,1-25). Immer geht der Geburt des Kindes eine Verheißung voraus. Nicht nur bei religiösen Gestalten wird eine Beziehung des Sohnes zur Mutter gesehen, zugleich liegt in der Geburt eines Kindes eine Hoffnung.

Inkarnation als Geheimnis der Welt

Daß Gott Mensch geworden ist, bezeichnen die Christen als Geheimnis. Zugleich machen sie eine Aussage über die Welt: Die Welt ist nicht nur von Gott geschaffen, Gott hat die Welt auch angenommen und sie damit verändert. Dies ist keine magische Weltsicht. Der Sohn ist Mensch geworden, ein wirklicher Mensch, nicht nur die Erscheinung eines Gottes in einem Scheinleib. Er ist geboren und gestorben. Die Einheit ist eine personale, Jesus ist einer, es gibt in ihm keine zwei Personen. Die theologische Aussage der Inkarnation hat ein bestimmtes Weltverhältnis der Christen zur Folge: Die Welt fällt nicht aus der Hand Gottes, die Katastrophen und die Schuldverstrickungen der Geschichte werden von Gott selbst mitgetragen. Die Geschichte wird trotz allem zu einem guten Ende geführt. Der christliche Gottesdienst wie auch die christliche Kunst wurzeln in dem Glauben an die Inkarnation. Spuren davon finden sich in Glaubenszeugnissen, in der abendländischen Philosophie und in der bildenden Kunst vor allem und in der Vorstellung, im "Nächsten" tatsächlich Jesus zu begegnen.

Die Gestalt Marias (s.u. 4.5, S. 237)

3.4 Karneval - Fastnacht

Das Karnevals- und Fastnachtsfeiern geht mit großer Sicherheit auf die Praxis in den Klöstern zurück, vor Beginn der Fastenzeit noch einmal ausgiebig zu essen und zu feiern. Dieser Brauch wurde dann auch von den anderen Christen beansprucht und erhielt regional unterschiedliche Ausprägungen. Heute hat der Karneval in den katholischen Gebieten seinen Platz im kirchlichen Kalender und wird vor Ort von den Pfarrgemeinden in eigenen Veranstaltungen gefeiert. Zudem hat der Karneval gerade darin seinen Reiz, daß er an einem bestimmten Termin zu Ende geht.

3.4.1 Anthropologische Grundlagen

Die Aufhebung der normalen Ordnung, die Absetzung der Autoritäten, das Verkleiden, die Ausgelassenheit gehören zum Inventar des Festefeierns. Sicher haben diese Riten Ventilfunktion. Zugleich bieten sie auch Möglichkeiten, in einem gesellschaftlichen Freiraum ein anderes Verhalten auszuprobieren, die vorhandenen Institutionen und Autoritäten zu relativieren. Daß in der Karnevalszeit "über die Stränge geschlagen" wird, gehört zum Experimentiercharakter dieser Zeit. Der Karneval steht so in einem Wechselverhältnis zum normalen Leben. Indem er es relativiert, schafft er Distanz und damit Festcharakter. Er vermittelt Erfahrungen, die über die Alltagswelt hinausgehen, freilich auf andere Weise als die religiösen Feste in unserem Kulturkreis.

Außer-Kraft-setzen der normalen Ordnung

Rollenveränderung, Experimentierverhalten

3.4.2 Bezug zur Öffentlichkeit

Der Karneval entfaltet, ähnlich wie Sportwettkämpfe oder politische Wahlen, ein eigenes Ritual. Ziel der Veranstaltungen des Karnevals ist, möglichst jeden einzubeziehen. Die Karnevalsriten haben damit, sozialpsychologisch gesehen, eine ähnliche Struktur wie kirchliche Riten. Eine Übertragung in Hörfunk oder Fernsehen ist daher wie bei Sportwettkämpfen und auch Gottesdiensten möglich. Allerdings läßt sich das Erlebnis, z.B. Teilnahme an einer Narrensitzung oder an einem Umzug, medial nicht wirklich vermitteln. So sind die Medien, anders als z.B. bei Olympiaden oder Wahlen, weit weniger für den Öffentlichkeitsbezug des Karnevals von Bedeutung. Die regionale

Karnevalsriten zielen auf persönliche Teilnahme

Geringe Bedeutung der Medien für den Öffentlichkeitsbezug

75

Verschiedenheit der Riten macht es überregionalen Zeitungen, Fernsehprogrammen sowie Illustrierten schwierig, ihrem Publikum Karnevalsveranstaltungen zu vermitteln.

Karneval im Unterschied zur Unterhaltungs-kultur

Der Karneval als ausgegrenzte Zeit des Vergnügens, der Tanzveranstaltungen, erfährt eine gewisse Konkurrenz durch die Unterhaltungskultur, die über das ganze Jahr hinweg angeboten wird. Für Discos, für Unterhaltungsmusik und Shows gibt es keine besonderen Zeiten. Sie sind immer präsent. Im Vergleich dazu strukturiert der Karneval, ähnlich wie die christlichen Festzeiten, den Jahresablauf.

3.4.3. Entstehung des Karnevals, der Fastnacht

Winter aus-treiben, Dämonen schrecken

Die Wurzeln des Fastnachtstreibens sind vielfältig. Römische Saturnalien wirken im italienischen Raum fort. Im süddeutschen Raum sind Frühlingsriten in die Fastnacht eingegangen. Die Austreibung des Winters, die Abwehr böser Geister durch Masken, das Schlagen mit Ruten, um Fruchtbarkeit zu übertragen. Weiter gehören Heischebräuche (Kinder gehen Erwachsene, oft "nachdrücklich", um Gaben an) in diese Zeit. Neben den Veranstaltungsformen auf den Straßen gibt es auch Festformen in Räumen.

Festessen vor der Fastenzeit

Italienische Einflüsse

Politische Komponente

- Festessen vor dem Beginn der Fastenzeit waren in den Klöstern üblich.
- In Italien entfaltete sich der Karneval in großen Bällen, die im Barock bereits in Deutschland übernommen wurden. Von dort leitet sich auch der Name Karneval her.
- Die Narren- bzw. Fremdensitzungen des rheinischen Karnevals haben zum Teil auch politischen Ursprung. Sie stehen im Zusammenhang mit der französischen Besetzung (Elferrat - Jakobinerrat).

Kirchliche Mit-urheberschaft

Eine kirchliche Miturheberschaft ist einmal darin zu sehen, daß die Fastenzeit sozusagen den Gegenpol zum Karneval darstellt und damit die terminliche Festlegung der Karnevalszeit bestimmt. In den Klöstern wurden die Tage vor der Fastenzeit mit opulenten Mahlzeiten begangen. Die Tage vor Aschermittwoch, dem Beginn der Fastenzeit, sind auch heute noch die Tage des Karnevals. Im 19. Jahrhundert wurden die Bälle und Veranstaltungen auf die Zeit ab Dreikönig ausgedehnt. Auch der 11.11. als Beginn der

Karnevalszeit ist durch den kirchlichen Kalender bedingt. In Gallien wurde der Advent sechs Wochen begangen - bezogen auf das Fest Erscheinung des Herrn am 6. Januar. Vor der adventlichen Bußzeit entwickelte sich, parallel zu den Tagen vor dem Beginn der Fastenzeit, ein Karneval. Daraus berechnet sich der 12.11. als Beginn der vorweihnachtlichen Bußzeit.

Der Karneval wurde von der Kirche gefördert, zumindest zeitweise im 13. und 14. Jahrhundert. Als in der Renaissance das Karnevalstreiben zu sehr überhand nahm und sich in Italien auch in die Fastenzeit ausdehnte, gab es kirchlichen Widerstand. Zurückdrängung des Karnevalstreibens

Die Reformatoren, vor allem die Calvinisten, bezogen den Karneval in ihre Religions- und Kirchenkritik mit ein, so daß Karneval und Fastnacht heute weitgehend Brauchtum katholischer Gebiete sind. Dort gehört der Karneval, die Fastnacht, heute auch zum Programm vieler Pfarreien, die wie andere Vereine und Gruppen Veranstaltungen durchführen. Karneval im kirchlichen Veranstaltungskalender

3.4.5 Aussagen

Die Inhalte der Karnevalszeit, was gesagt und getan wird, beziehen sich meist nicht auf transzendente Wahrheiten. Insofern hat es der Karneval einfacher als christliche Feste. Erklärungsbedürftig ist allenfalls das Brauchtum. Keine transzendenten Wahrheiten

Es gibt kirchlicherseits immer wieder Versuche, den Karneval theologisch einzuordnen und zu reflektieren. Diese Versuche scheitern meist oder wirken zumindest unbeholfen. Eine biblische Rechtfertigung des Humors steht nicht in Frage, ist aber auch nicht notwendig. Man kann sich kaum auf Jesus berufen, wenn man den Humor und seine Ausdrucksformen bekämpfen will. Auf der anderen Seite ist der Humor auch kein ausdrückliches Thema der Bibel. Trotzdem gehört der Karneval zum christlichen Festkalender, wird er im Jahresprogramm einer Gemeinde berücksichtigt. Der Gottesdienst am Karnevalssonntag wird von dafür begabten Seelsorgern auch karnevalsbezogen gestaltet. Zumindest kommen die Kinder kostümiert in den Gottesdienst. Theologische Einordnung des Karnevals wird hin und wieder versucht, ist jedoch überflüssig

3.4.6 Elemente, Bilder, Brauchtum

Für diesen Punkt des Schemas, das der Darstellung der christlichen Feste zugrunde gelegt wurde, gibt es keine spezifisch christlichen Informationen.

3.4.7 Ideen für Beiträge

Kirche sollte von Witz und Spott nicht ausgenommen werden

Der Karneval sorgt selbst für Programmstoff, und da er in vielen Regionen Ereignisse und Persönlichkeiten des öffentlichen Lebens karikiert, haben Narrensitzungen und Umzüge sogar Nachrichtenwert. Auch die Kirche und ihre Amtsträger dürfen wie alle anderen Zielscheibe des Humors, des Spotts sein. Biblische Einwände gegen eine solche Behandlung bestehen nicht.

Übertragung von Karnevalsveranstaltungen und -umzügen ist problematisch

Anzumerken ist weiter, wie bereits bei 3.4.2 dargestellt, daß sich für die Übertragung von Karnevalsveranstaltungen und Umzügen dieselben Probleme stellen wie bei der Übertragung von Gottesdiensten. Sie scheinen eigentlich nicht fernsehgerecht, denn sie "funktionieren" nur, wenn Leute nicht zuschauen, sondern mitmachen.

3.5 Fastenzeit (Österliche Bußzeit)

40 Tage bereitet sich die Kirche auf Ostern vor. Diese Vorbereitungszeit beginnt mit dem Aschermittwoch.

3.5.1 Anthropologische Voraussetzungen der Fastenzeit

Die Fastenzeit ist einmal Vorbereitungszeit für das Osterfest, zum anderen Zeit der Buße. Der Mensch wird mit seinen Fehlern, mit seinem Versagen und den Folgen seiner Untaten konfrontiert. Während die Osterzeit eine Zeit der Freude ist, ist die Fastenzeit von Ernst geprägt. Sie stellt das Leben weniger als Geschenk dar, so wie Weihnachten und Ostern, sondern als Aufgabe. Zugleich hört der Mensch, daß er diese Aufgabe nicht erfüllt, daß er mit dem Geschenk seines Daseins nicht richtig umgegangen ist. Drohend werden ihm die Folgen seines Versagens vor Augen gehalten. Er hört, daß er eigentlich nicht mehr mit Wohlwollen rechnen kann. *(Konfrontation mit Fehlern und Versagen)*

Fastenzeiten erleben die Menschen meist nicht im Rhythmus eines Jahres, sondern sie geraten in Fastenzeiten. Die Konfrontation mit den Untaten des Nationalsozialismus war eine, wenn auch schlecht genutzte Fastenzeit der deutschen Geschichte. Ähnlich gibt es im Leben des einzelnen Zeiten, in denen er mit seinem Unvermögen, mit den Folgen seiner Fehler und Untaten konfrontiert wird. *(Das Leben wird nicht als Geschenk, sondern als Aufgabe dargestellt / Fastenzeiten außerhalb des Kirchenjahres)*

Die Fastenzeit als jährlich wiederkehrende Bußzeit wird von der Kirche als Einübung in diese Seite der menschlichen Existenz verstanden. Die Einführung einer solchen Zeit der Besinnung, der Reinigung ist keine Erfindung des Christentums, sondern findet sich in vielen Kulturen und Religionen. Daß sich die Haltung des Umdenkens, der Buße in Handlungen und Werken ausdrückt, ist anthropologisch notwendig, damit der Sinn dieser Zeit vollzogen wird. Fasten, Almosen geben, beten sind Elemente der Fastenzeit. Das Fasten in der Osterzeit würde dagegen den Charakter dieses Festes zerstören. Allerdings steht die Fastenzeit in engem Zusammenhang mit der Osterzeit, ihr Ziel ist es, die Erlösung, die von Ostern ausgeht, wieder bewußt zu machen. *("Übungscharakter" der Fastenzeit)*

Die Fastenzeit dient der Vorbereitung auf Ostern. Ein Fest zu feiern verlangt Vorbereitung, nicht nur, daß die notwendigen Gegenstände bereitgestellt werden und die *(Vorbereitung als Möglichkeit, ein Fest zu feiern)*

Feier geplant wird. Die Einstellung auf ein großes Fest erfordert Zeit und Intensität. So gehören Vorbereitungszeiten wohl zum Lebensrhythmus.

3.5.2 Bezug zur Öffentlichkeit

Gering gewordener Einfluß auf das öffentliche Leben

Die Auswirkung der kirchlich vorgegebenen Thematik auf das öffentliche Leben ist kaum noch zu spüren. Während früher der Speisezettel in der Fastenzeit geändert wurde, vor allem durch den Verzicht auf Fleisch, und Tanzveranstaltungen teilweise sogar durch Gesetze verboten waren, bringt heute die Fastenzeit kaum eine Veränderung. Vorschläge, auf das Rauchen und Süßigkeiten zu verzichten, dürften sich kaum in den Umsätzen des Einzelhandels niederschlagen. Einen neuen Akzent hat die Fastenzeit durch die Sammlung des bischöflichen Hilfswerkes "Misereor" für die Dritte Welt erhalten. Diese nennt sich "Fastenaktion der deutschen Katholiken". Die nordelbischen Kirchen haben über die Jahre hinweg durch die Aktion "Sieben Wochen ohne" zum Verzicht aufgefordert.

Sieben Wochen ohne

3.5.3 Entstehung der Fastenzeit

Trauerfasten vor dem Karfreitag

Bereits aus dem 2. Jahrhundert gibt es Berichte, daß sich die Christen durch ein zweitägiges Trauerfasten auf das Osterfest vorbereiteten. Dieses Fasten wurde im 3. Jahrhundert auf die ganze Karwoche ausgedehnt. Im 4. Jahrhundert ist die vierzigtägige Vorbereitungszeit auf Ostern bereits fester Brauch.

Vierzigtägiges Fasten Jesu

Die Zahl 40 ist ein biblisches Zeitmaß. Vor allem leitet sich die Dauer der Fastenzeit von dem Bericht über eine vierzigtägige Gebets- und Fastzeit her, die Jesus nach der Taufe im Jordan auf sich nahm. Das Alte Testament berichtet, daß Moses, als er vierzig Tage auf dem Berg Sinai war, nichts aß und trank (Ex 34,28; Dtn 99,18), daß Elias 40 Tage zum Berg Horeb wanderte, ohne etwas zu essen (1 Kön 19,8). Der Beginn der Fastenzeit war im 4. Jahrhundert der 6. Sonntag vor Ostern. Da man an den Sonntagen nicht fastete, wurde der Beginn der Fastenzeit auf den Mittwoch vor dem 6. Sonntag vor Ostern vorgezogen und der Karfreitag wie der Karsamstag in die Fastenzeit mit einbezogen, so daß es nun vierzig Fasttage gab. Die byzantinische Kirche fastete auch am Samstag nicht. Sie benötigte 8 Wochen, um auf 40 Tage zu

80

kommen und beginnt daher früher. Als Vorfastenzeit wurde diese Zeit auch in den Kalender der römischen Kirche übernommen. Die Sonntage hießen Septuagesima (der 70.), Sexagesima (der 60.), Quinquagesima (der 50.) - eine aufgerundete Zählweise. Mit der Neuordnung des Kirchenjahres 1969 wurde die Vorfastenzeit in der katholischen Kirche abgeschafft. Geblieben ist der Beginn am Aschermittwoch, der so benannt ist, weil an diesem Tag die Gläubigen mit Asche bestreut werden. In der Kirche der ersten Jahrhunderte bestand das Fasten darin, daß man täglich nur eine Mahlzeit zu sich nahm. Fleisch, Wein, Eier- und Milchprodukte waren vom Speisezettel verbannt. Eine Fastenpraxis war bereits im Judentum wie auch in den Mysterienkulten üblich. Die Römer und Griechen kannten ein Fasten aus medizinischen Gründen.

Fastenpraxis bereits im Judentum und in den Mysterienkulten

Im Fasten sah man vor allem eine Vorbereitung auf Ostern. Die Katechumenen, die sich auf den Eintritt in die Kirche vorbereiteten, wurden am Osterfest getauft. Das durch Fasten Eingesparte wurde bewußt den Armen gegeben.

Vorbereitung auf Ostern

Ein weiteres Element der Fastenzeit war in den ersten Jahrhunderten die öffentliche Buße. Sie war die Form des Beichtsakramentes, die erst seit dem 8. Jahrhundert von der häufigen Beichte durch Sündenbekenntnis vor dem Priester abgelöst wurde. Die Büßer, die eine schwere Sünde begangen hatten (Glaubensabfall, Mord, Ehebruch), bekannten ihre Vergehen am Beginn der Fastenzeit dem Bischof. In dieser Form empfing man das Bußsakrament nur einmal im Leben.

Öffentliche Buße als Form des Bußsakramentes

Man wurde in den Büßerstand aufgenommen, mit Asche bestreut, verließ den Gottesdienst nach der Predigt, trug ein besonderes Gewand und verzichtete auf Körperpflege. Am Gründonnerstag wurden die Büßer wieder in die Gottesdienstgemeinschaft voll aufgenommen. Sie legten ihre Bußgewänder ab, der Bischof legte ihnen die Hände auf, und sie nahmen wieder am eucharistischen Gottesdienst teil.

Teilweiser Ausschluß aus der Gottesdienstgemeinschaft

Dieser Bußritus hat noch Spuren in liturgischen Texten hinterlassen sowie in dem Kirchengebot, in der "österlichen Zeit" das Bußsakrament zu empfangen, d.h. heute, zur Beichte zu gehen.

Spuren des alten Bußritus

Sowohl die strenge Fastenpraxis der ersten Jahrhunderte wie auch die öffentliche Buße wurden aufgegeben, nicht aber die Fastenzeit und ihre Sinngebung.

3.5.4 Aussagen der Fastenzeit

Die Fastenzeit beinhaltet das Angebot, sich intensiv am kirchlichen Leben zu beteiligen und auf die Grundlagen der christlichen Existenz neu zu besinnen. Für jeden Tag der Fastenzeit gibt es eigene liturgische Texte sowie biblische Lesungen, die der Fastenzeit ein eigenes Gepräge geben.

Sonntage der Fastenzeit

Die Sonntage der Fastenzeit greifen zentrale Texte der Bibel auf, in denen Aussagen über das Schicksal des Menschen gemacht werden: aus dem Alten Testament die Berichte vom Sündenfall (Gen 9,8-15), die Berufung des Abrahams (Gen 12), der Bundesschluß mit Abraham (Gen 15), die Verhinderung der Opferung des Isaak (Gen 22), Isaak als Urbild Jesu, die Berufung des Moses (Ex 3), Moses gibt den Israeliten Wasser zu trinken (Ex 17,3-7 als Bild für das Taufwasser), sowie Verheißungen eines Neuen Bundes zwischen Gott und seinem Volk, die die Christen durch Jesus als erfüllt ansehen (Ez 27, 12-14; Jer 31,31-34; Jes 43,16-21). Die Texte aus den Evangelien beziehen sich nicht nur auf die Konfrontation Jesu mit den jüdischen Behörden, sondern auch auf wichtige Ereignisse des öffentlichen Auftretens Jesu, das des Fastens und der Versuchung durch den Teufel am Beginn seines Wirkens (Mt 4,1-11; Mk 1,12-15; Lk 4,1-13), die Verklärung (Mt 17,1-9; Mk 9,2-20; Lk 9), das Gespräch Jesu mit der Samariterin (Taufthematik Joh 4,5-42), die Heilung eines Blindgeborenen (Joh 9,1-41), die Auferweckung des Lazarus (Joh 11,1-45 - weist auf Ostern hin), das Gespräch mit Nikodemus (Joh 3,14-21), das Gleichnis vom verlorenen Sohn und dem verzeihenden Vater (Luk 15).

Thema: Umkehr und Gerechtigkeit

In den ersten vier Wochen steht der Gedanke der Buße und Umkehr im Vordergrund, der vor allem durch Lesungen aus den Propheten zum Ausdruck kommt. In den beiden letzten Wochen der Fastenzeit werden Leiden und Sterben Jesu in den Mittelpunkt gerückt.

Die biblischen Texte an den Wochentagen der ersten vier Wochen stellen den Gedanken der Umkehr in den Mittelpunkt, warnen vor einer veräußerlichten Bußpraxis und fordern gerechtes Handeln. Dem, der umkehrt, wird Vergebung verheißen: Die Texte der Evangelienlesungen sind zu einem großen Teil aus den Lehrreden Jesu entnommen, die Matthäus im Anschluß an die Bergpredigt zusammengestellt hat.

Es wird jedoch auch im ersten Teil der Fastenzeit das Leiden Jesu einbezogen - so durch Texte aus Jeremias, der ebenfalls von seinen Volksgenossen Verfolgung erleiden mußte. In den Evangelientexten finden sich Leidensweissagungen Jesu sowie Auseinandersetzungen mit jüdischen Religionsvertretern. Die Evangelientexte im zweiten Teil der Fastenzeit sind zum großen Teil aus dem Johannesevangelium entnommen, das den Konflikt zwischen Jesus und den Juden besonders stark herausarbeitet. In der Karwoche steht nur noch der Leidensweg Jesu im Blick der Liturgie. *(Thema: Verfolgung und Leid)*

Die Liturgie stellt das Fasten und andere Bußanstrengungen nicht in einen rituellen Rahmen, sondern in die wechselvolle Geschichte des Alten Testaments und zugleich zieht sie eine Verbindung zum Auftreten Jesu, seiner Auseinandersetzung mit der jüdischen Religion. *(Fasten wird nicht ritualisiert)*

Der Ruf nach Umkehr, die Aufforderung, schlechte Gewohnheiten aufzugeben, sich wieder neu der Gerechtigkeit zu verpflichten, wird im Zusammenhang mit dem Leben alttestamentlicher Gerechter und des endgültigen Heilbringers gebracht. *(Bezug zum Alten Testament und zum Leben Gerechter)*

Die Fastenzeit konfrontiert den Menschen also nicht nur mit dem eigenen Versagen, den falschen Abhängigkeiten und Gewohnheiten, sondern auch mit dem Lebensweg der Gerechten. Aus deren Schicksal lernt der Christ, daß gerechtes Handeln nicht problemlos ist, sondern Verfolgung und Leid auf sich zieht. Dieser Gedanke ist schon im Alten Testament entwickelt, vor allem im Zusammenhang mit dem Weg des Propheten Jeremia (vgl. auch Hos 9,8-9). Auch Josef, der Lieblingssohn Jakobs, wird als Verfolgter in Verbindung mit Jesus gesehen. Im Neuen Testament erhält das Leiden des Gerechten sogar den Charakter des Notwendigen. Die Auseinandersetzung mit dem Leid gehört zum Gedanken des Fastens - Fasten nicht nur als Buße, sondern auch als Einübung in das Leiden. *(Gerechtes Handeln führt zu Konflikten)*

Die Konfrontation mit der moralischen Wertordnung, die Aufforderung, ungerechtes Handeln aufzugeben und sich statt dessen für Gerechtigkeit einzusetzen, wird auf Gott bezogen. Gott verlangt vom Menschen moralisches Handeln.

Das richtige Verhältnis zu Gott

Die Anerkennung Gottes, das richtige Verhältnis des Menschen zu Gott, ist im Alten Testament auch eine Frage des Kultes, ob nämlich die Israeliten den Göttern Kanaans, den Baalen, Opfer darbringen oder ob sie Jahwe opfern. Das Verhältnis des Menschen zu Gott wird im christlichen Denken

Kult und Gebet als Kategorien des Gottesverhältnisses

weniger in Kategorien des Kultes, sondern des Gebetes ausgedrückt. Seitdem der Monotheismus sich durchgesetzt hat, konkurriert im christlichen Erfahrungsbereich Gott nicht mehr mit anderen Göttern. Beten heißt also für den Christen, sich auf Gott zu beziehen. Die Fastenzeit fordert zum Gebet auf und damit zur Hinwendung zu Gott.

Gebet allein kann Selbsttäuschung sein

Allerdings hört der Christ, ähnlich wie im Zusammenhang mit dem Fasten, daß Gebetsanstrengungen ohne gerechtes Handeln wertlos sind.

Ist das ein Fasten, wie ich es liebe, ist das ein richtiger Bußtag, wenn man den Kopf neigt wie ein Schilfrohr und sich in Sack und Asche bettet?... Das ist ein Fasten, wie ich es liebe, Stricke des Jochs entfernen, Gefolterte freilassen, jedes Joch zerbrechen, dein Brot an die Hungrigen austeilen, Arme, die kein Obdach haben, aufnehmen, wenn du einen Nackten siehst, ihn bekleiden und deinen Bruder nicht im Stich lassen. *(Jes 58,5-7)*

Denn Liebe will ich, nicht Schlachtopfer, Erkenntnis Gottes, nicht Brandopfer. *(Hos 6,6)*

Wenn ihr betet, macht es nicht wie die Heuchler. Denn sie stellen sich beim Gebet gern in die Synagogen und an die Straßenecken, um den Leuten aufzufallen ... Du aber geh, wenn du betest, in deine Kammer und schließ die Tür zu. Dann bete zu deinem Vater, der im Verborgenen ist ... Wenn ihr betet, sollt ihr nicht plappern wie die Heiden, die meinen, sie werden nur erhört, wenn sie viele Worte machen ... Wenn ihr aber den Menschen nicht vergebt, dann wird euer Vater eure Verfehlungen auch nicht vergeben. *(Mt 6,5-7.15)*

Seid barmherzig, wie euer Vater barmherzig ist. Richtet nicht, dann werdet auch ihr nicht gerichtet werden ... Erlaßt einander die Schuld, dann wird auch eure Schuld erlassen, gebt, dann wird auch euch gegeben werden. *(Lk 6,36-38)*

Gerechtes Handeln gehört zur Umkehr. Die Fastenzeit stellt darüber hinaus die Forderung auf, mehr zu tun, Almosen zu geben, sich für den Armen und Unterdrückten einzusetzen. Fasten, beten, Almosen geben sind die drei Bestandteile christlicher Praxis in der Fastenzeit. Diese Zeit erhält ihren Sinn und ihre Perspektive von Ostern her. Sie ist Vorbereitungszeit auf das zentrale Fest der Christenheit. Die Intensität, das Bemühen, das der Christ in dieser Zeit "investiert", gewinnt er sozusagen als Festtagsfreude zurück. Dieser allgemeine Zusammenhang erhält noch eine christliche Perspektive. Was Ostern gefeiert wird, das neue Leben, die Vergebung der Schuld, ein neues Verhältnis zu Gott, das sind bereits Themen der Fastenzeit. Sowohl die Texte aus dem Alten wie dem Neuen Testament sprechen von Vergebung, von einem neuen Gottesverhältnis. In der kirchlichen Praxis wird der Empfang der Sakramente, besonders des Bußsakramentes, empfohlen - als Vorbereitung auf das Osterfest. Für die meisten Katholiken ist der Gang zur Beichte keine angenehme Sache. Dies prägt in gewisser Weise die Stimmung der Fastenzeit - allerdings auch das Gefühl der Erleichterung, wenn man die Beichte hinter sich hat.

Die Vorbereitung auf Ostern hat in der alten Kirche auch die Vorbereitung der Katechumenen auf den Empfang der Taufe beinhaltet. Heute wird in der Osternacht auch wieder die Taufe gespendet. Von den bereits Getauften soll die Fastenzeit dazu genutzt werden, die Taufgnade wieder zu beleben, nicht zuletzt durch den Empfang des Bußsakramentes. Die Taufthematik ist für die Fastenzeit ein tragender Gedanke und wurde durch die letzte Liturgiereform wieder deutlicher herausgestellt.

Die inhaltliche Gestaltung der Fastenzeit hat durch verschiedene Bewegungen neue Impulse bekommen: Der Gedanke, daß die Industrieländer für die Entwicklungsländer eine besondere Verantwortung haben,

Einsatz für Arme und Unterdrückte

Themen des Osterfestes in der Fastenzeit

Beichte gehört zur Fastenzeit

Taufmotive

Entwicklungshilfe

ist seit 1958 durch die Aktion Misereor (d.h. "Ich erbarme mich") zu einem festen Thema der Fastenzeit geworden. Misereor, von den deutschen Bischöfen gegründet, bezeichnet sich als Fastenaktion der deutschen Katholiken und hat durch seine Öffentlichkeitsarbeit wesentlich dazu beigetragen, daß Entwicklungshilfe nicht mehr als Zumutung verstanden wird. Misereor entwickelte zuerst das Konzept der Hilfe zur Selbsthilfe.

Die ökologische Diskussion ist von christlichen Gruppen aufgegriffen worden und mit dem Gedanken der Fastenzeit zu dem Motiv "Neuer Lebensstil" verbunden worden. Verzicht wird hier nicht nur als Bußpraxis für einen bestimmten Abschnitt des Jahres verstanden, sondern als dauernde Haltung. Ähnlich wie in anderen Erneuerungsbewegungen der Kirchengeschichte wird ein einfaches, armes Leben als Ideal, Wohlstandsüberfluß dagegen als Gefährdung der Humanität und des Bezuges zur Transzendenz gesehen.

Die nordelbischen Kirchen haben den Fastengedanken wieder belebt und rufen unter dem Motto "Sieben Wochen ohne" zum Verzicht auf. An vielen Orten werden, meist beginnend mit dem Aschermittwoch, Fastenwochen durchgeführt. Meist gibt es eine medizinische Begleitung. Die einzelnen gehen ihren alltäglichen Aufgaben nach und treffen sich abends, um ihre Erfahrungen auszutauschen und sich gegenseitig zu motivieren.

3.5.5 Elemente, Bilder, Brauchtum der Fastenzeit
Die Praxis der Fastenzeit ist geprägt durch:

- häufigen Gottesdienstbesuch, auch an den Werktagen
- Verzicht auf Genußmittel
- Fasten
- Almosen geben
- Empfang des Bußsakraments
- Kreuzweg

Allgemein wird eine Intensivierung des religiösen Lebens angestrebt.

Fastenpredigten

Fastenpredigten, seit dem Konzil von Trient (1545) vorgeschrieben, werden heute meist an den Sonntagen gehalten.

8 6

Sie werden in der Regel in einen thematischen Rahmen gestellt und zielen auf eine Vertiefung des religiösen, theologischen und moralischen Wissens. Für die Predigten werden oft fremde Prediger, Seelsorger aus anderen Gemeinden oder Ordenspriester eingeladen.

Die Bischöfe schreiben jeweils zur Fastenzeit einen eigenen Fastenhirtenbrief, der an einem der Sonntage verlesen wird. Es werden jeweils grundsätzliche Fragen aufgegriffen. Im Unterschied zu den meisten anderen Hirtenbriefen handelt es sich nicht um einen Brief aller Bischöfe, sondern jeder Bischof verfaßt für seine Diözese einen eigenen Brief.

Hirtenbrief für jedes einzelne Bistum

Das Fasten selbst ist nur noch für den Aschermittwoch und den Karfreitag vorgeschrieben. Eine Fastenpraxis belebt sich an vielen Orten wieder. Die ökologische Bewegung, die allgemein zum Verzicht auffordert, kann als Neubelebung des Fastengedankens verstanden werden.

Fastenpraxis

Neben dem Fasten kennt man den Brauch der Abstinenz, d.h. kein Fleisch zu essen, auf Nikotin, Süßigkeiten, Alkohol zu verzichten.

Am Beginn der Fastenzeit wird ein Ritus verwendet, der aus der Bußpraxis der alten Kirche stammt. Die Büßer wurden mit Asche bestreut. Seit 1091 ist dieser Ritus für alle vorgeschrieben. Der einzelne wird nicht nur an die Buße, sondern an die Vergänglichkeit erinnert.

Aschenkreuz

Bekehrt euch und glaubt an das Evangelium (Mk 1,15)
oder
Bedenke Mensch, daß du Staub bist und wieder zu Staub zurückkehren wirst (Gen 3,19)

betet der Priester, wenn er dem einzelnen mit Asche ein Kreuz auf die Stirn zeichnet.

Ein Gebet der Fastenzeit ist der Kreuzweg. In ihm wird der Leidensweg Jesu von der Verurteilung bis zur Kreuzabnahme nachgebildet. In den Kirchen sind die Kreuzwegbilder oder auch Stationen aufgehängt. Es sind 14 Stationen, die auf eine Tradition in Jerusalem zurückgehen. Jedoch gab und gibt es Kreuzwege mit weniger Stationen, z.B. mit sieben Stationen.

Kreuzweg

Die Kreuzweg-Stationen sind:

1. Station: Jesus wird zum Tode verurteilt
2. Station: Jesus nimmt das Kreuz auf seine Schultern
3. Station: Jesus fällt zum ersten Mal unter dem Kreuz
4. Station: Jesus begegnet seiner Mutter
5. Station: Simon von Cyrene hilft Jesus das Kreuz tragen
6. Station: Veronika reicht Jesus das Schweißtuch
7. Station: Jesus fällt zum zweiten Mal unter dem Kreuz
8. Station: Jesus begegnet den weinenden Frauen
9. Station: Jesus fällt zum dritten Mal unter dem Kreuz
10. Station: Jesus wird seiner Kleider beraubt
11. Station: Jesus wird an das Kreuz genagelt
12. Station: Jesus stirbt am Kreuz
13. Station: Jesus wird vom Kreuz abgenommen und in den Schoß seiner Mutter gelegt
14. Station: Der heilige Leichnam Jesu wird in das Grab gelegt.

Wenn keine Bilder vorhanden sind, finden sich zumindest kleine Kreuze an Stelle der Stationen.

Die Gläubigen gehen den Kreuzweg für sich allein durch. Bei Kreuzwegandachten geht der Priester in der Kirche die Stationen ab und betet jeweils laut einen Text. Neuere Kreuzwege sehen im Schicksal Verfolgter und Gefolterter den Leidensweg Jesu. Für den Kreuzweg gibt es viele Textvorlagen, die meist als kleine Bücher oder Schriften veröffentlicht sind. Der Kreuzweg ist seit einigen Jahren von der Jugend wieder aufgegriffen worden. Der Bund der Katholischen Jugend gibt jedes Jahr Bilder und Texte für den Kreuzweg heraus.

Kalvarienberg

Kreuzwege finden sich auch außerhalb der Kirchen. Die Stationen sind entlang eines Weges aufgestellt, der meist auf einen Berg führt, der dann oft Kalvarienberg heißt.

Bußandacht

In der Fastenzeit werden von den meisten Gemeinden Bußgottesdienste veranstaltet. In diesen Gottesdiensten wird nicht nur die individuelle Schuld in den Mittelpunkt gestellt, sondern auch das Schuldigwerden von Gruppen, Gemeinden gegenüber Randgruppen, sozialen Verhältnissen, der Dritten Welt. Die Bußgottesdienste waren eine Zeitlang umstritten, weil sie teilweise als Ersatz für die persönliche Beichte gesehen wurden. Es entstand dadurch ein typisch katholisches Problem, ob nämlich die Bußandachten eine Form des Beichtsakramentes sind oder "nur" eine religiöse Übung. Das kirchliche Amt hat die Bußandacht nicht zum Sakrament erklärt, so daß diese Andacht anstelle der Einzelbeichte träte.

Für viele Katholiken dürfte die Teilnahme an einer Bußandacht der ihnen angemessene Ausdruck des Willens zur Umkehr und zum Eingeständnis eigener Schuld geworden sein. Der Bußgottesdienst hat jedoch die persönliche Beichte nicht verdrängt, sondern in einigen Gemeinden sogar wieder belebt. Allerdings ist die Beichtpraxis im ganzen stark zurückgegangen.

Ein außerordentliches Interesse findet während der Passionszeit in der Öffentlichkeit die evangelische Fastenaktion "Sieben Wochen ohne".

An dieser Aktion beteiligten sich 1995 in den 46 Tagen bis zum Ostersonntag 2,1 Millionen. In diesen "Sieben Wochen" haben sie freiwillig auf etwas verzichtet, was ihnen besonders angenehm ist, von übermäßigem Konsum, Angewohnheiten wie Rauchen und Alkoholgenuß bis zu entbehrlichem Luxus. Auch in anderen Ländern ist dieser Gedanke des Fastens zugunsten von Selbstprüfung und Besinnung positiv aufgenommen worden. | Sieben Wochen ohne

Der Aspekt des Almosengebens hat durch die bischöfliche Aktion Misereor eine weltweite Dimension bekommen. Der Arme in der Welt ist der Bedürftige. Misereor ruft nicht nur zu einer Geldspende auf, sondern bringt auch Arbeitsmaterialien für die Gestaltung der Fastenzeit in den Gemeinden, in den Schulen und der Bildungsarbeit heraus. Neben Arbeitsmappen, Predigtentwürfen, Plakaten, Dias und Filmen bietet Misereor auch ein Hungertuch an, das in Kirchen und Gemeindehäusern aufgehängt werden kann. Dies geht auf eine alte Tradition zurück. | Misereor

Mit einem Tuch wurde etwa seit dem Jahre 1000 in der Fastenzeit der Altar verhängt. Der Gedanke war wohl, daß der sündige Mensch unwürdig ist, Gott zu sehen. Im Mit- | Hungertuch telalter wurden die Hungertücher mit Passionsmotiven bebildert. Auch die neuen Hungertücher, meist von Künstlern der Dritten Welt geschaffen, stellen biblische Motive dar.

Anschrift
Misereor

Die Arbeitshilfen, Broschüren und Medien, die Misereor zur Verfügung stellt, können von der Geschäftsstelle in 52064 Aachen, Mozartstr. 9, angefordert werden.

Aschermittwoch
der Künstler

Der Aschermittwoch der Künstler geht auf den französischen Karikaturisten und Theatermaler Adolphe Willette zurück. Er versammelte 1914 am Aschermittwoch Künstler zu einer religiösen Besinnung. Nach seinem Tod wurde 1926 in der Kirche St. Germain l'Auyerrois, der Kirche der Künstler in Paris, eine Messe für die verstorbenen Künstler gelesen. Neben dem Gedächtnis der Toten ist der Tag auch ein Anlaß der Besinnung und Meditation. An diesem Tag kommt es zu einer Begegnung zwischen Künstlern und dem Bischof. Der Aschermittwoch der Künstler wurde 1950 in Köln und 1955 in München übernommen. Informationen sind vom Künstlerseelsorger des jeweiligen Bistums zu erhalten.

3.5.6 Ideen für Beiträge

Aus den drei Hauptlinien der Fastenzeit - Fasten, Gebet, Almosen - ergeben sich u.a. folgende Themenbereiche:

Fasten - alternatives Leben
- Erfahrungen mit dem Fasten
- Erprobung eines neuen Lebensstils als Kritik an der Lebenspraxis einer Konsumgesellschaft, verschiedene Möglichkeiten des Konsumverzichts
- Der Zusammenhang von Lebensstil und humanen, religiösen Erfahrungen
- Da Fasten wieder zu einer akzeptierten Praxis geworden ist, sollten Erfahrungsberichte wie auch die erforderlichen medizinischen Informationen vermittelt werden.

Gebet
- Anregungen für das Gebet
- Gebetsschule
- Erfahrungen mit dem Beten
- Texte großer Beter
- Beten und Meditieren ist eine Form der Übung und wird vielfältig praktiziert. Die Meditationsformen des Hinduismus und Buddhismus, meditative Körperübungen der chinesischen und japanischen Tradition sind im Westen übernommen. Oft waren Missionare die Vermittler. Inzwischen werden auch die christlichen Mystiker wieder entdeckt. Es gibt eine Fülle von Material, das meist nur in Buchform zugänglich ist, jedoch von den Print- und Funkmedien durchaus aufgegriffen werden kann.

Almosen und Entwicklungshilfe
- Beispiele für den Einsatz für Arme, für Randgruppen
- Verantwortung für die Dritte Welt, Projekte der Entwicklungshilfe
  Hinzuweisen ist hier auch auf die Aktion Fair Trade und die Direktvermarktung von Kaffee und Tee aus den Entwicklungsländern
- Erfahrungen von Entwicklungshelfern

Einsatz für Gerechtigkeit bedeutet Verfolgung
Die Herstellung gerechter Verhältnisse, gerechtes Handeln gehören zu den Imperativen der alttestamentlichen Propheten. Die Verfolgung derjenigen, die sich für Gerechtigkeit einsetzen, ist eine konstante Erfahrung seit den Tagen der Propheten. Beispiele gibt es heute in Fülle. Viele moderne Kreuzwege vergleichen den Leidensweg Verfolgter mit dem Schicksal Jesu.

Umkehr, Verarbeitung von Schuld
Der Gedanke der Schuld, daß der einzelne sich von seinen Fehlgriffen und seinem Versagen distanzieren muß, ist durch Erkenntnisse der Psychologie in Frage gestellt. Diese hat gezeigt, daß Schuldgefühle von der Umwelt induziert werden, um Abhängigkeit zu erzeugen. Der Gedanke der Emanzipation verträgt sich nur schwer mit dem des

persönlichen Versagens. Er schließt vielmehr die Emanzipation von Schuldgefühlen mit ein. Auch die kirchliche Bußpredigt wird kritisiert als Mechanismus ungerechtfertigter Einflußnahme. Das Thema "Schuld" ist nicht so populär wie in früheren Epochen. Die Versuche, die Deutschen für die Verbrechen des Nationalsozialismus haftbar zu machen, stellen eine Tendenz in umgekehrter Richtung dar. "Bußpredigten" in den Massenmedien dürften sicher schwer zu formulieren sein, aber unter den Oberbegriff "Lebenshilfe" gehört es auch, die Menschen mit ihrem Versagen zu konfrontieren. Das wiederum geschieht in vielen Theaterstücken und Filmen, allerdings ohne eine christliche Perspektive. Vor allem in den trivialen Genres, den Serien, führt Schuld zur Vernichtung. Die Gesellschaft kann nur in der Weise des Verbrechens Herr werden, indem sie den Verbrecher ausgrenzt oder vernichtet. Auch in den literarisch anspruchsvollen Filmen und Theaterstücken führt Schuld meist zum Scheitern.

Zu einer christlichen Auseinandersetzung mit der Schuld gehört die Vergebung, die Versöhnung, die Einsicht, daß Gott nicht die Vernichtung des Sünders, sondern einen neuen Anfang will.

Eine Kritik an der "Ideologie der Vernichtung des Bösen" in den Handlungsschemata des Unterhaltungsangebotes müßte gerade in der Fastenzeit als Zeitkritik geleistet werden.

Weiter kann unter der Überschrift "Lebenshilfe" gezeigt werden, wie Menschen mit persönlichem Versagen fertig geworden sind, welche Hilfe sie erhalten haben, welche sie nötig gehabt hätten, aber nicht erhalten haben.

Kreuzwege
Im Kreuzweg konfrontiert sich der Christ mit dem Leidensweg Jesu. Der Kreuzweg ist nicht nur von vielen Künstlern gestaltet worden, auch der Leidensweg von Verfolgten und Gefolterten ist als Kreuzweg zu verstehen. Dabei geht es nicht nur um Anklage gegen Ungerechtigkeit, sondern wesentlich um Solidarität mit den Leidenden, darum, es bei den Leidenden auszuhalten.

Schuld ohne
Vergebung

Kritik der "Vernichtung des Bösen" in der Ideologie der Krimiserien

Verarbeitung von Schuld

Hungertuch für die Medien
Die formale Idee des Hungertuches kann für ein
Massenmedium realisiert werden. Auf dem Tuch sind jeweils
mehrere Felder dargestellt, die in einem Zusammenhang
stehen, aber auch einzeln betrachtet werden können. Dieser
Rhythmus von Entfaltung und erneutem Zusammenfügen
könnte Gestaltungsprinzip für eine Sendereihe sein.

3.6   *Karwoche und Osterwoche*

Palmsonntag, Gründonnerstag, Karfreitag,
Karsamstag, Osternacht, Ostern, die Osterzeit

Zentrale christliche Feste

In den Tagen zwischen dem Palmsonntag und Ostern feiern die Kirchen die zentralen Ereignisse, die die christliche Religion begründet haben. Die Feste dieser Woche beziehen sich auf die letzten Tage im Leben Jesu:

Einzug in Jerusalem, Feier des Paschafestes mit den Jüngern, Gefangennahme, Verurteilung und Hinrichtung, Manifestation einer neuen Gegenwart

Karwoche als Einheit

Diese Tage müssen in ihrem Zusammenhang gesehen werden, sie gewinnen ihre Bedeutung erst in ihrem gegenseitigen Bezug.

Im folgenden wird das gleiche Raster zugrunde gelegt, nach dem bereits oben das Material zu den jeweiligen Festen zusammengestellt wurde. Soweit es notwendig ist, wird der einzelne Festtag der Karwoche ausgegliedert. Die Darstellung zielt jedoch im ganzen darauf ab, die Karwoche als Einheit darzustellen.

3.6.1 Anthropologische Voraussetzungen

Thematisierung von existentiellen Erfahrungen

In den Tagen der Karwoche werden die entscheidenden Erfahrungen menschlicher Existenz bis in ihre politische Dimension hinein thematisiert.

- Öffentlicher Erfolg und Unterstützung des Volkes am Palmsonntag
- Politische Intrigen und Machtkämpfe sowie das öffentliche Auftreten Jesu vor den Pilgerscharen in Jerusalem in den Tagen vor dem Paschafest
- Das religiöse Gedächtnismahl im Freundeskreis als Beginn der christlichen Kirche
- Die Einsamkeit und Angst vor dem kommenden Konflikt
- Der Verrat durch einen Freund und die Gefangennahme
- Das Wechselspiel der politischen Mächte in einem besetzten Land, in das ein religiöser Prophet verwickelt wird
- Der schmachvolle und schmerzhafte Tod
- Die Verstörung und Resignation der Freunde
- Der Beginn eines neuen Lebens

94

In diesen Ereignissen kann der einzelne eine Vielfalt eigener Erfahrungen wiedererkennen. Zugleich wird dem Weg Jesu eine Deutung gegeben, die der einzelne auch für sich übernehmen kann. Die Deutung des Lebensweges Jesu durch die Kirche ist mutig und provokativ. Der schmachvolle Tod, durch Mißgunst und politische Intrigen herbeigeführt, wird als heilbringend, als Neubeginn und sogar als Gottes Wille interpretiert.

Vielfältige Möglichkeiten der Identifkiation

Die Ereignisse und Begegnungen der Karwoche umfassen eine außerordentlich große Spannweite menschlicher Er-fahrungen und spiegeln die verschiedensten Empfindungen und Stimmungen zwischen Jubelrufen und dem Ruf "Kreuzige ihn", zwischen der Intimität einer Freundes-gemeinschaft und dem Verrat, zwischen dem Gefühl äußerster Verlassenheit und der größten Nähe, zwischen Scheitern und Erfolg. So halten diese Tage ein unerschöpf-liches Reservoir an Themen bereit, wenn man nicht nur bei der historischen Rekonstruktion der Ereignisse stehenbleibt, sondern diese in Beziehung zu den Erfahrungen anderer Generationen bringt.

Große Spann-weite von Erfah-rungen, Empfin-dungen und Stim-mungen

3.6.2. Bezug zur Öffentlichkeit

Die Karwoche und die Ostertage haben nicht den prägenden Einfluß auf das öffentliche Leben wie die Weihnachtszeit. Dafür ist die Verflechtung mit der Konsumwelt nicht so eng wie an Weihnachten. Im Blickwinkel der Öffentlichkeit dürfte Weihnachten eher als zentrales kirchliches Fest gesehen werden, während Karfreitag und Ostern im kirchlichen Kalender das zentrale Ereignis sind, mit dem die meisten theologischen Aussagen ausgesprochen sind.

Geringere Öffent-lichkeitswirkung als Weihnachten

Diese Diskrepanz zwischen öffentlicher Einschätzung und kirchlichem Stellenwert wird in den Kirchengemeinden der Städte und Großstädte noch dadurch verschärft, daß ein großer Teil der Gemeindemitglieder die vielen Feiertage für einen Kurzurlaub nutzt. Vor allem die innerstädtischen Gemeinden sind zu einem guten Teil entvölkert.

Karwoche als Urlaubstage

Im öffentlichen Bewußtsein haben die Kartage eine unterschiedliche emotionale Färbung. Der Karfreitag kann als Tag der Trauer charakterisiert werden, ähnlich dem Totensonntag im November. Für die evangelischen Kirchen steht der Karfreitag im Mittelpunkt.

Karfreitag als Tag der Trauer

Der Karsamstag hat im Gegensatz dazu eher den Charakter eines normalen Samstags. Das Thema "Grabesruhe", von dem der Tag im liturgischen Kalender geprägt ist, ist kaum bewußt. Dadurch bricht eigentlich der Spannungsbogen zusammen, der den Gründonnerstag und den Karfreitag mit der Feier der Auferstehung am Abend des Karsamstages verbindet. Der Ostersonntag selbst gilt als Auferstehungstag, wird aber von vielen nicht in seinem inneren Bezug zu Gründonnerstag und Karfreitag erlebt.

Die Kar- und Ostertage werden nicht als Einheit erlebt

Der Charakter des Osterfestes ist in unseren Breiten auch dadurch mitgeprägt, daß der Termin in die Frühlingszeit fällt.

Ostern als Frühlingsfest

Die Mitfeier der Karwoche verlangt mehr Beteiligung und Konzentration auf die Inhalte der Feste, als es an Weihnachten gefordert ist. Die Themen dieser Tage sind auch schwieriger mitzuvollziehen als die Aussagen des Weihnachtsfestes. So begrenzen die Kartage die Möglichkeit der Mitfeier auch von der Thematik her stärker als z.B. das Weihnachtsfest. Trotzdem können die Themen dieser Tage nicht nur einen kirchlich orientierten Menschentyp ansprechen, sondern jeden mit Erfahrungen konfrontieren, von denen er immer wieder betroffen ist.

Höheres Maß an Beteiligung als bei anderen kirchlichen Festen gefordert

3.6.3 Entstehung und Entwicklung der Kartage

3.6.3.1 Der Ostertermin

Die Ursprünge der Kartage reichen sicher weiter zurück als die des Weihnachtsfestes. Das ist schon dadurch gegeben, daß Ostern im Zusammenhang mit dem jüdischen Paschafest steht. Jesus wurde wahrscheinlich an diesem Fest hingerichtet. Aus dem 2. Jahrhundert sind Hinweise auf die Osterfeier der Christen überliefert und sogar eine Osterpredigt des Melito von Sardes, der um 190 gestorben ist. (s. 3.6.4.5-8)

Ostern: Das älteste Fest

In der zweiten Hälfte des 2. Jahrhunderts gab es bereits einen Streit um das Datum des Osterfestes, den sogenannten Osterfeststreit. Strittig war, ob Ostern unabhängig vom Wochentag am Vollmondtag des ersten Frühlingsmonates oder am Sonntag nach diesem Tag gefeiert werden sollte.

Problem des Ostertermins

Das jüdische Paschafest lag im Todesjahr Jesu unmittelbar vor einem Sabbat. Der Tag nach dem Sabbat, der erste Tag der Woche, ist der Tag der Auferstehung und das älteste kirchliche Fest. Für die Christen entstand daraus die Frage,

Loslösung des Ostertermins vom jüdischen Paschafest

96

ob sie in Bezug auf den Ostertermin am ersten Wochentag festhalten sollten oder den Todestag Jesu im Zusammenhang mit dem Paschafest des jüdischen Jahreskalenders begehen sollten. Es setzte sich als Termin der erste Wochentag durch, endgültig durch das Konzil von Nizäa 325 bestimmt. Damit grenzte sich die Kirche vom Judentum ab, sogar in der Weise, daß, wenn der Frühlingsvollmond auf einen Sonntag fällt, Ostern erst am Sonntag danach gefeiert wird. Durch diese Regelung unterliegt der Ostertermin einer Schwankungsbreite von fünf Wochen zwischen dem 22.3. und 25.4.

Die unterschiedlichen Termine für das Osterfest in den orthodoxen Kirchen gehen auf verschiedene Kalender und damit Berechnungsmodi für den Frühlingsanfang zurück.

Ostertermin der orthodoxen Kirchen

Allerdings ist die Datierung des Todestages in der biblischen Überlieferung nicht eindeutig. Die ersten drei Evangelien berichten, daß Jesus am Paschafest selbst hingerichtet wurde.

Auf das Paschafest folgte dann der Sabbat. Der erste Tag der Woche ist dann der Auferstehungstag (vgl. Mk 14,12.17; 15,6.42. Matthäus und Lukas folgen dieser Chronologie.)

Wurde Jesus am Paschafest hingerichtet?

Nach dem Johannesevangelium ist Jesus am Tag vor dem Paschafest, nicht am Paschafest selbst gekreuzigt worden. Das Abendmahl hat daher nicht am Vortag des Paschafestes, sondern einen Tag vorher stattgefunden, das Paschafest wird erst am Abend des Todestages Jesu gefeiert (Joh 18,28). Dieses Evangelium zieht eine Parallele zwischen dem Schlachten der Paschalämmer und dem Sterben Jesu.

Die Bibelwissenschaftler sind bis heute unterschiedlicher Meinung, ob die Synoptiker (Matthäus, Markus, Lukas) oder Johannes die historischen Daten wiedergeben. Das liturgische Jahr geht von der Sicht der Synoptiker aus. Das Abendmahl, das Jesus mit den Jüngern hielt, das mit dem Paschamahl der Juden zusammenfiel, wird am Vorabend des Festes gefeiert.

Während anfangs das Osterfest allein gefeiert wurde, bildeten sich im 4. Jahrhundert der Palmsonntag, der Gründonnerstag und der Karfreitag mit eigenen Gottesdiensten heraus.

3.6.3.2 Entstehung des Palmsonntags

Der Ursprung des Palmsonntags geht wohl auf Jerusalem zurück, wo man die einzelnen Ereignisse des Leidensweges Jesu in eigenen Feiern und Riten nachbildete. Der Palmsonntag erinnert an den Einzug Jesu in Jerusalem, wo das Volk ihm zujubelte.

3.6.3.3 Entstehung des Gründonnerstags

Ursprung des Wortes "Grün"

Die Herkunft des Namens ist nicht völlig eindeutig geklärt. Er leitet sich möglicherweise von dem mittelhochdeutschen Wort ab, das in den Worten "greinen" oder "grienen" noch fortlebt. Es würde sich dann auf die Wiedereingliederung der Büßer beziehen, die als "Weinende" gesehen wurden. Ihre Entlassung aus dem Büßerstand führte auch zur Bezeichnung "Antlaßtag". Möglicherweise kommt Gründonnerstag auch tatsächlich von Grün, weil im Mittelalter an diesem Tag grüne Meßgewänder getragen wurden.

Beendigung der Fastenzeit

Der Gründonnerstag gehörte anfänglich nicht zu dem dreitägigen Festkreis (österliches Triduum), der sich von der Auferstehung am "Dritten Tag" ableitet. Zwar gab es schon im 4. Jahrhundert einen Gedächtnisgottesdienst der Abendmahlfeier, die Jesus mit den Jüngern hielt. Erst im Mittelalter wurde der Gründonnerstag zum Kernbereich der österlichen Tage hinzugerechnet und es entwickelte sich der Begriff des Triduum Sacrum (heilige drei Tage), das mit der abendlichen Messe am Gründonnerstag beginnt.

3.6.3.4 Entwicklung des Karfreitags

Karfreitag als Fasttag

Der Gedächtnistag des Leidens und Sterbens Jesu war ein Tag der Trauer und, um das Mitleiden auszudrücken, ein Tag des Fastens. Dieses Fasten ist schon im 2. Jahrhundert bezeugt. Von daher kommt auch der Brauch, an jedem Freitag zu fasten und des Leidens Jesu zu gedenken.

Entwicklung des Karfreitags-Gottesdienstes

Anfangs wurde dieser Tag wohl ohne einen Gottesdienst begangen. In Jerusalem entstand die Verehrung des Kreuzes, das 320 von der Kaiserin Helena wiedergefunden worden war. Im Westen entwickelte sich ein Gottesdienst mit Lesungen und Gebeten; die Verehrung des Kreuzes wurde

Kreuzverehrung

schon früh an Orten gepflegt, die eine Reliquie des Kreuzes erhalten hatten.

Bis heute wird am Karfreitag keine Messe zelebriert. Erst seit dem 7. Jahrhundert wurde eine Kommunionfeier an den Gebetsgottesdienst angeschlossen. Die Hostien werden bereits in der Gründonnerstagsmesse konsekriert. Der Zeitpunkt des Karfreitagsgottesdienstes liegt seit dem Mittelalter am Nachmittag. Die Todesstunde Jesu ist nach den Berichten der Evangelien 15 Uhr.

Evangelische Christen sehen nicht anders als katholische zwischen Karfreitag und Ostern einen unauflösbaren Zusammenhang. Das eine ist die Antwort auf das andere. Gleichwohl ist bei den Evangelischen die herausgehobene Bedeutung des Karfreitags in Frömmigkeit und Tradition unverkennbar.

Der Karfreitag in der protestantischen Tradition

Die Worte aus dem Apostolischen Glaubensbekenntnis "Gelitten unter Pilatus, gekreuzigt, gestorben und begraben" verstehen sie als eine zentrale Stelle der biblischen Botschaft. Gerade diese Worte führen Menschen in eine Situation, mit der sie allein nicht fertig werden. Die Schatten dieser drei Worte sind auch in ihrer eigenen Welt und Existenz präsent. Eigene Bedrückung und eigene Befreiung bleiben im Konflikt miteinander.

Die Dramaturgie der biblischen Überlieferung läßt deren Licht zunächst vollends auf das Ereignis Golgota fallen. Immer wieder beschreiben Texte des Alten und Neuen Testamentes den einzigartigen Vorgang, der Schuld und Vergebung, Tod und Leben in eine grundlegend veränderte Konstellation führt. Hier ist das Kreuz dem Heil vorangestellt, und nicht umgekehrt.

Schuld und Vergebung

Diese überwältigende Vorgabe hat dem Karfreitag einen "besonderen Rang" zuwachsen lassen. Er wird deshalb unter vielen Protestanten als der "höchste Feiertag des Kirchenjahres" angesehen. Er gilt als einer der wichtigsten Abendmahlstage.

Höchster Feiertag

3.6.3.5 Entstehung und Entwicklung des Karsamstags und der Osternacht

Der Karsamstag ist heute ohne eigene Liturgie. Als Tag der Grabesruhe Christi wurde er auch in der alten Kirche mit Fasten gehalten. Die Auferstehungsfeier begann erst um

Karsamstag - keine Liturgie

Mitternacht. So hat es bis ins 5. Jahrhundert wohl auch keine eigenen Gottesdienste am Ostertag gegeben, da die Auferstehungsfeier die ganze Nacht dauerte.

Osternachtfeier am Karsamstag- morgen

Die Osternachtfeier wanderte jedoch immer weiter nach vorne, bis sie schließlich am Morgen des Karsamstags gefeiert wurde. Praktisch war diese Feier jedoch eine reine Klerikerliturgie. Die Gemeinde feierte Ostern in den Gottes- diensten am Sonntag.

Wiederherstellung der alten Ord- nung

1955 wurde in der katholischen Kirche die altkirchliche Ordnung nach einer Experimentalphase seit 1951 wieder- hergestellt. Heute ist die Osternachtfeier der zentrale Gottesdienst des Jahres. Er besteht aus vielfältigen Elementen und ist daher für Priester, Lektoren und Meßdiener eine der schwierigsten liturgischen Aufgaben des Jahres.Die Oster- nachtfeier soll in der Zeit nach der Abenddämmerung bzw. vor dem Morgengrauen liegen, wird aber aus praktischen Gründen meist auf den Abend vorverlegt. Manche Gemeinden beginnen schon um 19 Uhr.

3.6.3.6 *Entwicklung der Osterzeit, der Weiße Sonntag*

Ostern und Pfingsten - jüdischer Ur- sprung der 50 Tage

Die Festzeit nach Ostern reicht bis Pfingsten, das 50 Tage (griechisch: Pentecoste - der Fünfzigste) nach Ostern liegt. Dies geht bereits auf den jüdischen Festkalender zurück, bei dem man 50 Tage nach dem Paschafest, das auch Fest der Gerstenernte war, das "Fest der sieben Wochen" als Fest der Weizenernte feierte. Die Gleichheit von sieben Wochen und 50 Tagen kommt dadurch zustande, daß in der Antike der erste Tage einer Zeitspanne immer mitgerechnet wurde. Innerhalb dieser Zeit ist die Woche nach Ostern, die Osteroktav, besonders herausgehoben. Sie war eine arbeits- freie Zeit, was in der Landwirtschaft nicht immer als Vorteil empfunden wurde, da die Oktav meist in die Zeit der Aussaat fällt. Die Osteroktav ist thematisch nicht nur durch die Auferstehung bestimmt, sondern auch durch die Rücksicht auf die in der Osternacht Getauften. Diese trugen während der ganzen Woche ein weißes Kleid.

Ursprung des "Weißen Sonn- tags"

Am Weißen Sonntag legten sie die weißen Kleider wieder ab. Dieser Sonntag ist heute in vielen Gemeinden durch die weißen Kleider der Mädchen bestimmt, da er seit dem 18.

Jahrhundert häufig der Tag der Erstkommunion ist. Der Brauch, den Tag der Erstkommunion auf den Sonntag nach Ostern zu legen, hat sich inzwischen gelockert. Heute werden oft andere Sonntage oder Feiertage der Osterzeit gewählt.

3.6.4 Aussagen der Feste der Karwoche und des Osterfestes

3.6.4.1 Die Einheit der Feste der Karwoche und des Osterfestes

In den Feiern der drei österlichen Tage (Gründonnerstag, Karfreitag, Ostern) wird das Werk der Erlösung, der Rettung des Menschen und der Welt in allen Dimensionen der religiösen Existenz vergegenwärtigt.

Grundlegung der Dimensionen der christlichen Existenz

- Stiftung der Kirche durch die zentrale Kulthandlung der Mahlfeier
- Leiden und Sterben des Religionsstifters als tiefster Ausdruck der Gemeinschaft Gottes mit den Leidenden und ungerecht Verfolgten
- Hingabe des Sohnes an den Vater bis zum Tod, damit die Wiederherstellung der Kommunikation zwischen Gott und dem Menschen und die Rettung aller Menschen
- Auferweckung, Auferstehung von den Toten. Jesus als der "Erstgeborene von den Toten", und dadurch Überwindung des Todes. Die Zugehörigkeit zu Jesus ist damit Teilhabe am neuen Leben.
- Die Auferweckung ist zugleich Bestätigung und Verherrlichung des Sohnes durch den Vater. Der Schmerz und die Verlassenheit des Sterbenden sind umgeschlagen in Freude, neues Leben, Leben mit Gott.

In den Ereignissen der Karwoche und der Osterzeit geschieht bereits die Loslösung vom Judentum. In der letzten Zeit seiner Wirksamkeit hatte sich Jesus zurückgezogen, um dem Zugriff der Behörden zu entgehen. Bei seinem erneuten Auftreten, als er sich öffentlich in Jerusalem zeigte, wurde er von der Menge bejubelt. Er erfüllte jedoch nicht die politischen Erwartungen, verließ die Stadt wieder und wurde von den Behörden gefangengenommen, weil diese

Beginn der Loslösung vom Judentum

ihn als religiösen Führer ausschalten wollten und einen Konflikt mit den Römern fürchteten. Die Verurteilung Jesu auf Betreiben der Juden führte zum Bruch, der sich auch nach Ostern in der Unterdrückung und Verfolgung der jungen Gemeinde fortsetzte, die sich vorerst noch als Teil des Judentums verstand.

Die religiöse Sendung Jesu scheitert

Geschichtlich gesehen spitzte sich die Situation in der Woche vor dem Paschafest zu. Die religiöse Sendung Jesu kam in ihre entscheidende Phase, die auf den ersten Blick mit einem Scheitern endete. So verstanden es auch die Anhänger Jesu. Sie waren von Trauer und Niedergeschlagenheit erfüllt und zerstreuten sich.

Begegnung mit Jesus als Neubeginn der Jüngergemeinschaft

Sehr verhalten, zögernd, mit langsam wachsendem Verständnis für die Wege Gottes vollzieht sich ein Wandel bei den Anhängern Jesu. So berichten es die Evangelien. Ursache dieses Wandels sind Begegnungen mit Jesus, der als Lebender erfahren wird. Aus diesen Begegnungen heraus beginnt eine Sammlung der Anhänger Jesu und auch die aktive Missionierung sowohl der Juden wie auch der Heiden.

Stiftung der Mahlgemeinschaft und Lebensschicksal Jesu als Grundelemente der Kirche

Diese Gründungsphase ist also durch wichtige Elemente gekennzeichnet, die sich gegenseitig bedingen. Die Stiftung des Mahls, das die Jünger im Gedächtnis an Jesus weiterführen sollen, ist innerlich verbunden mit seinem Lebensschicksal. Sein Leiden und Sterben und seine Auferweckung von den Toten werden damit Inhalt des Gedächtnismahles. Auf seinem Lebensschicksal gründet die Kirche, und zugleich ist Jesu Schicksal zentrales Thema allen kirchlichen Lebens, denn die Existenz des Christen ist unmittelbar mit dem Lebensweg Jesu verbunden.

Teilnahme des Christen an der Existenz Jesu Christi

Der Christ nimmt sakramental an Leiden, Sterben und Auferstehen Jesu teil. Paulus formuliert das so: "Wir wurden ja durch die Taufe auf seinen Tod mit ihm zusammen begraben, damit auch wir, wie Christus auferweckt wurde von den Toten durch die Herrlichkeit des Vaters, in einem neuen Leben wandeln. Denn wenn wir mit seinem Todesabbild geeint wurden, werden wir auch seiner Auferstehung zugehören." (Röm 6,4-5).

Diese Teilhabe am Lebensweg Jesu und seiner neuen Existenzweise wird dem Christen in der Annahme des Glaubens und durch das Taufsakrament geschenkt.

102

In den anderen Sakramenten wird dieser Grundvollzug immer wieder erneuert. Die damit gewonnene neue Existenzweise muß der einzelne Christ in seinem Leben realisieren durch die

Realisierung der christlichen Existenz

- Nachfolge Jesu, die sich nicht zuletzt in der Nächstenliebe realisiert
- Teilnahme an dem Missionsauftrag, alle Menschen in die Jüngerschaft Jesu einzuladen und zu rufen
- Feier der Heilsgeheimnisse

Diese Grundstruktur des christlichen Lebensvollzuges ist in den Tagen des Paschafestes (wahrscheinlich des Jahres 30) durch die Stiftung Jesu und sein eigenes Lebensschicksal grundgelegt worden. Sie wird durch die Feste dieser Woche erinnert und vergegenwärtigt. Die Feste selbst entfalten diese Einheit in ihre Aspekte. Das soll im folgenden kurz skizziert werden.

3.6.4.2 Palmsonntag - seine Aussage

Am Palmsonntag wird des Einzugs Jesu in Jerusalem gedacht. Jesus hatte sich einige Zeit nicht in der Öffentlichkeit gezeigt, weil die Behörden ihn überwachten. Sein Erscheinen im Zusammenhang mit dem jüdischen Paschafest, zu dem viele Wallfahrer in die Stadt kommen, erregt Aufsehen. Er wird freudig begrüßt, als er auf einem Esel in die Stadt reitet.

Jesus zeigt sich in der Öffentlichkeit, nachdem er sich einige Zeit zurückgezogen hatte

Alle vier Evangelisten berichten von diesem Einzug (Mt 21,1-11; Mk 11,1-11; Lk 19,29-40; Joh 12,12-19). Die Menschen legten Kleider auf die Straße und streuten grüne Zweige, damit Jesus darüber reiten konnte. Der Ruf der Menge wird heute in jeder Messe wiederholt:

Hosanna - gesegnet, der kommt im Namen des Herrn
Gesegnet das kommende Reich unseres Vaters David
Hosanna in der Höhe (Mk 11,7; 10)

Dieser Zuruf wurde damals nicht allein religiös verstanden. Die Erwartungen richteten sich darauf, daß Jesus das Reich Davids wiederherstellen, d.h. die politischen Verhältnisse

Religiös-politische Messiaserwartungen

103

in Palästina ändern würde. Jesus entzieht sich dieser Erwartung. Er "nutzt" die Begeisterung der Menge nicht politisch aus.

Vielmehr verläßt er abends die Stadt und übernachtet in Bethanien. Die drei Synoptiker berichten von einer eher religiös orientierten Handlung, der sogenannten Tempelreinigung. Jesus treibt die Händler, die für das kommende Fest Schafe und anderes verkaufen, aus dem Tempel. Weiter referieren die Evangelisten Jesu Kritik an der religiösen Obrigkeit, Streitgespräche mit den Pharisäern und Sadduzäern sowie die Gerichtsrede über Jerusalem. Der Einzug in Jerusalem und die Reaktion Jesu auf die politischen Erwartungen sind im Zusammenhang mit der Rolle der Christen und der Kirche im politischen Kräftespiel zu sehen. Dieser Fragenkomplex wird am Palmsonntag thematisiert.

Jesus hat nicht die Öffentlichkeit gescheut, er wollte wirksam werden. Er bezog eindeutig zu gesellschaftlichen Problemen Stellung, nahm sich der Ausgestoßenen an, nicht nur der Armen und Kranken, sondern auch der korrupten Zöllner und Prostituierten. Er hat keinen Zweifel daran gelassen, daß vor Gott alle Menschen gleich sind, daß Reichtum religiös nichts bedeutet, sondern gefährlich für den Menschen ist. Schließlich stellt er den Einsatz für den Nächsten ins Zentrum seiner Ethik.

Damit hat er dem Christentum Perspektiven gesellschaftlicher Wirksamkeit eröffnet, die immer wieder aufgegriffen wurden. Jesus lehnte es jedoch ab, seine Sendung mit politischen Mitteln zu verwirklichen.

Die Herbeiführung eines bestimmten politischen Systems hat also nichts mit dem von Jesus angekündigten Reich Gottes zu tun, es besteht höchstens dann ein Zusammenhang, wenn mehr Gerechtigkeit verwirklicht werden soll. Zur politischen Situation Palästinas, der römischen Fremdherrschaft und den herodianischen Vasallenkönigen hat Jesus nach den Berichten der Evangelisten nicht Stellung bezogen. Er hat seine Anhängerschaft nicht für politische Ziele eingesetzt.

Dieses Verhalten Jesu, sich einem politischen Messianismus zu verweigern, ist im Bericht von der Versuchung Jesu bereits programmatisch von Matthäus und Lukas beschrieben. Jesus lehnt es als Versuchung des Satans ab, seine Macht

Jesus übernimmt kein politisches Mandat

Aussagen über das Verhältnis Jesu zur Politik

Kein Verzicht auf gesellschaftliche Wirksamkeit

Reich Gottes und politische Systeme

Programmatische Aussagen in dem Bericht über die Versuchung Jesu

104

dazu zu benutzen, die Menschen zu beeindrucken, indem er
Steine in Brot verwandelt oder sich von einer Zinne des
Tempels stürzt. Er lehnt die Macht über die Reiche der Welt
ab (Mt 4,1-11, Lk 4,1-13).Der Ritt auf dem Esel wurde
immer auch als Zeichen des Selbstverständnisses Jesu
gesehen.

Das Verhalten Jesu im politischen Kräftefeld seiner Zeit
zeigt einen christlichen Weg, dessen konkrete Gestalt für
die verschiedenen Epochen der Geschichte nicht einfach
aus dem Evangelium abgelesen werden kann. Daher ist
diese Frage in jeder Zeit umstritten - in diesem
Zusammenhang bieten sich zuletzt deshalb vielfältige
Themen an.

3.6.4.3 Der Gründonnerstag - seine Aussage

a) Stiftung der Eucharistie
b) Fußwaschung
c) Verrat des Judas
d) Gefangennahme Jesu
e) Verleugnung durch Petrus

Am Gründonnerstagabend feiert Jesus mit den Jüngern das
jüdische Paschafest, so wie es wohl viele Pilgergruppen in
Jerusalem getan haben. Das berichten die drei ersten
Evangelien (vgl. 3.6.3.1 - Der Ostertermin, S. 96f).

Das Paschafest hat zwei Wurzeln:

o Es geht einmal auf den Brauch der Nomadenstämme
  zurück, im Frühling ein junges männliches Tier der   Ursprünge des
  Herde zu opfern und sein Blut an das Zeltgestänge zu   Paschafestes
  streichen. Damit sollten die bösen Geister abgewehrt
  werden.

o Die andere Wurzel ist ein bäuerliches Fest, bei dem die
  erste Gerstengarbe geopfert und sieben Tage nur
  ungesäuertes Brot gegessen wurde. Daher kommt auch
  der im Evangelium genannte Name "Fest der ungesäuerten Brote".

105

Verbindung eines Jahreszeitenfestes mit geschichtlichen Ereignissen

Diese im Jahresrhythmus wurzelnden Feste schmolzen zusammen und erhielten einen historischen Inhalt: Erinnerung an den Auszug aus Ägypten. An diesem Fest sollte der Hausvater die Geschichte vom Auszug aus Ägypten erzählen. So heißt es im Buch Deuteronomium (16,1.6.8).

Achte auf den Monat Abib und feiere
Jahwe, deinem Gott, das Paschafest,
denn im Monat Abib hat der Herr,
dein Gott, dich nachts aus Ägypten geführt ...
du sollst das Paschatier schlachten am Abend bei Sonnenuntergang, zu der Stunde, in der du aus Ägypten gezogen bist ... Sechs Tage sollst du ungesäuertes Brot essen, am siebten Tag ist eine Festversammlung für den Herrn, deinen Gott, da sollst du keine Arbeit tun.

Im Buch Exodus (13,8) heißt es:
An diesem Tag erzähl deinem Sohn: Das geschieht für das, was der Herr an mir getan hat, als ich aus Ägypten auszog.

Ritus des Paschamahles

Zur Zeit Jesu hatte das Mahl folgenden Ablauf:

- Segenssprüche über den ersten Becher Wein
- Auftragen der ungesäuerten Brote und der Kräuter
- Auftragen des Paschalammes
- Erzählung der Auszugsgeschichte
- 1. Teil des großen Hallel   (Ps 113, 114, 1-8)
- Zweiter Becher
- Verzehren des Paschalammes mit bitteren Kräutern und ungesäuertem Brot
- Dritter Becher mit einer Danksagung über das Mahl
- Vierter Becher mit dem zweiten Teil des Hallel   (Ps 115 - 118)

Umwidmung des Paschamahles durch Jesus

Jesus hat Teile dieses rituellen Mahles, jedoch nicht den zentralen, aufgegriffen und mit einem neuen Sinn versehen. Dabei hat er eine Handlung - Darreichung des Brotes und des (vierten) Bechers - mit Deute-Worten zusammengefügt.

Der 1. Korintherbrief und die drei synoptischen Evangelien berichten mit etwas unterschiedlichem Wortlaut. Der älteste Text ist der, den Paulus im 1. Korintherbrief zitiert:

"Denn ich habe vom Herrn empfangen, was ich euch dann überliefert habe: Jesus, der Herr, nahm in der Nacht, in der er ausgeliefert wurde, Brot, sprach das Dankgebet, brach das Brot und sagte: Das ist mein Leben für euch. Tut dies zu meinem Gedächtnis. Ebenso nahm er nach dem Mahl den Kelch und sprach: Dieser Kelch ist der Neue Bund in meinem Blut. Tut dies, so oft ihr daraus trinkt, zu meinem Gedächtnis." (1 Kor 11,23-25)

"Während des Mahls nahm er das Brot und sprach den Lobpreis; dann brach er das Brot, reichte es ihnen und sagte: Nehmt, das ist mein Leib. Dann nahm er den Kelch, sprach das Dankgebet, reichte ihn den Jüngern, und sie tranken alle daraus. Und er sagte zu ihnen: Das ist mein Blut, das Blut des Bundes, das für viele vergossen wird. Amen, ich sage euch: Ich werde nicht mehr von der Frucht des Weinstocks trinken bis zu dem Tag, an dem ich von neuem davon trinke im Reich Gottes." (Mk 14,22-25)

Jesus hat nicht ein Gedächtnismahl neu gestiftet, sondern ein kultisches Gedächtnismahl umgewidmet. Dabei konnte er an verschiedenen religiösen Inhalten des Paschamahles anknüpfen. Die Theologie zur Zeit Jesu bezieht das Paschamahl auf vier Nächte mit Offenbarungen Jahwes, eine Symbolik, die in der Osternachtsliturgie wieder aufgegriffen wird.

- Nacht der Schöpfung, in der die Welt noch dunkel war
- Offenbarung an Abraham, Verheißung des Isaak
- In der dritten Nacht erschlug Jahwe die Erstgeburt Ägyptens, verschonte aber die der Israeliten
- In der vierten Nacht wird die Welt an ihr Ende gelangen, die Bande der Gottlosigkeit werden zerstört werden und der neue Messiaskönig wird kommen

Jesus war mit dem Anspruch aufgetreten, eine neue Heilszeit einzuleiten, er kündigte das nahe Hereinbrechen des Reiches Gottes an. Damit ist die messianische Zeit, auf die das Paschamahl ausgreift, bereits angebrochen. Es wird ein

Jüdische Deutungen des Paschamahles wurden von den Christen übernommen

Jesus proklamiert eine neue Heilszeit

107

"Neuer Bund" zwischen Gott und seinem Volk gestiftet. Im Korintherbrief heißt es (11,24), ebenso bei Lukas (22,20):

"Dieser Becher ist der Neue Bund in meinem Blut."

Wie der Alte Bund, so ist auch der Neue Bund eine Initiative Gottes. Gott ermöglicht überhaupt die Existenz seines Volkes, indem er Abraham eine große Nachkommenschaft verheißt, indem er sein Volk aus der Gefangenschaft in Ägypten befreit, es in das "gelobte Land" führt. Dieser Heilstaten Gottes gedachte man beim Paschafest.

Jesus verbindet Brot und Wein mit seinem Leben

Jesus hat das Brot in gleicher Weise wie ein jüdischer Hausvater gebrochen und an die Anwesenden verteilt. In der Gabe des Brotes sah schon der Jude eine Heilszeichen. Jesus nennt das Brot seinen Leib. Mit Leib ist das ganze Wesen des Menschen gemeint. Seinen Leib hingeben heißt dasselbe wie seine Seele hingeben, d.h. "sich selbst". Im Judentum wird diese Terminologie auf den Märtyrertod angewandt.

Den Becher mit Wein identifiziert Jesus mit seinem Blut. Darin drückt sich noch einmal die Hingabe Jesu, sein Sterben aus. Das Blut wird "für viele" (so bei Matthäus und Markus) bzw. "für euch", so bei Lukas, vergossen. Der Neue Bund wird durch Jesu Lebenshingabe gestiftet.

Abschiedmahl und Gedächtnismahl

Die Christen haben dieses Mahl weitergeführt. Jesus hat es als Abschiedsmahl verstanden. Worte wie "Ich werde nicht mehr von der Frucht des Weinstocks trinken bis zu dem Tag, da ich neu davon trinke im Reich Gottes" (Mk 14,25, ähnlich auch bei Matthäus und Lukas) deuten daraufhin. Zugleich wird vom Auftrag Jesu gesprochen, dasselbe in seinem Gedächtnis zu tun. Die Abschiedsreden des Johannesevangeliums (Joh 14-16) führen diesen Aspekt des Mahles mit den Jüngern weiter aus.

Das Gedächtnismahl ist historisch gesehen eine Stiftung Jesu

Sicher sind uns die Aussagen Jesu während des Mahles nicht im einzelnen wörtlich überliefert. Die Texte spiegeln zu einem guten Teil die gottesdienstliche Praxis der ersten christlichen Gemeinden wider. Aber es gilt als historisch gesichert, daß diese Gestalt des Mahles, die Handlungen und Deuteworte auf Jesus zurückgehen. Die Unterschiede zum Verständnis des jüdischen Paschamahles sind deutlich. Sie können nicht durch Übernahme außerjüdischer Mahlriten erklärt werden, stimmen aber mit dem Selbstverständnis

108

Jesu und seiner Reich-Gottes-Botschaft überein. Jesus selbst hat zudem wiederholt das Reich Gottes im Bild des Mahles dargestellt.

Drei Gesichtspunkte, die bis heute das Eucharistieverständnis prägen, sind bereits im damaligen Verständnis des Mahles, das die jüdische Theologie ausgearbeitet hatte, grundgelegt:

o Die Aktualisierung des Heilsereignisses
o Die Realpräsenz Jesu in Brot und Wein
o Die Gewißheit des kommenden Heils

Schon für die Teilnehmer des jüdischen Mahles galt, daß der Bund eine bleibende Realität ist. Gott hat jeden Israeliten, nicht nur deren Vorfahren, befreit. Gleiches sagen die Christen von Jesus. Nicht nur den Jüngern ist in Brot und Wein die Lebenshingabe Jesu zuteil geworden, sondern allen, die in seine Jüngerschaft aufgenommen worden sind. **Ständige Gegenwart des Heils**

Die Gegenwart Jesu im Gedächtnismahl, seine Gegenwart in Brot und Wein haben immer wieder eine theologische Deutung herausgefordert. Der Glaube an die Gegenwart Jesu in den Gestalten von Brot und Wein hat in der katholischen Kirche eine besondere Ausprägung gefunden. Das konsekrierte Brot wird aufbewahrt und angebetet. Wie ist diese Gegenwart zu verstehen? Entsprechend den anthropologischen Vorstellungen des jeweiligen Zeitalters wurde diese Gegenwart unterschiedlich gedeutet. **Vorstellungsmodelle zur Erklärung der Gegenwart Jesu im Mahl**

- Als Gegenwart des konkreten Leibes und Blutes des irdischen Jesus (frühes Mittelalter).
- Als substantielle Gegenwart. Die Substanz des Brotes und des Weines sind Leib und Blut Jesu, das Erscheinungsbild bleibt Brot und Wein. Diese Vorstellung der Transsubstantiation ist auf dem Hintergrund der aristotelischen Philosophie entwickelt worden (Hochmittelalter).
- Als Gegenwart im Symbol, vergleichbar der bleibenden Treue eines Menschen, die sich in einem Ring ausdrückt. Diese symbolische Gegenwart wird als real, nicht nur als hinweisend verstanden. Sie macht besser als die vorherigen Theorien deutlich, daß es nicht nur um eine faktische **In den Zeichen bleibt der Stiftungswille Jesu präsent**

109

Identität von Brot und Leib, von Wein und Blut geht, sondern daß erst durch die Hingabe Jesu Brot und Wein ihn gegenwärtig setzen, daß der Stiftungswille Jesu die Realität der Zeichen bestimmt (Neuere Theologie).

Ausgriff auf die
Zukunft

Das Mahl bezieht sich als Gedächtnismahl nicht nur auf die Vergangenheit, es ist auch nicht nur Gegenwärtigsetzung der Hingabe Jesu, es hat auch eine Perspektive auf die endgültige Verwirklichung des Heils. Jesus wird nicht mehr von dem Wein trinken, bis das Reich Gottes gekommen ist. (Mk 14,2; Lk 22,18)

Gemeinde-
bildende
Wirkung des
Mahles

"Es soll kommen die Gnade und vergehen diese Welt, maranatha, der Herr komme", heißt es in der Didache aus der ersten Hälfte des zweiten Jahrhunderts. Dieses Mahl wird von den Christen "Eucharistia", Danksagung, genannt. Die Christen preisen Gott für seine Heilstat und bringen das Handeln Jesu sowie sein Sterben und seine Auferstehung in den Zusammenhang mit dem Handeln Gottes im Alten Testament.

Das Gedächtnismahl stiftet Gemeinschaft mit ihm und damit mit Gott. Zugleich ist es, auch im soziologischen Sinn, gemeinde- und kirchenbildend. Das Gedächtnis an Jesu Lebenshingabe und seine Auferstehung, seine Gegenwart und die Verheißung seines endgültigen Heils ist ein Anlaß, daß Christen zusammenfinden.

Überbrückung
auch der
Konflikte unter
Christen

Das Mahl selbst als soziale Form hat schon den Charakter der Vergemeinschaftung. Es soll auch Ferment der Einheit unter den Christen sein, zwischen denen schon früh Streitigkeiten ausbrachen. Im ersten Korintherbrief schreibt Paulus (1 Kor. 10,17)

"Weil es ein Brot ist, sind wir ein Leib, die vielen, denn wir haben alle an dem einen Brot teil."

Im 11. Kapitel desselben Briefes wendet sich Paulus gegen Spaltungen, die bei den Gemeindeversammlungen aufkamen.

In der Didache, einer Schrift aus der ersten Hälfte des 2. Jahrhunderts, heißt es:

Wie dieses Brot zerstreut war über die Hügel hin und nun, zusammengebracht, eins geworden ist, also werde zusammengebracht deine Kirche von den Enden der

110

Erde in dein Reich. Denn dein ist die Herrlichkeit und die Macht durch Jesus Christus in Ewigkeit.

Das Johannesevangelium berichtet zwar von dem Abschiedsmahl Jesu, enthält eine ausgefaltete Abschiedsrede und ein Gebet Jesu, erwähnt aber das Brot- und das Wein-Wort Jesu nicht. Die eucharistischen Aussagen finden sich im 6. Kapitel des Evangeliums. Im Zusammenhang mit dem Abendmahl berichtet Johannes von einer Fußwaschung Jesu, die für viele die Gesinnung und die Hingabe Jesu in gleicher Weise ausdrückt wie bei der Darreichung von Brot und Wein.

Die Darstellung des Johannes-Evangeliums

Der Gründonnerstag ist nicht nur das Gedächtnis des letzten Mahles Jesu mit den Jüngern.

Verrat, Todesangst und Verhaftung Jesu kontrastieren die Mahlfeier im Freundeskreis

- Der Verrat des Judas spielt bereits in den Berichten vom gemeinsamen Mahl eine Rolle.
- Alle Evangelien berichten von einem einsamen Gebet, in dem Jesus von der Todesangst übermannt wurde.
- Die Gefangennahme Jesu geschieht noch in derselben Nacht. Jesus wird dem Hohenpriester vorgeführt.
- Petrus verleugnet Jesus.

Der Gegensatz zu der brüderlichen Mahlgemeinschaft kann nicht krasser als durch den Verrat des Judas und die Verleugnung des Petrus zum Ausdruck kommen. Hier berichtet die Kirche von menschlicher Erbärmlichkeit und Schwäche. Bei der Bedeutung des Petrus in der Urkirche dürfte seine Verleugnung Jesu nicht überliefert worden sein, wenn nicht ein historischer Kern des Berichts vorgelegen hätte.

Versagen des Petrus

Jesus erfährt die Verlassenheit nicht nur durch die Schwäche seiner Freunde. Er erschaudert vor seinem Tod. Sicher liegt auch hier ein historisches Faktum zugrunde. Die christliche Überlieferung hätte von sich aus kein Interesse gehabt, Jesus schwach zu zeigen.

Die Frömmigkeitsgeschichte hat sich immer wieder an diesem Gebet Jesu orientiert. Die Christen versuchen, an der Angst Jesu Anteil zu nehmen, nicht zuletzt um Kraft zu finden, die eigenen Ängste anzunehmen. Zugleich sehen sie im Gebet Jesu, im Verrat des Judas und in der Verleugnung

Angst, Enttäuschung und Versagen werden nicht aus dem

111

religiösen Erfahrungsbereich eliminiert

des Petrus, daß Jesus nichts Menschliches fremd war, daß auch die eigenen Enttäuschungen und Ängste aus der religiösen Welt nicht ausgeschlossen sind.

3.6.4.4   Der Karfreitag - seine Aussage

Kreuzigung bedeutet Ächtung des Hingerichteten

Jesus ist zu dem schmerzlichsten und schmählichsten Tod verurteilt worden, den die damalige Zeit kannte.

Als Gekreuzigter war er nicht nur hingerichtet, er war zugleich geächtet. Seine Anhänger haben das nicht verkraftet. Sie hatten mit einer erfolgreichen Karriere ihres Meisters gerechnet. Nur einige, vor allem Frauen, harrten bei ihm aus und beerdigten verstohlen seinen Leichnam.

Darstellung der Passion beinhaltet zugleich Deutung

Diese Vorgänge werden uns jedoch nicht in einer konstatierenden Nachrichtensprache überliefert, vielmehr sind in die Passionsberichte Deutungen des Leidens und Sterbens Jesu eingegangen. So umfaßt der Karfreitag zwei Aspekte:

o   das Scheitern, die Erniedrigung eines Menschen

o   die theologische Deutung dieses Leidens und Sterbens als Heil für die Menschen

Passionsberichte der Evangelien beruhen auf sehr alten Überlieferungen

Die Evangelisten stützen sich, das gilt vor allem für die drei ersten Evangelien, auf einen schon zusammenhängenden Bericht (s. S. 403f mit einem Überblick über den Aufbau des bereits Markus vorliegenden Passionsberichtes). Der Bericht beginnt damit, daß Jesus nicht mehr öffentlich auftritt und sich nach Cäsarea Philippi zurückzieht. Er geht dann, wie viele Juden, zum Paschafest nach Jerusalem. Zwischen dem Einzug am Palmsonntag und der Gefangennahme wird von der Vertreibung der Händler aus dem Tempel, von Streitgesprächen mit den Juden, von der Tötungsabsicht der Gegner Jesu und der Absprache mit Judas berichtet. Die Gleichnisse vom unfruchtbaren Feigenbaum und den Weinbergpächtern beinhalten ein hartes Urteil über die Juden.

Auseinandersetzungen Jesu mit den Juden vor dem Paschafest

Der Lauf des Unheils wird durch die Abendmahlfeier im Jüngerkreis unterbrochen, Die Feier jedoch wird durch die Anwesenheit des Verräters bereits überschattet.

Jesus deutet seinen Tod be-

Durch die Umwidmung des Paschamahles deutet Jesus selbst seinen Tod. Nach dem Mahl geht Jesus mit den

Jüngern in einen Garten und ringt im Gebet um den Willen Gottes. Darauf folgt die Gefangennahme.

Jesus wird von der jüdischen Obrigkeit verhört und von dieser an den Oberbefehlshaber der römischen Besatzungsmacht überwiesen. Die Verurteilung erfolgt in einem Hin und Her zwischen Pilatus und der jüdischen Obrigkeit, die wiederum die Menge zu steuern vermag. Pilatus bietet eine Amnestie an, die aber einem anderen Verhafteten, Barabbas, zugute kommt.

Bevor Jesus zur Kreuzigung geführt wird, wird er gegeißelt und als Pseudokönig verhöhnt. Dann wird er zur Hinrichtungsstätte geführt und gekreuzigt. Selbst hier verspotten ihn noch seine Gegner. Er stirbt und wird beigesetzt.

Diese Vorgänge werden durch Markus, den Verfasser des ältesten Evangeliums, eher nüchtern berichtet. Sie erscheinen sogar objektiv und distanziert dargestellt.

Die Forschung hat jedoch gezeigt, daß in die Berichte Deutungen hineingearbeitet sind, die eine genau Rekonstruktion des Prozesses erschweren. Wenn auch der äußere Ablauf - Verhör durch die jüdische Obrigkeit, Prozeß vor dem römischen Statthalter, Todesurteil, Kreuzigung - historisch sein dürfte, ist nur schwer auszumachen, aufgrund welcher Anklage Jesus tatsächlich verurteilt wurde.

Hier spielt das theologische Interesse der Evangelien sehr stark herein. Denn es geht um die Frage, ob die Juden tatsächlich wußten, was sie taten, ob sie wußten, daß sie den von Gott gesandten Messias, den sie seit Jahrhunderten erwarteten, umgebracht hatten. Hier ist auf die Streitgespräche Jesu mit den Juden zurückzuverweisen. Im Gleichnis von den Weinbergspächtern (Mk 12,1-12; Mt 21,33-46; Lk 29,9-19) heißt es, daß die Pächter die Pacht nicht zahlen wollen, die Boten des Besitzers wegjagen und schließlich dessen Sohn umbringen.

Auch das Johannesevangelium kennt unmittelbar vor der Passion Auseinandersetzungen Jesu mit den Juden, in denen diese den Anspruch Jesu bestreiten (Joh 12,31-35; 44-50). Die Ablehnung des Boten Gottes durch die Juden

reits bei dem Mahl mit den Jüngern
Ablauf der Ereignisse:
- Gefangennahme
- Jüdisches Gericht
- Römisches Gericht

- Geißelung
- Verspottung
- Weg zur Hinrichtungsstätte
- Kreuzigung und Tod
- Beisetzung

Aufbau des Passionsberichtes beinhaltet Deutung

Die Anklage gegen Jesus ist nicht mehr exakt zu rekonstruieren. Aussage der Evangelien:
Die Juden bringen den lang ersehnten Messias um

wird von den Evangelisten als die Ursache für den Tod Jesu dargestellt. Weil sie Jesus ablehnen, wollen sie ihn beseitigen.

Politische Implikationen des Auftretens Jesu

Es wird auch von politischen Überlegungen der jüdischen Obrigkeit berichtet. Jesus könne Auslöser für eine Aufruhrbewegung sein, die von den Römern niedergeschlagen und mit härteren Unterdrückungsmaßnahmen beantwortet würde (Joh 11,45-53). Im Bericht vom Prozeß vor der römischen Instanz wird die jüdische Obrigkeit als treibende Kraft dargestellt, während Pilatus schwankt, ob er ein Urteil im Sinne der Ankläger fällen soll.

Motiv und Rechtfertigung des Antisemitismus

Die in den Evangelien, vor allem bei Matthäus und Johannes, herausgearbeitete Schuld der Juden an Tode Jesu hat eine ungemein historische Wirkung gehabt und ist in verschiedenen Epochen Motiv und Rechtfertigung des Judenhasses gewesen.

Schuld der Juden nicht die einzige Erklärung für den Tod Jesu

Die Passionsberichte der Evangelien erklären jedoch das Schicksal Jesu letztlich nicht allein aus der Ablehnung der Juden. Sie sehen hinter dem Geschehen und dem Schuldigwerden der Menschen einen göttlichen Heilsplan, dessen Konturen sich bereits im Alten Testament zeigen. So wird in

Kategorien zur Deutung des Todes Jesu aus dem Alten Testament

dem Bericht über den Prozeß, das Leiden und Sterben Jesu die Deutung nicht zuletzt durch die Einbeziehung des Alten Testamentes gegeben. Dort fanden die Christen Aussagen, die den Sinn des Todes Jesu erschließen. Wie die Schuldfrage der Juden wird auch die Deutung des Leidens bereits vor dem Leidensweg Jesu angesprochen.

Die Ölbergszene als theologische Deutung des Leidens Jesu

Das Gebet Jesu im Garten drückt aus, daß Jesus sein Leiden als Willen Gottes akzeptiert: "Vater, alles ist dir möglich. Laß diesen Kelch an mir vorübergehen. Doch nicht, was ich will, sondern was du willst (geschehe)." (Mk 14,36)

In diesem Bericht ist nicht historisch exakt ein Gebet wiedergegeben. Vielmehr wird, wie häufig in der Bibel, ein Gebet formuliert, um die Rolle einer Person in der Heilsgeschichte zu beschreiben. Lukas erweitert die Aussage noch dadurch, daß Jesus Trost empfängt. Ein Engel stärkt ihn (Lk 22,43). Die Kraft Gottes ermöglichte Jesus, die Todesangst durchzustehen.

In der Bibel ist der Wille Gottes zu finden

Daß der Leidensweg Jesu letztlich durch den Willen Gottes bestimmt ist, wird auch durch den Verweis auf die heilige Schrift ausgedrückt. In den heiligen Schriften ist der

Wille Gottes zu finden. Jesus weist bei seiner Gefangennahme darauf hin, daß die Schriften erfüllt werden müssen (Mk 14,49; Mt 26,54). Auch die Emmaus-Jünger werden auf das Alte Testament verwiesen:
"Ihr Unverständigen, wie schwer fällt es euch, an all das zu glauben, was die Propheten geweissagt haben. Mußte der Messias nicht dies alles leiden und so in seine Herrlichkeit eingehen." *(Lk 24,25-26)*
Die Verweise auf das Alte Testament sind mehr oder weniger deutlich, so z.B. sehen die biblischen Autoren bei der Gefangennahme und der Flucht der Jünger wohl einen Hinweis auf Sacharja (13,7).
"Ich will den Hirten schlagen, daß sich die Schafe zerstreuen."

Die verschiedenen Bezüge auf das Alte Testament finden sich in den Bibelausgaben jeweils an der entsprechenden Textstelle. Sie werden deshalb hier nicht im einzelnen referiert. Die Hinweise auf das Alte Testament sind in einem größeren Zusammenhang zu sehen. *(Verweise auf einzelne alttestamentliche Texte)*

Jesus wird in alttestamentlicher Tradition als der leidende Gerechte gesehen, der gerade deshalb verfolgt wird, weil er auf Gott vertraut, Gerechtigkeit fordert und sündenlos ist. Die Verspottung Jesu durch seine Gegner und sein hoheitsvolles Schweigen kennzeichnen ihn als leidenden Gerechten. Zwei Texte zeigen, daß die Gestalt Jesu als die des leidenden Gerechten gezeichnet ist. *(Das Bild vom leidenden Gerechten)*

Laßt uns dem Gerechten auflauern!
Er ist uns unbequem und steht unserem Tun im Weg.
Er wirft uns Vergehen gegen das Gesetz vor und beschuldigt uns des Verrats an unserer Erziehung.
Er rühmt sich, die Erkenntnis Gottes zu besitzen, und nennt sich ein Kind des Herrn.
Er ist unserer Gesinnung ein lebendiger Vorwurf,
schon sein Anblick ist uns lästig;
denn er führt ein Leben, das dem der andern nicht gleicht,
und seine Wege sind grundverschieden.
Als falsche Münze gelten wir ihm;
von unseren Wegen hält er sich fern wie von Unrat.
Das Ende der Gerechten preist er glücklich

und prahlt, Gott sei sein Vater.
Wir wollen sehen, ob seine Worte wahr sind,
und prüfen, wie es mit ihm ausgeht.
Ist der Gerechte wirklich Sohn Gottes,
dann nimmt sich dieser seiner an
und entreißt ihn der Hand seiner Gegner.
Roh und grausam wollen wir mit ihm verfahren,
um seine Sanftmut kennenzulernen
und seine Geduld zu erproben.
Zu einem ehrlosen Tod wollen wir ihn verurteilen;
er behauptet ja, es werde ihm Beistand zuteil.
So denken sie, aber sie irren sich;
denn ihre Schlechtigkeit macht sie blind.
Sie verstehen von Gottes Geheimnissen nichts,
sie hoffen auf keinen Lohn der Frömmigkeit
und erwarten keine Auszeichnung für untadlige Seelen.

(Weish 2,12-22)

Der Gerechte, der von den Bösen verfolgt wird, bewahrt seinen Glauben an Gott, läßt sich nicht einschüchtern und wird von Gott errettet.

Jesus erfüllt diese Vorstellung des leidenden Gerechten auf außerordentliche Weise. So zeichnen die Evangelien seinen Leidensweg.

Die Passionsberichte beziehen sich noch nicht auf den Sühnegedanken

Erstaunlich ist, daß die biblischen Passionsberichte selbst den Sühnecharakter des Leidens und Sterbens Jesu noch nicht herausstellen. Die Deutung des Todes als Hingabe für die anderen klingt zwar im Abendmahlsbericht an ("Dies ist mein Blut, das für viele vergossen wird"), aber in der Passion selbst spielt diese Deutung nur bei Lukas eine Rolle, wo Jesus dem einen Mitgekreuzigten das Mit-Aufgenommensein in das Paradies verheißt (Lk 23,43). Das ist um so erstaunlicher, als die Deutung des Leidens als Sühne bereits im Alten Testament vorgezeichnet ist.

116

Das vierte Lied vom Gottesknecht:

Seht, mein Knecht hat Erfolg,
er wird groß sein und hoch erhaben.

Viele haben sich über ihn entsetzt,
denn er sah entstellt aus, nicht wie ein Mensch,
seine Gestalt war nicht mehr die eines Menschen.

Jetzt aber setzt er viele Völker in Staunen,
Könige müssen vor ihm verstummen.
Denn wovon ihnen kein Mensch je erzählt hat,
das sehen sie nun;
was sie niemals hörten,
das erfahren sie jetzt.

Wer hat geglaubt, was uns berichtet wurde?
Die Hand des Herrn - wer hat ihr Wirken erkannt?

Vor den Augen des Herrn wuchs er auf wie ein junger
Sproß,
wie der Trieb einer Wurzel aus trockenem Boden.
Er hatte keine schöne und edle Gestalt,
und niemand von uns blickte ihn an.
Er sah nicht so aus, daß er unser Gefallen erregte.

Er wurde verachtet und von den Menschen gemieden,
ein Mann voller Schmerzen,
mit der Krankheit vertraut.
Wie ein Mensch, vor dem man das Gesicht verhüllt,
war er bei uns verfemt und verachtet.

Aber er hat unsere Krankheiten getragen
und unsere Schmerzen auf sich genommen.
Wir meinten, er sei vom Unheil getroffen,
von Gott gebeugt und geschlagen.

Doch er wurde durchbohrt wegen unserer Verbrechen,
wegen unserer Sünden mißhandelt.
Weil die Strafe auf ihm lag, sind wir gerettet,
durch seine Wunden sind wir geheilt.

Wir hatten uns alle verirrt wie die Schafe,
jeder ging für sich seinen Weg.
Doch der Herr warf all unsere Sünden auf ihn.

Er wurde geplagt und niedergedrückt,
aber er tat seinen Mund nicht auf.
Wie ein Lamm, das man wegführt, um es zu schlachten,
und wie ein Schaf, das verstummt, wenn man es schert,
so tat auch er seinen Mund nicht auf.

Durch Haft und Gericht kam er ums Leben,
doch wen kümmerte sein Geschick?
Er wurde aus dem Land der Lebenden verstoßen
und wegen der Verbrechen seines Volkes getötet.

Bei den Gottlosen gab man ihm sein Grab,
bei den Verbrechern seine Ruhestätte,
obwohl er kein Unrecht getan hat,
und aus seinem Mund kein unwahres Wort kam.

Doch der Herr fand Gefallen an seinem mißhandelten
(Knecht),
er rettete den, der sein Leben als Sühneopfer hingab.
Er wird lange leben und viele Nachkommen sehen.
Durch ihn setzt der Wille des Herrn sich durch.

Nachdem er so vieles ertrug,
erblickt er wieder das Licht
und wird erfüllt von Erkenntnis.
Mein Knecht ist gerecht,
darum macht er viele gerecht;
er nimmt ihre Schuld auf sich.

Deshalb gebe ich ihm seinen Anteil unter den Großen
und mit den Mächtigen teilt er die Beute;
denn er gab sein Leben hin
und wurde zu den Verbrechern gerechnet.
Er trug die Sünden von vielen
und trat für die Schuldigen ein.

(Jesaia 52,13-53)

Vgl. auch die anderen Gottesknechtlieder (Jesaia 42,1-9; 49,1-9; 50,4-9). Diese Jesaiatexte finden in den Passionsberichten noch keinen deutlichen Niederschlag, haben aber die frühchristliche Predigt beeinflußt, vgl. u.a. Apostelgeschichte 8,32-33 und die Theologie des Paulus in Römerbrief 3,25-25; Galaterbrief 2,19-20; 2. Korintherbrief 5,14.

In seinem Leidensweg erweist sich Jesus nicht nur als der Gerechte. Die Evangelien sehen im Geschick Jesu Gottes Handeln. So wie Jesus seinen Weg gegangen ist, so handelt Gott. Markus führt den Hörer zu dieser Einsicht. Jesus wird nicht durch Machttaten, durch den Erweis von Überlegenheit als Sohn Gottes erkannt, sondern in seinem Tod: *(In Jesus handelt Gott)*

Als der Hauptmann, der Jesus gegenüberstand, ihn auf diese Weise sterben sah, sagte er: Wahrhaftig, dieser Mensch war Gottes Sohn. *(Mk 15,39)* *(Der Tod Jesu als Offenbarung Gottes)*

Die anderen Evangelien schildern die Passion nicht so karg und düster wie Markus, sie arbeiten stärker Züge heraus, die Jesus als Messias und Sohn Gottes erkennen lassen. Das gilt vor allem für Johannes *(Die Grundzüge der Passionsberichte)*

Die Christen sehen den Weg Jesu als maßgebend für das eigene Leben. *(Aussagen über das Leid)*

- Die Überwindung des Leidens erfolgt nicht nur im Protest und der Vernichtung der Gegner. Das Leiden wird von Jesus angenommen und getragen. Gegen die Verursacher des Leides wird keine Gewalt angewandt. *(Überwindung des Leides nicht durch "Gegen-Gewalt")*
- Das Leiden wird, anders als z.B. im Buddhismus, nicht als Existential des Menschen gesehen, mit dem er fertig werden muß. Das Leiden Jesu ist durch Menschen verursacht.
- Die Annahme des Leidens hat nicht vorrangig das Ziel, die Belastung psychisch zu verarbeiten. Das Leiden wird als Gottes Wille akzeptiert. *(Annahme des Leidens und psychische Verarbeitung)*

- Gott ist mit dem Leidenden. Er läßt den Gerechten nicht im Stich. Er befreit ihn und schenkt ihm ein neues Leben, nachdem die Feinde des Gerechten diesem das Leben verwehrt hatten.

- Das Leiden des Gerechten hat Folgen für andere. Es wirkt heilend und befreiend.

3.6.4.5 Karsamstag

Der Karsamstag ist ein Tag der Trauer, der Besinnung. Am Karsamstag selbst gibt es keinen Gottesdienst.

3.6.4.6 Ostern, die Aussage des Festes

Während der Karfreitag ein öffentliches Geschehen zum Thema hat, die öffentliche Hinrichtung eines religiösen Außenseiters, bezieht sich Ostern auf die Erfahrungen weniger Menschen, die nur schwer greifbar sind. Einige Anhänger Jesu, Frauen und seine Jünger haben Erfahrungen gemacht, die ihr Leben total verändern werden.

Wie kaum ein anderer hoher kirchlicher Feiertag ist Ostern von kontroversen Fragen umgeben. Diese Fragen betreffen den historischen Sachverhalt "Ostern". Und diese gelten der inhaltlichen Botschaft dieses Tages.

Ostern ist also keineswegs nur ein schönes, unbeschwertes und deshalb auch ein überaus beliebtes Fest. Es besteht keineswegs nur im gemeinsamen, überzeugten Jubel "Christ ist erstanden". Die österliche Tradition kennt zur Genüge auch Zwist, Zweifel und Ungewißheit.

Ostern mit der Predigt der Auferstehung ist bis in unsere Tage Gegenstand tiefgreifender Unterschiede in Beschreibung und Beurteilung des damaligen Geschehens. Zeugnisse vom ersten Ostern, deren Vermittlung und Auslegung weichen in entscheidenden Punkten von einander ab.

Die theologische Auseinandersetzung hierüber wird in der protestantischen Theologie bestimmt von zwei Begriffen. Diese lauten: "Tatsächlichkeit" und "Bedeutsamkeit".

Die eine Position hält daran fest, "Jesu leibliche Auferstehung sei ein Ereignis in Raum und Zeit und tatsächlich geschehen". Die andere läßt sich konsequent leiten von einem "`modernen Wirklichkeitsverständnis`, das eben keine Auferstehung von Toten kenne".

Dementsprechend sieht der Theologe Rudolf Bultmann Jesus Christus "in das Wort der Verkündigung hinein auferstanden". Und die bekannte Theologin und Autorin Dorothee Sölle nimmt die Auferstehung "in den Wirkungen Jesu auf andere Menschen wahr". Sie glaubt an einen Jesus Christus, "der aufersteht in unser Leben."

Theologische Kontroverse

Der Dissens zwischen diesen Vorstellungen bleibt Bestandteil dieses kirchlichen Feiertages. Aus dieser Spannung und Herausforderung gibt Ostern die zum "Tage der Auferstehung des Herrn" Versammelten nicht frei. Oder Ostern findet nur des Feierns wegen an seinen Rändern statt.

Von den Erfahrungen wird eher zurückhaltend berichtet, die Eindrücke sind nicht einfach faßbar, eher flüchtig - aber sie sind außerordentlich in ihren Auswirkungen. Auf die Begegnungen der Jünger und der Frauen, in denen sie Jesus lebend erfuhren, gründet die christliche Gemeinschaft.

Wenig greifbare Erfahrungen mit großer Wirkung

Ostern ist der eigentliche Ausgangspunkt der Jesus-Bewegung. Die Hoffnungen, daß Jesus ein messianisches Reich aufrichten werde, waren durch die Hinrichtung Jesu zusammengebrochen. Die Evangelien berichten, daß der Jüngerkreis sich aufzulösen begann, daß die Anhänger Jesu deprimiert waren, weil sie den Tod Jesu als Unglück, als Katastrophe erlebt haben.

Ostern: Beginn der Kirche nach dem Zusammenbruch am Karfreitag

Im Kontrast dazu steht der missionarische Elan, der Bekennermut und die Botschaft, die die Jünger verkünden. Jesus wird nicht als der Märtyrer einer gerechten Idee dargestellt, als mahnendes Beispiel für die Folgen menschlicher Verblendung und Bosheit, sondern als Lebender, als einer, der in eine neue Königswürde eingesetzt ist, auf dessen endgültige Herrschaft die Geschichte ausgerichtet ist.

Missionarisches Auftreten im Kontrast zur Niedergeschlagenheit nach dem Tod Jesu. Jesus ist nicht ein Märtyrer, sondern wird als Lebender verkündet

Wird einmal vorausgesetzt, daß sowohl die Niedergeschlagenheit der Jünger wie auch ihr neues Sendungsbewußtsein historisch unbestreitbar sind, dann kommt es auf die Interpretation der Erfahrungen, der psychischen Prozesse an, die diese Veränderungen herbeigeführt haben. Diese ist - auch unter den Bibelwissenschaftlern selbst - umstritten. So ist das Osterfest mit einer massiven theologischen Fragestellung befrachtet.

Gründe für den Stimmungsumschwung

Die Infragestellung der Ostererfahrungen der Anhänger Jesu setzte mit der Veränderung des Weltbildes durch das cartesische Denken und die Aufklärung ein. Die Erfahrungen der Jünger Jesu wurden rational psychologisch erklärt.

- Es gibt gar keine von außen kommende Erfahrung. Die Jünger haben die Trauer um Jesu Tod verarbeitet, sich auf Jesu Botschaft besonnen und diese weitergeführt. Dieses Umdenken hat sie zu der Überzeugung kommen lassen, daß Jesus nicht tot sein kann.
- Der Sinneswandel der Jünger, ihr Missionseifer hat sie dazu geführt, die historischen Fakten zurechtzubiegen. Sie haben das Märchen der "Auferstehung" Jesu in die Welt gesetzt und, um es zu beweisen, den Leichnam Jesu gestohlen. Diese Interpretation des Reimarus (Fragmente eines Unbekannten, von Lessing 1778 veröffentlicht) greift einen Vorwurf auf, gegen den sich bereits Matthäus wendet. Offensichtlich haben die Juden den Christen schon vorgeworfen, die Jünger hätten den Leichnam Jesu gestohlen (Mt 28,11-15).
- Die Vorstellung von der Auferstehung sei in der damaligen Zeit nichts Außergewöhnliches gewesen. Im Judentum gab es die Vorstellung, Elias und Henoch seien in den Himmel entrückt worden. Auch in der griechischen Welt sprach man von Menschen, die in die Gemeinschaft der Götter aufgenommen wurden, wie z.B. Herakles.
- Schließlich sei die Zeit sowieso von Vorstellungen des Weltuntergangs, "apokalyptischer" Ereignisse geprägt gewesen, so daß das Erscheinen von Toten geradezu erwartet wurde.

Realistische Darstellung der Erscheinungen Jesu

Diese verschiedenen Erklärungsversuche forderten die kirchlich orientierten Theologen heraus, die historische Realität der Erscheinungen des Auferstandenen aufzuweisen. Einzelne Züge der Auferstehungsberichte kommen diesen Überlegungen entgegen.

- Jesus ißt mit den Jüngern (Lk 24,41-43)
- Thomas, der Zweifler, wird durch das leibhaftige Erscheinen Jesu überzeugt (Joh 20,26-29)

- Die Bibel selbst stellt das Faktum der Auferstehung als durch viele bezeugt heraus (1 Kor 15,3-7)

Der Versuch, die Erscheinungen Jesu als greifbare Realität aufzuweisen, wie es im Vergleich zu den Ereignissen der Verurteilung, Geißelung und Kreuzigung Jesu möglich ist, wird heute nicht mehr gemacht. Die rationalistische Kritik der kirchlichen Auferstehungsvorstellungen hat die Theologen zu einem vertieften Verständnis der Berichte geführt. Das ist von den Texten her auch notwendig, denn die Berichte sind teilweise widersprüchlich. Markus und Matthäus legen nahe, daß Jesus in Galiläa erschienen ist. Der Engel sagt zu den Frauen am Grab: Er (Jesus) geht euch voraus nach Galiläa; dort werdet ihr ihn sehen, wie er es euch gesagt hat (Mk 16,7, vgl. Mt 28,16-20). Lukas und Johannes berichten von Erscheinungen in Jerusalem (Lk 24,36-53; Joh 20,19-29). Bei Lukas heißt es sogar, die Jünger sollten Jerusalem nicht verlassen. Matthäus und auch Johannes berichten jedoch von einer Erscheinung in Galiläa. Diese Unterschiede können nicht einfach harmonisiert werden.

Vertieftes Verständnis der Osterberichte

Widersprüche in den Berichten können nicht einfach harmonisiert werden

Für die Ausarbeitung einer Interpretation sind dann verschiedene Überlegungen maßgebend.

o Die Berichte können nicht als Reportagen von Ereignissen verstanden werden. Jesus wird nicht in dieses Leben zurückgerufen, es handelt sich nicht um eine Totenerweckung, wie sie die Evangelien von der Tochter des Jairus, vom Jüngling von Naim und von Lazarus berichten. Die Begegnungen mit dem Auferstandenen müssen daher anders sein als die mit Jesus vor seinem Tod.

Erscheinungsberichte sind keine Reportagen

o Die Berichte von den Erscheinungen sind nicht die ältesten Teile der Überlieferungen von der Auferstehung. Älter sind Formeln und Bekenntnisse im ältesten Text des Neuen Testamentes.

Es gibt ältere Zeugnisse für die Auferstehung, die den Erscheinungsberichten vorausliegen

Im 1. Thessalonicherbrief heißt es:

"... den er (Gott) von den Toten auferweckte"
(1 Thess 1,10)
... wir glauben, "daß Christus starb und auferstand."
(1 Thess 4,14)

Auch in den Evangelien gibt es solche formelhaften Bekenntnisse:

"Der Herr ist wirklich auferstanden und dem Simon erschienen." *(Lk 24,34)*

Die literarische Eigenständigkeit der Osterberichte deutet auf neuartige authentische Erfahrungen hin

o Die Erscheinungsberichte sind nicht aus religiösen Vorstellungen und Erwartungen der damaligen Zeit übernommen.

Obwohl es vielfältige Vorstellungen von Totenerweckungen und Begegnungen mit Göttern und heiligen Menschen in der damaligen Zeit gab, stellt sich bei einem Vergleich heraus, daß die Berichte der Evangelien eigenständig sind und nicht bereits vorhandene Vorstellungsmuster auf Jesus angewendet haben. Die Berichte der Evangelien sind, literarisch gesehen, eigene Schöpfungen. Einzigartige Erfahrungen haben zur Herausbildung eigener literarischer Formen geführt.

Es gibt einen Zusammenhang zwischen dem Selbstverständis Jesu und den Aussagen der Osterberichte

o Die Proklamierung Jesu zum Sohn Gottes, zum endzeitlichen Herrn der Welt, ist nicht bloß eine nachträgliche Interpretation seiner Anhänger. Wenn man fragt, ob Jesus nicht einfach ein gottesfürchtiger Prediger innerhalb der jüdischen Religion war, der erst nach seinem Tod als Messias, Sohn Gottes und endzeitlicher Weltenrichter dargestellt wurde, so ergibt eine genaue Untersuchung der Evangelien:

Jesus selbst ist bereits mit einem besonderen Anspruch aufgetreten. Er hat sich nicht nur als engagierter Prediger verstanden, sondern eine besondere, nur für ihn geltende Beziehung zu Gott in Anspruch genommen, eine neue

Heilszeit mit seiner Person verbunden. Es gibt keinen fundamentalen Unterschied zwischen dem Selbstverständnis Jesu, das historisch faßbar ist, und der Predigt seiner Anhänger über den Auferstandenen und Erhöhten.

Die genaue Analyse der Texte führt also dazu, daß die Kritik der Auferstehungsvorstellungen an den Texten nicht zu verifizieren ist. Das heißt aber nicht, daß die Auferstehung ein unbestreitbares Ereignis ist wie die Kreuzigung Jesu. Ähnlich wie der Glaubende im Kreuzestod Jesu nicht ein tragisches Ereignis sieht, sondern ein Geschehen, das mit Heil und Unheil zu tun hat, so haben die Christen von Anfang an gesagt, daß die Auferstehung nur dem Glauben zugänglich ist. Was heißt das aber genauer?

Die Auferstehungszeugnisse müssen in ihrer Eigenart verstanden werden

Die Begegnungen mit Jesus, von denen seine Anhänger berichten, sind religiöse Erfahrungen. Religiöse Erfahrungen werden in den Religionen meist nur in Andeutungen und sehr behutsam beschrieben. Sie entziehen sich einer empirischen Verifikation ähnlich wie personale Erfahrungen überhaupt. Die Erfahrung von Sinn, Glück, Angenommensein, von Schuld und Vergebung sind allenfalls in ihren Auswirkungen greifbar.

Die Eigenart religiöser Erfahrungen

Diese Erfahrungen können auch nicht hergestellt werden. Sie sind damit durch Wiederholungen nicht nachprüfbar wie z.B. Experimente der Wahrnehmungspsychologie.

Wir haben nur durch die Mitteilung derjenigen Zugang, die die Erfahrungen gemacht haben. Sie sind uns nicht beweisbar, sondern nur bezeugbar. Die Bibel spricht auch von den Zeugen, auf die sich der Glaube an die Auferstehung gründet. Paulus schreibt:

Religiöse Erfahrungen sind nicht empirisch überprüfbar
Zugang zu religiösen Erfahrungen durch Zeugen

Und vor allem habe ich euch überliefert, was auch ich empfangen habe:
Christus ist für unsere Sünden gestorben, gemäß der Schrift und ist begraben worden. Er ist am dritten Tag auferweckt worden, gemäß der Schrift und erschien dem Kephas, dann den Zwölf. Danach erschien er mehr als fünfhundert Brüdern zugleich; die meisten von ihnen sind noch am Leben, einige sind entschlafen.

125

Danach erschien er dem Jakobus, dann allen Aposteln. Als letztem erschien er auch mir, dem Unerwarteten, der "Mißgeburt". (1 Kor 15,3-8)

Osterberichte müssen als Zeugnisse gelesen werden

Hat man sich einmal von dem Zwang befreit, die Osterberichte historisch-kritisch zu verifizieren, sondern sie als Zeugnisse zu lesen, entfalten die Berichte eine eigene Dynamik. Es sind Berichte, die auf den Weg bringen können, die offen sind und ein breites Spektrum der Interpretation ermöglichen. Da die Osterberichte sowie die Auslegungsbemühungen verschiedentlich aufgearbeitet und zusammengefaßt sind, werden hier nur einige Stichworte formuliert. Im Literaturteil finden sich Hinweise und Textauszüge.

Bekenntnisformeln und Hymnen als ältestes Zeugnis der Auferstehung

Die ältesten Zeugnisse für die Auferstehung sind formelhafte Bekenntnisse. Sie finden sich vor allem in den Briefen des Neues Testaments. Teilweise sind es Hymnen oder andere literarische Texte, die zitiert werden. 1 Kor 15,3-8 (Textauszug s.o. S. 125 f)

Im folgenden zwei Hymnen, die in Briefen zitiert werden:

Er war Gott gleich, hielt aber nicht daran fest, Gott zu sein, sondern er entäußerte sich und wurde wie ein Sklave und den Menschen gleich.

Sein Leben war das eines Menschen, er erniedrigte sich und war gehorsam bis zum Tod, bis zum Tod am Kreuz.

Darum hat Gott ihn über alle erhöht und ihm den Namen verliehen, der größer ist als alle Namen, damit alle im Himmel, auf der Erde und unter der Erde ihre Knie beugen vor dem Namen Jesu und jeder Mund bekennt:

"Jesus Christus ist der Herr" - zur Ehre Gottes des Vaters. *(Philipperbrief 2,6-11)*

Er wurde offenbart im Fleisch, gerechtfertigt durch den Geist, geschaut von den Engeln, verkündet unter den Heiden, geglaubt in der Welt, aufgenommen in die Herrlichkeit. *(1. Timotheusbrief 3,16)*

... denn wenn du mit deinem Mund bekennst:
"Jesus ist der Herr"
und mit deinem Herzen glaubst
"Gott hat ihn von den Toten auferweckt",
so wirst du gerettet werden.

(Römerbrief 10,9)

Diese Bekenntnisse sagen

- Gott hat Jesus auferweckt (1. Thesssalonicherbrief 1,10) zugleich heißt es auch:
- Jesus ist gestorben und auferstanden (1 Thess 4,14)
- Jesus ist erhöht und zum Herrn, zum Kyrios eingesetzt worden
- Jesus ist dem Simon und anderen erschienen (1 Kor 15)

In diesen formelhaften Bekenntnissen ist bereits der gesamte Osterglaube niedergelegt. Die urchristlichen Gemeinden haben sie nicht in historischer Absicht gebraucht. Sie wandten sich an den lebenden Jesus, den Kyrios der Kirche und der ganzen Welt. Sie richteten ihre Gebete an den erhöhten Herrn. So tun es die Christen heute noch und drücken damit aus, daß Jesus auferstanden und erhöht ist.

Gebet zu dem lebenden und erhöhten Herrn ist der Kern des Osterglaubens

Die Berichte über Erscheinungen sind als sekundär gegenüber den Bekenntnisformeln zu betrachten. Sie entfalten die Aussagen über Auferstehung und Erhöhung Jesu in Form von Erzählungen. Sie sind damit nicht Schilderungen von Ereignissen, die möglichst exakt einen Geschehensablauf wiedergeben wollen, sondern bringen in der Erzählung vor allem theologische Aussagen zum Ausdruck. Liest man die Erscheinungsberichte auf diesem Hintergrund, werden Widersprüche und Ungereimtheiten nicht zu einer Infragestellung der Aussage. Zentral für das Selbstverständnis der Kirchen und das Verständnis des Osterfestes sind die Erscheinungen Jesu am Ostertag abends im Kreis der Jünger. Lukas (24,36-49) und Johannes (20,19-23) berichten von diesen Begegnungen.

Erscheinungsberichte entfalten das Bekenntnis zum auferstandenen und erhöhten Jesus

Die Jünger sind zusammengekommen und fürchten sich vor den Juden. Die Erscheinung selbst überwältigt sie nicht, vielmehr sind Zweifel zu überwinden (Lk 34,37). Sie

Die Erscheinungen Jesu "überwältigen" nicht,

127

müssen sich an den Glauben herantasten. Lukas berichtet, daß Jesus den Jüngern den Sinn der Schrift, d.h. des Alten Testaments, erschloß, aus dem hervorgeht, daß der Messias leiden und am dritten Tag von den Toten auferstehen muß (Lk 24,25-27). Bei Johannes erhalten die Jünger einen Auftrag:

Empfanget den heiligen Geist;
denen ihr die Sünden vergebt,
denen sind sie vergeben;
denen ihr sie behaltet,
sind sie behalten. (Joh 20,22-23)

Ausgestaltung
der Berichte
durch die Evan-
gelisten

Die unterschiedliche Ausgestaltung des Erscheinungsberichtes bei Lukas und Johannes zeigt, daß wohl eine gemeinsame Tradition vorliegt, die Berichte jedoch eine spezifische Bedeutung erhalten. Bei Lukas handelt es sich um eine Belehrung, Unterweisung. Jesus zeigt sich selbst und gibt sich in einer Weise zu erkennen, daß er nicht mit einem Geist verwechselt werden kann; er ißt ein Stück gebratenen Fisch. Dann zeigt er den Jüngern, daß sein Lebensweg schon im Alten Testament vorgezeichnet ist, daß sein Sterben und seine Auferstehung nicht so überraschend sind, wie es die Reaktionen der Jünger vermuten lassen (Lk 24,36-48). Bei Johannes dagegen offenbart sich Jesus, er spendet Frieden, schenkt seinen Geist und beauftragt die Jünger (Joh 20,19-23).

Die Berichte zielen zumindest auf ein Zweifaches:

- Sie bestätigen, daß Jesus lebt, daß er die Jünger nicht allein gelassen hat.
- Sie sprechen von einer Beauftragung, von einer Sendung.

Bestätigung der
Auferstehung
durch Jesus
selbst

Das bestätigende Moment kommt bei Johannes in der Begegnung mit Thomas zum Ausdruck. Thomas hatte gezweifelt, daß die Jünger tatsächlich "den Herrn gesehen haben" (Joh 20,24-25). Jesus erscheint wiederum beim wöchentlichen Treffen der Jünger und überzeugt den Zweifelnden.
Die Sendung wird in mehreren Berichten zum Thema. Bei Lukas heißt es (24,46-48):

Er sagte zu ihnen: So steht es in der Schrift. Beauftragung der Jünger Der Messias wird leiden und am dritten Tag auferstehen, und in seinem Namen wird man allen Völkern, angefangen in Jerusalem, verkünden, sie sollen umkehren, damit ihre Sünden vergeben werden. Ihr seid Zeugen dafür.

In der Apostelgeschichte heißt es:

Ihr werdet Kraft empfangen, indem der Heilige Geist auf euch herabkommt, und ihr werdet meine Zeugen sein in Jerusalem und in ganz Judäa und Samaria und bis an das Ende der Welt. *(Apg 1,8)*

Bei Matthäus erhalten die Anhänger Jesu den Auftrag:

Gegeben ist mir alle Gewalt, im Himmel und auf Erden. Gehet nun und machet zu Jüngern alle Völker, indem ihr sie tauft auf den Namen des Vaters und des Sohnes und des heiligen Geistes und indem ihr sie lehret, alles zu halten, was ich euch geboten habe. Und siehe, ich bin bei euch alle Tage bis zur Vollendung der Weltzeit. *(Mt 28,18-20)*

Jesus lebt, er ist mit einer Vollmacht ausgestattet, er sendet die Jünger. Er ist in einer neuen Weise gegenwärtig, nicht nur dadurch, daß sein Auftrag ausgeführt wird, sondern daß seine Anhänger mit seinem Geist begabt sind (Lukas und Johannes). Er ist gegenwärtig in seinen Worten und Geboten, die die Jünger weitergeben, und in seinem Beistand (Matthäus). Diese ständige, neuartige Gegenwart Jesu ist der Grund dafür, daß die Osterberichte nicht historische, objektive Berichte sein können, sondern von dem gegenwärtigen, jetzt wirksamen, sendenden, beistehenden und lehrenden Herrn der Kirche sprechen.

Es läßt sich daher eine Art Typologie eines Osterberichtes ableiten, die auch für heutige Erzählungen von Jesusbegegnungen gilt. Wo ein Mensch Jesus als lebend erfährt, sich seiner Herrschaft unterwirft, einen Sendungsauftrag verspürt, sein Wort und sein Gebot hört und annimmt, setzt sich das Ostergeschehen fort.

Neue Gegenwart Jesu

Die Osterberichte bezeugen, daß Jesus "jetzt" lebt und wirksam ist

Osterberichte können auch heute neu erzählt werden. Ihr Inhalt: Anerkennung, daß Jesus lebt und wirksam ist

129

So gibt es auch Erscheinungsberichte, die sich nicht auf die zentralen Zeugen, die Apostel beziehen, die aber nicht weniger paradigmatische Bedeutung für den Glaubensweg der einzelnen haben.

Lukas 24,13-35: Zwei Anhänger Jesu, die niedergeschlagen von Jerusalem nach Emmaus gehen, begegnen Jesus, ohne ihn zu erkennen. Jesus schließt sich ihnen wie ein Wanderer an. Er deutet im Rückgriff auf das Alte Testament die Geschehnisse in Jerusalem und kehrt mit ihnen ein. Beim Brotbrechen, d.h. beim eucharistischen Mahl, erkennen sie ihn. Neuerdings hat man entdeckt, daß diese Geschichte in gleicher Weise aufgebaut ist wie die ebenfalls von Lukas in der Apostelgeschichte erzählte Bekehrung des Kämmerers durch den Diakon Philippus. Auch hier gesellt sich Philippus dem Reisenden zu, erklärt ihm die Schrift. Diesem werden die Augen geöffnet für die wahre Bedeutung der Geschehnisse. Nicht das eucharistische Mahl, aber gleicherweise eine sakramentale Handlung, die Taufe, schließt die Begegnung ab. Wie auch Jesus entschwindet Philippus plötzlich.

(Apg 8,26-39)

Die Bekehrung des Saulus geschieht in einer Begegnung mit Jesus. Paulus befindet sich ebenfalls auf dem Weg. Wir haben mehrere Berichte von der Bekehrung, von Paulus selbst sowie an drei Stellen in der Apostelgeschichte. Gal 1,15. 16; 1 Kor 15,8-11; Apg 9,1-30; 22,1-16; 26,12-18.

Die Bekehrungsvision ist an diesen Stellen mehr oder weniger ausführlich dargestellt. Auf jeden Fall führt Paulus seine Missionstätigkeit auf eine unmittelbare Beauftragung durch den auferstandenen Jesus zurück.

Neben den Berichten, die Jesus als Lebenden darstellen, der seinen Anhängern begegnet, sich ihnen offenbart, sie sendet, gibt es die Berichte vom leeren Grab. Alle Evangelien haben einen solchen Bericht. Die Auslegung der teils unterschiedlichen Überlieferungen führt zu der Annahme, daß hier tatsächlich historisch Verläßliches berichtet wird, d.h. daß das Grab tatsächlich leer war.

Doch wenn auch hier historisch abgesicherte Fakten vorliegen, so ist das leere Grab nicht glaubensbegründend. Es hat nur Hinweischarakter. Keiner der Evangelisten leitet aus dem leeren Grab die Tatsächlichkeit der Auferstehung

(Marginalien:)

Spätere Erscheinungsberichte

Die Emmaus-Jünger

Bekehrung des äthiopischen Kämmerers

Bekehrung des Saulus

Berichte über das leere Grab: nicht als Beweis für die Auferstehung intendiert

ab. In der Gestalt von Jünglingen, Engeln (Mk 16,6-7; Mt 28,5-7; Lk 24,4-7; Joh 20,14-18) wird die Bedeutung des leeren Grabes erklärt. Matthäus und Johannes berichten, daß Jesus den Frauen bzw. Maria von Magdala begegnet (Mt 28,9-10; Joh 20,14-18), die zuerst darüber bestürzt waren, daß sie den Leichnam Jesu nicht fanden. Das leere Grab löst ein Umdenken aus, es folgen aber jeweils Begegnungen mit Jesus selbst, oft ausgelöst durch das Auffinden des leeren Grabes.

Neben den Erscheinungsberichten, den Sendungsaufträgen und den Berichten vom leeren Grab haben die Evangelien des Markus und des Johannes jeweils einen Anhang, der nach übereinstimmender Meinung der Exegeten den Evangelien später angefügt wurde. Beide Zusätze beziehen sich auf Ostern.

Das Markusevangelium endet mit Kap. 16,8. Die Frauen erhalten die Verheißung, daß die Jünger Jesus in Galiläa sehen werden. Die Frauen sind von heiligem Schrecken erfaßt und fliehen. In den Versen 9-20 folgt eine Aufzählung der Erscheinungen, die in den anderen Evangelien berichtet wurden.

Nachtrag des Markusevangeliums

Das 21. Kapitel des Johannesevangeliums schildert eine Begegnung mit dem auferstandenen Jesus am See Tiberias. Wie bei Markus und Matthäus wird hier eine Tradition aufgenommen, die Erscheinungen in Galiläa kennt. Diese Ostergeschichte verbindet Erfahrungen mit dem irdischen Jesus (wunderbarer Fischfang, Mahlgemeinschaft) mit einer Beauftragung des Petrus, "Jesu Lämmer und Schafe" zu weiden.

Nachtrag des Johannesevangeliums

3.6.4.7   Die Osterzeit

Im kirchlichen Kalender wird die Osterzeit durch Pfingsten abgeschlossen. Die Vorstellungen über diese Zeit sind stark von der Theologie des Evangelisten Lukas geprägt (Näheres in den Kapiteln Christi Himmelfahrt und Pfingsten). Diese Zeit wird durch die österlichen Themen geprägt und an den Sonntagen werden Osterberichte gelesen. In diese Zeit gehören auch die Abschiedsreden des Johannesevangeliums (Joh 14-17). Es handelt sich hier nicht um wörtlich überlieferte Reden Jesu, sondern um komponierte Aussagen, die stark durch die Erfahrungen mit dem Auferstandenen geprägt sind. In der Zeit nach Ostern werden weitere Teile der Apostelgeschichte gelesen, die die Ausbreitung des Evangeliums zum Thema haben.

3.6.5 Elemente, Bilder, Brauchtum

3.6.5.1 Der biblische Ursprung vieler Elemente und des Brauchtums

Die liturgischen Handlungen, die Riten und das Brauchtum der Karwoche und des Osterfestes gehen in vielem auf die Ereignisse dieser Tage zurück. Damit verbindet sich auch der Wunsch, die Ereignisse selbst zu verlebendigen und ein Miterleben zu ermöglichen.

3.6.5.2 Palmsonntag

Palmweihe

Die Palme, in unseren Breiten oft der Buchsbaum oder andere Zweige, sind ein Element, das zum Gottesdienst hinzukommt. Die Zweige werden gesegnet, und die Gottesdienstbesucher nehmen sie mit nach Hause. In Bayern und Österreich werden die Zweige oft auf meterhohe Stangen gebunden und in die Kirche gebracht.

Heilende, schützende Wirkung der gesegneten Zweige

Die gesegneten Zweige werden mit in die Wohnungen und Ställe genommen, oft werden sie hinter das Kruzifix gesteckt. Ihnen wird heilende und schützende Wirkung sowie Schutz vor Gewitter und Ungeziefer zugeschrieben. Der kirchliche Ritus hat sich wohl mit einheimischen Bräuchen der Frühlingszeit vermischt. Die Frühlingszweige wecken Leben und geben Schutz. Durch die kirchliche Weihe, so der Glaube in manchen Gegenden, schützen die Zweige vor Hexen, Geistern, der Wilden Jagd.

Prozession

In vielen Orten wird der Einzug Jesu in Jerusalem in einer Prozession nachgebildet. Allerdings nimmt der Priester nicht die Rolle Christi ein. Ihm wird nicht zugejubelt, er ist eher Teilnehmer der Prozession. Im Mittelalter wurde oft ein hölzerner Esel mit darauf sitzendem Christus mitgeführt.

Lesung der Leidensgeschichte

Ein wichtiges Element des Gottesdienstes ist die Lesung einer der drei synoptischen Passionsberichte. Die Johannes-Passion wird am Karfreitag gelesen. Früher wurden die Passionsberichte von Markus und Lukas an den Wochentagen der Karwoche gelesen. Mit der neuen Leseordnung in der katholischen Kirche wird im Wechsel einer der drei synoptischen Berichte am Palmsonntag gelesen. Die Passion kann mit verteilten Rollen gelesen werden: ein Erzähler, einer, der die Worte Jesu liest, meist der Priester, und einer, der die Aussagen der übrigen Personen liest.

3.6.5.3 Gründonnerstag

Das Abschiedsmahl Jesu steht im Mittelpunkt dieses Tages. Es wird in den Abendstunden als feierliche Messe gefeiert. In Abhebung zum Bußcharakter der Fastenzeit und des kommenden Karfreitags wird der Gottesdienst feierlich gestaltet. Es wird das Gloria gesungen, dabei läuten die Glocken, die dann bis zur Osternacht schweigen sollen.

Eucharistie als Gedächtnis des Abschiedsmahles

Vorgeschlagen, vor allem für Bischofs- und Abteikirchen, ist die Fußwaschung durch den Bischof, Abt bzw. Priester als Nachahmung des Vorbildes Jesu.

Fußwaschung

Nach dem Ende des Gottesdienstes wird das konsekrierte Brot in einer Prozession zu einem Seitenaltar gebracht. Der Hauptaltar wird völlig abgeräumt, es bleibt kein Tuch auf ihm liegen. Die Entblößung des Altars stellt symbolisch die Entäußerung Jesu dar. Die Gläubigen bleiben still oder beten gemeinsam, um des Gebetes und der Todesangst Jesu zu gedenken. Der Tabernakel, in dem das eucharistische Brot aufbewahrt wird, wird manchmal als "Heiliges Grab" bezeichnet. Das geht auf folgenden Brauch zurück: Nach der Kreuzverehrung am Karfreitag wurde das Kruzifix oder nur der Corpus in ein Tuch gehüllt und symbolisch in ein Grab (meist in der Kirche) gelegt. In manchen Gegenden wurde auch konsekriertes Brot in das Grab dazugelegt.

Nächtliches Gebet im Anschluß an den Gottesdienst

Der Gründonnerstag wird in der katholischen Kirche als besonderer Tag der Priester und der priesterlichen Gemeinschaft gesehen, da sich dieses Amt nicht zuletzt durch seinen Bezug zur Eucharistie bestimmt.

Gründonnerstag - Tag der Priester

Am Gründonnerstag oder einem anderen Tag der Karwoche werden in der Bischofskirche die für die Sakramentenspendung benötigten Öle, das Chrisam und das Katechumenenöl, geweiht. Öl versinnbildlicht den heiligen Geist Gottes.

Weihe der liturgischen Öle

Kräuter und Gemüse	Entsprechend dem Namen des Festes wird Wert auf grünes Gemüse und Kräuter gelegt, um die Kräfte des Frühlings aufzunehmen.
Entlassung aus dem Büßerstand	Der Gründonnerstag als Tag der Entlassung aus dem Büßerstand (Antlaßtag) wirkt noch in gewisser Weise als Beichttag fort.
Zinstag	Im Zusammenhang mit dem Antlaßtag hat sich ein Zinstag herausgebildet. Das Ei, der Zins der kleinen Leute, spielt daher heute noch in manchen Gegenden eine Rolle.

3.6.5.4 Karfreitag

Karfreitag ist von besonderen gottesdienstlichen und anderen Ereignissen umgeben. In vielen evangelischen Gemeinden ist es üblich, die vorangegangenen Passionsandachten mit einem Gottesdienst zur Todesstunde Jesu am Nachmittag des Karfreitags zu beenden. Die liturgische Farbe ist nach den entsprechenden gottesdienstlichen Ordnungen schwarz. In manchen Gemeinden ist der Altar schwarz verhängt.

Das Kreuz hält den Himmel offen. Zitat zu Karfreitag: "Das Kreuz ragt nicht nur tief hinab, es ragt auch hoch hinauf und hält den Himmel offen. Dies jedoch ist dem Himmel nicht gewaltsam widerfahren. Gott hat es gewollt und zuwege gebracht. Er hat sich uns geöffnet als der unserer Welt unwandelbar liebevoll zugewandte Gott" (Bischof Eduard Berger, Greifswald, zu Karfreitag 1995).

Gottesdienst mit eigenständiger Liturgie

Der Karfreitagsgottesdienst hat in der katholischen Kirche eine eigenständige Liturgie, die ihn von anderen Gottesdiensten unterscheidet. Er findet meist um 15 Uhr, der Todesstunde Jesu, statt. Drei Teile bilden die Feier.

1. Wortgottesdienst

Im Mittelpunkt steht die Passion nach Johannes, der zwei Lesungen vorausgehen. Dieser Wortgottesdienst wird mit den "Großen Fürbitten" abgeschlossen, die ein hohes Alter haben dürften.

2. Kreuzverehrung

Das seit dem 5. Fastensonntag vielerorts durch ein Tuch verhüllte Kreuz wird enthüllt. Dabei wird leitmotivisch der Vers gesungen: "Seht das Kreuz, an dem der Herr gehangen, das Heil der Welt". Priester, Meßdiener und auch die Gläubigen nähern sich mit drei Kniebeugen dem Kreuz und küssen oder verehren es auf andere Weise.

3. Kommunionfeier

Es werden dann die bereits am Gründonnerstag konsekrierten Hostien vom Tabernakel zum Altar gebracht. Darauf folgt dann nur die Kommunionausteilung.

Nach dem Gottesdienst wird der Altar wieder abgeräumt.

Die Darstellung des Leidens Christi in Schauspielen geht auf das Mittelalter zurück. Heute wird die Passion gesungen, oft die von J.S. Bach vertonten.
Passionsspiele

Der Karfreitag ist ein strenger Fasttag als Ausdruck des Mitleidens mit Jesus. Im Empfinden der Gläubigen dürfte der Karfreitag ganz von Trauer und Mitleiden geprägt sein. Die Liturgie selbst hat auch andere Aspekte: den Sieg über den Tod, das Heil, das Jesus den Menschen gebracht hat, und damit auch österliche Inhalte.
Fasten

Einiges Brauchtum leitet sich vom Trauercharakter des Tages ab. Der Tag darf nicht durch Tanzen entweiht werden. Der Schmied darf weder Hammer noch Nägel gebrauchen, weil sie Leidenswerkzeuge Christi waren. Man soll am Karfreitag weder ein Tier töten, noch ein Tier schlagen.

Neben Fruchtbarkeits- und Heilungsriten spielt das Wasser eine Rolle. Es gilt an diesem Tag als besonders heilwirkend. Hier wird verschiedenes Frühjahrsbrauchtum wirksam.
Frühjahrsbrauchtum - Wasser

135

3.6.5.5 Karsamstag

Der Karsamstag selbst ist frei von allen Gottesdiensten. Er ist der Tag der Grabesruhe Christi.

Vor allem die östlichen Kirchen gedenken des "Abstiegs Jesu in die Welt der Toten", der auf Ikonen häufig dargestellt wurde.

3.6.5.6 Die Osternacht und Ostern

Die Nacht als Zeit der Erlösung

Wie an Weihnachten wird der zentrale Gottesdienst der Osterzeit in der Nacht gefeiert. Die Nacht ist die Zeit, in der Gott sein Volk erlöst. Nachts brachen die Israeliten aus Ägypten auf, nachts durchquerten sie das Rote Meer.

Die Feier der Osternacht soll gemäß den liturgischen Vorschriften nach der Abenddämmerung und vor dem Morgengrauen stattfinden. Die meisten Gemeinden beginnen mit der Feier gegen 21 Uhr.

Licht und Wasser

Der Gottesdienst ist vielgestaltiger als an anderen Tagen. Neben das Brot der Eucharistiefeier treten Licht und Wasser als Symbole des Lebens.

Die Osterkerze

Außerhalb der Kirche wird ein Feuer gesegnet, an dem die Osterkerze entzündet wird. Die Kerze wird mit einem dreimaligen Ruf: "Lumen Christi - Licht Christi" in die Kirche getragen. Von der Osterkerze aus werden die Kerzen der Gottesdienstteilnehmer angezündet. Das Licht wird an die Gläubigen weitergegeben. Vor der Osterkerze wird das "Exultet" gesungen, in dem die Freude über die Erlösung Ausdruck findet. Die kürzere Form lautet:

> In Wahrheit ist es würdig und recht, den verborgenen Gott, den allmächtigen Vater, mit aller Glut des Herzens zu rühmen und seinen eingeborenen Sohn, unseren Herrn Jesus Christus, mit jubelnder Stimme zu preisen. Er hat für uns beim ewigen Vater Adams Schuld bezahlt und den Schuldbrief ausgelöscht mit seinem Blut, das er aus Liebe vergossen hat. Gekommen ist das heilige Osterfest, an dem das wahre Lamm geschlachtet ward, dessen Blut die Türen der Gläubigen heiligt und das Volk bewahrt vor Tod und Verderben. Dies ist die Nacht, die unsere Väter, die Söhne Israels, aus Ägypten befreit und auf trockenem Pfad durch die Fluten des Roten Meeres geführt hat.

Dies ist die Nacht, die auf der ganzen Erde alle, die an Christus glauben, scheidet von den Lastern der Welt, dem Elend der Sünde entreißt, ins Reich der Gnade heimführt und einfügt in die heilige Kirche. Dies ist die selige Nacht, in der Christus die Ketten des Todes zerbrach und aus der Tiefe als Sieger emporstieg.

O unfaßbare Liebe des Vaters: Um den Knecht zu erlösen, gabst du den Sohn dahin! O wahrhaft heilbringende Sünde Adams, du wurdest uns zum Segen, da Christi Tod dich vernichtet hat. O glückliche Schuld, welch großen Erlöser hast du gefunden! Der Glanz dieser heiligen Nacht nimmt den Frevel hinweg, reinigt von Schuld, gibt den Sündern die Unschuld, den Trauernden Freude.

O wahrhaft selige Nacht, die Himmel und Erde versöhnt, die Gott und Menschen verbindet! In dieser gesegneten Nacht, heiliger Vater, nimm an das Abendopfer unseres Lobes, nimm diese Kerze entgegen als unsere festliche Gabe! Aus dem köstlichen Wachs der Bienen bereitet, wird sie dir dargebracht von deiner heiligen Kirche durch die Hand ihrer Diener.

So bitten wir dich, o Herr: Geweiht zum Ruhm deines Namens, leuchte die Kerze fort, um in dieser Nacht das Dunkel zu vertreiben. Nimm sie an als lieblich duftendes Opfer, vermähle ihr Licht mit den Lichtern am Himmel. Sie leuchte, bis der Morgenstern erscheint, jener wahre Morgenstern, der in Ewigkeit nicht untergeht: dein Sohn, unser Herr Jesus Christus, der von den Toten erstand, der den Menschen erstrahlt im österlichen Licht, der mit dir lebt und herrscht in Ewigkeit!

Nach Lesungen aus dem Alten Testament wird das Taufwasser durch Gebete und Einsenken der Osterkerze in das Wasser geweiht. In manchen Gegenden ist es Brauch, daß die Gottesdienstbesucher geweihtes Wasser mit nach Hause nehmen. **Wasser**

Ostern ist der Tauftag der alten Kirche gewesen. Diese Tradition wurde in den letzten Jahren wiederbelebt. Nach **Taufe**

Möglichkeit soll in der Osternacht das Sakrament der Taufe gespendet werden. Die Teilnehmer am Gottesdienst erneuern ihr Taufversprechen. Erwachsene, die in der Osternacht getauft werden, erhalten auch das Sakrament der Firmung, empfangen das eucharistische Brot und den eucharistischen Wein.

Osterspaziergang

Verglichen mit dem Gang der beiden Jünger nach Emmaus, ist der Osterspaziergang in unseren Breiten ein Spaziergang in den Frühling.

Osterlauf

Ein Osterlauf wird in manchen Gegenden zur Erinnerung an den Lauf der Jünger Jesu zum Grab veranstaltet.

Speisenweihe

Speisen als Symbol für neues Leben werden an Ostern nach dem Gottesdienst geweiht.

Das Brauchtum um das Osterei hat zumindest zwei Wurzeln:

Osterei

- Das Ei als Pachtzins des kleinen Mannes
  (der Gründonnerstag als Pachttag)
- Das Ei als Symbol des Lebens
  Die Bemalung des Eies erhöht den Symbolwert

Osterhase

In der byzantinischen Tiersymbolik ist der Hase ein Symbol für Christus. Da er keine Augenlider hat, schläft er mit "offenen Augen". Ähnlich ist Jesus nicht durch den Tod entschlafen.

Das Bild des Hasen wurde dem Osterbrot aufgeprägt, in das Brot wurde ein Ei gebacken. So entstand die Vorstellung vom Hasen, der Eier legt.

Osterlamm

Das Lamm als Sinnbild wird an Ostern mit einer Fahne, dem Zeichen des Sieges aufgestellt. Gebäck in Lammform gehört zum Osterbrauchtum.

Fahne

In einigen Gebieten wird zu Ostern eine Christusfigur mit einer Fahne aufgestellt.

Osterlachen

Die Osterpredigt hatte früher auch das Ziel, die Hörer nach der Zeit des Fastens und des Gedächtnisses des Leidens zum Lachen zu bringen (risus paschalis).

Besuche

Ostern ist ein Anlaß für Besuche bei Paten, die Eier und anderes schenken, und bei Verwandten.

Am Ostersonntag spendet der Papst nach der Messe am Vormittag den Segen Urbi et Orbi - der Stadt Rom und dem Erdkreis.

138

3.6.6 Ideen für Sendungen und Beiträge

Das Themenspektrum der Kartage und der Osterzeit findet sich in vielen Beispielen und der Literatur wieder, ohne daß diese Erfahrungen christlich interpretiert werden müßten. Das zentrale Thema ist die Verbindung von Sterben und neuem Leben. Auch andere Religionen, nicht nur das Christentum, machen darüber Aussagen.

- Aussagen anderer Religionen über das Sterben und Leben, Fruchtbarkeitskulte, die ägyptische Religion, Totenkulte der Naturreligionen.
- Eine besondere Herausforderung ist die Auseinandersetzung mit der Vernichtung der Juden
- Sterben und Auferstehen in Literatur und bildender Kunst.

Jesu Auftreten und die politischen Verhältnisse

- Die politische Theologie der neutestamentlichen Schriften.
- Christen im Konflikt mit der politischen Macht (Südamerika, Drittes Reich)

Scheitern, Leiden, Hinrichtung

- Lebenswege von Menschen, die sich für Frieden und Gerechtigkeit eingesetzt haben.
- Kreuzweg als Schema für Sendungen, Kreuzwege von Menschen des 20. Jahrhunderts
- Scheitern des "kleinen Mannes"
  Erfahrungen von Menschen, die "gescheitert" sind in Beruf, Ehe, als Politiker, als Unternehmer. (Nicht nur die Darstellung der Erfolgreichen ist ein Thema.)
- Die Darstellung des leidenden Menschen. Menschliche Leiderfahrungen werden auf die Darstellung des leidenden Christus projiziert.

Totenklage

- Solidarität mit den Leidenden. Kampf gegen Ungerechtigkeit und Leid, Aushalten bei einem, der leiden muß.
- Totenklage (als Meditation)

Die Überwindung der Angst

Vor allem mit dem Gründonnerstag ist das Thema Angst verbunden: Jesus ist vor seiner Gefangennahme von Todesangst gezeichnet.

Juden und Christen

- Die Absage der Christen an das Judentum
- Christenverfolgung durch Juden
- Judenverfolgung durch Christen
- Das Paschafest der Juden in seinem Einfluß auf das christliche Osterfest

Der Glaube an den lebenden Jesus

Das Christentum ist dadurch entstanden, daß Menschen sagten: "Jesus, der hingerichtet wurde, lebt. Wir sind ihm begegnet." Dieser Glaube drückt sich in der Missionspredigt, im Evangelium sowie im Gebet aus. Die Christen beten zu und mit Jesus, weil sie glauben, daß er lebt. Der Glaube eines Christen heute hat die gleiche Grundstruktur wie der Glaube der Jünger Jesu. Da Ostern, d.h. die Begegnungen der Jünger mit Jesus, sich der historischen Greifbarkeit entzieht, läßt sich die Auferstehung, läßt sich das leere Grab nicht in der Weise dokumentieren wie der Prozeß und die Hinrichtung Jesu. Dokumentieren läßt sich nur der Glaube der Jünger Jesu:

- die Aussageabsichten der neutestamentlichen Auferstehungsberichte
- Menschen, die heute leben und glauben, daß Jesus lebt
- Auferstehung in der Darstellung der Kunst

Erlösung in der christlichen Religion

Die christliche Religion verbindet mit dem Sterben und der Auferstehung Jesu den Gedanken der Erlösung. Jesus, der Knecht Gottes, hat seine Verurteilung und seine Hinrichtung ausgehalten, er hat sich nicht gerächt, sondern Versöhnung gestiftet zwischen den Menschen und zwischen Gott und den Menschen. Die Christen sehen in Jesus den Boten Gottes und damit den Versöhnungswillen Gottes. Die Lektüre des Alten Testamentes, vor allem die der Propheten, hat sie darin bestärkt, Gott als einen zu erkennen, der Versöhnung will.

Nicht Rache - sondern Versöhnung durch Christus

- Versöhnung als Thema nicht nur von Weihnachten, sondern auch von Ostern.
- Menschen, die ihr Leben für die Versöhnung einsetzen, eingesetzt haben. Das Risiko, zwischen Gegnern zu vermitteln.
  s. Text aus dem Propheten Jesaja oben 3.6.4.4, S. 117 f

Umgang mit der Gewalt

Gewalt ist wieder zu einem bestimmenden Thema geworden. Das Opfer in den Religionen steht in unmittelbarer Beziehung zur Gewalt und ihrer Überwindung. Das Kreuz ist ein Symbol für die Gewalt. Der Umgang mit der Gewalt, die Verarbeitung von Gewalterfahrungen sind Fragen, die gerade in der Karwoche angegangen werden sollten.

Der Ursprung der Kirche

- Die Stiftung des Mahles als strukturierendes soziales Prinzip für die christliche Religionsgemeinschaft
- Die Begegnung mit dem Auferstandenen als Neubeginn des Jünger-Kreises
- Wie entstehen heute christliche Gemeinden und Gruppen?
- Das Ringen um Einheit unter den Christen, ein Thema seit den Anfängen der Kirche
  (s. auch Kapitel 3.8.6. - Pfingsten)

Das Verstehen des Lebensweges Jesu

Das Neue Testament weist daraufhin, daß die Jünger Jesu
seinen Lebensweg anfangs nicht verstanden haben. Ähnlich
wie die Jünger geht jeder Christ einen Weg des Verstehens,
bis er erkennt, daß in dem Weg Jesu Gottes Handeln deutlich
wird, die "wahren Absichten" Gottes erkennbar werden. Berichte von Christen können diesen Verstehensweg widerspiegeln, etwa mit der Leitfrage: "Wie wurden Sie Christ?"

Petrus-Erfahrungen

Die Bibel stellt den ersten Papst der Kirche als einen Menschen
dar, der in einer entscheidenden Situation den Stifter der
Kirche verraten hat. Darin steckt auch eine tröstliche Botschaft:
Man kann einem Menschen wie auch einem Ideal letztlich
treu bleiben, auch wenn man ihn/es einmal verraten hat.

Österliche Symbole

Die Kerze, das Lamm, Licht, Wasser (s.o. 3.6.5.6)

3.7 Christi Himmelfahrt

9 Tage vor Pfingsten, jeweils an einem Donnerstag

3.7.1 Anthropologische Voraussetzungen des Festes

Der Himmel als Symbol für den Bereich der Transzendenz, für das, was den Menschen übersteigt, als Sphäre des Göttlichen gehört zur Vorstellungswelt der meisten Religionen. Wie es Vorstellungen gibt, daß der Mensch von der Erde kommt, gilt in manchen Religionen der Himmel als Ursprung des Menschen. Oft wird der Ursprung eines Königshauses in den Himmel verlegt.

Ursprung des Menschen im Himmel

Der Himmel ist, vor allem für die jüdischen, christlichen und islamischen Vorstellungen, die endgültige Heimat des Menschen, wo der Mensch nach dem Tod hingelangt und mit Gott lebt. Die Vorstellung des Himmels als Ort und Zustand endgültiger Selbstverwirklichung des Menschen ist Objekt der Religionskritik geworden. So wirft der Marxismus der Religion vor, sie lenke durch die Vorstellung des Himmels den Menschen von seiner alleinigen Heimat, der Erde, ab. Mit der Phantasievorstellung einer besseren Welt werde der Mensch hintergangen. Anstatt diese Welt menschenwürdig zu gestalten, werde er mit einer Scheinwelt vertröstet.

Himmel - endgültige Heimat des Menschen

Kritik der Vorstellungen von einem Himmel

Trotz dieser Kritik dürfte der Himmel allein als Naturphänomen unsere Vorstellungswelt noch beeinflussen, als Synonym für Weite, Größe, Erhabenheit. Durch die Entdeckungen der Astronomie bedeutet für den heutigen Menschen Himmel die Tiefe des Weltalls, die Ausgedehntheit des Kosmos, die unsere Vorstellungskraft übersteigt. Damit behält die Himmelsvorstellung eine symbolische Bedeutung ähnlich wie die des Lebendigen. Aber gerade unsere durch die Naturwissenschaften gewonnenen Kenntnisse über das Weltall stellen die Vorstellungen in Frage, die hinter dem christlichen Fest der Himmelfahrt Jesu stehen.

Himmel als Natursymbol

Daß ein Mensch in den Himmel aufgenommen wird, um endgültig bei Gott zu sein, kollidiert mit unserem Wissen um die Tiefe und Kälte des Weltraumes. Nach den heutigen Vorstellungen vom Weltraum liest sich der biblische Bericht

Himmelfahrt und Astronomie

143

eher so, daß Jesus in der Tiefe des Weltraumes verschwunden ist. Dort Gott zu finden entspricht nicht mehr unserem Weltbild.

3.7.2 Bezug zur Öffentlichkeit

Der Inhalt dieses christlichen Festes wird im Bewußtsein der Öffentlichkeit kaum noch realisiert. Es hat bereits eine Uminterpretation stattgefunden. Der Himmelfahrtstag wurde, analog zum Muttertag, als Vatertag deklariert. Hier dürften wohl alte Traditionen der Männerclubs und -bünde durchgeschlagen haben, denn die Feier des Vatertages machen die Männer unter sich aus. So zeigt der christliche Festgedanke kaum noch Vitalität. Es sind auch seitens der Kirche keine Initiativen zu beobachten, diesen Tag mit neuen Vorstellungen zu füllen, wie es bei anderen Festen, wie z.B. Ostern oder einzelnen Heiligenfesten, geschieht. Das erleichtert nicht die Aufgabe derjenigen, die Programmbeiträge zur Thematik dieses Tages beisteuern sollen.

3.7.3 Entstehung des Himmelfahrtstages

Die Aussage des Himmelfahrtstages, daß Jesus erhöht und bei Gott ist, gehört zum Inhalt des Osterfestes. Auferstehung und Erhöhung sind Aussagen, die sich wechselseitig bedingen. In der Theologie des Lukasevangeliums wird die Aussage der Erhöhung von der der Auferstehung getrennt und auch zeitlich unterschieden. Bei Lukas gibt es einen Auferstehungs- und einen Himmelfahrtstag.

In der christlichen Liturgie wurde das lukanische Zeitschema erst später schrittweise übernommen. So wurden in Jerusalem noch Ende des 4. Jahrhunderts Himmelfahrt und Geistsendung am Pfingsttag gefeiert. Aber bereits im selben Jahrhundert bildete sich ein gesondertes Fest heraus. Dieses Fest wird entsprechend der Notiz in der Apostelgeschichte am 40. Tag nach Ostern gefeiert (Apg 1,3). Die Zahl 40 galt als heilig, die Zahl 50 leitet sich von den 7 Wochen ab, die das jüdische Pfingstfest vom Paschafest trennte.

3.7.4 Aussagen des Himmelfahrtsfestes

Der auferstandene Jesus von Nazareth lebt nicht wie vorher unter den Menschen, so als sei er reanimiert worden. Er gibt sich zu erkennen, aber entzieht sich auch wieder. Die

---

Kaum noch Spuren christlicher Vorstellungen

Nicht Vatertag, sondern Tag der Männerbünde

Lukas trennt Auferstehung und Erhöhung

Übernahme des lukanischen Zeitschemas

Jesus lebt, aber nicht mehr in der Existenz-

144

Auferweckung von den Toten beinhaltet für die Jünger Jesu, daß Jesus zum Herrn eingesetzt ist, zum Herrn über den Tod, über die Welt überhaupt, daß er die Mächte des Bösen, die den Tod bringen, besiegt hat. Derjenige, der Jesus zum Herrn (Kyrios) eingesetzt und auferweckt hat, ist Gott selbst. Er handelt an Jesus und durch ihn an der Welt. Die Christen greifen zum Verständnis dieser Zusammenhänge auf alttestamentliche Texte zurück. Zugleich ist der Verweis auf das Alte Testament ein Beweis für die Messianität Jesu, denn die Verheißungen sind in ihm erfüllt.

weise der Menschen

Jesus ist zum Kyrios eingesetzt

Den Beschluß des Herrn will ich kundtun.
Er sprach zu mir: "Mein Sohn bist du, heute habe ich dich gezeugt. Fordere von mir, und ich gebe dir die Völker zum Erbe, die Enden der Erde zum Eigentum." *(Ps 2,7-8; Apg 13,33)*

So spricht der Herr zu meinem Herrn:
"Setze dich mir zur Rechten, und ich lege dir deine Feinde als Schemel unter die Füße.
Vom Sion strecke der Herr das Zepter deiner Macht aus. Herrsche inmitten deiner Feinde."
(Ps 110,1; Apg 2,34)

Im Epheserbrief wird auf Psalm 68,19 verwiesen.
Aber jeder von uns empfing die Gnade in dem Maß, wie Christus sie ihm geschenkt hat. Deshalb heißt es: Er stieg hinauf zur Höhe und erbeutete Gefangene, er gab den Menschen Geschenke. *(Eph 4,7-8)*

Daß Jesus beim Vater ist, wird an verschiedenen Stellen des Neuen Testamentes gesagt, u.a. in zwei alten Hymnen, die in Briefen zitiert werden.

Erhöhung Jesu

Sein Leben war das eines Menschen,
er erniedrigte sich und ward gehorsam
bis zum Tod, bis zum Tod am Kreuz.
Darum hat ihn Gott über alle erhöht
und ihm den Namen verliehen,
der größer ist als alle Namen,
damit alle im Himmel, auf der Erde
und unter der Erde ihre Knie beugen
vor dem Namen Jesu, und jeder Mund bekennt:
Jesus Christus ist der Herr, zur Ehre
Gottes des Vaters.　　　*(Philipperbrief 2,8-11)*

Erhöhung durch Lukas als Himmelfahrt veranschaulicht

Die Erhöhung Jesu wird in den verschiedenen Texten als Faktum ausgesagt, nicht jedoch beschrieben. Erst Lukas schildert die Erhöhung als Himmelfahrt. Wahrscheinlich stützt er sich dabei nicht auf ihm vorliegende Quellen, sondern gestaltet die Aussage von der Erhöhung als ein Geschehen, das sich vor Zeugen abspielt, und zwar sowohl in seinem Evangelium (Lk 24,50-53) als auch ausführlicher in der Apostelgeschichte (1,4-14).

Himmelfahrtsvorstellungen waren der damaligen Zeit nicht fremd. Es gab außerhalb der jüdischen Religion und in der zeitgenössischen jüdischen Literatur Berichte von der Reise einer Seele durch den/die Himmel.

Bereits im Alten Testament wird die Entrückung des Elias in den Himmel (2 Könige 2,1-18) und des Henoch (Gen 5,24) berichtet. Lukas hat diese Modellvorstellung der "Entrückung", nicht die der "Himmelsreise", auf Jesus angewandt.

Himmelfahrt: Himmelsreise oder Entrückung

Einen Abschluß der Begegnungen Jesu mit den Jüngern kennt auch das Matthäusevangelium (28,16-20). Jesus begegnet den Jüngern auf einem Berg in Galiläa. Sie fallen vor ihm nieder (vgl. Lk 24,52). Die Begegnung und damit auch das Matthäusevangelium schließen mit dem Missionsauftrag.

"Darum geht zu allen Völkern und macht alle Menschen zu meinen Jüngern, tauft sie auf den Namen des Vaters und des Sohnes und des Heiligen Geistes, und lehrt sie, alles zu befolgen, was ich euch geboten habe. Seid gewiß: Ich bin bei euch alle Tage bis zum Ende der Welt."

146

Auch bei Lukas steht der Missionsauftrag im Mittelpunkt der Berichte.

"Und in seinem Namen wird man allen Völkern, angefangen in Jerusalem, verkünden, sie sollen umkehren, damit ihre Sünden vergeben werden. Ihr seid Zeugen dafür." (Lk 24,47f)

"Aber ihr werdet die Kraft des Heiligen Geistes empfangen, der auf euch herabkommen wird; und ihr werdet meine Zeugen sein in Jerusalem und in ganz Judäa und Samarien und bis an die Grenzen der Erde." (Apg 1,8)

Die Darstellung der Entrückungsszene durch Lukas ist von den Zeitgenossen nicht so gegenständlich verstanden worden wie in späteren Jahrhunderten. Die Wolke, mit der Jesus den Blicken der Jünger entzogen wird, ist symbolisch gemeint (vgl. die Wolke, in der Jahwe den Israeliten bei der Flucht aus Ägypten vorauszog (Ex 13,21; 14,19). Die beiden Männer, die den Aposteln das Geschehen erklären, sind nicht realistisch zu verstehen, sondern sind sogenannte Deute-Engel, die zur Interpretation des Geschehens eingeführt werden.

Missionsauftrag als Zentrum des Berichtes über die Entrückung

Die Aussage des Himmelfahrtstages, "Jesus ist von Gott erhöht und ist bei Gott, er ist der Herr des Kosmos und auf ihn hin läuft die Zeit", ist für den Menschen heute nur schwer aus den Berichten herauszulesen und noch schwerer nachzuvollziehen. Daß der Kosmos eine begrenzte Einheit ist, die von Gott getragen, umspannt wird, daß der Kosmos auf einen hingeordnet ist, kann mit der Vorstellung eines Weltalls mit unzähligen Milchstraßensystemen kaum noch in Einklang gebracht werden.

Entrückung wird in späteren Jahrhunderten nicht mehr verstanden

Daß sich die Christen dem Kyrios Jesus lieber unterwarfen als dem Kaiser, gilt sicher auch heute noch für viele. Daß dieser Kyrios aber Herr des Kosmos und der Geschichte ist, dieser Glaube ist zumindest durch die Geschichte der Neuzeit in Frage gestellt. Die Kräfte, die die Geschichte bewegen, sind nicht auf Christus zurückzuführen. So finden wir heute eher Zugang zu dem leidenden Christus, der sich für die Armen und Entrechteten einsetzt, der nicht auf die

Der Kyrios Jesus in Abhebung vom Kaiser

147

Heutige Vor-
stellung vom
Kosmos stellt
Aussage von der
Herrschaft Jesu
in Frage
Heute kaum Zu-
gang zum tri-
umphierenden
Christus

Kräfte dieser Welt vertraut, der Unrecht erleidet. Der triumphierende Christus, der in vielen Jahrhunderten die Herzen der Menschen bewegte, ist uns eher fremd geworden. Zu dem in der Bibel überlieferten Christusbild gehören jedoch beide Seiten. Die Tradition ist für das Christusbild der jeweiligen Epoche ein Korrektiv. Zwischen dem Knecht Gottes, der geschlagen wird für die Vergehen der Menschen und dem Auferstandenen, der über das Böse triumphiert, besteht ein Spannungsverhältnis. Der Himmelfahrtstag bietet vielleicht gerade dazu einen besonderen Zugang, denn den Anhängern Jesu, die seine Zeugen sein sollten, werden keine besonderen Machtmittel in die Hand gegeben. Die Mission proklamiert Jesus, den Gekreuzigten und Auferstandenen bis an die Enden der Erde. Allein der Beistand des Geistes sichert dieses Werk.

3.7.5 Elemente, Bilder, Brauchtum

Die biblischen Berichte von der Himmelfahrt haben dazu angeregt, die Vorgänge bildhaft umzusetzen. So gab es eine Prozession als Erinnerung daran, daß Jesus mit den Jüngern zur Stadt hinausgezogen ist. In einigen Kirchen wurde ein Christusbild zur Decke hochgezogen. Als Zeichen dafür, daß Jesus nicht mehr bei den Jüngern weilt, wurde die Osterkerze nach dem Evangelium gelöscht. Diese zu bildhafte Symbolik ist mit der Neuordnung der Liturgie aufgegeben worden.

Pfingstnovene
An den neun Tagen bis zum Pfingstfest betet man, wie die Jünger Jesu, um die Gabe des Geistes.

3.7.6 Themen für Beiträge

Die Aussagen des Himmelfahrtsfestes sind eine Ausfaltung des Osterfestes. Insofern ergeben sich kaum Themen, die nicht schon im Zusammenhang mit Ostern und der Osterzeit zu nennen wären. Daher hier nur einige Hinweise:

Himmelsvorstellungen

Das Thema "Himmel" in all seiner Fremdheit kann vielleicht dadurch angegangen werden, daß die Himmelsvorstellungen verschiedener Kulturen und Religionen vorgestellt werden.

Die Aufnahmen aus Weltraumkapseln und von Satelliten bieten ein großes Reservoir für Bilder und Filme.

Der Himmel als Zukunft des Menschen

Die sinnliche Ausgestaltung des Himmels hat den Blick dafür verstellt, daß "Himmel" nicht eine räumliche Dimension ist, sondern eine Daseinsweise, die der Auferstandene erst eröffnet, geschaffen hat. In diese neue Daseinsweise soll der Christ sich einüben. Das versuchen heute Christen ebenso wie in früheren Jahrhunderten. Es wäre darzustellen, wie diese Einübung heute aussieht. Sie sollte nicht in dem Sinne mißverstanden werden, als müßte man sich in einen anderen Ort hineindenken, sondern in die neue Existenzweise, die durch Christus eröffnet wurde.

3.8 Pfingsten

3.8.1 Anthropologische Voraussetzungen des Festes

Das Thema "Geist" wird nicht nur innerhalb der biblischen Tradition artikuliert. Jede Kultur entwickelt eine Beziehung zu einer geistigen Dimension, zu ungreifbaren Wirkmächten, die positiven oder negativen Einfluß auf den Menschen nehmen, ihn von innen her bewegen, beleben, über seine Grenzen hinausführen, die mit dem Geistigen, das der Mensch auch ist, korrespondieren und ihn teilnehmen lassen am Göttlichen. Diese geistige Dimension wird nicht nur als Einsicht, als Denken, sondern gerade im religiösen Kontext als Erfahrung ausgedrückt. Geistige Bewegungen bestimmen nicht nur das kulturelle Leben, sondern auch die Religionen. Die Überzeugungskraft religiöser Reden und Riten wird gerade dem Geist zugeschrieben, der die "Herzen der Menschen bewegt". So führt auch das Christentum den Beginn seiner öffentlichen Missionstätigkeit auf das Wirken des Geistes zurück.

Die vielfältigen Erfahrungen mit dem Geistigen, mit geistigen Bewegungen, mit eher ungreifbaren, aber eindringlichen Erfahrungen, haben ebenso mit Pfingsten zu tun wie die Aufgabe, gute und schlechte geistige Bewegungen zu unterscheiden, im Religiösen wie im Politischen, im gesellschaftlichen wie im individuellen Kontext.

3.8.2 Bezug zur Öffentlichkeit

Die vielen möglichen Themen des Pfingstfestes haben kaum Niederschlag im öffentlichen Bewußtsein gefunden. Hinzu kommt, daß im Denken vieler Christen Pfingsten weitgehend seinen Bezug zu Ostern, zum Beginn der Missionstätigkeit der Kirche verloren hat und zum Fest des Heiligen Geistes geworden ist. Durch die Neuordnung der Liturgie ist der ursprüngliche Sinn des Pfingstfestes wiederhergestellt worden.

Nicht die Geistbegabung der Christen steht im Mittelpunkt, nicht das Wirken des Geistes in der Kirche, der die Kirche vorantreibt und über selbst gesetzte enge Grenzen hinausführt, sondern die eher allgemeine Wahrheit, daß Gott personhaft Geist ist.

Marginalien:

Dimension des Geistigen, an der der Mensch partizipiert

Beginn der christlichen Mission ist geistgewirkt

Unterscheidung der Geister

Aussage des Pfingstfestes wurde von der Kirche nicht vermittelt

Stärker sind die jahreszeitlichen Bezüge des Festes, das mit Sonne, Blüte assoziiert wird. So scheint Pfingsten eher ein Frühlings- bzw. Frühsommerfest zu sein, an dem die Menschen die warme Jahreszeit feiern, noch nicht unter der Hitze und Schwüle leiden, sich der schönen Zeit freuen, ein Natur-Fest, wie es die meisten Feste in ihrem Ursprung waren.

Fest des Früh-
sommers

3.8.3 Entstehung des Pfingstfestes

Das christliche Osterfest hat, durch den Kreuzestod Jesu, einen historischen Zusammenhang mit dem jüdischen Paschafest. Dieser Zusammenhang wurde von den Christen jedoch durch eine andere Berechnung des Ostertermins aufgelöst.

Das erste Pfingstfest lag nach dem Bericht der Apostelgeschichte (2,1-13) auch an einem jüdischen Feiertag, dem Fest der Weizenernte, das 7 Wochen nach dem Paschafest gefeiert wurde.

Jüdisches Ernte-
fest

Der Name Pfingsten kommt vom griechischen Wort Pentecoste, der Fünfzigste (Tag). Das jüdische Fest war ursprünglich ein Erntedankfest, wurde aber zur Zeit Jesu auch auf die Geschichte des Volkes, insbesondere die Gesetzgebung bzw. die Bundeserneuerung bezogen.

Es ist wahrscheinlich, daß die Anhänger Jesu zum jüdischen Erntefest nach Jerusalem gekommen waren und öffentlich aufgetreten sind. Der Bericht in der Apostelgeschichte läßt jedoch eine sichere Rekonstruktion nicht mehr zu. Vom zweiten Jahrhundert an gibt es Hinweise, daß die Christen ein eigenes Pfingstfest feiern, das sich inhaltlich an den Berichten der Apostelgeschichte orientiert.

Historischer
Kern möglich:
Anhänger Jesu
trafen sich in
Jerusalem

Pfingsten wurde wie Ostern zum Tauftag. In der Entwicklung des Festgedankens tritt eine Verschiebung ein, die das Fest aus dem Zusammenhang mit Ostern löst und es als Fest des Heiligen Geistes sieht. Von den biblischen Berichten ist Pfingsten jedoch als Abschluß der Osterzeit zu sehen. Die Ausgießung des Geistes ist eine Gabe des Auferstandenen und zugleich Beginn der Kirche und damit der christlichen Mission.

Pfingsten wird
aus dem Zusam-
menhang mit
Ostern gelöst

Diese ursprüngliche Bedeutung des Festes wurde in der katholischen Kirche durch die Liturgiereform nach dem II. Vatikanischen Konzil wiederhergestellt. Während vorher

Ursprünglicher
Festgedanke
durch die Litur-

giereform wieder hergestellt

Pfingsten parallel zu Ostern eine eigene Festwoche hatte, ist die Pfingstoktav gestrichen worden. Die Osterzeit endet mit dem Pfingstsonntag. Die orthodoxen Kirchen haben immer an dem ursprünglichen Zusammenhang von Ostern und Pfingsten festgehalten.

3.8.4 Die Aussage des Pfingstfestes

Die Apostelgeschichte (2,1-13) berichtet über außerordentliche Wirkungen des Geistes Gottes. Es ist ein Brausen zu hören; das Haus, in dem die Jünger Jesu sich versammelt hatten, wird davon erfüllt. Zungen wie von Feuer lassen sich auf die einzelnen nieder. Die Bevölkerung von Jerusalem eilt zusammen und hört die Jünger in verschiedenen Sprachen reden.

Im Neuen Testament viele Hinweise auf das Wirken des Geistes

Wirkungen des Geistes werden im Neuen Testament nicht nur im Zusammenhang mit Pfingsten erwähnt. Auch das Alte Testament kennt vielfältige Hinweise auf das Wirken des Geistes.

Parallele zur Geistbegabung Jesu

Bereits in der Taufe wird Jesus mit dem Heiligen Geist erfüllt. So wie Petrus im Anschluß an die Geistbegabung auftritt und predigt, lehrt auch Jesus "erfüllt von der Kraft des Geistes" (Lk 4,14).

Im Johannesevangelium Geistbegabung an Ostern

Von einer Geistbegabung der Jünger spricht auch das Johannesevangelium. Jesus haucht bei seiner Erscheinung am Ostertag abends die Jünger an und spricht: "Empfanget den Heiligen Geist! Wem ihr die Sünden vergebt, dem sind sie vergeben, wem ihr die Vergebung verweigert, dem ist sie verweigert" (Joh 20,22).

Die Jünger deuten die Geistererfahrung auf dem Hintergrund des Alten Testaments

Die Erfahrungen der Jünger Jesu mit dem Wirken Gottes, das ihnen Einsicht in die heilsgeschichtlichen Zusammenhänge sowie Kraft und Mut gibt, sich öffentlich zu Jesus zu bekennen, werden auf dem Hintergrund des Alten Testamentes gesehen.

Gottes Geist erfüllt das Weltall   *(Weish 1,7)*
Der Geist Gottes, als Atem verstanden, ist Ursprung des Lebens.
    "Sendest du deinen Geist aus, so werden sie erschaffen" *(Ps 104,30).*

Die Propheten sind vom Geist Gottes erfüllt und
getrieben. *(Num 11,25-29; 2 Sam 23,2;*
Jes 61,1; Sach 7,12)

Die Propheten sprechen vom Geist vor allem für die kom-
mende Heilszeit. Der Geist läßt sich auf dem kommenden
Messias nieder *(Jes 11,2; 42,1; 61,1)*.
Der Geist aus der Höhe wird über Israel ausgegossen
(Jes 32,15).
In der messianischen Zeit wird der Geist nicht nur von
einzelnen, von Königen und Propheten Besitz ergreifen,
sondern alle werden die Gabe des Geistes erhalten.

"Ich schenke ihnen ein anderes Herz und schenke
ihnen einen neuen Geist. Ich nehme das Herz von
Stein aus ihrer Brust und gebe ihnen ein Herz aus
Fleisch" *(Ez 11,19)*.

Die Erfahrung eines neuen Lebens durch den Geist interpretieren die Jünger Jesu als Erfüllung der alttestamentlichen
Verheißungen. In der Predigt des Petrus am Pfingsttag (Apg
2,14-36) wird ausdrücklich der Prophet Joel zitiert:

*Erfahrung des
Geistes als Er-
füllung alttesta-
mentlicher Ver-
heißungen*

Danach aber wird es geschehen, daß ich meinen Geist
ausgieße über alles Fleisch.
Eure Söhne und Töchter werden Propheten sein, eure
Alten werden Träume haben, und eure jungen Män-
ner haben Visionen.
Auch über Knechte und Mägde werde ich meinen
Geist ausgießen in jenen Tagen.
Ich werde wunderbare Zeichen wirken am Himmel
und auf der Erde ... *(Joel 3,1-3)*

Die Jünger leben in dem Bewußtsein, daß die verheißene
messianische Zeit angebrochen ist. Die junge Kirche erwartet die Wiederkunft Christi und damit die endgültige Aufrichtung des Reiches Gottes. Langsam, als die Erwartung
nicht eintrifft, verschiebt sich die zeitliche Perspektive. Es
geht erst einmal um die Missionierung der Welt. Ein erstes
Dokument dieses neuen Denkens ist die Apostelgeschichte.
Die Anhänger Jesu erhalten durch die Geistspendung Kraft

*Verschiebung
der zeitlichen
Perspektive in
der Urkirche:
Mission, nicht
das Ende der*

153

Welt als neue Perspektive

und Befähigung, Zeugen der Messianität und Herrschaft Jesu zu sein. Sie treten offen in seinem Namen auf.

Der Geist als treibende Kraft der Mission

Der Geist ist nach der Apostelgeschichte die treibende Kraft des Missionswerks der jungen Kirche. Er öffnet vor allem den Weg zu den Heiden. Von sich aus richten die Anhänger Jesu sich erst einmal an die Juden. Den ersten Heiden, der nicht vorher den jüdischen Glauben angenommen hatte, nimmt Petrus nach einer Vision und nachdem der römische Hauptmann und seine Hausgenossen mit dem Heiligen Geist begabt worden waren, in die Kirche auf (Apg 10,44-48; 15,8). Daß Christen, die vom Heidentum bekehrt wurden, nicht auf die Reinheitsvorschriften des Judentums verpflichtet wurden, formuliert das erste Konzil so: "Denn der Heilige Geist und wir haben beschlossen ..." (Apg 15,28).

Der Geist bewegt Barnabas und Paulus zu ihren Missionsreisen (Apg 13,2) und treibt sie von Asien nach Europa (Apg 16,6-10).

Die Kirche führt ihr Wirken auf den Einfluß des Heiligen Geistes zurück. Damit sind auch Aussagen verbunden, die konstitutiv für den einzelnen Christen sind:

Jeder Christ ist mit dem Geist begabt

Jeder Getaufte wird mit dem Heiligen Geist begabt, jeder Christ, nicht nur die religiösen Führer sind geistbegabt.

"Wißt ihr nicht, daß ihr Gottes Tempel seid und der Geist Gottes in euch wohnt?" (1 Kor 3,16; 6,19)

"Wir alle spiegeln mit enthülltem Angesicht die Herrlichkeit des Herrn wider und werden so in sein eigenes Bild verwandelt, von Herrlichkeit zu Herrlichkeit, durch den Geist Gottes" (2 Kor 3,18).

"Wenn Christus in euch ist, dann ist zwar der Leib tot aufgrund der Sünde, der Geist aber Leben aufgrund der Gerechtigkeit. Wenn der Geist dessen in euch wohnt, der Jesus von den Toten auferweckt hat, dann wird er, der Christus Jesus von den Toten auferweckt hat, auch euren sterblichen Leib lebendig machen durch seinen

Geist, der in euch wohnt" (Röm 8,10-11, s. auch das
8. Kapitel insgesamt).

"Es ist der Geist der Wahrheit, den die Welt nicht
empfangen kann, weil sie ihn nicht sieht und nicht
kennt. Ihr aber kennt ihn, weil er bei euch bleibt und
in euch sein wird ...
Der Beistand aber, der Heilige Geist, den der Vater in
meinem Namen senden wird, der wird euch alles
lehren und euch an alles erinnern, was ich euch gesagt
habe" (Joh 14,17. 26).

Hinweise auf den Geistbesitz der Jünger Jesu ließen sich
noch viele anführen. Die Kirche sieht die Geistbegabung
vor allem in den sakramentalen Handlungen der Taufe und
der Firmung ausgedrückt. Ebenso werden die Diakonats-,
Priester- und Bischofsweihe als Geistbegabung verstanden.
Die Geistbegabung wird schon in den neutestamentlichen
Schriften von der Taufe unterschieden (Apg 8,12-17; 10,44-
48; 19,1-7; 1 Kor 12,13, 2 Kor 1,21; Tit 3,4-7; Gal 4,4-7;
Joh 3,5), was sich bis heute kirchlich in der Konfirmation
bzw. in der Firmung ausdrückt, s.u. Kap. 6.3. und 7.3.

Firmung: Sakrament der Geistverleihung

Die Geistbegabung wird auch "Salbung" oder
"Handauflegung" genannt. Die Salbung (mit heiligem Öl) findet sich u.a. in 2 Kor 1,21 und 1 Joh 2,20-
27, die Handauflegung in Apg 6,1-6; 13,3; 19,5; 1
Tim 4,14; 2 Tim 1,6; Hebr 6,2.

Salbung und Handauflegung bezeichnen Geistbegabung

Die oben zitierten Texte aus dem Römerbrief und dem
Johannesevangelium weisen, wie auch andere Stellen des
Neuen Testamentes, darauf hin, daß Jesus im Wirken des
Geistes gegenwärtig ist, im Wirken des Geistes sein Wirken
fortsetzt. Der Glaube an Jesus ist geistgewirkt.

Im Wirken des Geistes wirkt Jesus, der Geist setzt das Wirken Jesu fort

Keiner, der aus dem Geist Gottes redet, sagt, "Jesus
ist verflucht". Und keiner kann sagen "Jesus ist der
Herr", wenn er nicht aus dem Geist Gottes redet.
(1 Kor 12,3)

155

Dem Geist folgen ist Lebensprinzip des Christen

Das Hören auf den Geist Jesu, sich von ihm bewegen zu lassen, wird damit zu einem Lebensprinzip der Christen, das viel subtiler ist als die Befolgung von Geboten und Gesetzen.

"Die Frucht des Geistes aber ist Liebe, Freude, Friede, Langmut, Freundlichkeit, Güte, Treue, Sanftmut und Selbstbeherrschung ... Wenn wir aus dem Geist leben, dann wollen wir auch dem Geist folgen".
(Gal 5,22 ff; 25)

"Beleidigt nicht den Heiligen Geist Gottes, dessen Siegel ihr tragt für den Tag der Erlösung." (Eph 4,30)

"Denn alle, die sich vom Geist Gottes leiten lassen, sind Söhne Gottes." (Röm 8,14)

Religiöses Leben ist geistliches Leben

Dieses Grundaxiom christlicher Lebensführung wurde vor allem in den Orden gepflegt. Das religiöse Leben wird "geistliches Leben" genannt, es gibt geistliche Lehrer, Spirituäle, die Gesprächspartner für das geistliche Leben sind. Betont wird die Fähigkeit zur Unterscheidung der Geister, die in den Exerzitien des Ignatius von Loyola eingeübt wird.

Phänomene des Pfingstereignisses werden auch an anderen Stellen des Neuen Testamentes erwähnt

Die Phänomene, die im Pfingstbericht der Apostelgeschichte erwähnt werden, eine besondere Bewegung, Brausen, Reden in fremden Sprachen, finden sich ähnlich auch an anderen Stellen des Neuen Testamentes. Im 1. Korintherbrief, Kapitel 12, setzt sich Paulus ausführlich mit diesem Phänomen auseinander. Paulus kennt folgende Geistesgaben:

- Gabe der Weisheit
- Gabe der Glaubenskraft
- Gabe, Krankheiten zu heilen
- Wunderkräfte
- Prophetische Rede
- Fähigkeit, Geister zu unterscheiden
- Zungenrede
- Gabe, die Zungenrede zu deuten (1 Kor 12,4-11. 28-31)
- Gabe zu beten (Röm 8,26)

Diese Vielfalt der Gaben, der Charismen, wird auf den einen Geist zurückgeführt und daraus eine Mahnung zur Einheit abgeleitet. In Korinth hatten sich Christen mit verschiedenen Begabungen gegenüber anderen profiliert, wohl besonders diejenigen, die die Gabe des Zungenredens besaßen, d.h. geistbegabtes Reden, das sich jedoch meist nicht in einer deutlichen Sprache artikuliert. Paulus relativiert diese Gabe und stellt sie neben die anderen Gaben (1 Kor 14,1-10). Möglicherweise sind auch Vorstellungen der zeitgenössischen jüdischen Schriftauslegung in die Ausgestaltung des Berichtes von der Geisterfahrung der Urgemeinde eingegangen.

Einflüsse jüdischer Theologie

Kommentare zur Gesetzgebung am Sinai beschreiben ähnliche Phänomene wie der Pfingstbericht. Moses empfängt auf dem Berg Sinai das Gesetz aus der Hand Gottes. Der Berg ist in Wolken, Gott fährt im Feuer herab, er spricht zu Moses im Donner (Ex 19,16-19). In den Targumen (den rabbinischen Kommentaren) wird der Zusammenhang von Gottes Reden und dem Feuer betont, die Worte Gottes sind wie brennende Pfeile und Feuerflammen, die Stimme ist als Feuer sichtbar, das sich in Zungen verteilt. Auch die Aussage, daß jedes Volk die Worte in seiner Sprache versteht, wird herausgestellt. Das Gesetz wurde am Sinai bereits allen Völkern verkündet. (Die Textstellen sind in J. Kremer, "Pfingstbericht und Pfingstgeschehen" zusammengestellt, vgl. Literatur zu 3.8.4.)

Das Sprachenwunder wurde bereits von den Theologen der alten Kirche als Gegenstück zur Sprachverwirrung im Bericht über den Turmbau von Babel gesehen (Gen 11,1-9). Der Geist bewirkt, daß die Menschen sich wieder verstehen. Diese Bezugnahme liegt jedoch im Text der Apostelgeschichte noch nicht vor, da die Verschiedenheit der Sprachen durch den Geist nicht aufgehoben wird. Erst die christliche Bibelauslegung hat die Verbindung beider Texte hergestellt. Der Bericht der Apostelgeschichte besagt eher, daß Menschen in allen Sprachen den Glauben ausdrücken.

Pfingsten und der Turmbau von Babel

Die im Pfingstbericht und im Korintherbrief genannten Phänomene - ekstatisches Sprechen, Zungenreden, Krankenheilungen - sind auch in der Pfingstkirche sowie in

Geistphänomene von den Gruppen der Pfingstbe-

den Pfingstbewegungen oder charismatischen Bewegungen der verschiedenen Kirchen bekannt. Über diese Gruppen gibt es bereits Fernsehdokumentationen.

Elemente dieser Bewegungen, öffentliches Beten, Gebetserhörungen, Beten über Kranke finden sich auch in den Show-Sendungen der sogenannten "electronic-churches" in den USA.

3.8.5 Elemente, Bilder, Brauchtum

Pfingsten war in der frühen Kirche ein Tauftag wie Ostern. Bildhaft wurde im Gottesdienst eine Taube herabgelassen. (Jesus sah bei seiner Taufe durch Johannes "den Geist wie eine Taube auf sich herabkommen"; Mt 3,16). Mit Pfingsten ist ein vielfältiges Brauchtum verbunden, das mit dem Frühjahr zusammenhängt. Das Verstellen von Sachen und

Schabernack Schabernack in der Nacht von Pfingstsonntag auf -montag leiten sich von einem Abwehrzauber her. Häuser werden geweißt, Pfingstmaien werden an Türen und Fenstern angebracht.

Fest der Hirten Da an Pfingsten das Vieh zum ersten Mal ausgetrieben wird, ist es das Fest der Hirten. In Laub gekleidete Burschen werden herumgeführt, die die neuen Wachstumsgeister verkörpern (Pfingstlümmel). Das Vieh wird bekränzt.

Pfingstochse Der Ochse, der an Pfingsten geschlachtet wird, wird geschmückt und durch den Ort geführt. Möglicherweise war die Schlachtung ursprünglich eine Opferhandlung.

Pfingstritt Der Pfingstritt am Pfingstmontag soll den Saaten Nutzen bringen. Mit dem Neubeginn des Lebens hängt auch der

Pfingstwasser Brauch zusammen, an Pfingsten eine Quelle zu besuchen.

3.8.6 Ideen für Beiträge

Klärung der geistigen Störungen, die Analyse des Zeitgeistes, die Auseinandersetzung mit dem Nationalismus - das alles sind pfingstliche Themen, die ständig im Gespräch wie in den Medien vorkommen. Im Zusammenhang mit Pfingsten kann auf die christliche Tradition der Unterscheidung der Geister und die damit gewonnenen Erfahrungen eingegangen werden.

Es könnten Kulturmanager, Repräsentanten internationaler Organisationen, Politiker und Kirchenführer befragt werden, unter welchen Gesichtspunkten sie Entscheidungen gefällt haben. Führungspersönlichkeiten der ehemals kommunistischen Länder könnten so den Wandel verständlich machen.

Dokumentarsendungen in der Perspektive der Apostelgeschichte

Der Geist ist die Weise, wie nach Auffassung des Christentums Gott in der Welt wirkt. Von diesem Wirken ist meist äußerlich wenig zu beobachten. Das Brausen, der Sturm, Feuerzungen sind bildhafte Aussagen über Vorgänge, die nicht sichtbar sind.

Eine religiöse Interpretation der Welt und der Geschichte sieht gerade darin ihre Herausforderung, dem Wirken des Geistes Gottes nachzuspüren. Diese Interpretationsversuche sind oft oberflächlich und werden vorschnell formuliert. Es wäre trotz der Risiken jedoch reizvoll, eine solche Interpretation zu versuchen. Berichterstattung über die Kirche und religiöse Gruppen geschieht in den Medien meist unter kritischen Vorzeichen. Ähnlich wie die Machtausübung von Institutionen und Personen kritisch analysiert wird, verfährt man auch mit der Kirche und religiösen Bewegungen. Die Berichterstattung der Kirchenredaktionen dürfte sich da kaum von der anderer Redaktionen unterscheiden. Kirche kommt dann vor allem durch ihre Amtsträger in den Blick und als Institution. Es wird die Machtausübung der Institution beobachtet und gezeigt, wie wirkungsvoll sich Papst und Bischöfe ins Bild setzen. Vergleicht man die Berichte der Apostelgeschichte mit der Berichterstattung der Medien, zeigen sich bisher ungenutzte Möglichkeiten.

Bei einer Kirchenversammlung, einer Synode, könnte den Anstößen, Erfahrungen nachgegangen werden, die zu einer Entscheidung geführt haben. Von Basisgemeinden in Südamerika gibt es verschiedene Berichte, wie die Gruppe sich entwickelt hat, welche Veränderungen die Mitglieder bei sich beobachtet haben. Neue Entwicklungen im Religionsunterricht, der Seelsorge, der Gemeindekatechese gehen meist von bestimmten Erfahrungen und kaum manifesten Anstößen aus. Diese Erfahrungen sind sicher für viele interessant. Wo immer kirchliches Leben sich regt, wären Dokumentarsendungen möglich. Pfingsten wäre, kirchlich gesehen, der klassische Termin für die inzwischen fast abgeschriebenen Feature-Sendungen. Wahrscheinlich

Interpretation der Geschichte

Synoden

müßte diese Form noch eine bestimmte Ausprägung erhalten, damit sie die oben skizzierten Inhalte auch transportieren kann und für Zuhörer und Zuschauer mehr Interesse gewinnen könnte.

Mission - Überwindung der selbstgesetzten Grenzen
   Das Sprachenwunder des ersten Pfingstfestes nimmt die Universalität der christlichen Gemeinde vorweg. Es war jedoch ein langer Weg dorthin. Die ersten Anhänger Jesu mußten die Grenzen des Judentums überwinden. Solche Grenzen gab es immer wieder, z.b. daß Menschen anderer Hautfarbe für das Christentum nicht geeignet waren, daß in Südamerika über Jahrhunderte nur Männer weißer Hautfarbe Priester werden konnten.

Zentren, von denen Missionsbewegungen ausgingen:
   Jerusalem, Antiochien, Konstantinopel, Irland, Rom, Spanien, Portugal
   Die Impulse für die Mission gingen schon in der Apostelgeschichte von bestimmten Gemeinden aus. Daß Jerusalem der Ausgangspunkt des Christentums wurde, ist sicher auf seine Bedeutung als religiöses Zentrum des Judentums zurückzuführen. Aber es wäre durchaus möglich gewesen, daß Galiläa, wohin die Jünger nach dem Paschafest wieder zurückgegangen waren, Zentrum der jungen Kirche geworden wäre. Die Apostelgeschichte berichtet bereits, daß Antiochien das neue Missionszentrum wurde. Paulus und Barnabas brechen von hier aus auf (Apg 13,1-3).
   Ein nächstes Zentrum ist Ephesus. Konstantinopel ist Ausgangspunkt für die Missionierung der Slaven. Von Rom gingen viele Missionsimpulse aus: die Missionierung Englands Ende des 6. Jahrhunderts und Deutschlands Anfang des 8. Jahrhunderts. Die Missionstätigkeit in den spanischen und portugiesischen Kolonien sowie der große Aufbruch der Missionstätigkeit im 19. Jahrhundert sind die großen Etappen der neuzeitlichen Mission. Heute wäre zu berichten, wie die Kirchen der Dritten Welt langsam eine führende Rolle in der katholischen Kirche übernehmen, ein Vorgang, für den

die deutschen Medien weitgehend blind sind. So gibt es inzwischen Missionen aus Indien, die in Afrika arbeiten (vgl. Stichwort "Missionssonntag s. S. 331 ff). Sendungen zum Pfingstfest könnten also Sendungen über die Mission sein.

Lokale Kirchengeschichte

Es ist für regionale und lokale Programme wie auch für die Gemeindeblätter reizvoll, das Leben einer Gruppe, einer Stadt, einer christlichen Gemeinde darzustellen: die Erfahrungen, das Engagement, die Impulse, die von innen und außen kommen und die sich im Leben einer Gruppe oder Gemeinde auswirken. Vielleicht ist es in der Weise möglich, daß ältere Mitglieder einer Gruppe oder Gemeinde erzählen, so daß der Erzähler im Mittelpunkt steht und nur Fotomaterial benutzt wird. Vielleicht kann so eine Geschichte der Menschen, die zusammenleben, gelebt haben, tatsächlich vermittelt werden und gleichfalls der Sinn für Traditionen geweckt werden. Es ist bezeichnend, daß oft sogar die Leistungen der noch lebenden Alten von den Jungen schon vergessen sind oder ignoriert werden.

Missionare

Persönlichkeitsbilder von Christen, von Missionaren gibt es in großer Zahl. Oft werden diese Persönlichkeiten unter dem Aspekt der "Leistung" dargestellt, wie es eben dem Normensystem unserer Gesellschaft entspricht. Vielleicht könnte ein anderer Zugang zur Person eines Missionars gefunden werden, z.B. wenn die Entscheidungssituationen seines Lebens dargestellt werden. Was hat ihn bewegt? Wie kam er auf die Idee, etwas in Angriff zu nehmen? Wie hat er Mut gefunden durchzuhalten?

Geistliches Leben

Das Leben aus den Anregungen des "Geistes" heraus kann in der Weise dargestellt werden, daß Menschen, die diese Lebenspraxis befolgen, ihre Erfahrungen mitteilen.

Wenn "Lebenshilfe" zum Programmkonzept der Medien gehört, dann könnte auch eine spezifische Form christlicher Beratung angeboten werden, die nicht in einer besonderen Lebenstechnik besteht, sondern anleitet, auf Erfahrungen,

Begegnungen und Empfindungen zu achten. Religiöse Vorstellungen können auch eine Hilfe dafür sein, Krisen aktiver
anzusehen, Depressionen und Ängste nicht zuzudecken.

Unterscheidung der Geister

Ein christlicher Kommentar zum Zeitgeschehen wird in
Morgenansprachen und im Wort zum Sonntag versucht. Es
fehlt dabei aber oft der direkte Zugriff, daß nicht nur allgemein über Normen geredet, sondern Vorfälle, Entwicklungen geschildert, Gutes wie Schlechtes konkret benannt werden, wohl deshalb, weil vielen christlichen Kommentatoren
der Mut dazu fehlt oder sie in einer groben Schwarz-Weiß-
Malerei befangen sind.

Das Wort des ersten Thessalonicherbriefes, "Löscht den
Geist nicht aus, verachtet prophetisches Reden nicht, prüfet
alles und behaltet das Gute" (1 Thess 5,19-21), sollte durch
die christlichen Kommentatoren entscheidender eingelöst
werden.

3.9 *Dreifaltigkeits-Sonntag* (Sonntag nach Pfingsten)

3.9.1 Anthropologische Voraussetzungen
Zu sagen, wer Gott ist, fällt auch den Christen schwer. Sie können erst einmal von Jesus reden, davon, was er getan hat. Von Gott können sie sprechen, weil Jesus von Gott gesprochen, sich auf ihn bezogen, sich auf ihn verlassen hat.

Von Gott wissen die Christen durch Jesus

Daß die Christen von Gott sagen, daß er einer ist und doch zugleich drei Personen, sprengt menschliche Vorstellungen von der Einheit der Person. Jedoch gibt es das Wissen, daß der Mensch sich Gott nicht auf menschliche Weise vorstellen kann. Obwohl der Mensch von seiner Selbsterfahrung ausgeht, was er vom Existieren als menschliche Person weiß, spürt er, daß Gott nicht wie eine menschliche Person gedacht werden kann.

Gott kann nicht wie eine menschliche Person gedacht werden

Das Geheimnis der Dreifaltigkeit Gottes ist für den Christen eine Herausforderung, die eigenen, manchmal allzu selbstverständlichen Vorstellungen von Gott zu überprüfen. So wäre die anthropologische Voraussetzung für dieses Fest allein die, daß der Mensch ahnt, daß Gott anders ist als alle Vorstellungen über Gott.

3.9.2 Bezug zur Öffentlichkeit
Das Fest hat im öffentlichen Bewußtsein keine besondere Stellung. Der Dreifaltigkeits-Sonntag wird als normaler Sonntag gesehen. Zu erwähnen ist nur, daß die evangelische Kirche die Sonntage als Sonntage nach dem Dreifaltigkeitsfest zählt, z.B. 4. Sonntag nach Trinitatis. Diese Zählung war bis zur Liturgiereform im Jahre 1969 auch in der katholischen Kirche üblich.

3.9.3 Entstehung des Festes
Der Glaube an den dreifaltigen Gott, daß Gott einer in drei Personen ist, war in der Entwicklung der Kirche nicht unbestritten. Vor allem der Arianismus hat die Kirche in ihrer Glaubenssubstanz erschüttert. Aus einem platonischen Welt- und Gottesbild heraus lehnt er die Vorstellung ab, daß das Eine, das Göttliche als mehrere Personen gedacht werden kann.

Auseinandersetzung mit dem Arianismus

Der Widerstand gegen diese Vorstellung hat u.a. die Entwicklung des Weihnachtsfestes gefördert und zur Herausbildung einer eigenen Dreifaltigkeitsfrömmigkeit geführt.

Ein Dreifaltigkeitsfest entstand im gallischen Raum und wurde in Klöstern schon vor der Jahrtausendwende gefeiert. Die römische Zentrale stand lange der Einführung eines solchen Festes ablehnend gegenüber. Tatsächlich hat ein Fest der Dreifaltigkeit eine andere Aussage als die bisherigen Feste. Es bezieht sich nicht auf ein Heilsereignis, sondern artikuliert eine Grundaussage des christlichen Glaubens, die schon in jedem Kreuzzeichen und in anderen Gebetsformeln zum Ausdruck kommt.

Das Fest wurde erst 1334 eingeführt. Es hat für den Ablauf des Kirchenjahres insofern einen Stellenwert, als es das "normale Jahr" einleitet, das bis zum ersten Adventssonntag dauert.

Ursprung des Festes in Gallien

Das Fest bezieht sich nicht auf ein Heilsereignis

Beginn des allgemeinen Kirchenjahres

3.9.4 Aussagen des Festes

Aussagen über Gott als einen in drei Personen finden sich nicht als Lehr-, oder wie bei der Auferstehung, als Bekenntnissätze. Es heißt nicht: Wir lehren, wir bekennen Gott als Vater, Sohn und Heiligen Geist. Im Neuen Testament sind es Tauf- und Grußformeln, in denen sich der Glaube an den dreifaltigen Gott zuerst niederschlägt.

Tauf- und Grußformeln als älteste Aussagen über die Dreifaltigkeit

"Darum geht zu allen Völkern und macht alle Menschen zu meinen Jüngern; tauft sie auf den Namen des Vaters und des Sohnes und des Heiligen Geistes."
(Matthäus 28,19)

"Die Gnade Jesu Christi, des Herrn, die Liebe Gottes und die Gemeinschaft des Heiligen Geistes sei mit euch allen!"   (2 Korintherbrief 13,13)

Der Evangelist Matthäus wie auch Paulus haben diese Aussagen nicht selbst geprägt, sondern Gebetsformeln der Gemeinden zitiert. Auch heute noch werden Gebete abgeschlossen mit der Formel:

"... durch unseren Herren Jesus Christus, der mit dir lebt und herrscht in der Einheit des Heiligen Geistes, Gott, von Ewigkeit zu Ewigkeit. Amen."

Durch die Begegnung der christlich-jüdischen Religion mit der hellenistischen Welt entstanden Fragen an die Gottesvorstellung der Christen, die im Arianismus zu einer existenzbedrohenden Krise wurden. Es ging um die Frage, wer Jesus ist. Daß Gott existiert, daß er Schöpfer der Welt ist, daß alles von ihm ausgeht, war für die Intellektuellen dieser Epoche (des Mittelplatonismus) kein Problem. Daß es aber neben dem einen Gott noch ein gottgleiches Wesen gibt, daß es neben dem Vater noch den Sohn gibt, das war nicht denkbar. Der Sohn, der Logos, wurde nicht auf die gleiche Stufe gestellt wie Gott selbst. Das Konzil von Nicäa (325) hat dieser aus der griechischen Religionsphilosophie formulierten Infragestellung das Bekenntnis zum Sohn, der "wesensgleich mit dem Vater" ist, entgegengesetzt und eine ausgeprägtere Begrifflichkeit benutzt als die biblischen Texte.

Arianismus: Der Sohn steht nicht auf der gleichen Stufe wie Gott

Das Konzil von Nicäa (325)

Wir glauben an den einen Gott, den allmächtigen Vater, Schöpfer aller sichtbaren und unsichtbaren Dinge, und an den einen Herrn Jesus Christus, den Sohn Gottes, als einzig geborener, gezeugt vom Vater, das heißt aus der Wesenseinheit des Vaters, Gott von Gott, Licht vom Lichte, wahrer Gott vom wahren Gott, gezeugt, nicht geschaffen, wesenseins (homoousios) mit dem Vater, durch den alles geworden ist ...

Das Glaubensbekenntnis

Diese Aussage greift ein älteres Glaubensbekenntnis (aus Cäsaräa) auf, das von den Täuflingen gesprochen wurde, und präzisiert es.

Das Bekenntnis zu Jesus als Sohn des Vaters reflektiert die Form des Gebetes, die im christlichen Gottesdienst praktiziert wurde. Die Christen haben von Anfang an zu dem erhöhten Kyrios Jesus Christus gebetet, ihn nicht nur als Mittler zu Gott, sondern als Adressaten ihres Gebetes gesehen. Irgendwann mußte die Frage entstehen, wie Jesus in Bezug zu Gott steht, wie die Bezeichnung "Sohn" genauer zu verstehen ist. Mag das Beten zu Jesus noch verhältnismäßig problemlos sein, so steht die begriffliche

Aussagen über die Dreifaltigkeit: Reflexion der christlichen Gebetsform

Aussagen über Jesus im Wechselverhältnis zur Philosophie

Aussage über Jesus in Konkurrenz zu den jeweiligen Philosophien und ihren Gottesvorstellungen. Zweifellos ist es für die meisten Philosophien näherliegend, Gott als Einen zu denken und Jesus auf der Stufe des Geschöpflichen einzuordnen. Unter den Philosophen ist Hegel einer der wenigen, der die in der damaligen evangelischen Theologie kaum berücksichtigte Trinitätslehre in sein Denken einbezogen hat. Gegen die näherliegenden philosophischen Gedankengänge sagt das Konzil von Nicäa, daß der Sohn nicht Geschöpf des Vaters ist. Er ist gezeugt, nicht geschaffen, d.h. das Wesen Gottes ist notwendig dreifaltig. Trotzdem wird Gott als der Eine bekannt. Die Christen beten also nicht zu drei Göttern. Damit kommen menschliche Personvorstellungen an ihre Grenzen, sie sind nicht auf die Vorstellung von Gott übertragbar. Die Theologen haben versucht, die Dreifaltigkeit Gottes zu verstehen und im Erfahrungsbereich des Menschen Analogien zu finden.

Denken des Ostens

Die Theologen der Ostkirchen denken von den Personen her. Der Vater ist der Ursprung, die Quelle der Einheit, von ihm wird der Sohn gezeugt, der Geist geht vom Vater durch den Sohn aus.

Westliche Theologie

Die westliche Theologie denkt die drei Personen in Bezug auf das eine göttliche Wesen. Die Zeugung des Sohnes und das Hervorgehen des Geistes deutet Augustinus im Bild geistiger Vollzüge. Der erkennende Selbstbesitz Gottes sagt das innere Wort aus (den Sohn). In der persongewordenen Liebe, dem Heiligen Geist, beziehen sich Vater und Sohn aufeinander. Der Sohn wird analog zum geistigen Vollzug der Erkenntnis, der Geist zum Vollzug des Willens, der Vater analog zum Gedächtnis (memoria als Identität des Geistes mit sich selbst) gesehen.

Jesus Christus, Gott und Mensch

Die Aussage, daß Jesus Gott ist, setzt die Aussage, daß er Mensch ist, nicht außer Kraft. Aber im Anschluß an die Aussagen des Konzils von Nicäa mußte näher bestimmt werden, in welchem Verhältnis Menschheit und Gottheit zu sehen sind. Zwei extreme Möglichkeiten wurden dabei vom kirchlichen Lehramt ausgeschlossen:

Jesus ist zwei Personen, eine göttliche und eine menschliche. Man kann sich also an den Menschen oder an den Gott richten.

Jesus ist Gott, seine menschliche Erscheinungsweise ist nicht real, sondern nur Schein (Doketismus: Die menschliche Natur ist nur Schein, Monophysitismus: Nur eine Natur). Das Konzil von Chalcedon hat 451 eine Formulierung gefunden, die beide Aspekte in ein Spannungsverhältnis bringt.

> Folgend ... lehren wir alle einstimmig, daß der Sohn, unser Herr Jesus Christus, ein und derselbe sei. Der eine und selbe ist vollkommen der Gottheit und vollkommen der Menschheit nach, wahrer Gott und wahrer Mensch, bestehend aus einer vernünftigen Seele und dem Leibe. Der eine und selbe ist wesensgleich dem Vater der Gottheit nach und wesensgleich auch uns seiner Menschheit nach ... Wir bekennen einen und denselben Christus, den Sohn, den Herrn, den Einziggeborenen, der in zwei Naturen unvermischt, unverwandelt, ungetrennt und ungesondert besteht. Niemals wird der Unterschied der Naturen wegen der Einigung aufgehoben, es wird vielmehr die Eigentümlichkeit einer jeden Natur bewahrt, indem beide in einer Person zusammenkommen.

Die Lehre von der Gottheit des Geistes war nicht in der Weise umstritten wie die des Sohnes.

In der Trinitätstheologie macht die christliche Religion ihre Aussagen über Gott, Aussagen, die begrifflich gefaßt sind und zugleich als Geheimnis verstanden werden. Hier zeigt sich ein ständiges Wechselverhältnis von Glauben und Philosophie. Dieses Verhältnis wurde bis in die Neuzeit immer neu gesucht und hat die abendländische Geistesgeschichte geprägt.

Fragt man, welche "Bedeutung" die Aussagen über den dreifaltigen Gott haben, so wird hier ein einzigartiges Spannungsverhältnis festgehalten, das auch in anderen Religionen anklingt. Gott ist nicht nur der Jenseitige, Geheimnisvolle, der Ursprung der Welt, der durch einen unendlichen Abstand von der Welt getrennt, unterschieden ist. Vielmehr ist Gott im Sohn und im Geist der Welt dem Menschen näher als es Nähe zwischen Menschen, zwischen

167

Teilnahme am
göttlichen Leben

Mensch und Welt gibt. Gott ist real gegenwärtig im Menschen Jesus und im Geist. Das Leben in Gott, so wenig der Mensch Vorstellungen darüber entwickeln kann, ist so, daß der Mensch in die göttlichen Lebensvollzüge hineingenommen ist. Mit dem Sohn ist er ein Kind Gottes und kann das "Vater Unser" beten und der Geist, der den Menschen innerlich bewegt, ist auch die Seele des Gebetes.

3.9.5 Elemente, Bilder

Die abstrakten Aussagen über die Dreifaltigkeit haben eine Entwicklung von bildhaften Elementen nicht gefördert.

Zahl "Drei"

Die Zahl "Drei", das Dreieck, dreimalige Wiederholung von Gebeten, von Flurumgängen, drei Fenster, drei Hasen, die so angeordnet sind, daß sie zusammen nur drei Ohren haben, sollen an die Dreifaltigkeit erinnern.

Künstlerische
Darstellung

Vor allem seit dem Barock ist immer wieder versucht worden, die Dreifaltigkeit darzustellen. Diese Bilder haben sicher sehr stark die Vorstellung von Gott beeinflußt. Der Vater als alter Mann, der Sohn am Kreuz, der Geist als Taube.

Es gibt auch abstraktere, symbolische Darstellungen: das Dreieck, drei konzentrische Kreise, Sonne - Licht - Strahl.

3.9.6 Ideen für Beiträge

Das Gottesbild des Christentums
- In Abgrenzung zu den Gottesvorstellungen anderer Religionen
- Entwicklung des Gottesbildes im Alten und Neuen Testament
- Berichte über die großen Konzilien und Theologen der alten Kirche

Der Einfluß der Dreifaltigkeitstheologie auf die Geistesgeschichte
- Entwicklung des Personbegriffs
- Philosophische Entwürfe (Hegel)

Symbole und Bilder für die Dreifaltigkeit:
- Dreieck, drei Kreise, drei Hasen
- Drei Gestalten
- Gnadenstuhl: Der Vater hält das Kreuz mit dem Sohn, zwischen oder über beiden schwebt der Geist als Taube
- Grundriß von Kirchen als Delta, drei Fenster, drei Atriden

3.10 *Fronleichnam* (zweiter Donnerstag nach Pfingsten)
vron, fron: Herr, heilig, hehr; lichnam: lebender Leib

3.10.1 Anthropologische Grundlagen
Im Mittelpunkt des Festes steht das eucharistische Brot. Es ist für die Katholiken, aber auch für die Orthodoxen, Realsymbol der Gegenwart Christi, der zugleich Mensch und Sohn Gottes ist. Diese leibliche Gegenwart ist nur denkbar, weil Jesus nicht mehr in unserer Existenzweise lebt, sondern als Auferstandener eine neue Gegenwart für die Menschen hat.

Gegenwart des Göttlichen

Die Gegenwart des Göttlichen in der menschlichen Welt ist eine Idee, die nicht erst die Christen entwickelt haben. Die Religionen haben dieser Idee verschiedene Ausdrucksformen gegeben: die Anwesenheit Gottes in einem Tempel, in einem Tier, im Blitz und Donner, im Orakelspruch, im heiligen Stein in Mekka.

3.10.2 Bezug zur Öffentlichkeit
Durch die Prozession hat das Fest eine große Öffentlichkeitswirkung, die jedoch, anders als bei den meisten christlichen Festen, konfessionell ausgeprägt ist. Obwohl das Fest bereits 1264 für die ganze Kirche eingeführt wurde, haben es die protestantischen Kirchen nicht weitergeführt, da sie ein anderes Eucharistieverständnis entwickelten.

Spezifisch "katholisches" Fest

Auch die mittelalterliche Eucharistiefrömmigkeit ist von diesen Kirchen nicht aufgegriffen worden. Während in katholischen Gegenden die Prozession als religiöse Handlung, als Segnung der Häuser und Felder verstanden wird, dient sie in gemischt-konfessionellen Gegenden der Selbstdarstellung, und insofern die Straßenränder mit Blumen und Birkenzweigen geschmückt werden, prägt das Fest auch das Erscheinungsbild eines Dorfes, einer Stadt.

3.10.3 Entstehung des Festes
Die mittelalterliche Frömmigkeit ist der Ursprung des Festes. Die Eucharistiefeier wurde nicht mehr nur als Mahl gesehen, sondern als eine anschauliche Darstellung des Leidens Christi. Einzelne Riten wurden ausgedeutet, z.B.

Mittelalterliche Frömmigkeit

wenn der Priester am Ende des Kanons Brot und Wein erhebt,

170

deutet das nach mittelalterlichen Kommentatoren auf die Abnahme des Leichnams Jesu vom Kreuz hin. Wenn er vor dem Agnus Dei ein Stück Brot in den Kelch gibt, soll damit die Verbindung von Leib und Seele, die Auferstehung Jesu dargestellt werden. Die Betonung der realen Gegenwart Christi (Realpräsenz) in den Gestalten von Brot und Wein wurde im Mittelalter ausgearbeitet und auch philosophisch vertieft (Transsubstantiations-Lehre, s. oben bei Gründonnerstag, S.109f).

Diese Entwicklungen führten zu einer Verehrung der Eucharistie, insbesondere des Brotes. Es entwickelten sich eigene, von der Messe unabhängige Andachtsformen. Ein eigenes Fest zur Verehrung der Eucharistie war die Folge dieser Frömmigkeitsgeschichte. Juliana von Lüttich hatte 1209 eine Vision von der Scheibe des Vollmondes, Symbol für die Kirche. Ein schwarzer Fleck zeigte das Fehlen eines Festes zu Ehren der Eucharistie an. Der Bischof von Lüttich führte 1246 ein solches Fest ein, das 1264 für die ganze abendländische Kirche vorgeschrieben wurde.

Andachtsformen außerhalb der Messe

Die Verbindung dieses Festes mit dem Gründonnerstag drückt sich darin aus, daß es an einem Donnerstag (zweiter Donnerstag nach Pfingsten) gefeiert wird.

Die Prozession entstand in Deutschland. 1277 gilt als das Jahr der ersten Fronleichnams-Prozession, die in Köln stattfand. Vorbild waren verschiedene Flur- und Stadtumgänge.

Älteste Prozession in Köln

In die Ausgestaltung des Festes sind vor allem Elemente deutscher Frömmigkeitsgeschichte eingegangen, das Fest selbst ist nur aus der mittelalterlichen Frömmigkeit zu verstehen.

3.10.4   Aussagen des Festes

Das Fest greift das zentrale Thema des Gründonnerstag auf:

Fronleichnam und Gründonnerstag

> Jesus gibt seinen Leib, sich selbst und stiftet damit ein fortlebendes Gedächtnismahl, in dem er selbst gegenwärtig ist. Dieses Mahl ist Zentrum des kirchlichen Lebens.

Diese Aussagen finden sich in den Meßtexten des Festes, deren Autor wahrscheinlich der große Theologe des Mittelalters, Thomas von Aquin, ist. Durch die mittelalterliche Frömmigkeitsgeschichte hat das Fest jedoch eine ganz andere Ausprägung als der Gründonnerstag erhalten. Während der Gründonnerstag das Handeln Jesu, die drohende Verurteilung und Hinrichtung in den Mittelpunkt stellt, ist der Fronleichnamstag freudig geprägt. Blumen, Musik, die Prozession, die Frühsommerszeit lassen den Gedanken an Leid nicht aufkommen.

Das Fest, vor allem die Prozession, bringt zum Ausdruck, daß Jesus mit seinem Volk zieht, daß er in der Kirche anwesend ist. Die Freude über die Gegenwart Jesu, weniger die Teilnahme an seinem Leidensweg steht im Mittelpunkt.

Das Herumtragen des eucharistischen Brotes ist als Segenshandlung zu verstehen. Die Stadt, die Felder werden gesegnet. Die Prozession wurde und wird als öffentliche Veranstaltung gesehen, die das Gemeinwesen betrifft, als religiöse Handlung am Gemeinwesen, das daher auch für die Ausrichtung der Prozession mit Sorge trägt. Schließlich ist noch darauf hinzuweisen, daß das eucharistische Brot im Mittelpunkt des Festes steht, es aber in der Neuordnung der Liturgie auch als Fest des kostbaren Blutes Christi gilt. Das von Pius IX. 1849 eingeführte "Fest des kostbaren Blutes", das am 1. Juli gefeiert wurde, ist im Fronleichnamsfest aufgegangen.

3.10.5   Elemente, Bilder, Brauchtum

Die Feier des Fronleichnamsfestes besteht aus einer feierlichen Messe und anschließender Prozession. Zum Bestand der Fronleichnamsmesse gehört der Hymnus

Lauda Sion, Salvatorem,
Lobe Sion deinen Heiland

Die Prozession, in die Elemente der Flurprozession eingegangen sind, machte (früher) an vier Stationen Halt. Es ist jeweils ein Altar aufgebaut. Aus einem der vier Evangelien wird gelesen und mit dem eucharistischen Brot der Segen erteilt. Die Vierzahl der Stationen und Segnungen bezieht sich auf die vier Himmelsrichtungen. Das eucharistische Brot wird in einer Monstranz von dem Priester unter einem sogenannten "Himmel" getragen:

172

Vier Männer tragen ein über vier Stäbe gespanntes, reich besticktes Tuch.

In der Prozession werden Fahnen, Bilder, Reliquien, Figuren mitgetragen, die früher auf Zünfte verteilt waren. Teilweise wird in den Bildern die ganze Heilsgeschichte dargestellt.

Formenreichtum des Mittelalters und Barock

In der Ausgestaltung der Prozessionen ist der ganze Formenreichtum des späten Mittelalters und des Barock eingegangen. Ähnlich wie in der Zeit der Aufklärung gab es auch in den letzten Jahren große Vorbehalte gegenüber der Prozession. Oft wurde nur noch eine Messe im Freien gehalten.

Die Prozession wurde in der Weise fortgeführt, daß die einzelnen Gemeinden aus den Stadtteilen zum Gottesdienstort ziehen, die Prozession also der Messe vorgelagert ist. Es scheint sich jedoch eine Wiederbelebung der Fronleichnamsprozession abzuzeichnen.

Neue Formen für die Prozession

Im Zusammenhang mit dem Fronleichnamsfest können auch die "Eucharistischen Kongresse" gesehen werden. Sie entwickelten sich in Frankreich aus eucharistischen Wallfahrten. 1881 fand der erste in Lille statt. Die Kongresse, es gibt nationale und internationale, werden jeweils unter ein Thema gestellt und finden alle zwei Jahre statt.

Eucharistische Kongresse

3.10.6 Themen für Beiträge

Im Zusammenhang mit dem Fronleichnamsfest und den eucharistischen Kongressen ist die Thematik des Festes schon vielfach entfaltet worden.

- Brot und Hunger
  Ernstnehmen des Hungers; die Verheißung, daß alle körperlich und seelisch gesättigt werden, als reale Utopie
- Kirche unterwegs; das wandernde Volk Gottes, das, ähnlich den Israeliten, eine Bundeslade mit sich trägt
- Die Eucharistie als einigendes Element der Kirche, das die Menschen zusammenführt und für die Bewältigung des Lebens ausrüstet
- Das Verständnis der Eucharistie in den verschiedenen Konfessionen, Schritte und Hindernisse zur Einheit.

3.11 Herz-Jesu-Fest

am Freitag in der Woche nach Fronleichnam

In der Herz-Jesu-Frömmigkeit hat sich eine spezifische katholische Religiosität und Kirchlichkeit ausgeprägt, die bis in die sechziger Jahre für viele Katholiken bestimmend war, eine eher gefühlsbetonte, auf Leid und Sühne hin orientierte Religiosität.

3.11.1 Anthropologische Grundlagen

Symbolwort "Herz"

Mit Herz meint die Sprache meist nicht das Organ, sondern den Menschen in seiner Personmitte, den Menschen, der fühlt, leidet, der ein großes Herz, ein Herz für andere hat, dessen Herz schneller schlägt, wenn er sich freut, der verletzlich ist, der fähig ist zu lieben.

Der Gebrauch des Symbolwortes "Herz" ist anfällig für Sentimentalität, für den gewollten Ausdruck von Gefühlen, für leere Worte. "Sein Herz verschenken" kann alles und nichts bedeuten.

3.11.2 Bezug zur Öffentlichkeit

Innerhalb des Jahresablaufes hat das Herz-Jesu-Fest keinen sehr hohen Stellenwert. Seine Aussagen werden jedoch durch die Herz-Jesu-Freitage wieder aufgenommen. An jedem ersten Freitag im Monat können Meßtexte des Herz-Jesu-Festes benutzt werden. An diesem Tag gingen und gehen mehr Leute zur Kirche. Der Sühnegedanke prägt diese Frömmigkeit.

Herz-Jesu-Freitag

Prägendes Element für den Katholizismus

Die Herz-Jesu-Frömmigkeit hatte und hat auch noch eine prägende Kraft für den Katholizismus und hat damit sein Erscheinungsbild mitbestimmt. Eine spezifische Mentalität, eine Grundstimmung ist mit dieser Frömmigkeit verbunden. Eine gefühlsbetonte Ausrichtung auf den leidenden Christus, die das Leiden in engem Zusammenhang mit der Sündhaftigkeit des Menschen sieht. Ein Gedanke, der für diese Frömmigkeit charakteristisch ist: Jesu Leiden und Hingabe für die Menschen werden zu wenig erwidert. Das muß der Beter durch eigenes Sühneleiden wiedergutmachen.

Anders als die liturgische Bewegung ist die Herz-Jesu-Frömmigkeit auf die Gestaltung ihrer Ausdrucksformen nicht bedacht, daher sind viele Herz-Jesu-Bilder und Gebete

174

kitschig. Sie bringt auch nicht die messianischen, sozialen und politischen Aspekte des Lebensweges Jesu zum Ausdruck.

Für diejenigen, die die Innenwelt des Katholizismus wenig kennen, wirkt die Erscheinungsform der Herz-Jesu-Frömmigkeit eher befremdend. Daß die Inhalte dieser Richtung Grundelemente des Christlichen zum Ausdruck bringen, wird dabei übersehen.

Wie die Marienfrömmigkeit ist auch die Herz-Jesu-Frömmigkeit in den letzten Jahren stark zurückgegangen. Das II. Vatikanische Konzil ist wohl das Datum in der Frömmigkeitsgeschichte, das diesen Umbruch markiert. Jedoch finden sich neue Ansätze der Herz-Jesu-Frömmigkeit in der Liturgiereform. Diese kommen auch schrittweise zum Tragen.

3.11.3 Entstehung des Festes

Die Einführung des Herz-Jesu-Festes geht auf eine Ordensfrau zurück: Margarete Maria Alacoque, die in dem Kloster Paray-le-Monial in Burgund lebte. Sie hatte zwischen 1673 und 1675 mehrere Visionen, in denen sie von Christus den Auftrag erhielt, sich für die Einführung des Herz-Jesu-Festes am zweiten Freitag nach Fronleichnam und die Pflege der Herz-Jesu-Freitage einzusetzen. Die römische Zentrale hatte große Vorbehalte gegen die Einführung eines solchen Festes. 1765 erhielten die polnischen Bischöfe die Erlaubnis, das Fest zu feiern, 1856 wurde es erst verbindlich eingeführt und dann von mehreren Päpsten gefördert. Zur Jahrhundertwende ordnete Leo XIII. die Weihe der Welt an das heiligste Herz Jesu an. Die Herz-Jesu-Frömmigkeit wurde durch verschiedene Orden, besonders durch die Jesuiten, gefördert.

Entstehung in der Neuzeit

3.11.4 Aussagen des Festes

Das Herz ist Ausdruck der Hingabe, des Leidens, des Mitfühlens. Jesus hat ein Herz für die Menschen, das heißt aber, daß Gott die Menschen liebt. Er leidet, weil die Menschen Böses tun. Die Herz-Jesu-Frömmigkeit blickt auf das durchbohrte Herz, das von Menschen zerbrochene Herz als Symbol der Liebe Gottes. Als Theologen in den fünfziger Jahren daran gingen, die Herz-Jesu-Verehrung,

Herz als Symbol für die Liebe Gottes

175

die als sentimental kritisiert worden war, mit den christlichen Grundaussagen in Verbindung zu bringen, entdeckte man wieder, daß bereits die Theologen der alten Kirche Gedanken einer Herz-Jesu-Verehrung entwickelt hatten. Ausgangspunkt waren vor allem zwei Stellen im Johannesevangelium. Die Worte "aus seinem Innern", "seine Seite" werden als Herz gedeutet.

Theologie des Johannesevangeliums

Am letzten Tag des Festes, dem großen Tag, stellte sich Jesus hin und rief: Wer Durst hat, komme zu mir, und es trinke, wer an mich glaubt. Wie die Schrift sagt: Aus seinem Innern werden Ströme von lebendigem Wasser fließen. Damit meinte er den Geist, den alle empfangen sollten, die an ihn glaubten, denn der Geist war noch nicht gegeben, weil Jesus noch nicht verherrlicht war. *(Joh 7,37-39)*

Als sie (die Soldaten) aber zu Jesus kamen und sahen, daß er schon tot war, zerschlugen sie ihm die Beine nicht, sondern einer der Soldaten stieß mit der Lanze in seine Seite, und sogleich floß Blut und Wasser heraus...

Denn das ist geschehen, damit sich das Schriftwort erfüllte: Man soll an ihm kein Gebein zerbrechen *(Ex 12,46, Ps 34,21)*. Und ein anderes Schriftwort sagt: Sie werden auf den blicken, den sie durchbohrt haben *(Sach 12,10)*. *(Joh 19,33-37)*

Im Zusammenhang mit dieser Stelle ist im 1. Johannesbrief zu lesen:

Dieser ist es, der durch Wasser und Blut gekommen ist: Jesus Christus. Er ist nicht im Wasser gekommen, sondern im Wasser und im Blut. Und der Geist ist es, der Zeugnis ablegt; denn der Geist ist die Wahrheit. Drei sind es, die Zeugnis ablegen: der Geist, das Wasser und das Blut, und diese drei sind eins.

(1 Joh 5,6-8)

Wasser weist auf das Sakrament der Taufe, Blut auf das Sakrament der Eucharistie hin. Der Geist ist die in den Sakramenten wirkende Kraft, der durch den Tod, d.h. die Hingabe Jesu, freigesetzt ist.

Ursprung der Sakramente

Auslegungen zu diesen Bibeltexten beinhalten im wesentlichen die Theologie der alten Kirche. Der Quell lebendigen Wassers, der aus dem Herzen Jesu fließt, ist die Gnade, die Jesus mitteilt. Damit verbinden die Theologen auch eine Sicht des Ursprungs der Kirche: die Geburt der Kirche aus der Seitenwunde Jesu.

Herz: Quell der Gnade

Geburt der Kirche aus dem Herzen Christi

Das Mittelalter übernimmt diese Theologie. Die Idee von der Gottesgeburt im Herzen der Menschen und die Verehrung des Apostels Johannes entwickelten sich zu einer Verehrung des Herzens des Erlösers. Vor allem die deutsche Mystik und die Verehrung der Eucharistie haben diese Entwicklung gefördert.

Verbindung zur Eucharistie-Frömmigkeit

Erst ab dem 16. Jahrhundert wird die Herz-Jesu-Verehrung, vor allem von den Jesuiten, als Volksandacht gefördert. In der Herz-Jesu-Verehrung findet eine mittelalterlich und neuzeitlich geprägte Innerlichkeit ihren Ausdruck, die in Jesus weniger den Pantokrator, den Herrn der Welt, sieht, als den, der durch die Liebe zu den Menschen und die Fähigkeit zum Leiden die Erlösung bewirkt hat.

3.11.5 Elemente, Bilder, Brauchtum

Herz-Jesu-Fest am Freitag nach dem 2. Sonntag nach Pfingsten (in der Woche nach Fronleichnam).
Herz-Jesu-Freitag, jeweils am ersten Freitag im Monat.

Herz-Jesu-Fest und Herz-Jesu-Freitag stehen in enger Verbindung zur Eucharistie. Beichte und Empfang des eucharistischen Brotes am Herz-Jesu-Freitag sind Hauptelemente der Herz-Jesu-Frömmigkeit. Zu dieser eucharistisch geprägten Frömmigkeit gehört die "Heilige StunDiede", die auf Margarete Alacoque (1674) zurückgeht: betrachtendes Gebet in der Kirche, das sich mit dem Leiden und Sterben Jesu, seiner Liebe und der Einsetzung des Abendmahls beschäftigt. Diese Gebetszeit liegt am Abend vor dem Herz-Jesu-Freitag.

Die Weihe an das Herz Jesu gilt als Akt der Hingabe an den Erlöser. Diese Weihe wird von den Päpsten seit Leo XIII geübt (s. 3.16. Christkönigsfest). Einzelne Länder, Orden, Familien und auch einzelne Beter vollziehen diese Weihe in eigens formulierten Gebeten.

Gebetsapostolat ist eine Gebetsbewegung, die 1844 von Jesuitenstudenten ins Leben gerufen wurde. Ziel der Bewegung ist das Gebet für bestimmte Anliegen, die monatlich vom Papst formuliert werden, die Herz-Jesu-Verehrung und die Motivation für die Glaubensverkündigung in der eigenen Umwelt. Die Zeitschrift der Vereinigung trägt den Titel "Sendbote des Herzens Jesu".

Herz-Jesu-Bruderschaften, Ordensgemeinschaften und Genossenschaften haben die Herz-Jesu-Verehrung zum Zentrum ihrer Spiritualität gemacht und drücken diese auch in ihrem Namen aus, z.B. Missionare des Heiligsten Herzens Jesu.

Gebete und Lieder wurden aus dem Geist der Herz-Jesu-Verehrung geschaffen. Herz-Jesu-Statuen, die Jesus mit dem durchbohrten Herzen zeigen, finden sich in vielen Kirchen. Sie stammen aus diesem bzw. aus dem 19. Jahrhundert. Neu ist eine Geldsammlung in katholischen und evangelischen Kirchen. Die Gelder werden ökumenisch verwaltet.

3.11.6   Ideen für Beiträge und Sendungen

Die Herz-Jesu-Verehrung wird von breiten Schichten des katholischen Volksteils getragen, vor allem von der älteren Generation.

In Beiträgen kann einmal an Themen des Karfreitags angeknüpft werden. Weiter kann die Gestalt Jesu, ihre Darstellung in der Kunst und Literatur zum Thema eines Beitrages gemacht werden.

Eine weitere Möglichkeit stellen die Gebetsanliegen des Papstes dar, die jeweils auf politische und kirchliche Krisenpunkte aufmerksam machen. Ein Bericht, eine Reportage, z.B. über ein Missionsland, ein Krisengebiet, eine Gruppe von Menschen, denen das Gebetsanliegen des Papstes gilt, können am Beginn eines Monats veröffentlicht werden.

3.12 Verklärung Christi   6. August

3.12.1 Anthropologische Voraussetzungen

In den Evangelien wird berichtet, daß Jesus mit drei Jüngern auf einen Berg ging, "und er wurde vor ihren Augen verwandelt, sein Gesicht leuchtete wie die Sonne, und seine Kleider wurden blendend weiß wie das Licht". (Mt 17,2)

Die Faszination eines Menschen

Diese Erfahrung der Jünger Jesu hat in der Bibel einen theologischen Sinn, liegt aber nicht außerhalb des Erfahrungsbereiches des Menschen. Ein anderer Mensch erscheint strahlend, von einem Licht durchdrungen, ohne Begrenztheiten und Entstellungen, es geht etwas Faszinierendes von ihm aus. Solche Erfahrungen beschreiben Liebende, es sind aber auch kollektive Phänomene.

Das Bild des Helden, die Faszination, die von einem Sieger ausgeht, der Star, sind Phänomene, die zum Erfahrungsbereich jeder Generation gehören. Zweifellos hat die Gestalt Jesu für die Christen etwas Faszinierendes - und steht damit in Konkurrenz zu anderen Menschen, die "verklärt" erscheinen.

Der Held, der Star

3.12.2 Bezug zur Öffentlichkeit

Im Abendland hat dieses Fest, anders als in den Ostkirchen, keine Breitenwirkung erlangt. Die Religiosität der Orientalen wird durch die Verklärung Jesu, das Durchscheinen des Göttlichen, inspiriert, ihre Liturgie und Ikonographie suchen dieses Geheimnis darzustellen. Der Heiligenschein ist in der Sprache der Ikonographie die Darstellung einer Verklärung.

Ausdruck der Religiosität der Ostkirche

3.12.3 Entstehung des Festes

Das Fest wird in der Ostkirche seit dem 5. Jahrhundert gefeiert. Im Westen feiert man das Fest seit dem 10. Jahrhundert. Eine mehr historische Ausrichtung der Frömmigkeit im Mittelalter, die an den einzelnen Stationen des Lebens Jesu interessiert ist, fördert die Verbreitung des Festes. 1457 wird das Fest als Dank für den Sieg über die Türken bei Belgrad für die ganze westliche Kirche vorgeschrieben. Das Evangelium von der Verklärung wird auch am 2. Sonntag der Fastenzeit gelesen.

3.12.4 Aussage des Festes

Der Bericht von
der Verklärung
in den Evange-
lien

Die Evangelien berichten von verschiedenen Ereignissen, in denen die Stimme Gottes für Jesus und, nicht in allen Fällen, für die Jünger vernehmbar wird. Während bei der Ankündigung von Jesu Geburt Engel die Botschaft Maria, Joseph und den Hirten bringen und die Magier die Zeichen der Sterne zu deuten wissen, heißt es bei der Taufe Jesu durch Johannes:

Jesus wird durch
den Vater als
Messias ausge-
wiesen

Und als er (Jesus) aus dem Wasser stieg, sah er, daß der Himmel sich öffnete und der Geist wie eine Taube auf ihn herabkam. Und eine Stimme aus dem Himmel sprach: Du bist mein geliebter Sohn, an dir habe ich Gefallen gefunden. *(Markus 1,10-11)*

Bei der Verklärung hören die Jünger eine Stimme:

Da erschien eine Wolke und überschattete sie. Und aus der Wolke kam eine Stimme: Dies ist mein geliebter Sohn, auf ihn sollt ihr hören. *(Markus 9,7)*

Bei den Wunderheilungen wird aus den Reaktionen der Menschen deutlich, daß sie in Jesus den Gesandten Gottes sehen:

"Da gerieten alle außer sich, sie priesen Gott und sagten: So etwas haben wir noch nie gesehen", heißt es im Anschluß an die Heilung des Gelähmten.
(Markus 2,12)

"Da ergriff sie große Furcht, und sie sagten zueinander: Was ist das für ein Mensch, daß ihm sogar der Wind und der See gehorchen." *(Markus 4,41)*

Die Evangelien schildern Jesus als Gesandten Gottes, als Sohn, der zu Gott Vater sagt. Aber die Menschen erkennen in Jesus den Gesandten Gottes nicht, selbst die eigenen Jünger zweifeln.

Momente der
Sicherheit

Nur in einigen Momenten ist es für die Jünger und die Umstehenden unzweifelhaft, wer Jesus ist. Es "scheint durch", daß Jesus von Gott gesandt ist, daß er der erhoffte Messias ist, daß er Gottes Sohn ist.

180

Im Vergleich dazu wird das Sterben Jesu düster geschildert, Jesus wird wie ein Verbrecher hingerichtet, er fühlt sich verlassen, sogar von Gott verlassen. Allenfalls die Art, wie er seine Verurteilung, die Mißhandlungen und die Hinrichtung erträgt, weisen ihn als einen Gerechten aus. Als hingerichteter Verbrecher hat Jesus jedoch alles Strahlende verloren.

Das dunkle Sterben Jesu

Aber selbst in dieser Situation erkennt ein Mensch, wer Jesu tatsächlich ist. Es ist kein Jünger, kein Jude, sondern ein Heide.

Jesus wird auch in seiner Erniedrigung als Sohn Gottes erkannt

Als der Hauptmann, der Jesus gegenüberstand, ihn auf diese Weise sterben sah, sagte er: Wahrhaft, dieser Mensch war Gottes Sohn. *(Markus 15,41)*

Die Begegnungen mit dem Auferstandenen überzeugen die Jünger davon, daß Jesus der Messias ist, der Sohn Gottes. Von den Ostererfahrungen her wurden die Evangelien geschrieben und auch die Verklärung Jesu als Vorahnung der Ostererfahrungen gesehen.

3.12.5 Elemente, Bilder, Brauchtum
Mit dem Fest verbinden sich keine besonderen Elemente und Riten. Hinzuweisen ist nur auf Darstellungen der Kunst.

3.12.6 Ideen für Beiträge und Sendungen

In Jesus den Gesandten Gottes erkennen
Im Mittelpunkt des Festes steht die Gestalt Jesu, der für andere Menschen als Messias, als der Gesandte Gottes, erkennbar wird. Daraus ergeben sich folgende Themen:
- Die Gestalt Jesu in der Kunst
- Berichte von Menschen, die Jesus als den Gesandten Gottes erkannt haben

Der "Nächste" als Gegenwart Jesu
In der christlichen Tradition ist der andere Mensch, der "Nächste", Medium der Begegnung mit Jesus. Der Nächste, vor allem der in Not geratene Mitmensch, steht für Jesus. Dieser Gedanke ist prägend für die abendländische Moralität

181

geworden. So könnte auch das Bild des Menschen in der Kunst im Zusammenhang mit der Verklärung Christi gesehen werden.

Die Aura der Herrscher und Helden

Die Gestalt Jesu stand schon in den ersten Jahrhunderten in Konkurrenz zu den römischen Herrschern. Der Glanz des Sohnes Gottes hat in den Augen der Christen den Glanz der Kaiser überstrahlt, in Christus sahen sie den Herrscher der Welt. In den Helden- und Herrscherbildern einer Epoche spiegeln sich die gesellschaftlichen Strömungen und Weltvorstellungen. Eine Analyse der "Helden-" und "Star"-Kulte der verschiedenen Epochen kann zur Auseinandersetzung mit faszinierenden Personen der Gegenwart beitragen.

3.13 Fest der Kreuzerhöhung   14. September

3.13.1 Anthropologische Grundlagen
Die Menschen haben viele Werkzeuge erfunden, um andere
zu quälen, zu foltern, hinzurichten. Eines dieser Marterwerkzeuge ist das Kreuz. Die Christen sehen in ihm nicht nur das
Schreckliche, sondern auch das Zeichen der Erlösung. Der
eine, der am Kreuz hingerichtet wurde, hat einen Teil des
Schrecklichen, das wir mit dem Anblick von Mar-
terwerkzeugen verbinden, aufgefangen.

Marterwerkzeuge

Das Kreuz wird nicht nur von den Christen als religiöses
Symbol gebraucht. In vielen Religionen ist es ein Glücks-
und Heilszeichen, steht als Symbol des Lebens, kann aber
auch Fluch bedeuten.

Das Kreuz als religiöses Symbol

3.13.2 Bezug zur Öffentlichkeit
Das Kreuz ist in der Öffentlichkeit an vielen Orten präsent,
nicht nur in Kirchen, sondern auch an Wegen, auf Bergen,
in Klassenzimmern. Auch in vielen Wohnungen hängt ein
Kreuz, Kreuze werden als Schmuckstücke getragen.

Das Kreuz ist zu einem Symbol geworden, das für
Religiosität steht, für die christliche Glaubenshaltung.

3.13.3 Entstehung des Festes
Das Fest ist sehr alt, es wurde bereits im 4. Jahrhundert
gefeiert, auch schon am 14. September, an dem die Kaiserin
Helena, Mutter Konstantins, das Kreuz Jesu in Jerusalem
gefunden haben soll. Inwieweit es sich tatsächlich um das
Kreuz handelte, an dem Jesus hingerichtet wurde, und ob
die Kaiserinmutter Helena ein Kreuz gefunden hat, ist
historisch nicht zu verifizieren. Auf jeden Fall ist eine
Kreuzver-ehrung in Jerusalem in der ersten Hälfte des 4.
Jahrhunderts bezeugt. Von dem Jerusalemer Kreuz wurden
Teile nach Konstantinopel gebracht. Kreuzreliquien ge-
langten auch in viele Städte des Abendlandes. In Deutschland bewahren Kreuzreliquien auf: Donauwörth, Wiblingen,
Scheyern, Maria Laach, St. Matthias in Trier, Limburg,

Früher Ursprung des Festes

Köln.

Das Kreuz wurde von den Persern 614 geraubt, von Kaiser Heraklius 628 zurückgewonnen und ging endgültig 1187 in einer Schlacht des II. Kreuzzuges in Palästina verloren, als es als Feldzeichen mitgeführt wurde.

Das Kreuz wurde den Gläubigen zur Verehrung gezeigt, desgleichen in Kirchen, die eine Kreuzreliquie aufbewahren. Diese feierliche Zeremonie wird als "Erhöhung des Kreuzes" (exaltatio crucis) bezeichnet.

Ein weiteres Kreuzfest wurde am 3. Mai gefeiert, dem Datum, an dem Kaiser Heraklius im Jahr 628 das von den Persern geraubte Kreuz wieder zurückeroberte. Dieses Fest wurde bei der Neuordnung des Kirchenjahres abgeschafft.

Im Zusammenhang mit dem Fest der Kreuzerhöhung steht das Fest der "7 Schmerzen Marias" am 15. September (s.u. 4.5. S. 261f).

3.13.4 Aussage des Festes

Das Fest stellt das Kreuz als Zeichen des Heils in den Mittelpunkt:

Wir rühmen uns des Kreuzes unseres Herrn Jesus Christus. In ihm ist uns Heil geworden und Auferstehung und Leben. Durch ihn sind wir erlöst und befreit.

Die Christen sehen in dem alttestamentlichen Bericht über die eherne Schlange, die Moses auf einer Stange erhöhte, ein Bild der Erhöhung (Num 21,4-9). Wie die erhöhte Schlange der Israeliten, die gebissene Menschen heilte, so ist der am Kreuz erhöhte Jesus Ursache des Heils aller Menschen. Das Johannesevangelium zieht bereits diese Parallele.

Die Israeliten brachen vom Berg Hor auf und schlugen die Richtung zum Schilfmeer ein, um Edom zu umgehen. Unterwegs aber verlor das Volk den Mut, es lehnte sich gegen Gott und Mose auf und sagte: Warum habt ihr uns aus Ägypten herausgeführt? Etwa damit wir in der Wüste sterben? Es gibt weder Brot noch Wasser. Dieser elenden Nahrung sind wir überdrüssig.

Da schickte der Herr Giftschlangen unter das Volk. Sie bissen die Menschen, und viele Israeliten starben. Die Leute kamen zu Mose und sagten: Wir haben gesündigt, denn wir haben uns gegen den Herrn und gegen dich aufgelehnt. Bete zum Herrn, daß er uns von den Schlangen befreit. Da betete Mose für das Volk. Der Herr antwortete Mose: Mach dir eine Schlange und hänge sie an einer Fahnenstange auf. Wenn nun jemand von einer Schlange gebissen wurde und zu der Kupferschlange aufblickte, blieb er am Leben. *(Numeri 21,4-9)*

Und wie Moses die Schlange in der Wüste erhöht hat, so muß der Menschensohn erhöht werden, damit jeder, der an ihn glaubt, in ihm das ewige Leben hat. *(Johannes 3,14-15)*

Im Fest der Kreuzauffindung erinnern sich die Christen des historischen Ereignisses, das an etwas Materiellem festgemacht werden kann. Die Kreuzreliquien, die von dem in Jerusalem verehrten Kreuz genommen wurden, stellen eine Verbindung zu dem historischen Ereignis her, das zugleich Ereignis der Erlösung ist.

Das Kreuz - Zeichen für ein historisches Ereignis

3.13.5   Elemente, Bilder, Brauchtum
Eine Kreuzverehrung kennt die Liturgie am Karfreitag (s.o. 3.6.6.4 S. 135). Das Fest der Kreuzerhöhung kennt über die Meßfeier hinaus keinen eigenen Ritus. Das ist auch sicher zeitbedingt; im reliquienfreudigen Mittelalter hatten Kreuze, vor allem die Kreuzreliquien, eine größere Bedeutung.

Zum Bestandteil des Festes gehört die Legende von der Kreuzauffindung, es entstanden auch andere Legenden über Heilswirkungen der Kreuzreliquien.

Mit dem Kreuz verbinden sich auch Vorstellungen der Dämonenabwehr. Ein Kreuz im Haus oder auf dem Stall bringt Segen.

3.13.6   Ideen für Beiträge und Sendungen
Das Fest hat einen etwas anderen Akzent als das Haupt-Kreuz-Fest, der Karfreitag. Das Kreuz wird als Zeichen des Heils verehrt.

Das Kreuz als Heilszeichen der Christen

- Das Kreuz, Kreuzesdarstellungen der Jahrhunderte
- Kunstgeschichtlich bedeutsame Kreuze
- Das Kreuz in der Umwelt des Christen, Wegkreuze, Bergkreuze ...
- Porträts von Orten, an denen Kreuzreliquien verehrt werden

Die Verbindung der Christenheit mit Jerusalem, die Kreuzzüge

Das Fest Kreuzerhöhung hat seinen Ursprung in Jerusalem. Von dort geht die Kreuzverehrung aus, Kreuzreliquien in vielen Kirchen des Abendlandes weisen auf Jerusalem.

Ein zwiespältiges Kapitel der geschichtlichen Verbindung des Abendlandes mit Jerusalem sind die Kreuzzüge, die aus der Geistigkeit des Rittertums zu verstehen sind und durch kulturelle Einflüsse große Rückwirkungen auf das Abendland hatten.

Eine andere Verbindung zu Jerusalem sind Wallfahrten, die bereits Ende des 3. Jahrhunderts organisiert wurden (s. S. 365).

Das Kreuz als Skandal

Durch die Kreuzerhöhung und den symbolischen Gebrauch des Kreuzes ist die ursprüngliche Botschaft des Kreuzes entschärft, daß das Heil von einem Menschen kommen soll, der als gemeiner Verbrecher hingerichtet wurde. Paulus schreibt im 1. Korintherbrief:

Denn da die Welt angesichts der Weisheit Gottes auf dem Weg ihrer Weisheit Gott nicht erkannte, beschloß Gott, alle, die glauben, durch die Torheit der Verkündigung zu retten. Die Juden fordern ein Zeichen, die Griechen suchen Weisheit. Wir dagegen verkünden Christus als den Gekreuzigten: für Juden ein empörendes Ärgernis, für Heiden eine Torheit, für die Berufenen aber, Juden wie Griechen, Christus, Gottes Kraft und Gottes Weisheit.

(1 Korintherbrief 1,21-24)

Die Kreuzestheologie ist vor allem für das Luthertum Mitte der Theologie.

Das Kreuz in öffentlichen Räumen
Die Diskussion, ob Kreuze zum kulturellen Bestand gehören oder als Zeichen der christlichen Religion der Privatsphäre zuzurechnen sind.

3.14 Erntedank

An einem Sonntag im Oktober wird in vielen Gemeinden das Erntedankfest gefeiert. Hier wird eine Idee aufgegriffen, die bereits in den vorchristlichen Religionen, sowohl im Judentum wie auch in der römischen Religion, im Jahresablauf ihren Platz hatte.

3.14.1 Anthropologische Voraussetzungen

Abhängigkeit von der Natur

Solange Menschen unmittelbar von dem Kreislauf der Natur abhängig sind, erfahren sie die Nahrungsgewinnung als bedroht. Eine gute Ernte gibt ein Gefühl der Sicherheit, sie garantiert das Leben für einige Zeit und bietet Anlaß zum Feiern. Man kann noch aus dem Vollen schöpfen.

Die Ernte wird als Geschenk erfahren, das nicht selbstverständlich ist und für das man Dank abstatten muß.

Wachstum aus der Hand Gottes

Der Dank gilt der Erde, den Naturgöttern. Juden und Christen sehen Gott nicht nur als den Schöpfer der Welt, sondern auch als den, der diese Welt erhält, der ständig Leben schenkt, aus dessen Hand der Mensch seine Nahrung erhält. Wie der Mensch sein Leben von Gott empfangen hat, so kommt auch alles, was dieses Leben erhält und weiterführt, aus der Hand Gottes. Diese Grundbeziehung zum Ursprung der Welt ist nicht nur der christlichen Religion, sondern der Religion überhaupt eigen.

3.14.2 Bezug zur Öffentlichkeit

Leichter Zugang zur Aussage des Festes

Das Erntedankfest hat durch den äußeren Rahmen sowie auch durch seine augenfälligen Aussagen vielen Menschen einen leichteren Zugang ermöglicht als andere christliche Feste. Die farbenprächtigen Erntegaben, die zum Altar gebracht werden, geben dem Fest einen Charakter, der unmittelbar ins Auge springt und der auch nachzuvollziehen ist, ohne daß man die schwierigen christlichen Aussagen über die Menschwerdung Gottes, die Erlösung oder die Sakramente mitvollziehen muß.

Mangelnder Erfahrungsbezug

Statt Abhängigkeit von der Natur, Abhängig-

Allerdings ist in einer Industriekultur der unmittelbare Erfahrungsbezug zum Erntedank nicht mehr gegeben. Das Leben des einzelnen ist weniger durch den Verlauf der Jahreszeiten, durch Sonne, Regen, Unwetter bestimmt als durch die Vorgänge auf dem Welt-, auf dem Arbeitsmarkt, durch Preisentwicklungen und Tarifabschlüsse. In den

188

Wirtschaftsdaten spielen die Erträge der Landwirtschaft kaum eine Rolle. Angesichts umstrittener Subventionen und Überproduktion kommen sie sogar ins Gerede. Wohl nicht zuletzt als Folge dieser Lebensumstände wird das Erntedankfest in vielen städtischen Gemeinden nicht mehr gefeiert - oder es ist nur noch eine folkloristische Veranstaltung. Die durch die Industriekultur geprägten Lebenserfahrungen sind bisher nicht oder nur in Ansätzen in die Feier des Erntedanks integriert worden.

keit von der Wirtschaft

Als Erntedankfeste können auch die verschiedenen Weinfeste angesehen werden. Weiter gibt es regionale Bräuche, die im Zusammenhang mit der Ernte stehen - das Kohlessen, die Martinsgans. Auch die Kirmes oder ein Jahrmarkt sind oft aus Erntefesten entstanden.

Andere Erntefeste

3.14.3 Entstehung des Festes

Der Termin für ein Erntedankfest hängt von der jeweiligen Klimazone ab. In der katholischen Kirche kann es daher keinen einheitlichen Termin für dieses Fest geben. Für Deutschland ist der erste Sonntag im Oktober von der Bischofskonferenz erst 1972 festgelegt worden. Allerdings sind die Gemeinden nicht verpflichtet, dieses Fest auch zu feiern.

Terminabhängig von der Klimazone

In den evangelischen Kirchen ist Danksagung für die eingebrachte Ernte in Gottesdiensten und in anderer Form üblich. Diese Art des Dankens war schon in der Reformationszeit verbreitet. In Preußen wurde dafür 1773 ein regelmäßiger Erntedankktag eingeführt. Dem schlossen sich evangelische Kirchen in anderen deutschen Gebieten an.

Der Erntedank im Herbst geht wahrscheinlich auf römisches Brauchtum zurück, das die römische Kirche sehr früh (evtl. schon im 3. Jahrhundert) übernommen hat.

Übernahme römischen Brauchtums

3.14.4 Aussagen des Festes

Der Dank für die Ernte ist eine Konkretisierung des Schöpfungsglaubens. Der Mensch erfährt sich weder als Hervorbringer der Welt noch als der, der Wachstum und Ernte garantieren kann. Er ist sich selbst geschenkt, das Leben und alles, was dieses Leben erhält, ist ihm gegeben. Im Dank antwortet er auf diese Gabe.

Antwort auf die Ernte als Gabe

Der Erntedank war früher auf kleine Wirtschafts-
gemeinschaften bezogen. Der Welthandel, auch mit Getreide und der Hunger in vielen Ländern geben dem Erntedankfest
eine weltweite Dimension.

In der christlichen Tradition wurde mit dem Erntedankfest
der Gedanke des Teilens verbunden. Die Ernte ist ein Geschenk aus Gottes Hand, das zum Weiterschenken verpflichtet.

Alle Formen dieses Erntetages im Kirchenjahr haben
ihren Sinn im Dank für die Ernte und damit für die
bedeutsamste Voraussetzung zum Leben. Gleichzeitig stellen
sie in einem umfassenderen Sinne Dank für die Befreiung
aus der Angst dar, daß die Chance zum Überleben, aus
welchem Grund auch immer, als Folge von Krieg, Krankheit,
Naturkatastrophen, persönlichen Schicksalschlägen, vermin-
dert werden oder gar vollends ausbleiben könnte.

Die Predigt gilt an diesem Tage auch höchst persönlichen,
sozialen und seelsorgerlichen Problemen. Diese Predigt hat
ihren Ort und ihr Thema somit besonders auch da, wo Ernte
im buchstäblichen Sinne, zum Beispiel infolge des Mangels
an Arbeitsplätzen und anhaltender Arbeitslosigkeit, überhaupt nicht zustande kommt, also an der Stelle unseres
Alltags, an der Millionen von Menschen von der Freude über
Geleistetes und Erbrachtes nicht erreicht werden.

Der Umgang mit dem Wort "Ernte" hat in der biblischen
Tradition für die Realität einer reflektierten Beziehung zwischen Schöpfer und Schöpfung eine prägende Kraft:

Menschen nehmen diese Beziehung beschenkt und in
Respekt wahr. Nach der biblischen Überlieferung war es der
Landmann Kain, der als erster Gott "ein Opfer brachte von
den Früchten des Feldes".

In ihrem Glaubensbekenntnis sprechen Christen gemeinsam:"Ich glaube an Gott, den Vater, den Allmächtigen,
Schöpfer des Himmels und der Erde." Es ist der Glaube an
den, der sich für die Erhaltung dieser Schöpfung und deren
Früchte in vielen Zeichen verbürgt.

Im "Vaterunser" beten die Christen "Unser tägliches Brot
gib uns heute". Der Vater läßt sich darauf ein. Ernte ist seine
Antwort.

Die Kirchen haben in der ökumenischen Bewegung die
Bitte um Bewahrung der Schöpfung und um Ernte zum

190

Wohle aller in einem umfassenden Zusammenhang aufge-
nommen und zu verdeutlichen begonnen. Seit einigen
Jahren finden sie sich zu diesem Zweck in einem "konziliaren
Prozeß für Gerechtigkeit, Frieden und Bewahrung der
Schöpfung" zusammen. Die an diesem ökumenischen Dia-
log beteiligten Kirchen und Gruppen erfahren die den
Völkern und der Menschheit insgesamt zuteil werdende
Ernte nicht mehr als eine Selbstverständlichkeit, und die
ihnen vorenthaltene nicht als ein Unvermögen der Schöp-
fung. Es sind die Menschen, die diese Schöpfung samt ihrer
Ernte aufs Spiel setzen.

Konziliarer Prozeß

3.14.5   Elemente, Bilder, Brauchtum

Die kirchliche Erntedankfeier ist in die Gottesdienste inte-
griert. Erntegaben werden nach dem Wortgottesdienst zum
Altar gebracht oder sind schon zum Beginn der Messe am
Altar niedergelegt worden.

Früchte werden zum Altar ge-bracht

Der eucharistische Gottesdienst nimmt ja immer auf
Brot und Wein Bezug: "Früchte der Erde und der menschlichen Arbeit". Weitere Gebetstexte sind dem Erntedank
gewidmet.

Brot und Wein gehören zum christlichen Gottesdienst

Neben dem Gottesdienst gibt es regional noch ein vielfältiges Brauchtum.

- Erntefeste mit Festessen und Tanz
- Weinfeste
- Jahrmärkte
- Erntepuppe. Aus der letzten Garbe wird eine Puppe
  ausstaffiert, die auf dem Feld als "Opfergabe" bleibt
  oder zum Erntefest mitgenommen wird. Mit der
  Garbenpuppe wird ein Ehrentanz aufgeführt.
- Der Almabtrieb steht auch im Zusammenhang mit dem
  Erntedank.
- Heiligentage verbinden sich mit Erntebräuchen, so der
  Michaelstag am 29. September, der Martinstag am 11.
  November (Gans-Essen).

3.14.6   Ideen für Beiträge und Sendungen

- Ernte in unserem Land
- Ernte weltweit
- Erntedank bei den verschiedenen Religionen
- Wachstum im Zeitraffer beobachtet.
  Wie wachsen Roggen, Äpfel, Rüben ...?
- Umweltbedrohung als Erntebedrohung
- Entfremdung der jungen Generation von der Landwirt-
  schaft und dem "täglichen Brot"
- Geschwundene Ehrfurcht vor dem Brot, das zu einem
  Industrieprodukt unter vielen wurde
- Weltwirtschaft, Export und Import von landwirtschaft-
  lichen Gütern

3.15 Reformationstag

3.15.1 Anthropologische Voraussetzungen

Religiosität gründet darin, daß Menschen nach Gott fragen. Martin Luther hat diese Frage in einer einzigartigen Konsequenz gestellt. Sie lautete: "Wie kriege ich einen gnädigen Gott?"

Das war ganz persönlich gemeint. Die damit ausgelöste Auseinandersetzung wird, was ihre Tiefen- und Breitenwirkung angeht, zu den bedeutenden "Ereignissen in der Geschichte der Menschheit" gezählt.

Diese Frage des Reformators wird heute oft ersetzt durch eine noch viel grundsätzlichere Frage. Mehr und mehr Menschen fragen in unserer Zeit nach der Existenz Gottes schlechthin. Gibt es überhaupt einen Gott? Und wenn - wie finde ich ihn? Durch die Kirche? Durch eigene Meditation allein? Beim Spaziergang durch den Wald? Durch zufällige Begebenheiten? Religiosität gleicht einer Entdeckungsreise. Die folgenreiche, die Martin Luther angetreten hat, hat durch alle Höhen und Tiefen, durch Hoffnung und Verzagtheit, Zuversicht und Zweifel geführt.

Fragen nach Gott

Eigene Einsicht hat seine Frage an ihn zurückgegeben. Es kommt auf den persönlichen Glauben an. Hilfe von außen und auch gute Werke allein reichen nicht aus. Im Studium des Römerbriefes (Römer 1.17) erschließt sich Luther statt eines richtenden das Bild eines sich dem Menschen in Liebe zuwendenden Gottes. Nach diesem Bild ist die von ihm beklagte Art der Gerechtigkeit Gottes nicht eine "den Menschen nach seine Taten beurteilende und ihn folglich strafende Gerechtigkeit, sondern die Gerechtigkeit, die Gott in seiner Güte den Menschen schenkt und durch die er ihn annimmt". Die Theologen nennen diese Einsicht "Rechtfertigungslehre". (Siehe hierzu den Evangelischen Erwachsenen-Katechismus).

Gerechtigkeit - Rechtfertigung

Den akuten Anlaß dafür, auf die Frage nach einem gnädigen Gott eine Antwort zu finden, bildet die Form des damaligen Ablaßhandels ("Im Beichtstuhl zeigen die Leute ihre Ablaßzettel und verlangen die Lossprechung"). Der Umgang von damals mit Lossprechung von Sünde und Schuld gehört der Vergangenheit an. Das damit verbundene Problem selbst jedoch nicht.

Ablaßhandel

3.15.2 Bezug zur Öffentlichkeit

Der Reformationstag, früher auch Reformationsfest genannt, heute auch als Gedenktag der Reformation begangen, hat im öffentlichen Bewußtsein nach wie vor einen Platz. Die damit einhergehende inhaltliche Herausforderung wird ernsthaft jedoch nur innerkirchlich aufgenommen. Der aufklärerische Ansatz der Reformation wird allgemein anerkannt.

Die Tradition
der Reformation

Die öffentliche Aufmerksamkeit richtet sich in Beiträgen von Presse, Hörfunk und Fernsehen in erster Linie auf die Bedeutung der reformatorischen Tradition und auf Erfahrungen für Lebensgestaltung und Werteordnung unserer Zeit, die ökumenische Öffnung der Kirchen der Reformation einschließlich der von Calvin und Zwingli geprägten gegenüber dem Gespräch mit der römisch-katholischen Kirche, die nachreformatorischen Entwicklungen im Verhältnis von Gesellschaft, Staat und Kirche, den kulturgeschichtlichen Beitrag der Reformation und insbesondere auf die bleibenden Wirkungen des Übersetzungswerkes der Bibel auf die Gestalt der deutschen Sprache, die Zukunft der Kirche lutherischer Tradition angesichts eines auch bei ihr immer noch anhaltenden Mitgliederschwundes.

Person des
Reformators

In einer breiteren Öffentlichkeit bleibt vor allem das persönliche Porträt der Hauptperson des reformatorischen Aufbruchs präsent: das Bild eines streitbaren und mutigen Theologen, eines begnadeten Sprachschöpfers und zugleich das Bild eines oft einsamen frommen Beters und Denkers, der in der "Sache mit Gott" (Heinz Zahrnt) sich selbst und anderen nichts erspart.

3.15.3 Entstehung des Reformationstages

Der historische Bezugspunkt für den Reformationstag ist der 31. Oktober 1517 (der Vortag des Allerheiligenfestes). An diesem Tage schlägt - der Überlieferung nach - Martin Luther seine 95 Thesen gegen den Ablaß und mit dem Aufruf zu

Thesenanschlag

persönlicher Buße an die Tür der Schloßkirche von Wittenberg.

Luther lädt mit seinen Thesen, wie damals unter Wittenberger Gelehrten üblich, zu einem Disput ein. Dieser Schritt markiert den Beginn der lutherischen Reformation. Der unmittelbare Anlaß dazu sind die für Luther immer unerträglicheren Formen des Ablaßhandels. Hierbei wiederum spielen insbesondere Geldgeschäfte zwischen dem Erzbischof Albrecht von Hohenzollern und dem Papst, hierbei wiederum die Vorgehensweise von Ablaßhändlern wie Johann Tetzel, eine Rolle.

Der Anfang an der Schloßkirche ermutigt andere schon bestehende reformerische Gruppen oder läßt neue entstehen. Einige davon prägen das Gesamtbild der evangelischen Kirchen heute erkennbar mit.

Feiern zum Gedenken an diese Anfänge werden schon im Reformations-Jahrhundert begangen, entsprechend der jeweiligen Kirchenordnungen entweder am 10. November, Luthers Geburtstag, oder am 18. Februar, seinem Todestag, oder auch am 25. Juni, am Tage der Übergabe der Augsburgischen Konfession. Kurfürst Georg II. von Sachsen entschied 1667, den Tag des Thesenanschlages, also den 31. Oktober, als Gedenktag der Reformation zu feiern.

Verschiedene Termine früher

3.15.4 Aussagen des Reformationstages

Die wichtigsten Aussagen der Reformation faßt der Evangelische Erwachsenen-Katechismus in sechs Feststellungen zusammen:

1. Die Reformation wurzelt in Luthers Glaubenserfahrung: Vor Gott kann keiner aus eigener Kraft bestehen. Die Menschen sind allzumal Sünder "und werden ohne Verdienst gerecht aus seiner Gnade durch die Erlösung, so durch Christum Jesum geschehen ist" (Römer 3.23 und 24). Dieser Weg führt durch tätige Buße. Die erste der 95 Thesen Luthers handelt in diesem Sinne von der fortwährenden Buße. "Wenn unser Herr und Meister Jesus Christus sagt: 'Tut Buße'...(Matthäus 4.17), so will er, daß das ganze Leben seiner Gläubigen eine stete Buße sein soll."

2. Die Reformation will das Evangelium zur Geltung bringen. Aus den Thesen hierzu: "Der rechte, wahre Schatz der Kirche aber ist das heilige Evangelium der Herrlichkeit und Gnade Gottes."

3. Die lutherische Reformation findet Gott im Kreuz. Gott "verhüllt sich in der Niedrigkeit, um dem Menschen zu begegnen... Indem er in den Schwachen mächtig ist und aus dem Tode Leben schafft, erweist er sich als Gott".

4. Das Heil wird nach Luther von außen vermittelt, durch Predigt, Taufe, Lossprechung und Abendmahl. Gott handelt nach der Erfahrung des Reformators mit den Menschen immer vermittelt, niemals unmittelbar.
5. Die Reformation hält sich an die Heilige Schrift. "Allein die Schrift" ist Maßstab für Lehre und Praxis in der Kirche."Was alt ist, ist deswegen noch nicht Autorität, es muß sich dem Urteil der Bibel unterwerfen."
6. Die lutherische Reformation bekennt sich zur einen Kirche. Die Kirche wird von der Gemeinde der Glaubenden gebildet (Luther: "Versammlung der Herzen in einem Glauben"). Sie wird durch Gottes Wort geschaffen. Sie ist zugleich sichtbar und unsichtbar. Es war nicht die Absicht der lutherischen Reformation, eine neue Kirche zu gründen.

Ökumenische Offenheit

In den Kirchen der Reformation tritt in unserer Zeit eine zunehmende ökumenische Offenheit hervor. Diese Offenheit soll die lutherischen Bekenntnisschriften auch aus einem "konfessionell verengten Selbstverständnis" herausführen. Denn diese Bekenntnisse - so die Konferenz der lutherischen Bischöfe schon Ende der 60er Jahre - stellten ein "ökumenisches Zeugnis und kein konfessionelles Sonderbekenntnis" dar. Kirchen und Gruppen aus der Tradition der Reformation gehören dementsprechend zu den Förderern der ökumenischen Bewegung seit deren Anfängen.

3.15.5 Elemente, Bilder und Brauchtum
Am Reformationstag bedenken evangelische Christen in Gottesdiensten, Veranstaltungen und in anderen Formen Geschichte und Botschaft der Reformation anhand von Texten wie Römer 3,21 bis 28, daß "der Mensch gerecht werde ohne des Gesetzes Werke, allein durch den Glauben"; oder: Matthäus 5,1 bis 10 (Seligpreisungen).

3.15.6 Ideen für Beiträge

- Die Person Martin Luthers
- Die Reformation und ihre Wirksamkeit bis heute
- Die Kirchen der Reformation und die Ökumene heute

3.16 Allerheiligen und Allerseelen 1./2. November

Im Monat November erinnern wir uns an die Toten. Am Beginn des Monats feiert die Kirche erst einmal mit Allerheiligen ein Fest, ehe sie sich den eher dunklen Seiten des Todes zuwendet.

Der Allerseelentag am 2. November gilt dem Gedächtnis der Verstorbenen.

3.16.1 Anthropologische Voraussetzungen

Die Toten ge-
hören zur
Umwelt

Das Gedächtnis der Toten gehört zum Bestand aller Kulturen. Paläanthropologen schließen auf Menschenwesen, wenn sie Spuren von Bestattungsriten finden. Die Toten spielen im Denken der Lebenden vielfältige Rollen. In der familiengeprägten Religiosität, z.B. Chinas, aber auch vieler Völker Afrikas, gehören die Toten zum Alltag, sie werden als anwesend gedacht, sie gehören zur Erde, auf der man lebt.

Das Heldenbild

Andere Kulturen, so auch die germanische, haben den Helden im Blick. Die Taten des Helden sichern ihm das Gedächtnis der Lebenden. Die Heiligen sind die christlichen Helden - allerdings ist Allerheiligen gerade das Fest der unbekannten Heiligen.

Angst vor den
Totengeistern

Schließlich gibt es den eher furchtsamen Umgang mit den Toten, den nicht zur Ruhe gekommenen Seelen, die den Alltag der Lebenden stören. Anklänge dieser Richtung finden sich im Allerseelentag.

3.16.2 Bezug zur Öffentlichkeit

Die Toten sind
in der Öffent-
lichkeit nicht
präsent

Das Gedächtnis der Toten hat in der Industriegesellschaft kaum Platz. Zumindest im öffentlichen Bewußtsein leben die Toten kaum mit - anders als zum Beispiel bei Naturvölkern oder noch in Landgebieten, wo Angehörige eines Toten "Schwarz" tragen. Dieses in der Öffentlichkeit verdrängte Gedächtnis der Toten korrespondiert wahrscheinlich mit dem Rückgang vieler privater Formen des Totengedächtnisses - Bilder der Toten, Sterbetage, Friedhofsbesuche und andere rituelle Handlungen. Der Monat November bietet einige Ansatzpunkte, den Toten im öffentlichen Bewußtsein einen Platz einzuräumen.

Friedhofsbesuch

Der Besuch der Friedhöfe am Allerheiligentag.

198

Der Volkstrauertag zum Gedächtnis der Toten der Weltkriege sowie der von den evangelischen Christen begangene Totensonntag machen diesen Monat zum Monat der
Toten.

Volkstrauertag

Totensonntag

3.16.3 Entstehung des Allerheiligenfestes und des Allerseelentages

Ehe das Christentum Anerkennung im römischen Reich
fand, setzten viele Christen ihr Leben für den Glauben ein.
Das "Glaubenszeugnis", wie es die Christen nennen, führte
zu dem Begriff Märtyrer, griechisch "Zeuge". Der
Glaubenstod galt und gilt als unmittelbarer Weg zur endgültigen Erlösung.

Der Märtyrer ist bei Gott. Sein Sterbetag gilt als Geburtstag für das ewige Leben.

Todestag als
Geburtstag

Neben den Gedenktagen einzelner Märtyrer gab es schon
im 4. Jahrhundert im Orient ein Gedächtnis aller Märtyrer.
Das Datum ist unterschiedlich in den verschiedenen
Teilkirchen. Der 13. Mai, der Sonntag nach Pfingsten sowie
der Freitag nach Ostern werden als Gedächtnistage überliefert.

Gedenktage für
Märtyrer

In Rom wurde anfangs der 13. Mai als Gedächtnistag
aller Märtyrer übernommen. An diesem Tag wurde im Jahr
609 oder 610 das heidnische Pantheon als Kirche zu Ehren
der "Jungfrau Maria und aller Märtyrer" umgewidmet.

Der 1. November ist im 9. Jahrhundert durch Ludwig
den Frommen in Frankreich eingeführt worden.

Der Allerseelentag am 2. November geht auf den Abt
Odilo von Cluny zurück, der 998 das Gedächtnis aller
verstorbenen Gläubigen für alle Cluny unterstellten Klöster
anordnete. Ähnliche Gedächtnistage sind schon vorher
bezeugt (Tag nach Pfingsten, 17. Dezember).

3.16.4 Aussagen des Allerheiligenfestes und des Allerseelentages

Allerheiligen ist in seiner Aussage auf Ostern bezogen. Es
ist kein Tag des Totengedächtnisses, sondern feiert das neue
Leben, in das die Heiligen gelangt sind und das allen
Christen verheißen ist.

Kein Totenge-
dächtnis an
Allerheiligen

Die Heiligen werden als zur Kirche zugehörig betrachtet. Man spricht von der triumphierenden, der himmlischen

Einheit von
Himmel und

Kirche und der pilgernden Kirche. Beide bilden im Glaubensverständnis die eine Kirche. Diese wird an Allerheiligen gefeiert. Die Liturgie ist durch zwei Texte geprägt, die dem Tag einen besonderen Charakter verleihen. Es werden aus der Geheimen Offenbarung das 7. Kapitel und aus dem Matthäusevangelium die Seligpreisungen gelesen (Mt 5,1-11). Auf der einen Seite ein sehr bildhafter Text von den Engeln, die die Erlösten in weißen Gewändern in den Himmel geleiten, auf der anderen Seite sehr karge Aussagen:

Dann sah ich: eine große Schar aus allen Nationen und Stämmen, Völkern und Sprachen; niemand konnte sie zählen. Sie standen in weißen Gewändern vor dem Thron und vor dem Lamm und trugen Palmzweige in ihren Händen. Sie riefen mit lauter Stimme: Die Rettung kommt von unserem Gott, der auf dem Thron sitzt, und von dem Lamm! Und alle Engel standen rings um den Thron, um die Ältesten und die vier Wesen. Sie fielen vor dem Thron auf ihr Angesicht nieder, beteten Gott an und sprachen: Amen, Lobpreis und Herrlichkeit, Weisheit und Dank, Ehre und Macht und Stärke unserem Gott in Ewigkeit! Amen. Da sprach einer von den Ältesten zu mir und fragte mich: Wer sind diese, die weiße Gewänder tragen, und woher sind sie gekommen? Ich erwiderte ihm: Du, mein Herr, weißt es. Und er sprach zu mir: Das sind jene, die aus der großen Drangsal kommen; sie haben ihre Kleider gewaschen und im Blut des Lammes weiß gemacht.   *(Offb 7,9-14)*

Selig, die arm sind vor Gott, denn ihnen gehört das Himmelreich.
Selig die Barmherzigen, denn sie werden Erbarmen finden.   *(Mt 5,3; 7)*

Gedächtnis der Verstorbenen in der Praxis der Katholiken

In der religiösen Praxis der Katholiken ist das Gedächtnis der Verstorbenen, das erst am Allerseelentag begangen wird, dennoch Inhalt des Allerheiligentages: der Besuch auf dem Friedhof. Das Gedächtnis der Verstorbenen, oft "Arme Seelen" genannt, hat die konkrete Gestalt der Volksfrömmigkeit in manchen Generationen geprägt. Hier sind sicher Elemente des Geisterglaubens, des Umgangs mit den Toten, die als Geister gegenwärtig gefühlt werden, wirksam. Zum Inhalt katholischer Volksfrömmigkeit gehört die Sorge um die Verstorbenen, die noch nicht im Himmel sind, sondern sich an einem Ort der Reinigung, dem Fegefeuer, befinden. Die Vorstellung eines Zwischenreiches zwischen dem Jenseits, dem endgültigen Aufenthaltsort der Toten, und dem Reich der Lebenden findet sich in vielen Religionen. Die Lebenden können den Toten auf ihrem Weg in den endgültigen Zustand helfen. Dieser Weg wird als Befreiung verstanden. In die christliche Vorstellung vom Fegefeuer sind Vorstellungen der Religionen des Mittelmeerraumes, vor allem die über den "Hades", eingegangen. Es entwickelten sich schon früh Totenmessen. **Volksfrömmigkeit**

Der Messe wird für die Befreiung aus dem Fegefeuer eine große Wirkung zugeschrieben. Die Vorstellung ist, daß die "Armen Seelen" im Fegefeuer selbst ihre Situation nicht verändern können, sondern auf die Hilfe der Christen angewiesen sind, deren Leben noch nicht durch den Tod abgeschlossen ist, die noch handeln können. So werden für die Toten "Messen gelesen" am Begräbnistag, 6 Wochen danach und am Jahrestag des Todes. Am Allerseelentag kann der Priester drei Messen lesen, damit so den Verstorbenen mehr Hilfe zuteil wird. **Fegefeuer und "Arme Seelen"**

Dieses Verständnis der Messe hat seit dem II. Vatikanischen Konzil in der konkreten religiösen Praxis sehr an Bedeutung verloren. Die Messe wird weniger als heilbringender Ritus für den einzelnen, für die Toten oder für Anliegen einzelner verstanden, sondern als Versammlung der Gemeinde, die von Jesus gestiftet und in der er gegenwärtig ist.

Die Ablässe beziehen sich ebenfalls auf die Vorstellung des Fegefeuers. Sie reinigen nicht von der Sünde, aber von den Folgen der Sünde. **Ablässe**

3.16.5 Elemente, Bilder, Brauchtum
Besuch auf dem Friedhof, meist schon am Allerheiligentag. Die Gräber werden geschmückt, es werden brennende Lichter auf die Gräber gesetzt. Mit dem Allerheiligentag endet der Sommer und beginnt der Winter. In der Zeit um Allerheiligen und Allerseelen haben nach dem Volksglauben

die Seelen freie Tage, sie können das Fegefeuer verlassen; sie machen sich als kleine Flämmchen bemerkbar, erhalten Speisen. Die Lichter auf den Gräbern sollen die Seelen anlocken, damit sie ihre Körper finden.

3.16.6 Ideen für Beiträge und Sendungen

Allerheiligen
- Das Bild des christlichen Heiligen
- Die namenlosen Heiligen
- Der christliche Held im Unterschied zu anderen Heldenbildern

Das Gedächtnis der Toten
- Das Vergessen der Toten
- Vorstellungen über die Gegenwart der Toten in anderen Religionen und Kulturen
- Ein Gang auf den Friedhof

Trauer
- Hilfen für Menschen, die um einen Verstorbenen trauern
- Totenklagen
- Vorbereitung auf den Tod

Friedhöfe

3.17 Buß- und Bettag

3.17.1 Anthropologische Voraussetzungen

Dieser besondere Tag im Kirchenjahr tut sich seit jeher schwer damit, sich mit seiner Botschaft Zugang zu öffentlicher Aufmerksamkeit zu verschaffen.

Das, was er den Menschen zu vermitteln sucht, zeichnet sich durch eine außerordentliche Rationalität aus. Die Aufgeschlossenheit dafür ist in unserer Gesellschaft gering. Nur wenige Menschen vermögen sich der Kompromißlosigkeit dieser Herausforderung zu stellen.

Die christliche Botschaft beschreibt Buße als Umkehr mit unwiderruflicher Konsequenz. Sie verlangt von den Glaubenden in einer selbstkritischen Korrektur eigener Vorstellungen und Verhaltensweisen, "Gott, dem Richter, recht zu geben".

In diese Verpflichtung zur Umkehr ist ausnahmslos einbezogen, was normalerweise in unserer Gesellschaft zur Grundausstattung individueller und allgemeiner Lebenserwartung gehört oder als Bestandteil unseres Selbstverständnisses eine Rolle spielt. Texte und Auslegungen der biblischen Botschaft am Buß- und Bettag durchkreuzen den eigenen Lebensplan. Das geschieht zugunsten eines anderen, endgültigeren, zugunsten von Gegenläufigkeit in einer in vieler Hinsicht geschundenen Schöpfung. Die hier angemahnte kritische Überprüfung läßt keinen Lebensbereich aus.

Die Trends in unserer Gesellschaft lassen für die Reflexion von Alternativen wenig Raum. Diese Trends sind mehr denn je, immer noch ungebrochen, bestimmt vom Glauben an die Unfehlbarkeit der eigenen Schöpferkraft. Der Buß- und Bettag hält gleichwohl daran fest, zu Gegenläufigkeit im Interesse des eigenen und des Wohles aller zu ermutigen.

3.17.2 Bezug zur Öffentlichkeit

Die Botschaft des Buß- und Bettags heute in eine wenig bußfertige Gesellschaft zu vermitteln ist naheliegenderweise nicht einfach. In der Öffentlichkeit ist gleichwohl generell Respekt gegenüber diesen kirchlichen Feiertag unverkennbar.

Herausforderung des Buß-Gedanken

Gegenläufigkeit

Der Kirche nahestehende Menschen verstehen ihn als eine besondere Gelegenheit der kritischen Besinnung und Prüfung in Fragen des persönlichen und des gesellschaftlichen Lebens insgesamt.

Abschaffung des Buß- und Bettages

Die traditionelle und gegenwärtige Bedeutung des Buß- und Bettages ist in der evangelischen und der römisch-katholischen Kirche neuerdings aus akutem Anlaß nachdrücklich bekräftigt worden. Dies ist im Zusammenhang mit Diskussion und Entscheidungen über Fortbestand beziehungsweise Abschaffung dieses Tages als eines gesetzlichen Feiertages (Abschaffung zugunsten der Finanzierung des Arbeitnehmeranteils an der Pflegeversicherung).

3.17.3 Entstehung des Buß- und Bettages

Gottesdienste oder vergleichbare Formen der Bekundung von Buße und Reue waren in der mittelalterlichen Kirche üblich. Buß- und Gebetstage fanden bei aktuellen schwerwiegenden Vorkommnissen statt. Auf Geheiß von Landesherrn und Kirche versammelten sich Menschen dazu bei Kriegsgefahr, Mißernten, Seuchen u.ä.

Bußtage aus aktuellen Anlässen

Der erste evangelische Buß-und Bettag ist 1532 in Straßburg in Verbindung mit einer Anordnung des Kaisers ("Gebet gegen die Türken") begangen worden. "Um Gott gnädig zu stimmen und Unheil abzuwenden". Buß- und Bettage zu regional verordneten Zeiten, unter hoheitlichem Druck und nicht selten zur politischen Disziplinierung der Bürger entsprachen nicht den Vorstellungen der Reformation. Martin Luther hat sich aufgrund seines Verständnisses von Buße damit nicht einverstanden erklärt. Im Sinne seiner 95 Thesen zu Buße und Ablaß wollte er, daß das ganze Leben der Glaubenden eine Buße sei. Buße und Gebet könnten deshalb nicht auf Ausnahmesituationen oder auf spezielle Festlegungen angelegt sein.

Verschiedene Termine

Die zuweilen willkürliche Inanspruchnahme eines solchen Tages der Buße und des Gebetes hat bis in das Ende des 19. Jahrhundert nachgewirkt. Bis dahin bestand für diesen Tag keine einvernehmliche Ordnung. Noch 1878 gab es in 28 deutschen Ländern 47 unterschiedliche Bußtage an 24 verschiedenen Terminen. Seit 1893 wird er in den meisten evangelischen Landeskirchen am Mittwoch vor dem Totensonntag, dem letzten Sonntag im Kirchenjahr gefeiert. Eini-

204

ge Landeskirchen behielten noch weitere Buß-und Bettage bei. So gibt es in der Evangelisch-Lutherischen Landeskirche Sachsens auch einen Frühjahrsbußtag (am Mittwoch nach dem Sonntag Reminiscere)

Frühlingsbußtag

3.17.4 Aussagen des Buß-und Bettags

Die biblische Botschaft gründet in der Ankündigung des Reiches Gottes. Diese Ankündigung gewinnt ihre Realität für die Menschen in dem, was mit dem Wort Buße oder Umkehr beschrieben ist.

Die biblischen Texte dazu und deren Erläuterung (durch den Evangelischen Erwachsenen-Katechismus) sehen das so: Buße und Teilhabe am Reiche Gottes. "Jesus fing an zu predigen und zu sagen :Tut Buße, denn das Reich Gottes ist nahe herbeigekommen" (Matthäus 4.17 und Markus 1.15). Menschen sollen an der Herrschaft Gottes teilhaben. Dies geschieht, indem sie die Botschaft vom Reich Gottes hören, sie annehmen, sich von der vergehenden Welt trennen, um an der Barmherzigkeit Gottes, an der Vergebung der Sünde und am ewigen Leben Anteil zu bekommen. Mit dem Einbruch der Gottesherrschaft in diese Welt beginnt der Abbruch der alten Welt, die Zerstörung der Herrschaft des Bösen und der Dämonen.

Botschaft Jesu

Buße bedeutet den Übergang in eine andere Art von Freiheit. "Wenn euch nun der Sohn frei macht, so seid ihr recht frei" (Johannes 8.36). Die Neuorientierung muß als Geschenk Gottes kommen. Die Bibel nennt das "Buße". Buße steht für Erneuerung. So "wie Christus ist auferweckt von den Toten durch die Herrlichkeit des Vaters, also sollen auch wir in einem neuen Leben wandeln" (Römer 6.4). Glaubende erfahren im täglichen Leben etwas dem Sterben und Auferstehen Jesu Entsprechendes. "Der 'alte Mensch' muß sterben, der 'neue Mensch' muß wachsen."

Neue Freiheit

In der Tradition des heutigen Buß-und Bettages bemüht sich die Theologie darum, ein besonderes Kennzeichen dieses kirchlichen Feiertages wieder in Erinnerung zu bringen. Dieses Kennzeichen besteht in der Gleichzeitigkeit seiner öffentlichen und persönlichen Inanspruchnahme. Dieser Feiertag soll Raum schaffen für ein Wächteramt der Kirche "den öffentlichen Sünden unserer Zeit gegenüber". Er soll ein Tag "der Gewissensprüfung für den einzelnen

Wächteramt der Kirche

205

vor Gott sein". Dieser Tag soll schließlich die Kirche selber
verpflichten zum kritischen Nachdenken über sich selbst.
Dabei insbesondere auch über ihre Anfälligkeit zu
"pharisäischer Überheblichkeit" und zu "klerikaler Haltung
von Pfarrer und Gemeinde der 'Welt' gegenüber" (Religion
in Geschichte und Gegenwart).

3.17.5 Elemente, Bilder und Bräuche

- Texte zum Buß-und Bettag : Römer 2,1 bis 11 ("Denn es
  ist kein Ansehen der Person vor Gott"); Lukas 13.1 bis 9
  (Bußpredigt Jesu)
- Buße, Ökologie und Lebensstil
- Die Erlösungsbedürftigkeit des Menschen

3.18 *Totensonntag* (Letzter Sonntag im Kirchenjahr)

3.18.1 Anthropologische Voraussetzungen

Der Totensonntag wird in den Kirchen auch "Ewigkeitssonntag" genannt. Allein schon dieses Nebeneinander beschreibt bereits die inhaltliche Bedeutung dieses Tages zum besonderen Gedenken an Sterbende und Tote. Dieser Tag ist von Trauer und Abschied bestimmt, aber auch von den Zeichen eines anderen Anfangs nach dem Ende.

Er richtet den Blick zurück auf Erfahrungen, auf Reichtum und Entbehrung von Leben, das zu Ende gegangen ist. Er wendet ihn zugleich in die Richtung einer anderen Realität, für die die christliche Tradition das Wort "Ewigkeit" verwendet.

Übergang in ein neues Leben

Der Totensonntag beendet das Kirchenjahr. Die Botschaft dieses Tages über die Vergänglichkeit der Schöpfung ist schon erreicht von der Botschaft des darauffolgenden Adventsonntags. Mit diesem 1. Advent beginnt ein neues Jahr in der liturgischen Tradition der Kirche, und damit ein neuer Anfang in einer an der Bibel orientierten Beschreibung von Zeitlichkeit und Ewigkeit.

Bezug zum Advent

Ende und Anfang, Verzagtheit und Hoffnung, Vergangenheit und Zukunft fallen nicht auseinander. Am Totensonntag wird Christen die Nähe des einen vom anderen bewußt. Mehr als sonst sehen sie sich an diesem Tage erkennbar umgeben von anderen Menschen, denen diese Gleichzeitigkeit von Ende und Anfang im Sinne eines biblischen Verständnisses von Totensonntag und Advent etwas bedeutet.

Ende und Anfang

In unserer Gesellschaft sind gravierende Veränderungen in der Einstellung zu Fragen des Sterbens und im Umgang mit dem Unabwendbaren nicht zu übersehen. Eine Gesellschaft, die von der Maxime unbegrenzten Wachstums ausgeht, läßt dem Nachdenken über die Wirklichkeit der Endlichkeit wenig Raum. Ein Innehalten in der Einsicht in den Zusammenhang von Zeitlichkeit und Ewigkeit empfindet unsere Leistungsgesellschaft eher als hinderlich.

Umgang mit dem Tod

3.18.2   Bezug zur Öffentlichkeit

Der Totensonntag verstellt in der Öffentlichkeit den Weg dazu, vorhandene Offenheit für Nachdenken über Sterben und Tod zu ignorieren. Gleichzeitig mit den Gottesdiensten stellen Veranstaltungen und Medien sich dem Thema "Sterben und Tod". Wie begleitet unsere Gesellschaft Menschen auf dieser letzten Strecke ihres Lebens? Dabei spielen Beobachtungen wie diese eine Rolle (nach einem Beitrag von Annette Birschel im Evangelischen Pressedienst Zentralausgabe):

Verdrängung des Todes

Sterben und Tod geraten als Thema und als Tatbestand an den Rand gesellschaftlicher Beachtung; "Sterben und Tod werden zunehmend aus dem Leben verbannt". Nähe zu Sterbenden und zu Abschied schwindet. "Es wird nicht nur einsam gestorben, sondern auch einsam begraben." Immer mehr Menschen möchten mit ihrem Tod in den Schutz der Anonymität zurücktreten. Also keine Feier, kein Stein, kein Grab. "Viele haben Angst, die Angehörigen könnten das Grab nicht pflegen. Auch sollen Erben mit der teuren Bestattung und Grabpflege nicht belastet werden."

Einsichten wie diese bestätigen dies:

"Die Gesellschaft hat den Tod ausgebürgert" (der französische Historiker Philippe Aries);

Die beiden Weltkriege haben "dem Tod die Individualität genommen"; wir leben seitdem in Zeiten eines "Totschweigen des Todes" (der deutsche Theologe Horst Albrecht).

Der Totensonntag gibt nicht auf, sich diesem Trend im öffentlichen und individuellen Besinnungsbild über Sterben und Tod entgegenzustellen.

3.18.3   Entstehung des Totensonntags

Das Gedenken der Toten ist fester Bestandteil nahezu aller Kulturen. Gestaltung und Termin des Totensonntag in unseren Kirchen gehen auf entsprechende Festlegungen Anfang des 19. Jahrhundert zurück.

Danach hat König Friedrich Wilhelm III. von Preußen 1816 angeordnet, jeweils den letzten Sonntag des Kirchenjahres "als allgemeinen Feiertag zur Erinnerung an die Verstorbenen" zu begehen. Dazu soll ihn vor allem die Erinnerung an die Gefallenen der Befreiungskriege bewogen haben. Diese Regelung ist von anderen evangelischen Landeskirchen übernommen worden.

Einführung in Preußen nach den Befreiungskriegen

Die Berechtigung eines solchen Tages ist nach Angaben der Fachliteratur immer wieder mit theologischen Gründen bestritten worden. Gleichzeitig wird auf die Austauschbarkeit der Lesungen für den letzten Sonntag des Kirchenjahres mit denen für den "Gedenktag der Entschlafenen" aufmerksam gemacht, "der verbreiteten Sitte, die Verstorbenen des nun beendeten Kirchenjahres namentlich zu nennen und sie mit ihren Angehörigen in das Gebet einzuschließen".

Gedächtnis der im vergangenen Jahr Verstorbenen

3.18.4 Aussagen des Totensonntags

Die biblische Botschaft beschreibt ewiges Leben in Bildern. Die Ungewißheit am Ende des Zeitlichen wird in diesen Bildern überboten von der Gewißheit eines vollends neuen Anfangs.

"Gott wird abwischen alle Tränen von ihren Augen, und der Tod wird nicht mehr sein, noch Leid noch Geschrei noch Schmerz wird mehr sein" (Offenbarung 21.4).

In der neuen Schöpfung, im neuen Anfang, hier wird Gott sein "alles in allem" (1. Korinther 15.28).

Das Ende der Beschränkung von Gemeinschaft wird angebrochen sein. Karl Barth, auf die Frage "Werden wir im Himmel unsere Lieben wiedersehen": "Ja, aber die anderen auch."

Das Vergangene findet eine andere Heimat, Erwartungen erreichen eine alternative Zukunft:

"Es wird gesät verweslich und wird auferstehen unverweslich. Es wird gesät Unehre und wird auferstehen in Herrlichkeit. Es wird gesät in Schwach-

heit und wird auferstehen in Kraft. Es wird gesät ein
natürlicher Leib und auferstehen ein geistlicher Leib"
(1. Korinther 15.42 bis 44).

"Wir warten aber eines neuen Himmels und einer
neuen Erde nach seiner Verheißung, in welchen Gerechtigkeit wohnt" (2. Petrus 3.13).

"Siehe da, die Hütte Gottes bei den Menschen! Und er
wird bei ihnen wohnen, und sie werden sein Volk sein,
und er selbst, Gott, wird mit ihnen sein"
(Offenbarung 21.3).

"Auch die Kreatur wird frei werden von der
Knechtschaft des vergänglichen Wesens zu der herrli-
chen Freiheit der Kinder Gottes. Denn wir wissen, daß
alle Kreatur sehnet sich mit uns und ängstigt sich noch
immerdar" (Römer 8.21 und 22).

3.19 Christ-Königs-Sonntag

Am Ende des Kirchenjahres, d.h. am Sonntag vor dem 1. Advent, wird in der katholischen Kirche das Hochfest vom Königtum Christi gefeiert.

3.19.1 Anthropologische Voraussetzungen

Der König ist nicht nur eine politische, sondern auch eine numinose Figur, die auf die Transzendenz verweist. Königshäuser berufen sich für ihre Familie auf himmlische Abstammung, sie verkörpern den Herrn des Himmels. Im Mittelalter bezeichneten sich die Kaiser als Stellvertreter Christi, während dem Papst der Titel "Nachfolger Petri" zukam.

König, numinose Gestalt

In verschiedenen Religionen war der König zugleich Priester, durch den die Verbindung zur Transzendenz gewährleistet wurde. Bis in unser Jahrhundert gibt es die Vorstellung, daß der König seine Macht unmittelbar von Gott herleitet, nicht von Volkes, sondern von Gottes Gnaden sein Amt ausübt. Auf den König richten sich vielfältige Erwartungen, daß er Schutz gewähre, Gerechtigkeit übe und dem Schwachen Lebensraum gebe.

Könige als Priester

3.19.2 Bezug zur Öffentlichkeit

Wenn die Christen Jesus ihren Kyrios, ihren Herrn, nennen, wenn sie ihn als Weltenherrn, Pantokrator, darstellen, machen sie eine politische Aussage. Nicht zuletzt deswegen gerieten sie in Konflikt mit dem römischen Staat. Sie erkannten zwar die staatliche Macht an, verweigerten ihr aber kultische Verehrung.

Absage an kultische Verehrung des Staates

Das Christ-Königs-Fest war in der Zeit des Dritten Reiches und auch noch in der Nachkriegszeit eine Demonstration der Katholiken, vor allem der Jugend, wen sie als ihren König anerkennen. Unter den heutigen politischen Umständen besteht dieser Bezug nicht mehr. Daher hat das Fest auch im Bewußtsein der Katholiken stark an Bedeutung verloren.

Christ-Königs-Fest in der Hitlerzeit

3.19.3 Entstehung des Festes

Das Christ-Königs-Fest wurde durch Papst Pius XI. 1925 eingeführt. Die Anerkennung der Königswürde Christi war nach Ansicht dieses Papstes das wirksamste Gegenmittel gegen die zerstörenden Kräfte der Zeit. Ein Grund, das Fest einzuführen, war auch die 1600-Jahrfeier des Konzils von Nicäa 325. Der Termin für das Fest war der letzte Sonntag im Oktober, vor dem Fest Allerheiligen am 1. November. An dem Festtag sollte jeweils auch die öffentliche Weihe an das Herz des Erlösers vorgenommen werden.

Das Christ-Königs-Fest war früher der Bekenntnistag der Jugend. Zuerst lag der Tag auf dem Sonntag nach Pfingsten, dem Dreifaltigkeitssonntag. Als die Nationalsozialisten das Reichssportfest auf diesen Sonntag legten, wurde der Christkönigssonntag zum Bekenntnistag der Jugend.

Die Liturgiereform nach dem II. Vatikanischen Konzil hat das Fest auf den letzten Sonntag des Kirchenjahres, auf den Sonntag vor dem 1. Advent, gelegt. Damit ist das Fest in die Perspektive auf die endgültige Herrschaft Jesu, die die Christen für das Ende der Zeiten erwarten, hineingenommen. Texte vom Ende der Welt und der Wiederkunft Christi werden an den letzten Sonntagen des Kirchenjahres und am Anfang des Advents im Gottesdienst gelesen.

3.19.4 Aussagen des Festes

Am Ende des Kirchenjahres beinhaltet das Christkönigsfest einen Ausblick auf das Ende der Zeiten, wenn Jesus seine Königsherrschaft in vollem Umfang ausübt. Dann ist das Reich Gottes verwirklicht. Es erfüllen sich die alttestamentlichen Verheißungen, die mit der Erwartung eines Messias verbunden waren.

Die Aussage, daß Jesus der Christus, der Gesalbte, ist, bedeutet für das Judentum, daß Jesus der Messias ist, der verheißene neue David. Der Messiastitel ist für den Juden ein Königstitel, wenn der Messias auch prophetische Züge trägt.

Der Messiastitel ist ein Königstitel

Es ist aus dem Evangeliumsbericht nicht sicher abzulesen, ob Jesus sich selbst als Messias bezeichnet hat. Wahrscheinlich hat er das nicht getan. Das Selbstverständnis Jesu läßt sich auch nicht mit dem Messiastitel allein wiedergeben. Jesus ist aufgetreten mit dem Anspruch, eine neue Zeit anzukündigen. Er hat vom Reich Gottes gesprochen, das kommen soll und schon anfänglich da ist. Dieses Reich Gottes, das Matthäus Basileia, Königsherrschaft nennt, hat

Jesus in engem Zusammenhang mit seiner Person gesehen. Mit ihm kommt das Reich Gottes, er ist nicht nur einer, der die Gottesherrschaft ankündigt.

Die Jünger Jesu hatten diese Herrschaft als ein politisches Erstarken Israels verstanden, das zur Vertreibung der Römer und zur Aufrichtung einer neuen Regierung führen würde. Die Hinrichtung Jesu als gemeiner Verbrecher hat diese Erwartungen radikal enttäuscht.

Die Ostererfahrungen bedeuten für die Jünger einen neuen Anfang. Gott hat Jesus nicht im Tod gelassen. Jesus hat durch sein Sterben und seine Auferstehung den Tod überwunden. Er ist zum Herrn, Kyrios, eingesetzt. Die Dimensionen seiner Herrschaft umfassen den ganzen Kosmos, auch die Welt der Engel sowie die ganze Geschichte. Ostern ist im Verständnis der Bibel auch die Einsetzung Jesu als Kyrios. Das Christ-Königs-Fest hat daher keinen anderen Inhalt als Ostern.

Mit der Auferstehung wird Jesus erhöht

Die Anerkennung des Kyrios Jesus beinhaltet für die Christen auch eine Relativierung aller Könige und Kaiser und der von ihnen repräsentierten staatlichen Macht. Die Christen haben den Staat entsakralisiert, der König, der Kaiser, hatte für sie keine religiöse Funktion, sie konnten in den Augen der Christen kein Heil vermitteln.

Der Kyrios Jesus - Relativierung der Kaiser und Könige

Das mußte zwangsläufig zu einem Konflikt mit dem römischen Staat führen, wie später auch mit den verschiedenen Staatsideologien, die dem Menschen mehr als eine geordnete Lenkung des Gemeinwesens und die Sorge für das bonum commune versprachen.

Konflikt mit dem römischen Staat

Neben der Relativierung der staatlichen Macht haben die Christen im Verhalten Jesu auch einen Maßstab für jede Herrschaftsausübung gesehen. An diesem Maßstab haben sie nicht nur die weltlichen, sondern auch die kirchlichen Herren gemessen. Die Sorge Jesu für die Armen und Kranken, sein Eintreten für Gerechtigkeit, seine Bereitschaft zu vergeben, beschreiben zugleich das Idealbild eines Königs.

Maßstab für Ausübung von Herrschaft

In den biblischen Texten finden sich auch Aussagen über die Ausübung von Herrschaft. Der Bericht über die Versuchung Jesu stellt szenisch dar, daß Jesus nicht mit den üblichen Mitteln die Menschen beeindrucken, sich den

Die Versuchung Jesu

Rückhalt für die Ausführung seiner Sendung sichern wollte. Er weist den Versucher zurück und will keine spektakulären Dinge tun, vor allem will er die Reichen der Welt nicht durch Unterwerfung unter den Satan gewinnen.

Jesus verzichtet auf Machtmittel

Der Verzicht auf Machtmittel kennzeichnet sein Verhalten. Nach dem Brotwunder weist er das Angebot der Volksscharen zurück, eine politische Rolle zu übernehmen. Seinen Jüngern trägt er auf, ihr Amt als Dienst aufzufassen. Er wäscht ihnen selbst die Füße, um ein Vorbild zu geben. Die Überschrift über dem Kreuz nennt ihn als König der Juden. So zeichnet ihn vor allem das Johannesevangelium. Vor Pilatus stehend sagt Jesus:

> Ich bin ein König, ich bin dazu geboren und dazu in die Welt gekommen, daß ich für die Wahrheit Zeugnis ablege. Jeder, der aus der Wahrheit ist, hört auf meine Stimme. *(Joh 18,37)*

Jesus der Hirt

Die Züge des Königsbildes Jesu sind durch die biblischen Berichte deutlich akzentuiert. Sie werden auch durch das Bild des Hirten zum Ausdruck gebracht. Jesus ist der Hirt, der sich um seine Herde sorgt.

Sich der Herrschaft Jesu unterwerfen

Christsein bedeutet in der Terminologie des Königtums, sich der Herrschaft Jesu zu unterwerfen. Das heißt aber, Jesus in seinem Handeln und seinen Intentionen nachzufolgen.

3.19.5 Elemente, Bilder, Brauchtum

Der Christ-Königs-Sonntag, früher am letzten Sonntag im Oktober gefeiert, war der Bekenntnistag der Jugend. Meist

Bekenntnistag der Jugend

am Nachmittag versammelten sich die Jugendlichen mehrerer Pfarreien in einer Kirche. Neben einer programmatischen Predigt war ein Treuebekenntnis zu Jesus Christus wichtiges Element dieser Feier. Hatte dieser Bekenntnistag in der Zeit des Nationalsozialismus und noch in den fünfziger Jahren eine große Bedeutung, so ist diese Tradition heute nicht mehr lebendig. Durch die Verlegung des Festes auf den letzten Sonntag im Kirchenjahr, der notwendigerweise im November liegt, hat sich der Charakter des Tages zudem verändert. Früher fand am Christ-Königs-Tag auch eine Weihe an das Herz Jesu statt. In der bildenden Kunst ist das Motiv der Königsherrschaft Christi in vielfältiger Weise, z.B. durch den thronenden Christus in der Apsis einer Basilika oder den Weltenrichter im Tympanon gotischer Kathedralen dargestellt worden, ebenso das Bild des Hirten.

3.19.6 Ideen für Beiträge und Sendungen

Das Christentum und die staatliche Macht
- Jesus, der Kyrios, und der Kaiser
- Der politische Hintergrund der Märtyrer
- Konflikte zwischen Kirche und Staat in der Geschichte des 20. Jahrhunderts
- Die Anerkennung des Christentums als Religion durch die staatlichen Institutionen
- Kritik der Macht durch christliche Propheten

Christus, der König, als Idealbild christlicher Frömmigkeit
- Das ritterliche Ideal des Mittelalters
- Parzival
- Der Königsgedanke in den Exerzitien des Ignatius von Loyola
- Der Königsgedanke in der kirchlichen Jugendbewegung der Vorkriegszeit

Die Feier des Christ-Königs-Festes in Deutschland
- Die katholische Jugend im NS-Staat
- Das Christ-Königs-Fest als religiös-politische Demonstration

Die Königsherrschaft Jesu, angewandt auf heutige Probleme
- Die Frage der Revolution
- Politisches Engagement der Christen
- Das Engagement für die Armen

4. Heilige und ihre Feste

4.1 Die Verehrung der Heiligen

In den Heiligen findet der Gläubige Möglichkeiten christlicher Lebensverwirklichung mit unterschiedlichen Akzentsetzungen ausgeprägt.

Es existiert eine lange Tradition der Heiligenverehrung, die nicht zuletzt auf der Basis einer emotionalen Beziehung zu den Heiligen zu sehen ist. Die Heiligen sind daher nicht nur Vorbilder, sondern auf Grund ihrer gelungenen christlichen Existenz und ihrer Nähe zu Gott Fürsprecher und Schutzpatrone für den Gläubigen. Dahinter stand im Mittelalter die Vorstellung eines göttlichen Hofstaates, in dem die Heiligen die Rolle von Vermittlern haben.

Die emotional getragene Heiligenverehrung wurde lange Zeit kritisch gesehen. Die Verehrung der Heiligen, z.B. der Mutter Gottes oder des hl. Antonius, schien mit der Verehrung Gottes und Jesu Christi zu konkurrieren. Die Kritik war besonders in der Reformation stark, aber auch wieder in den letzten Jahren. Die Heiligenverehrung mit ihrem Brauchtum ist daher stark zurückgegangen.

Im Zusammenhang mit der Rehabilitation der Volksfrömmigkeit als Ausdruck der Religiosität breiter Volksschichten wird auch die Heiligenverehrung wieder anders gesehen. In der Heiligenverehrung drücken sich Sehnsüchte und Hoffnungen des Volkes aus.

Die Heiligenverehrung hat sich nicht unmittelbar aus Impulsen der Bibel entwickelt, sie entstand in vielen Formen spontan und hat in jeder Epoche charakteristische Züge angenommen. Das kirchliche Amt hat eher ordnend eingegriffen. Die Verehrung der Heiligen gehört nicht zu den religiösen Pflichten eines Christen und ist daher freigestellt. Theologisch wird zwischen Verehrung (dulia) und Anbetung (latreia) unterschieden. Anbetung darf nur Gott erwiesen werden, nicht den Heiligen. Die Verehrung der Heiligen gilt aber auch zugleich Gott, dessen Gnade sich in den Heiligen vollendet hat. So sind die Heiligen Zeichen für die Heiligkeit der Kirche. Jede Epoche hat daher ihre Heiligen.

Die Heiligen können nach kirchlicher Lehre als Fürsprecher angerufen werden. In dieser Praxis der Volksfrömmigkeit kommt der Wunsch zum Ausdruck, zwischen dem

Randspalte:

"Modelle" christlicher Existenz

Heilige: Vorbilder und Fürsprecher

Kritik der Heiligenverehrung

Heiligenverehrung: Element der Volksfrömmigkeit

Verehrung, nicht Anbetung der Heiligen

Heilige als Vermittler

Menschen und Gott Vermittler zu finden. Einzelnen Heiligen wird auch eine Schutzfunktion gegenüber Unglück, Krankheit, Unfall zugeschrieben. Die 14 Nothelfer-Heiligen wurden seit dem 14. Jahrhundert verehrt. Es sind Achatius, Ägidius, Barbara, Blasius, Christopherus, Cyriacus, Dionysos, Erasmus, Eustachius, Georg, Katharina, Margareta, Pantaleon und Vitus. Das kirchliche Amt hat nicht nur die Heiligenverehrung immer wieder geordnet, sondern auch bestimmt, wer öffentlich als Heiliger verehrt werden darf. Anfangs waren es die Märtyrer, die sich durch ihr Glaubenszeugnis als Heilige erwiesen hatten. Für Menschen, die ihren Glauben nicht durch den Tod bezeugt haben, müssen Kriterien für die Beurteilung eines heiligmäßigen Lebens gefunden werden. Besondere Zeichen, z.B. Gebetserhörungen, werden als stichhaltige Kriterien gewertet. Die Prüfung erfolgt in Form eines meist jahrzehntelang dauernden Prozesses, in dem drei gerichtsähnliche Instanzen über den Antrag entscheiden. Die Heiligsprechung, die "Kanonisierung" (Aufnahme in das Verzeichnis der Heiligen) und die "Erhebung zur Ehre der Altäre" erfolgen nach dem positiven Abschluß des Prozesses.

Nach dem Heiligen können dann Kirchen benannt werden, er kann Patron von Diözesen, Provinzen und Ländern werden. Die Heiligen gehören zum Leben der Kirche. Einige haben Bedeutung für die ganze Kirche, ihre Verehrung hat sich überall durchgesetzt. Neben Maria und den 12 Aposteln sind das u.a. der hl. Nikolaus und der hl. Franziskus.

Durch den Brauch, Reliquien der Heiligen in den Kirchen aufzubewahren, haben einzelne Kirchen und damit Städte und Dörfer eine besondere Beziehung zu einem Heiligen.

Einzelne Heilige sind zu Identifikationsfiguren für einzelne Völker und Regionen geworden, z.B. der heilige König Stephan für die Ungarn, der heilige Patrick für die Iren, die heilige Hedwig für die Schlesier. Für die religiösen Orden sind die Heiligen des jeweiligen Ordens wichtige Identifikationsfiguren. So streben und strebten auch alle Orden danach, daß ihre Gründer heiliggesprochen werden.

Die Motive für die Heiligenverehrung sind auch heute noch wirksam. So wie sich die Bergleute dem Schutz der hl. Barbara unterstellten, ist heute der hl. Christopherus Patron der Autofahrer. Der hl. Martin war der Heilige der Franken

Heiligsprechung durch das kirchliche Amt

Lokaler Bezug der Heiligenverehrung

Identifikationsfunktion der Heiligen

und genießt daher vor allem im Rheinland auch heute noch große Verehrung. Es gibt auch Heilige dieses Jahrhunderts, die das Lebensgefühl der Menschen ausdrücken und denen eine spontane Sympathie entgegengebracht wird, so dem Priester Maximilian Kolbe, einem Opfer des Nationalsozialismus.

Einzelne Heiligenfeste haben ein eigenes Brauchtum entwickelt, das oft mit Handlungen des Heiligen in Beziehung steht.

Brauchtum

Drei Könige	-	Wanderung der Könige von Haus zu Haus als Gedächtnis der Suche der Könige nach dem Kind
Blasius-Segen	-	Ein Frühlingssegen wird mit einer Heilungstat des Heiligen in Verbindung gebracht, der einen Knaben von einer Gräte im Hals befreite und ihm so das Leben rettete.
Martin	-	Ritt als Gedächtnis an den römischen Offizier, der auf dem Pferd reitend einem Bettler begegnete und mit diesem seinen Mantel teilte.
Nikolaus	-	Verschenken als Erinnerung daran, daß der Bischof drei armen Mädchen unbemerkt Geld für ihre Aussteuer schenkte.

Durch charakteristische Darstellungen haben die Heiligen eine bestimmte Individualität gefunden. Diese Zeichensprache - Ikonografie - ermöglicht nicht nur das Wiedererkennen, sondern stellt auch Bezüge zu Taten des Heiligen sowie seinem Patronat her. So wird der hl. Sebastian in seinem Martyrium dargestellt - er starb durch Pfeile. Der hl. Georg tötete den Drachen, Symbol des Bösen. Der hl. Arianus wurde nach der Legende durch Delphine aus Seenot gerettet. Der hl. Nepomuk ist deshalb Brückenheiliger, weil er von einer Brücke in den Fluß gestürzt wurde. Diese Darstellungen werden heute sicher nur noch zum Teil verstanden. Die Statuen und Gemälde der Heiligen ergeben jedoch viele Bildmotive, die erschlossen werden können.

Ikonographische Identität der Heiligen

4.2 Der Heiligenkalender

Datierung der
Heiligenfeste

In der katholischen Kirche und, abgeschwächt, in den evangelischen Kirchen haben Heilige bestimmte Gedenktage, die in der Gestaltung der Gottesdienste berücksichtigt werden. In einzelnen Gebeten wird ausdrücklich auf den Heiligen Bezug genommen. Die biblischen Lesungen sind auf die Person des Heiligen hin ausgewählt. Das Datum des Gedenktages ist in der Regel der Todestag, bereits nach urchristlicher Vorstellung der "Geburtstag" des neuen Lebens. Bei einigen Heiligen ist der Weihetag einer nach dem Heiligen benannten Kirche der Gedenktag.

Der Heiligen-
kalender

Im Laufe der Jahrhunderte hat die Zahl der liturgisch begangenen Gedenktage immer mehr zugenommen. Mehrfach wurde ihre Zahl reduziert, zuletzt 1969. Es gibt jetzt einen Kalender, der diejenigen Heiligen berücksichtigt, die gesamtkirchliche Bedeutung haben (168 Gedenktage, einige Heilige, vor allem Maria, haben mehrere Gedenktage).

Die einzelnen Regionen haben weitere Gedenktage, darüber hinaus haben jede Diözese und jede Ordensgemeinschaft noch eigene Heiligenfeste.

Im folgenden sind die Gedenktage, die für den deutschen Sprachraum Gültigkeit haben, zusammengestellt.

Lebensbeschreibungen der Heiligen s. Literaturhinweise S. 427 ff

Januar

1. Neujahr, Hochfest der Gottesmutter Maria, Wilhelm v. Dijon
2. Basilius d. Gr., Gregor v. Nazianz, Dietmar v. Prag
3. Irmina (Hermine), Genovefa
4. Marius (Maro), Roger (Rüdiger) v. Elan
5. Ämiliana (Emilie), Eduard, Johann N. Neumann
6. Erscheinung des Herrn, Kaspar, Melchior, Balthasar, Wiltrud v. Bergen
7. Raimund v. Penafort, Sigrid, Reinold v. Köln, Valentin v. Rhätien
8. Severin v. Norikum, Erhard, Gudula (Guda, Gudrun)
9. Eberhard v. Schäftlarn
10. Paulus v. Theben, Wilhelm v. Bourges
11. Paulinus v. Aquileja
12. Tatiana (Tanja), Hilde v. Salzburg
13. Hilarius, Gottfried v. Cappenberg, Ivette (Jutta)
14. Heilika v. Köln (Helga), Reiner v. Arnsberg
15. Arnold Janssen, Romedius v. Thaur, Maurus
16. Marcellus I, Tillo (Tillmann), Theobald
17. Antonius v. Ägypten, Beatrix v. Cappenberg, Gamalbert
18. Priska v. Rom, Odilo v. Bayern, Regina
19. Heinrich v. Staufen, Marius
20. Fabian, Ursula v. Villingen, Sebastian
21. Agnes v. Rom, Meinrad von der Reichenau
22. Vinzenz v. Saragossa, Theodelinde (Dietlinde), Walter v. Bierbeek, Vinzenz Pallotti
23. Heinrich Seuse, Hartmut
24. Franz v. Sales, Arno v. Salzburg, Vera
25. Bekehrung des Apostels Paulus, Wolfram v. Wadgassen
26. Timotheus, Titus, Notburga v. Bühl, Paula
27. Angela v. Merici, Julian v. Le Mans
28. Thomas v. Aquin, Karl d. Gr., Karoline, Manfred
29. Gerhard, Julianus, Valerius v. Trier
30. Adelgundis, Mary Ward, Diethild, Martina
31. Johannes Bosco, Eusebius d. Einsiedler, Hemma

Februar

1. Brigida (Brigitta), Winand, Wolfhold v. Hohenwart
2. Darstellung des Herrn (Maria Lichtmeß), Dietrich v. Minden, Bodo, Alfred Delp, Maria K. Kaspar, Helena Maria Stollenwerk
3. Blasius, Ansgar
4. Rabanus Maurus, Veronika, Gilbert v. Sempringham, Christian v. Himmerod
5. Agatha, Adelheid (Elke) v. Vilich
6. Paul Miki, Dorothea v. Kappadozien, Reinhild v. Aldeneyck, Hildegund v. Meer, Gottfried v. Hirsau
7. Richard aus Wessex, Wunna
8. Hieronymus Ämiliani, Thiatgrim, Dietgrim
9. Julian, Gottschalk v. Siloe, Alto, Lambert v. Neuwerk
10. Scholastika, Wilhelm v. Brabant
11. Theobert (Dietbert), Benedikt v. Aniane, Gregor II., Papst
12. Helmward (Helmut)
13. Adolf v. Tecklenburg, Ekkehard, Ermenhild (Irmhild), Gisela, Kastor v. Kardun
14. Cyrill, Methodius, Valentin v. Terni
15. Sigfrid (Sigurd) v. Schweden, Druthmar v. Corvey
16. Juliana v. Nikomedien,
17. Franz Regis, Sieben Gründer des Servitenordens, Benignus
18. Konstantia, Martin Luther, Simon
19. Irmgard v. Aspel, Kontius v. Trier
20. Korona
21. Petrus Damiani, Germanus, Leodegar v. Ledesgemünd
22. Kathedra Petri, Isabella v. Frankreich
23. Polykarp, Otto v. Cappenberg, Willigis v. Mainz
24. Matthias, Ida v. Hohenfels, Irmengard v. Baden
25. Walburga v. Heidenheim, Adeltrud
26. Dionysius v. Augsburg, Mechthild v. Sponheim, Ottokar
27. Martin Butzer, Euderius v. Maastricht, Merkward v. Prüm
28. Silvana, Roman
29. Oswald v. York

März

1. Albin v. Angers, David v. Wales, Roger v. Bourges
2. Karl I v. Flandern, Agnes v. Böhmen
3. Kunigunde, Friedrich v. Hallum, Tobias
4. Kasimir, Rupert v. Deutz, Humbert
5. Oliva (Olivia), Dietmar v. Minden
6. Fridolin, Mechthild v. Hochsal
7. Perpetua und Felicitas, Volker v. Segeberg, Felizitas, Reinhard v. Reinhausen
8. Johannes v. Gott
9. Franziska v. Rom, Bruno v. Querfurt, Gregor v. Nyssa
10. Gustav v. Schweden, Johannes Ogilvie
11. Rosine
12. Almud, Beatrix v. Engelport, Fina, Innozens I./Papst
13. Paulina, Leander, Answin (Oswin), Judith (Jutta) v. Ringelheim
14. Gottfried, Mathilde, Einhard
15. Klemens Maria Hofbauer, Zacharias, Louise de Marillac
16. Heribert
17. Patrick, Gertrud v. Nivelles,
18. Cyrill v. Jerusalem, Eduard v. England,
19. Josef
20. Claudia, Irmgard, Kaiserin, Wolfram v. Sens
21. Christian v. Köln, Benedikt
22. Lea
23. Turibio v. Lima, Rebekka
24. Elias, Katharina v. Vadstena
25. Verkündigung des Herrn, Jutta, Eberhard v. Nellenburg
26. Ludger, Kastulus, Felix v. Trier
27. Frowin, Haimo v. Halberstadt
28. Ingbert, Wilhelm, Guntram, Gundelind
29. Helmstan (Helmut), Ludolf v. Ratzeburg
30. Amadeus v. Savoyen
31. Kornelia, Benjamin, Guido v. Pomposa

April

1. Irene, Hugo v. Grenoble
2. Franz v. Paola, Walarich (Valéry)
3. Gandolf v. Binasco, Luidbirg
4. Isidor v. Sevilla
5. Vinzenz Ferrer, Kreszentia Höß, Juliana v. Lüttich
6. Wilhelm v. Aebelholt, Notker der Stammler
7. Johann Baptist de la Salle
8. Walter v. Rebais, Beate v. Ribnitz
9. Waltraud, Konrad I. v. Salzburg
10. Engelbert v. Admont, Gerold v. Großwalsertal
11. Stanislaus v. Krakau, Reiner v. Osnabrück
12. Herta v. Rom, Zeno
13. Martin I., Papst, Ida v. Boulogne, Hardward v. Minden
14. Lidwina (Lydia), Ernstine (Erna) v. Bayern
15. Hunna, Nidgar
16. Benedikt Josef Labre, Bernadette Soubirous
17. Eberhard v. Obermarchtal, Rudolf v. Bern
18. Apollonius
19. Leo IX., Papst, Herula v. Bernried, Gerold, Friedrich v. Altzelle, Werner v. Oberwesel, Hemma v. Paderborn, Kuno v. Einsiedeln
20. Wilhelm v. Windberg, Odette, Hildegund v. Schönau
21. Anselm v. Canterbury, Konrad v. Parzham
22. Wolfhelm, Laius (Kajus, Kai)
23. Georg, Adalbert v. Prag, Gerhard v. Toul
24. Fidelis v. Sigmaringen, Wilfried v. York, Egbert v. Irland
25. Markus, Ermin (Erwin), Hermann v. Baden
26. Helene, Trudpert
27. Petrus Kanisius, Zita
28. Pierre Chanel, Hugo v. Cluny
29. Katharina v. Siena, Irmtrud v. Hasnon, Dietrich v. Thoreida,
30. Pius V./Papst, Quirin v. Neuß, Heimo v. Verdun, Rosamunde, Pauline v. Mallinckrodt, Hulda (Hilda)

Mai

1. Arnold v. Hiltensweiler, Josef v. Arabien
2. Athanasius d. Gr., Sigismund, Zol
3. Philippus und Jakobus, Apostel, Alexander I./Papst, Viola
4. Florian, Valeria v. Lorch, Willerich v. Bremen
5. Godehard (Gotthard), Sigrid, Angelus, Jutta v. Sangershausen, Hilarius v. Ars
6. Antonia, Gundula
7. Notker (Gernot), Helga, Gisela, Boris v. Bulgarien
8. Désiré, Wolfhild, Friedrich v. Hirsau
9. Beatus, Volkmar, Theresia Gerhardinger
10. Comgall
11. Gangolf
12. Pankratius, Nereus, Achilleus
13. Servatius
14. Christian v. Galatien, Pachomius
15. Rupert v. Bingen, Sophia (Sonja), Isidor, Heinrich v. Ebrantshausen
16. Johannes Nepomuk, Brendan
17. Walter v. Mondsee, Dietmar v. Neumünster
18. Johannes I./Papst, Erich, Burkhard, Felix v. Cantalice, Blandine v. Merten
19. Alkuin, Kuno, Ivo
20. Bernhardin v. Siena, Valeria, Elfriede
21. Herrmann Josef, Erentrid, Wiltrud v. Ardel, Theoblad v. Vienne
22. Julia v. Karthago, Ämilius (Emil), Rita, Renate
23. Desiderius v. Vienne
24. Esther, Dagmar
25. Beda, Gregor VII./Papst, Urban I, Heribert v. Knechtsteden, Maria Magdalena v. Pazzi,
26. Philipp Neri, Alwin
27. Augustinus v. Canterbury, Bruno v. Würzburg, Johannes Calvin
28. Germanus, Ruthard, Erbin (Erwin), Wilhelm v. Aquitanien
29. Maximin, Irmtrud v. Millendonk
30. Jeanne d'Arc, Ferdinand, Reinhild v. Westerkappeln
31. Helmtrud (Hiltrud), Mechthild v. Dießen

Juni

1. Justin, Simeon v. Trier
2. Marzellinus (Marcel), Petrus, röm. Märtyrer, Armin, Erasmus, Eugen
3. Karl Lwanga und Gefährten, Uganda
4. Klothilde, Christa, Werner v. Ellerbach, Kevin
5. Bonifatius (Winfrid), Fulger
6. Norbert, Claudius, Bertram (Bertrona)
7. Gottlieb, Götz, Robert v. Newminster
8. Giselbert v. Cappenberg, Engelbert v. Schäftlarn, Medardus v. Noyon
9. Ephräm d. Syrer, Liborius v. Le Mans
10. Bardo, Heinrich v. Bozen, Gerlach v. Obermarchtal, Diana
11. Barnabas, Reinbert (Rumbert)
12. Leo III./ Papst
13. Antonius v. Padua
14. Gottschalk, Hartwig v. Salzburg
15. Vitus (Veit), Bernhard v. Aosta, Lothar v. Sées, Gebhard v. Salzburg
16. Benno v. Meißen, Quirin v. Tegernsee, Luitgard v. Tongern
17. Rainer v. Pisa, Batho v. Andechs
18. Markus und Marcellianus
19. Romuald, Elisabeth v. Schönau, Odo v. Cambrai
20. Adalbert v. Magdeburg, Benigna
21. Aloysius Gonzaga, Alban v. Mainz
22. Paulinus v. Nola, John Fisher, Thomas More, Albin v. Rom, Eberhard v. Biburg
23. Edeltraud (Ortrud)
24. Johannes der Täufer, Theodulf
25. Dorothea, Eleonore v. England
26. Anthelm
27. Cyrill v. Alexandrien, Hemma v. Gurk, Harald, Gernot v. Reichersberg
28. Irenäus, Ekkehard v. Huysburg
29. Petrus und Paulus, Apostel
30. Otto v. Bamberg, Erentrud, Donatus, Theobald v. Provins, Ernst v. Prag

Juli

1. Theoderich, Eckhart v. Scheida
2. Mariä Heimsuchung
3. Thomas/Apostel, Raimundus Lullus
4. Elisabeth v. Portugal, Ulrich v. Augsburg, Berta v. Blangy, Werner v. Wiblingen
5. Antonius Maria Zaccaria, Kyrilla, Wilhelm v. Hirsau
6. Maria Goretti
7. Willibald
8. Kilian, Edgar
9. Hagilolf (Agilolf)
10. Erich v. Schweden, Olaf v. Norwegen, Knud v. Dänemark, Alexander
11. Benedikt v. Nursia, Sigisbert, Rachel, Olga, Oliver
12. Felix v. Lodi
13. Heinrich II. und Kunigunde, Sara, Arno v. Würzburg, Mildred
14. Kamillus von Lellis, Ulrich v. Zell, Roland v. Chézery
15. Bonaventura, Answer, Bernhard v. Baden, Donald
16. Carmen, Irmengard v. Chiemsee, Elvira v. Öhren
17 Donata, Alexius v. Edessa, Marina, Hedwig v. Polen
18. Odilia, Arnold, Arnulf, Friedrich v. Utrecht
19. Arsenius v. Ägypten
20. Margareta (Margit, Margot) v. Antiochien, Bernhard v. Hildesheim
21. Laurentius v. Brindisi, Daniel, Arbogast
22. Maria Magdalena, Verena (Elvira), Eberhard v. Berg, Walter v. Codi
23. Brigitta, Apollonaris v. Ravenna
24. Christophorus, Christina v. Bolsena, Siglinde, Gerburg, Luise v. Savoyen
25. Jakobus d. Ä./Apostel, Thea, Thomas v. Kempten
26. Joachim und Anna
27 Bertold v. Garsten, Pantaleon, Natalie v. Cordoba
28. Beatus v. Trier, Innozenz, Samson
29. Martha, Lucilla, Flora, Ladislaus
30. Petrus Chrysologus, Beatrix v. Rom, Ingeborg, Wiltrud v. Hohenwart
31. Ignatius v. Loyola, Germanus v. Auxerre

August

1. Alfons Maria v. Liguori, Petrus Faber
2. Eusebius v. Vercelli, Gundekas
3. Lydia, Benno v. Einsiedeln
4. Johannes Maria Vianney (Pfarrer v. Ars)
5. Oswald, Dominika
6. Gilbert v. Maria Laach, Hermann v. Cappenberg
7. Kajetan, Afra, Donatus v. Besancon, Xystus
8. Dominikus, Hildiger (Hilger), Cyriacus
9. Edith Stein
10. Laurentius v. Rom (Lorenz), Asteria (Asta, Astrid)
11. Klara v. Assisi, Philomenia, Susanna
12. Radegund
13. Kassian, Gertrud v. Altenberg, Ludolf v.Evreux, Gerold, Hippolyt, Pontianus, Radegundis, Wisberg
14. Maximilian Kolbe, Werenfrid, Eberhard v. Einsiedeln, Meinhard
15. Mariä Aufnahme in den Himmel, Rupert v. Ottobeuren, Mechthild v. Magdeburg, Altfried v. Hildesheim
16. Stephan v. Ungarn, Theodor v. Martigny, Rochus
17. Karlmann, Guda (Jutta)
18. Helena, Claudia
19. Johannes Eudes, Sebald
20. Bernhard v. Clairvaux, Samuel, Ronald, Hugo v. Tennenbach
21. Piux X./Papst, Balduin, Gratia
22. Maria Königin, Regina, Siegfried v. Wearmouth
23. Rosa v. Lima, Richildis
24. Bartholomäus/Apostel, Isolde
25. Ludwig IX. König, Elvira, Josef v. Calasanza
26. Gregor v. Pfalzel (v. Utrecht)
27. Monika, Margareta v. Bayern
28. Augustinus v. Hippo, Elmar, Adelind
29. Enthauptung Johannes' des Täufers, Sabine v. Rom, Theodora, Beatrix v. Aa
30. Heribert v. Köln, Amadeus
31. Paulinus v. Trier

September

1. Verena v. Zurzach, Ägidius (Egid), Ruth
2. Ingrid,
3. Gregor d. Gr., Sophia v. Minden
4. Swidbert (Sven), Ida v. Herzfeld, Iris, Irmgard v. Süchteln, Rosa v. Viterbo
5. Maria Theresia, Roswitha v. Gandersheim
6. Magnus, Gundolf, Judith
7. Otto v. Freising, Regina v. Burgund, Dietrich v. Metz
8. Mariä Geburt, Korbinian, Hadrian
9. Ottmar
10. Nikolaus v. Tolentius, Edgar v. Friesland
11. Felix und Regula v. Zürich, Marbel v. Rennes
12. Maria Namen (Mirjam, Marion), Jüdisches Neujahr, Gerfried v. Münster, Guido (Wido) v. Anderlecht
13. Johannes Chrysostomus, Notburga von Hochhausen, Tobias, Amatus
14. Kreuzerhöhung, Maternus v. Köln, Notburga v. Eben
15. Gedächtnis der Schmerzen Mariens, Ludmilla, Roland
16. Kornelius , Cyprian, Julia v. Öhren, Edith v. Wilton
17. Hildegard v. Bingen, Robert Bellarmin, Adriadne (Ariane)
18. Lambert v. Maastricht, Richardis, Lantpert
19. Januarius, Igor, Theodor v. Canterbury
20. Eustachius v. Rom,
21. Versöhnungstag (jüd.), Matthäus/Apostel, Debora, Jona(s)
22. Mauritius (Moritz), Emmeran
23. Thekla, Gerhild
24. Rupert und Virgil v. Salzburg, Gerhard v. Cdanád, Hermann v. Reichenau
25. Nikolaus v. Flüe
26. Laubhüttenfest (jüd.), Kosmas und Damian, Eugenia v. Odilienberg, Meinhard
27. Vinzenz v. Paul, Hiltrud v. Lissies, Dietrich v. Naumburg
28. Wenzel, Lioba
29. Michael, Gabriel, Rafael, Konrad v. Zähringen
30. Hieronymus, Urs, Viktor v. Solothurn

Oktober

1. Griselbert v. Zusmarshausen, Theresia v. Lisieux, Remigius, Emanuel (Manuel), Werner v. Wilten
2. Fest der Hl. Schutzengel
3. Leodegar, Ewald, Udo, Irmgard v. Baindt
4. Franz v. Assisi , Gesetzesfreude (jüd.)
5. Meinolf, Attila
6. Bruno d. Kartäuser, Renatus (René)
7. Gedenktag unserer Lieben Frau v. Rosenkranz, Justina, Gerold v. Köln, Ernst v. Neresheim, Sergius
8. Simeon, Gunther v. Regensburg
9. Dionysius v. Paris, Denis, Johannes Leonardi, Gunther, Sara, Sibylle
10. Gereon, Viktor v. Xanten
11. Bruno v. Köln, Quirinus
12. Maximilian v. Pongau, Edwin, Gottfried v. Arnstein
13. Aurelia, Koloman, Reginbald, Eduard
14. Kallistus, Burkhard v. Würzburg, Hildegund v. Münchaurach
15. Theresia v. Avila, Aurelia v. Regensburg, Thekla
16. Hedwig, Margareta Maria Alacoque, Luitgard v. Wittichen, Gallus
17. Ignatius v. Antiochien
18. Lukas
19. Laura, Paul v. Kreuz, Jean de Brébeuf, Isaak Jogues
20. Wendelin, Vitalis
21. Ursula v. Köln, Irmtrud
22. Salome, Kordula, Ingbert
23. Johannes v. Kapestrano, Severin v. Köln, Oda (Uta) v. Amay
24. Antonius Maria Claret,
25. Daria, Ludwig v. Arnstein
26. Amandus
27. Wolfhard
28. Simon u. Judas Thaddäus/Apostel, Alfred
29. Ermelind, Margareta v. Sponheim
30. Emicho v. Mallersdorf
31. Gedenktag der Reformation 1517, Wolfgang, Jutta v. Bedburg, Elisabeth v. Ungarn

November

1. Allerheiligen, Luitpold, Arthur, Rupert Mayer
2. Allerseelen
3. Hubert, Pirmin, Martin v. Porres, Ida v. Toggenburg, Silvia
4. Karl Borromäus
5. Emmerich, Berthild
6. Leonhard, Modesta, Rudolf v. Büren, Christine v. Stommeln
7. Willibrord, Engelbert v. Köln, Karina, Ernst v. Zwiefalten
8. Willehad v. Bremen, Gregor v. Einsiedeln, Gottfried v. Amiens, Johannes Duns Scotus
9. Theodor v. Euchaita, Herfrid, Roland v. Hasnon
10. Leo d. Große, Justus
11. Martin v. Tours, Agnes v. Bayern
12. Kunibert, Josaphat v. Polozk
13. Stanislaus Kostka, Wilhelm v. Rinchnach
14. Alberich
15. Albert d. Gr., Leopold
16. Margarete v. Schottland, Otmar v. St. Gallen, Edmund v. Abingdon
17. Gertrud v. Helfta, Florin, Viktoria v. Cordoba, Hilda v. Whitby, Hiltrud v. Rupertsberg
18. Odo v. Cluny, Weihe der Basilika St. Peter und St. Paul in Rom
19. Elisabeth v. Thüringen, Methild v. Hackeborn
20. Korbinian, Bernward, Edmund v. Ostanglius
21. Amalberg (Amalie)
22. Cäcilia (Silke), Phlemon
23. Kolumban, Klemens I/Papst, Felicitas v. Rom, Detlev
24. Albert v. Lüttich, Flora
25. Katharina v. Alexandrien, Egbert v. Münsterschwarzach
26. Konrad u. Gebhard v. Konstanz, Ida v. Köln
27. Modestus, Oda (Uta) v. Brabant
28. Berta v. Bingen, Gunther v. Melk
29. Friedrich v. Regensburg, Jolanda, Jutta v. Heiligental
30. Andreas/Apostel

Dezember

1. Natalie, Blanka (Bianca)
2. Luzius, Bibiana
3. Franz Xaver, Gerlinde, Emma v. Lesum
4. Barbara, Johannes v. Damaskus, Christian v. Oliva, Adolf Kolping
5. Anno, Attala v. Straßburg, Hartwich (Hartwig,Hedwig), Reginhard, Niels Stensen
6. Nikolaus v. Myra
7. Ambrosius, Gerald, Gerhard
8. Fest der "Unbefleckten Empfängnis", Alfrida (Frieda)
9. Eucharius, Liborius Wagner, Eulalia
10. Bruno, Diethard
11. Damasus, Tassilo, David v. Himmerod
12. Johanna Franziska v. Chantal, Hartmann, Dietrich v. Kremsmünster
13. Luzia, Odilia v. Elsaß, Jodok
14. Franziska Schervier, Johannes v. Kreuz, Bertold v. Regensburg
15. Christiane v. Georgien
16. Adelheid, Dietrich v. Rommersdorf
17. Lazarus, Jolanda v. Vianden, Sturmius
18. Wunibald
19. Urban/Papst
20. Eido (Eico)
21. Richard v. Adwerth
22. Jutta v. Spanheim, Marian
23. Johannes v. Krakau, Dagobert, Viktoria v. Rom, Ivo v. Chartres
24. Heiliger Abend, Adam und Eva, Hanno v. Worms
25. Fest der Geburt Jesu Christi, Eugenia, Anastasia v. Sirmium
26. Stephanus, Richlind
27. Johannes, Apostel u. Evangelist, Fabiola
28. Fest der Unschuldigen Kinder
29. Thomas Becket, Thamar (Tamara), David, Lothar
30. Felix I./Papst, Richard v. Arnsberg
31. Silvester, Kolumba, Melanie, Odilo v. Cluny

Für den deutschen Sprachraum ergibt sich eine räumliche Zuordnung der Heiligen, die die häufig regionale Verwurzelung der Heiligen in einem Überblick deutlich macht. (Quelle: "Harnancourt, Philipp: Gesamtkirchliche und teilkirchliche Liturgie"; Freiburg, Basel, Wien 1973)

Geographische Übersicht
Gesamtes Sprachgebiet

Bonifatius, Heinrich und Kunigunde, Bernhard von Clairvaux, Albert der Große, Petrus Canisius; Christopherus, Barbara, Margareta, Katharina, Vitus, Leonhard, Rupert Mayer, Edith Stein.

Mitte:

Kilian, Walburga, Lioba, Willibald, Rabanus Maurus, Mathilde, Otto von Bamberg, Elisabeth.

Südost:

Florian, Valentin, Severin, Rupert und Virgil, Ulrich, Wolfgang, Hemma von Gurk, Leopold, Johannes von Capestrano, Laurentius von Brindisi, Klemens Maria Hofbauer, Konrad von Parzham; Willibald, Godehard, Hedwig.

Südwest:

Mauritius, Lucius, Fridolin, Kolumban, Gallus, Odila, Pirmin, Meinrad, Konrad und Gebhard, Leo IX., Heinrich Seuse, Niklaus von Flüe, Fidelis von Sigmaringen; Laurentius von Brindisi.

West:

Ursula, Paulinus von Trier, Wendelin, Gertrud von Nivelles, Lambert, Hubert, Willibrord, Liudger, Anno, Bruno, Hildegard von Bingen, Hermann Josef, Ruprecht, Mathilde, Norbert.

Nord:

Ansgar, Olaf, Godehard, Knud, Erich.

Ost:

Adalbert von Prag, Bruno von Querfurt, Benno von Meißen, Norbert, Hedwig, Gertrud von Helfta, Johannes Nepomuk, Maximilian Kolbe; Otto von Bamberg, Klemens Maria Hofbauer.

Einen Überblick über die verschiedenen Regional- und Eigenkalender parallel zum Jahreskalender gibt:
Torsy, Jakob: "Die Eigenkalender des deutschen und niederländischen Sprachraumes". Das Buch enthält auch kurze Hinweise zu einzelnen Heiligen.

Heiligen- und
Namenstagska-
lender

In den offiziellen liturgischen Heiligenkalendern ist nur ein Bruchteil der Heiligen erwähnt. Das Verzeichnis der Heiligen umfaßt weitaus mehr Namen. Auch diese Heiligen haben jeweils einen Gedenktag und sind daher dem Jahreskalender zuzuordnen. Vgl. Jakob Torsy: "Der große Namenstagkalender", 3500 Namen, 1495 Lebensbeschreibungen. Einsiedeln, Freiburg 1975.

4.3 Heiligenbiografien

Über Heilige und ihr Leben ist eine Fülle von Material zugänglich.

- Schriftliche Dokumente
  liegen meist nur für Heilige vor, die nach der Jahrtausendwende gelebt haben. Allerdings gibt es eine Vielzahl von Viten (Lebensberichten) über Heilige der älteren Zeit und z.B. über den Wüstenvater Antonius oder den hl. Martin und sogar Briefe und andere Dokumente.
- Darstellungen der Kunst
  Für die Darstellungen der Heiligen in der Kunst sind Lexika und Handbücher erarbeitet, die einen schnellen Zugriff ermöglichen (vgl. Materialteil S. 427 ff).

- Sammelbände
  Sammelbände werden im Materialteil, teilweise auch mit einer Textprobe (jeweils zur hl. Barbara), vorgestellt. Diese Sammelbände orientieren sich in der Regel am Jahreskalender der Heiligenfeste. Sie dienen einer ersten Information. Leider finden sich nur in sehr wenigen Hinweise auf Biografien und weitere Literatur.
- Namenskunde, Brauchtum
  In verschiedenen Handbüchern ist zu Spezialfragen eine Fülle von Informationen schnell greifbar.

4.4 Heilige als Thema von Beiträgen

In den Heiligen spiegelt sich die Vielfalt christlicher Existenz, aber auch die Epochen der Geschichte sowie die Eigenart einzelner Regionen. Praktisch kann jede Epoche der Kirchengeschichte, jeder Landstrich, jeder Aspekt christlicher Lebensgestaltung am Beispiel eines Heiligen dargestellt werden.

Es lassen sich u.a. folgende Sendeformen denken:

- Bezug zur Geschichte
  Der Heilige "berichtet" in einem fingierten Bericht über seine Zeit oder
  im Rahmen eines Lebensberichtes wird ein Zeitbericht gegeben.
- Möglichkeiten christlicher Lebensgestaltung
  Der Heilige "berichtet" aus seinem Leben, oder es wird ein fingiertes Interview gemacht.
  Menschen, die den Namen des Heiligen tragen, berichten über ihren Namenspatron und über ihre Beziehung zu ihm.
- Risiken, Konflikte von Christen

Am Beispiel von einzelnen Schicksalen können Risiken und Konflikte dargestellt werden, z.B. Übergriffe der Staatsgewalt, Reform der Kirche, Frauenschicksale, Außenseiterrollen, Opfer der verschiedenen Religionskriege ...

- Reihe über deutsche Heilige, um
  - die deutsche Kirchengeschichte darzustellen
  - Ausprägungen des Christentums aufzuzeigen
  - eine größere Identität im deutschen Sprachraum zu ermöglichen

Anlaß für Berichte und Sendungen über Heilige sind Jubiläen wie das des heiligen Franziskus, dessen achthundertster Geburtstag auf das Jahr 1982 fiel.

4.5 Marienfeste

Die Marienfeste sind Ausdruck einer Frömmigkeit, die bis in die Frühzeit der Kirche zurückgeht, vielfältige Formen ausgebildet hat und die Entwicklungen und Krisen der theologischen Vorstellungen widerspiegelt.

4.5.1 Die Gestalt Marias

Maria wird durch Lieder und Hymnen, am längsten in der Ostkirche, verehrt. Sie wird gepriesen als der Mensch, der für Gott ganz offen, der vollkommen ist und die Fülle des Christlichen in sich vereinigt.

Ursprung im Osten

Die Marienfrömmigkeit drückt sich in den vielen Marienfesten aus und hat verschiedenen Andachts- und Gebetsformen hervorgebracht. Der Rosenkranz, die lauretanische Litanei, die Marienandacht und nicht zuletzt die Wallfahrtsorte zeigen, welche Rolle Maria in der Volksfrömmigkeit spielt.

Feste - nur eine Form der Marien-verehrung

An Maria richten sich viele Bitten. Die Menschen tragen ihre Sorgen und Nöte vor Maria in dem Vertrauen, daß sie am ehesten Gott bewegen kann, die Bitten zu erfüllen.

Maria - Adressat von Bitten

Maria wird als Mutter gesehen. Sie ist nicht nur Mutter Jesu, sondern Mutter aller Christen. Ihrer Zuneigung, ihrem Schutz kann sich der einzelne anvertrauen. Sie ist zugleich Schwester der Menschen.

Maria als Mutter

Maria ist Urbild der Kirche, die erste, die durch ihren Glauben das Angebot Gottes angenommen hat, die personhaft darstellt, was Kirche ist.

Urbild der Kirche

Die vielen Züge der Gestalt Marias sind durch die Kunst, in Gebeten, Predigten und Büchern herausgearbeitet worden.

Maria ist aber auch ein theologisches Thema. Anders als Vorbild und Verehrung der Heiligen ist die Marienfröm-migkeit unmittelbar auf das Wirken Gottes in Jesus bezo-gen. Wer Maria Gottesmutter nennt, sagt zugleich, daß Jesus der Sohn Gottes ist.

Maria: Thema der Theologie

Wer Maria Jungfrau nennt, sagt, daß Jesus nicht durch die Vereinigung von Mann und Frau, nicht aus dem Wollen des Mannes (Joh 1,13), sondern unmittelbar aus Gott ge-boren ist.

Aussagen über Maria sind Aus-sagen über Jesus

Wer sagt, daß Maria leiblich in den Himmel aufgenommen ist, sagt, daß Jesus der Erstgeborene der Toten ist und daß alle Menschen ein endgültiges leibliches Leben bei Gott haben werden.

Aussagen über Maria sind sozusagen Widerlager für die zentralen Aussagen des christlichen Glaubens. Sie ergänzen diese Aussagen nicht, spiegeln sie vielmehr wider und vertiefen sie dadurch.

Die Aussagen über Maria, wie sie in der Marienfrömmigkeit und auch in den Aussagen des Lehramtes der katholischen Kirche gemacht werden, sind faktisch ein Hindernis **Vorbehalte der** für die Ökumene. Die evangelischen Christen finden nur **evangelischen** schwer oder gar nicht Zugang zur Marienfrömmigkeit. Die **Christen** geschichtliche Wurzel dafür liegt in der Reformationszeit. Die Reformatoren, vor allem Calvin, lehnten die übersteigerten Formen der Marienverehrung ihrer Zeit ab. Zugleich führten die veränderten theologischen Akzentsetzungen der Reformatoren zu einer anderen Deutung der Gestalt Marias. Wenn Luther sagt, daß der Christ zugleich gerecht und sündig ist (simul iustus et peccator), dann gilt das auch für Maria. Dann ist sie nicht mehr die herausragend Erlöste, an der kein Makel ist, sondern sie ist sündig wie alle anderen. Aber auch im katholischen Raum sind Marienfrömmigkeit und Mariologie (theologische Aussagen über Maria) nicht unumstritten. Einzelne Aussagen sogenannter Mariologen über Maria werden von anderen Theologen als übersteigert abgelehnt.

Die marianische Die marianische und die liturgische Bewegung sind zwei **und die liturgi-** verschiedene Strömungen in der Frömmigkeitsgeschichte **sche Bewegung** dieses Jahrhunderts, die beide, mit unterschiedlicher Akzentsetzung, die Frömmigkeit geprägt haben. Nach dem **Rückgang der** Konzil ist die Marienverehrung stark zurückgegangen, so **Marienverehrung** daß heute führende Theologen sich anschicken, das Erbe der **nach dem** Marienverehrung neu zu formulieren. Durch den polnischen **Konzil** Papst hat die Marienfrömmigkeit wieder neue Anstöße bekommen.

Im folgenden werden zuerst die Geschichte der Marienverehrung sowie die theologischen Aussagen über Maria dargestellt. Erst in diesem Rahmen können die Aussagen der Marienfeste erschlossen werden.

4.5.2 Die Geschichte der Marienverehrung

Die Marienverehrung ist ein Erbe der östlichen Kirche. Ihre Ansätze reichen jedoch bis ins Neue Testament zurück. Während in den älteren Schriften, den Paulusbriefen und dem Markusevangelium, kaum Bezug auf Maria genommen wird, finden sich in den anderen Evangelien bereits die Grundlinien einer marianischen Theologie angelegt.

Mariengebete gehen auf Verse des Lukasevangeliums zurück. Matthäus und Lukas berichten, daß Jesus nicht der Sohn Josefs ist, sondern daß Maria das Kind vom Heiligen Geist empfangen hat.

Interesse für die Gestalt Marias bereits in der Bibel

Bei Lukas findet sich ein folgender Bericht.

Die Verheißung der Geburt Jesu:

Im sechsten Monat wurde der Engel Gabriel von Gott in eine Stadt in Galiläa namens Nazaret zu einer Jungfrau gesandt. Sie war mit einem Mann namens Josef verlobt, der aus dem Haus David stammte. Der Name der Jungfrau war Maria. Der Engel trat bei ihr ein und sagte: Sei gegrüßt, du Begnadete, der Herr ist mit dir. Sie erschrak über die Anrede und überlegte, was dieser Gruß zu bedeuten habe. Da sagte der Engel zu ihr: Fürchte dich nicht, Maria; denn du hast bei Gott Gnade gefunden. Du wirst ein Kind empfangen, einen Sohn wirst du gebären: dem sollst du den Namen Jesus geben. Er wird groß sein und Sohn des Höchsten genannt werden. Gott, der Herr, wird ihm den Thron seines Vaters David geben. Er wird über das Haus Jakob in Ewigkeit herrschen, und seine Herrschaft wird kein Ende haben.

Maria sagte zu dem Engel: Wie soll das geschehen, da ich keinen Mann erkenne? Der Engel antwortete ihr: Der Heilige Geist wird über dich kommen, und die Kraft des Höchsten wird dich überschatten. Deshalb wird auch das Kind heilig und Sohn Gottes genannt werden. Auch Elisabeth, deine Verwandte, hat noch in ihrem Alter einen Sohn empfangen; obwohl sie als unfruchtbar galt, ist sie jetzt schon im sechsten Monat. Denn für Gott ist nichts unmöglich. Da sagte Maria: Ich bin die Magd des Herrn; mir geschehe, wie du es gesagt hast. Danach verließ sie der Engel. *(Lk 1,26-28)*

Aus dem Gruß des Engels und der Begrüßung Marias durch Elisabeth hat sich das am meisten verbreitete Mariengebet entwickelt.

Gegrüßet seist du Maria, voll der Gnade,
der Herr ist mit dir.
Du bist gebenedeit unter den Frauen
und gebenedeit ist die Frucht deines Leibes, Jesus.

Der zweite Teil des Gebetes kam erst im 16. Jahrhundert hinzu.

Heilige Maria, Mutter Gottes,
bitte für uns Sünder
jetzt und in der Stunde unseres Todes.
Amen.

Erzählungen machen Aussagen über das Kind

Die Berichte der Evangelisten wurden bereits im Zusammenhang mit dem Weihnachtsfest erläutert (3.2.4). Die Texte machen in der Form der Erzählung Aussagen über das Kind: Es stammt von Gott, es ist mehr als ein zum Propheten berufener Mensch.

Maria als Tochter Sion

Im Gruß des Engels wird Maria als Tochter Sion angesprochen.

Juble Tochter Zion!
Jauchze Israel!
Freu dich und frohlocke von ganzem Herzen, Jerusalem
...
Der König Israels, der Herr,
ist in deiner Mitte;
du hast kein Unheil mehr zu fürchten ...
Der Herr, dein Gott, ist in deiner Mitte,
ein Held, der Rettung bringt ... *(Zef 3,14 f; 17)*

Tochter Sion steht für Jerusalem. Maria ist die Verkörperung Israels und zugleich die Bundeslade. "Heiliger Geist wird über dich kommen" *(Lk 1,35)* spielt auf den Schöpfungsbericht an, "die Erde aber war wüst und wirr, Finsternis lag über der Urflut und Gottes Geist schwebte über den Wassern" *(Gen 1,2)*.

Die Empfängnis Jesu ist eine neue Schöpfung. "Die Kraft des Höchsten wird dich überschatten" *(Lk 1,35)* bezeichnet Maria als Bundeslade, denn die Lade und später der Tempel wurden von einer Wolke überschattet, die die Gegenwart Gottes bedeutet.*(Ex 40,34-38; 1 Kön 8,10; Jes 6,4)*. Das Johannesevangelium berichtet von einer Bitte Marias an Jesus bei der Hochzeit von Kana.

Maria als Bundeslade

Maria - Vermittlerin von Bittgebeten

> Als der Wein ausging, sagte die Mutter Jesu zu ihm: Sie haben keinen Wein mehr. Jesus erwiderte ihr: Was willst du von mir, Frau? Meine Stunde ist noch nicht gekommen. Seine Mutter sagte zu den Dienern: Was er euch sagt, das tut. *(Joh 2,3-5)*

Diese Szene ist Modell für die Rolle Marias, die für die Menschen bei ihrem Sohn bittet.

Vor seinem Tod überantwortet Jesus seine Mutter dem Lieblingsjünger:

> Bei dem Kreuz standen seine Mutter und die Schwester seiner Mutter, Maria, die Frau des Klopas, und Maria von Magdala. Als Jesus seine Mutter sah und bei ihr den Jünger, den er liebte, sagte er zu seiner Mutter: Frau, sieh deinen Sohn. Dann sagte er zu dem Jünger: Siehe, deine Mutter! Und von jener Stunde an nahm sie der Jünger zu sich. *(Joh 19,25-27)*

In dieser Szene wird die Einsetzung Marias als Mutter der Christen gesehen.

Noch vor Ende des zweiten Jahrhunderts entsteht das sogenannte "Protoevangelium des Jakobus", das ausführlicher die Kindheit Marias schildert. Obwohl es von der Kirche nicht als kanonische Schrift anerkannt wurde, hat es für die Marienfrömmigkeit und die christliche Kunst Anschauungsmaterial bereitgestellt. Es kennt die Eltern Marias, Anna und Joachim, die bis ins hohe Alter kinderlos geblieben waren. Die Parallelisierung zu den Eltern des Täufers, Elisabeth und Zacharias, geht so weit, daß auch Joachim levitischer Priester ist. Maria wird im Alter von drei Jahren in den Tempel gebracht, wo sie bis zum 12. Lebensjahr bleibt. Des weiteren malt das Protoevangelium die Erzählungen des Lukasevangeliums aus. Weitere sogenannte apokryphe Schriften (Berichte über das Leben Jesu, die von der Kirche nicht in die Sammlung des Neuen Testaments aufgenommen wurden) zeigen ein großes Interesse an der Person Marias.

Auch in der theologischen Reflexion werden die Aussagen der Evangelisten über Maria aufgegriffen und weiterentwickelt. Um die Geburt des Sohnes aus dem Vater abzusichern, wird die Jungfrauengeburt betont: Jesus hat keinen irdischen Vater.

Gegen die gnostische Vorstellung, der Mensch Jesus sei nur Schein, wird die Mutterschaft Mariens betont. Im 3. Jahrhundert bildet sich der Titel Gottesmutter heraus.

Maria wird bereits von Justin (Mitte des 2. Jahrhunderts) und Irenäus (um 200) als die neue Eva bezeichnet, in Anlehnung an Paulus, der Adam und Christus als Antitypen einander gegenüberstellt.

Aus dem Interesse an der Person Mariens entwickelt sich die Verehrung ihrer Person, so daß es seit dem frühen 5. Jahrhundert Gebete und Hymnen gibt, die sich an Maria richten. Seit dem 5. Jahrhundert werden ihr Kirchen geweiht, und sie wird in der religiösen Kunst dargestellt.

Diese Entwicklung, für deren Anfänge es nur wenige greifbare Dokumente gibt, hat wohl mehrere Motive.

- Durch den Arianismus war die Gottheit Jesu in Frage gestellt. In der Gegenbewegung gegen den Arianismus tritt der Mensch Jesus hinter dem Sohn Gottes, dem göttlichen Erlöser und Weltenherrn, zurück. Die Märtyrer, vor allem Maria, werden zunehmend als Mittlergestalten gesehen.
- Das Konzil von Ephesus benennt Maria mit dem Titel "Gottesmutter", um auszusagen, daß sie nicht nur den

Margin notes:

Mutterschaft Marias und menschliche Natur des Sohnes Gegenbild zu Eva

Langsames Entstehen der Marien-Verehrung

Ursachen für das Entstehen der Marien-Verehrung: Heilige als Mittlergestalten

Konzil von Ephesus (431)

242

Menschen Jesus geboren hat, sondern daß dieser Mensch von Anfang an Gottes Sohn war. Es gibt in Jesus keine zwei Personen, eine menschliche und eine göttliche Person, sondern Jesus ist einer. Im Anschluß an das Konzil ist eine rasche Entwicklung der Marienverehrung zu beobachten.

Maria als Vorbild

- Die Entwicklung eines neuen christlichen Ideals nach der Märtyrerzeit, das Mönchtum, und die in den christlichen Gemeinden lebenden Jungfrauen fördern eine ethische Sicht der Gestalt Marias. Sie wird als Idealfigur für Jungfräulichkeit gesehen, die ein unmittelbares Gottesverhältnis ohne Bruch verwirklicht hat.

Reflex der Theologie in der Kunst

Ein Zeichen, daß Maria eine eigenständige Rolle erhält, sind Darstellungen der Kunst. Wohl zum ersten Mal wird Maria in der Kirche Santa Maria Maggiore in Rom in der Apsis dargestellt. Anstelle des Christusbildes kann das Bild der Mutter mit dem Kind auf dem Schoß treten. Das ist eine Folge des Konzils von Ephesus. Maria Maggiore wurde von Papst Sixtus II. (432-40) gestiftet.

Erste Marienfeste im Osten

Im 5. Jahrhundert gibt es im Bereich der Ostkirche einen Gedächtnistag Marias, im 6. Jahrhundert bilden sich einzelne Feste heraus, die sich auf Ereignisse des Marienlebens beziehen: Verkündigung, Heimgang, Geburt, Begegnung des Herrn (mit Simeon und Hanna, Lichtmeß). Im 7. Jahrhundert werden die Feste in Rom übernommen.

Einfluß des Ostens auf den Westen

Während sich also im Osten die Marienverehrung, die sich in der Kunst, in Gebeten und der Ausbildung von Festen niederschlägt, schnell entwickelt, wird sie im Westen nur schrittweise übernommen. Orientalische Mönche, der aus Syrien stammende Papst Sergius, Verbindungen der Karolinger und Ottonen zum byzantinischen Kaiserhaus sind die Wege, auf denen die Marienverehrung des Ostens im Abendland Eingang findet.

Weitere Züge der Marienverehrung

Neben die Verehrung der jungfräulichen Gottesmutter und der vorbildlichen Heiligen treten schon früh zwei weitere Züge, die die Marienverehrung stark geprägt haben.

Maria als Fürsprecherin

Maria als Fürsprecherin, die bei ihrem Sohn Fürbitte einlegt, die Schutz gewährt, an die sich jeder Mensch, sei er auch der größte Sünder, wenden kann.

Vom Ende des 3. bzw. Anfang des 4. Jahrhunderts stammt aus dem Osten ein Gebet, das heute noch in erweiterter Form gebetet wird:

> Unter deinen Schutz und Schirm fliehen wir, heilige Gottesmutter. Verschmähe nicht unser Gebet in unseren Nöten, sondern errette uns jederzeit aus allen Gefahren, o du glorreiche Fürsprecherin, führe uns zu deinem Sohne, empfiehl uns deinem Sohne, stelle uns vor deinen Sohn.

Marias Rolle in der Erlösung

Aus verschiedenen Predigten aus dem 4. Jahrhundert geht hervor, daß Maria um Schutz und Hilfe angerufen wurde, daß sie sogar Heilungen bewirken könne. Maria wird über die Mittlerrolle hinaus eine aktive Rolle im Erlösungsgeschehen zugesprochen. Eine Predigt zum Abschluß des Konzils von Ephesus 431 zeigt, wie Maria damals gesehen wird. (Der Verfasser der Predigt ist unbekannt, zitiert nach Laurentin: "Kurzer Traktat der marianischen Theologie"; Regensburg 1959, S. 77)

> Wir grüßen dich, Maria, Mutter Gottes,
> Ehrwürdiger Schatz, der der ganzen Welt gehört,
> Nie erlöschendes Licht ...,
> Nie zerstörter Tempel, der den umschließt, welcher nicht umschlossen werden kann,
> Mutter und Jungfrau ...
> Durch dich wird die Dreieinigkeit verherrlicht,
> Durch dich ist das Kreuz Gegenstand der Verehrung in der ganzen Welt,
> Durch dich herrscht im Himmel Jubel,
> Deinetwegen freuen sich die Engel und Erzengel,
> Durch dich werden die Dämonen verjagt,
> Durch dich wird der Versucher, der Teufel, aus dem Himmel vertrieben,
> Durch dich wird die gefallene Kreatur zum Himmel erhoben,
> Durch dich ist die ganze Schöpfung, die das Opfer des Wahnsinns der Götzenanbetung geworden war, zu der

Erkenntnis der Wahrheit gelangt,
Durch dich erlangen die Gläubigen die Taufe und das
Öl der Freude,
Durch dich wurden die Kirchen in der ganzen Welt
gegründet,
Durch dich werden die Völker zur Bekehrung angeleitet.

Im 5. Jahrhundert bereits wird Maria "Mittlerin" genannt.
Germanus, Patriarch von Konstantinopel (gest. 733) sagt:
...kein Mensch wird von der Erkenntnis Gottes erfüllt
außer durch dich, Allheilige; Kein Mensch wird
gerettet außer durch dich, Gottesgebärerin; Kein
Mensch wird aus Gefahren befreit außer durch dich,
Jungfrau und Mutter; Kein Mensch wird erlöst außer
durch dich, Mutter Gottes (zitiert nach Hilde Graef,
Maria, Freiburg 1964, S. 134)

Christus der Richter - Maria die Fürsprecherin

Im 17. Jahrhundert wird man sogar sagen, Jesus habe Maria
die Aufgabe der Erlösung übertragen. Seit dem Mittelalter
ist die Vorstellung verbreitet, Maria stehe in Gegensatz zu
ihrem Sohne: Jesus als der Weltenrichter verurteile die
Menschen nach den Grundsätzen der Gerechtigkeit, Barmherzigkeit erhalte der Mensch nur durch die Fürsprache
Marias, die allein ihren Sohn umzustimmen vermöge.

Kosmische Züge der Marienver-ehrung

Die Gestalt Marias wird, wie die Gestalt Jesu, ins
Kosmische ausgeweitet. Das drückt sich in der Vorstellung
aus, daß sie als ganzer Mensch mit Leib und Seele bei Gott
ist. Diese Vorstellung läßt sich bis ins 5. Jahrhundert
zurückverfolgen. Die Verbindung der Heilsereignisse sowie der christlichen Feste mit den astronomischen Vorstellungen der damaligen Zeit bedeutete eine religiöse
Inkulturation. Der Gang der Gestirne hatte religiöse Bedeutung, besonders der Planet Venus als Morgen- und
Abendstern.

Der Name Maria wird als Meeres-Stern gedeutet (Mare
= Meer).

Da erschien ein großes Zeichen am Himmel: eine
Frau, mit der Sonne bekleidet, der Mond war unter
ihren Füßen und ein Kranz von 12 Sternen auf ihrem
Haupt. Sie war schwanger und schrie vor Schmerz in
ihren Geburtswehen.   *(Offb 12,1-2)*

245

Dieser Text meint die Kirche und wird seit dem 5. Jahrhundert auch auf Maria gedeutet.

Maria tritt in gewisser Weise in Vorstellungsformen ein, die in Religionen gebildet wurden, auf die die christlichen Missionare stießen.

In der Kunst wird Maria als im Himmel thronend dargestellt, sie ist Königin des Himmels und mit Macht ausgestattet, so daß sie den Menschen auf der Erde Schutz gewähren kann.

Geschichtliche Ausprägungen der Marienverehrung

So sind bereits früh die Züge ausgebildet, die die Marienverehrung prägen, selbst der Überschwang der Sprache, der Maria mit vielerlei Titeln belegt. Bleiben die Grundzüge auch erhalten, so wechselt doch die emotionale Farbe. Stärker als das Bild Christi ist das seiner Mutter durch die jeweilige Epoche bestimmt.

Das 4. und 5. Jahrhundert ist noch durch die Abgrenzung vom Heidentum bestimmt. Maria wird den heidnischen Gottheiten entgegengesetzt.

Im Mittelalter prägen die vom Rittertum entwickelten Vorstellungen der Minne das emotionale Klima.

Im 17. Jahrhundert prägt der Barock auch der Marienfrömmigkeit seine Züge auf.

Im 19. Jahrhundert ist eine große Diskrepanz zwischen einer rationalen, begrifflich orientierten Theologie und einer gefühlsbetonten Frömmigkeit zu beobachten.

Marienverehrung im Westen

Im 12. Jahrhundert gibt es im Westen einen ersten Höhepunkt der Marienverehrung. In diesem Jahrhundert kommen Reformbewegungen zum Tragen (Cluny, die Zisterzienser). Das auflebende religiöse Leben führt auch zu einer Intensivierung der Marienverehrung, die die Themen der altkirchlichen Marienverehrung aufgreift, jedoch neue Ausdrucksweisen in der Kunst findet und den Gedanken der Minne auch auf Maria überträgt, die sich in den Worten

"Unsere Liebe Frau", "Notre Dame" niederschlagen. Wahrscheinlich schon aus dem 11. Jahrhundert stammt das "Salve Regina".

> Sei gegrüßt, o Königin, Mutter der Barmherzigkeit, unser Leben, unsere Wonne und unsere Hoffnung sei gegrüßt. Zu dir rufen wir verbannte Kinder Evas, zu dir seufzen wir trauernd und weinend in diesem Tal der Tränen.
> Wohlan denn, unsere Fürsprecherin, wende deine barmherzigen Augen uns zu und nach diesem Elend zeige uns Jesus, die gebenedeite Frucht deines Leibes, o gütige, o milde, o süße Jungfrau Maria.

Die Anfänge des am meisten verbreiteten Mariengebetes, das "Gegrüßet seist du Maria", auch "Ave" genannt, das den Gruß des Engels sowie Worte aufnimmt (s.o. S. 240), mit denen Elisabeth Maria gegrüßt hat (Lk 1,28. 42), fallen in diese Zeit. Im 10. Jahrhundert wird ein eigenes Marienofficium entwickelt, das dem Officium, dem Chorgebet der Ordensleute, nachgebildet ist. Es besteht aus Psalmen und Hymnen sowie dem "Gegrüßet seist du ...", wurde den Laien als Gebet empfohlen und wird auch den Klerikern für den Samstag vorgeschrieben.

Marienleben, Marienlegenden

Einen großen Einfluß auf die Vorstellungen über Maria haben Erzählungen über das Marienleben, die an das Protoevangelium des Jakobus (s.o. S. 241) anknüpfen, sowie Marienlegenden. Diese führen Heilungen und Rettungen auf das Gebet zu Maria zurück.

Die Reformation

Im späten Mittelalter haben die Heiligen- und damit auch die Marienverehrung eine Vielfalt von Formen ausgebildet, die die zentralen Glaubenswahrheiten und Frömmigkeitsformen überwuchern. Die Reformation sucht das Christentum in seiner ursprünglichen Gestalt zurückzugewinnen und verwirft die Heiligen- und damit auch die Marienverehrung. Im Barock kommt es zu einem neuen Aufblühen der Marienfrömmigkeit. Vorausgegangen war eine Pflege der Marienverehrung zur Zeit der Gegenreformation, besonders des Rosenkranzgebetes in eigenen Rosenkranzbruderschaften.

Im Barock, vor allem in Frankreich, erhält die Marienverehrung Züge der Überschwenglichkeit. Maria wird als Part-
nerin Gottes im Erlösungswerk gesehen, eine totale Hingabe
an Maria, die sogar als Sklavenschaft formuliert wird, gilt als
Ausdruck tiefer Frömmigkeit. Mit dieser Frömmigkeits-
richtung ist eine Betonung der Innerlichkeit, der gefühlsbetonten Meditation des Lebens Jesu, seiner Passion, der
Gefühle Jesu und seiner Mutter verbunden, die eine Verehrung des Herzens Jesu und des Herzens Mariä ausbilden.
Diese Frömmigkeitsformen werden durch die Aufklärung
unterbrochen, die an die Stelle des Gefühls Rationalität setzt.

Mit dem Beginn des 19. Jahrhunderts erhält das religiöse
Leben neue Impulse. Der Missionsgedanke wird zuerst von
Laien wiederbelebt und es kommt zu Ordensgründungen
sowohl für Mission als auch für Krankenpflege und Unterricht. Auch die Marienverehrung belebt sich neu, man spricht
sogar von einer "Marianischen Bewegung". Diese Epoche
knüpft mentalitätsmäßig an das 17. Jahrhundert an und endet
mit dem II. Vatikanischen Konzil.

Charakteristisch für die Marienfrömmigkeit dieser Jahr-
zehnte sind die Orientierung an Erscheinungen Marias (La
Salette 1846, Lourdes 1858, Fatima 1917), das Rosenkranzgebet, die Maiandacht, die Förderung der Marienverehrung
durch die Päpste. Ähnlich wie im 17. Jahrhundert zeigt die
Marienverehrung Züge der Überschwenglichkeit. Man kann
sich nicht genug tun, die Einzigartigkeit Marias herauszustellen, ihr eine aktive Rolle im Erlösungsgeschehen einzuräumen, sie sogar als Mit-Erlöserin zu bezeichnen. Zwei
kirchliche Lehrentscheidungen fallen in diese Zeit. 1854
wird die unbefleckte Empfängnis Marias von Pius IX. und
1950 die leibliche Aufnahme Marias in den Himmel von Pius
XII. definiert. (Zur Bedeutung dieser Aussagen s. S.251ff)

Daß das II. Vatikanische Konzil zu einem Mentalitäts-
wandel in der katholischen Kirche geführt hat, zeigt sich auch
an der Marienfrömmigkeit. Auf dem Konzil hat sich die
liturgische Bewegung durchgesetzt. Während es früher üblich war, daß die Katholiken während der Messe den
Rosenkranz beteten, sich am Vollzug der Messe also nur am
Rande beteiligten, steht nach dem Konzil die Messe selbst im
Mittelpunkt des Gemeinde- wie auch des Gebetslebens. Die

Beschäftigung mit der Bibel nimmt mehr Raum ein, die Formen der Marienverehrung, Maiandacht und Rosenkranzgebet, werden kaum noch gepflegt. Auch die Person Marias wird anders gesehen. Sie wird als Urtypus der Kirche, weniger als der Kirche gegenüberstehend gesehen. Man denkt nicht mehr darüber nach, inwieweit Maria am Erlösungsgeschehen beteiligt ist, die Menschen die Gnaden der Erlösung aus der Hand Marias erhalten, ihre Barmherzigkeit mit der Gerechtigkeit Christi kontrastiert. In Maria wird vielmehr der Anfang der Kirche gesehen. Sie hat die Initiative Gottes beantwortet, sie hat als erste getan, was die Gläubigen tun: Gottes Angebot annehmen, sich der Zuwendung Gottes öffnen.

In den letzten Jahren sind neue Impulse der Marienverehrung zu beobachten. Das ist insofern von Bedeutung, als Katholiken, die die Marienverehrung gepflegt haben, wieder stärker in das kirchliche Leben integriert werden. Denn weithin galt Marienverehrung in den letzten Jahren als Merkmal konservativer Haltung, die den Wandel des Konzils nicht mitvollzogen hat, obwohl das Konzil wichtige theologische Aussagen über Maria aufgegriffen und für das kirchliche Leben festgehalten hat. Auch in den evangelischen Kirchen beschäftigen sich Theologen mit der Gestalt Marias.

4.5.3 Theologische Aussagen über Maria

Anders als die Heiligen wird Maria in den Glaubensdokumenten erwähnt. Im Glaubensbekenntnis heißt es:

Für uns Menschen und zu unserem Heil
ist er vom Himmel gekommen.
Er hat Fleisch angenommen durch den
heiligen Geist von der Jungfrau Maria
und ist Mensch geworden.

So hat Maria im Rahmen der systematischen Darstellung des Glaubens, die sich an der Gliederung des Glaubensbekenntnisses orientiert, ihren Platz. Dieses Kapitel der Theologie wird auch Mariologie genannt. Die systematische Darstellung orientiert sich meist an den vier Hauptaussagen über Maria:

- Sie hat Jesus als Jungfrau empfangen und geboren
- Sie ist Mutter Gottes
- Sie ist unbefleckt von der Erbsünde empfangen und
- Mit Leib und Seele in den Himmel aufgenommen.

Aussagen über Maria korrespondieren mit theologischen Fragen

Diese Aussagen sind nicht aus sich verständlich, sondern korrespondieren mit den jeweiligen theologischen Fragestellungen einer Epoche und ihrer Beantwortung. Bis ins 5. Jahrhundert stand die Frage nach der Person Jesu im Mittelpunkt des theologischen Interesses. Dem entsprechen die

Die Person Jesu

Aussagen über die jungfräuliche Geburt und Gottesmutterschaft. Schon bei Matthäus und Lukas weist die Geburt Jesu aus der Jungfrau darauf hin, daß dieses Kind keinen Menschen, sondern Gott zum Vater hat.

Geburt aus der Jungfrau - Sohn Gottes

Diese Aussagerichtung wird immer dann betont, wenn die Gottessohnschaft Jesu verteidigt wird. Die Prediger und Theologen sprachen bald von einer dauernden Jungfrauschaft Marias, davon, daß sie jungfräulich gelebt hat und daß diese Jungfräulichkeit auch durch die Geburt eines Kindes nicht in Frage gestellt ist.

Gottesmutter - in Jesus sind nicht zwei Personen

Der Titel "Gottesmutter" (Theotokos) entstand im 4. Jahrhundert in der alexandrinischen Theologie. Das Konzil von Ephesus 431 bestätigt diesen Titel und sagt damit, daß Jesus von Anfang an Gottes Sohn war und daß in Jesus nicht zwei Personen waren, eine menschliche und eine göttliche, sondern daß der eine zugleich Gott und Mensch ist. (Theologen heute meinen, daß der Konflikt, der zum Konzil von Ephesus geführt hat, unnötig war. Zwischen Nestorius, der den Titel nicht akzeptierte, sondern lieber Christotokos sagte, und Cyrill von Alexandrien, der ihn verteidigte, beständen nur terminologische Differenzen).

Mit Augustinus (gestorben 430) kommt eine neue Frage-richtung in die Theologie, die noch in der Reformation im Mittelpunkt stand und wohl erst durch das Aufkommen des Atheismus und die sich daraus ergebenden Fragestellungen abgelöst wurde. Es geht um die Erlösung des Menschen, oder in der Terminologie Luthers, um die Rechtfertigung. Die Existenz Gottes, die Person Jesu, daß er wahrer Gott und wahrer Mensch ist, werden vorausgesetzt. Die Frage ist, wie der Mensch an sein Ziel kommt.

Seit Augustinus theologische Anthropologie

Maria ist im Glauben der Kirche der Mensch, der an sein Ziel gekommen ist. Ihr Leben war nicht durch die Sünde bedroht. Schon früh, seit dem 5. Jahrhundert, ist die Vor-stellung greifbar, Maria sei auch mit ihrem Leib bereits zu Gott heimgegangen. Im Osten spricht man vom Entschlafen Marias, im Westen von der leiblichen Aufnahme Marias in den Himmel. Das Fest "Mariä Himmelfahrt" wird im Osten seit dem 5., im Westen seit dem 6. Jahrhundert gefeiert. Pius XII. hat 1950, nachdem er alle Bischöfe befragt hatte, die leibliche Aufnahme Marias in den Himmel zur ausdrückli-chen Lehre der Kirche erklärt.

Maria und die Erlösung: Sün-delosigkeit und endgültige Voll-endung

Auch über den Ursprung des Lebens Marias macht die Kirche eine Aussage, die Maria aus den anderen Menschen heraushebt. Der Satz "Maria ist unbefleckt empfangen" ist nur im Kontext der von Augustinus formulierten Erbsündenlehre zu verstehen. Sie besagt, daß Jesus nicht nur den Menschen von individueller Schuld und persönli-chem Versagen erlöst hat, sondern ihn aus dem Schuldzusam-menhang befreit hat, in den die Menschen seit der Sünde der Stammeltern verstrickt sind. Die Erbsünde beeinflußt den einzelnen von innen her, verführt ihn zu persönlichem Schuldigwerden. Entsprechend der manichäischen Grund-strömung im Christentum wird die Erbsündlichkeit als "Begierlichkeit" erlebt, die sich besonders in der Sexualität zeigt. Nach der Vorstellung des Augustinus wird sie durch den Geschlechtsakt übertragen. Daß Maria von der Erb-sünde befreit ist, war unter den Theologen nie kontrovers. Der Gruß des Engels "Sei gegrüßt, du Begnadete, der Herr ist mit dir" (Lk 1,28) besagte Befreiung von aller Schuld. Umstritten war nur, wann Maria die Befreiung von der Erbsünde erhielt. Die augustinische Vorstellung von der

Maria im Kon-text der Erb-sündenlehre

251

Übertragung der Erbsünde hat zur Konsequenz, daß Maria auch mit diesem Makel behaftet war, da sie nicht jungfräulich geboren wurde. Im Mittelalter war es unter Theologen strittig, ob Maria von dem Augenblick der Empfängnis an von der Erbsünde befreit war oder erst durch den Gruß des Engels. In den späteren Jahrhunderten setzt sich erstere Auffassung durch, wird aber erst 1854 von Pius IX. nach einer Befragung aller Bischöfe definiert:

> Von Gott ist es offenbart und von allen Gläubigen fest und standhaft zu glauben, daß die seligste Jungfrau Maria im ersten Augenblick ihrer Empfängnis durch ein einzigartiges Gnadenprivileg des allmächtigen Gottes im Hinblick auf die Verdienste Christi, des Erlösers des menschlichen Geschlechts, von jedem Makel der Erbschuld im voraus bewahrt worden und davon frei gewesen ist.

Neue Sicht des Schuldzusammenhangs

Die Vorstellung von der Erbsünde als einem Schuldzusammenhang, in den alle Menschen hineingeboren werden, wird heute nicht mehr als "Begierlichkeit" gesehen, sondern gesellschaftlich interpretiert. Die Umwelt induziert Bosheit, Haß, Egoismus, ihren negativen Einflüssen kann sich kein Mensch entziehen.

Aussagen über Maria verselbständigen sich

Die Aussagen über Maria als "Gottesgebärerin", "unbefleckt Empfangene", als "mit Leib und Seele in den Himmel Aufgenommene" beziehen sich auf die Person. Waren die Aussagen über Maria anfänglich theologische Maßnahmen zur Absicherung von Glaubenssätzen, verselbständigten sie sich schon früh. Damit tritt Maria in den Vordergrund, bis im 17. und 19. Jahrhundert der Eindruck entstehen kann, Maria konkurriere mit Jesus, übernehme Funktionen im Werk der Erlösung, die eigentlich Jesus Christus zustehen.

Vatikanisches Konzil: Maria im Kontext der Kirche

Eine Rückbindung der Aussagen über Maria in die Gesamtheit der Glaubensaussagen nimmt das II. Vatikanische Konzil vor. Aussagen über Maria werden nicht in einer eigenen "Konstitution" gemacht, sondern im letzten Kapitel der Konstitution über die Kirche. Hier wird eine Linie aufgegriffen, die schon bei den Theologen der alten Kirche gezogen wird. In Maria kommen die besten Züge des Volkes

Israel zur Vollendung. Dieses Volk hat auf Gottes Wirken in seiner Geschichte vertraut und hat in steigendem Maß den Messias erwartet. Maria ist offen für das Wirken Gottes, ihr Ja gegenüber der Botschaft des Engels vollendet die Erwartungshaltung Israels.

Maria: Vollendung Israels

Das Jawort Marias gegenüber dem Engel kann als Mitwirkung an der Erlösung verstanden werden, aber nicht als Gabe, sondern als Antwort auf die Gabe Gottes. Alttestamentliche Stellen werden auf Maria bezogen. Gottes Wort wird in Maria wirksam:

So hoch der Himmel über der Erde ist, so hoch erhaben sind meine Wege über eure Wege und meine Gedanken über eure Gedanken. Denn wie der Regen und der Schnee vom Himmel fällt und nicht dorthin zurückkehrt, sondern die Erde tränkt und sie zum Keimen und Sprossen bringt ...

so ist es auch mit dem Wort, das meinen Mund verläßt: Es kehrt nicht leer zu mir zurück, sondern bewirkt, was es will, und erreicht all das, wozu ich es ausgesandt habe. *(Jes 55,9-11)*

Tauet ihr Himmel von oben, ihr Wolken regnet herab den Gerechten. Tue dich auf, o Erde, und sprosse den Heiland hervor. *(nach Jes 45,8)*

Indem Maria Gottes Angebot bejaht, bringt sie nicht nur die israelitische Messiaserwartung zu ihrem Abschluß, sie wird zugleich Urzelle der Kirche. Sie geht auf die Initiative Gottes ein und beginnt, von seiten der Menschen, die mit Jesus neu beginnende Geschichte zwischen Gott und den Menschen. Sie ist Hörerin des Wortes, geht den Weg Jesu mit bis zum Kreuz und erfährt die Sendung des Geistes inmitten der Apostel am Pfingsttag. Sie ist Typus der Kirche in ihrem Glauben und der vollendeten Einheit mit Christus, in ihr verwirklicht sich Christsein auf überragende Weise, zugleich ist sie die auf einzigartige Weise Vollendete, Beginn der Kirche in der kommenden Weltzeit (Konstitution über die Kirche des II. Vatikanischen Konzils Nr. 63, 65, 68).

Maria: Urzelle der Kirche

Zugleich wird ihr gegenüber der Kirche eine Mutterrolle zugebilligt. Paul VI. führt, nicht zuletzt um die Impulse der marianischen Frömmigkeit aufzugreifen, die das Konzil in die Lehre von der Kirche eingebunden hatte, den Titel "Maria, Mutter der Kirche" ein, das heißt des ganzen Volkes Gottes, sowohl der Gläubigen als der Hirten" (Ansprache vom 7. Oktober 1964).

Das letzte Konzil bestätigt die Marienverehrung, gibt dazu Richtlinien und mahnt, "daß die Marienverehrung nicht in unfruchtbarem und vorübergehendem Gefühl, noch in irgendwelcher Leichtgläubigkeit besteht, sondern aus dem wahren Glauben hervorgeht, durch den wir zur Anerkennung der Erhabenheit der Gottesmutter geführt und zur kindlichen Liebe zu unserer Mutter und zur Nachahmung ihrer Tugenden angetrieben werden". (Nr. 67 der Konstitution über die Kirche)

Nachahmung der Heiligen, die Anrufung ihres Schutzes (Nr. 66) sowie die Verehrung ihrer Person werden, entsprechend der allgemeinen Zielrichtung des Konzils, in die Feier des Kirchenjahres eingebunden. Dadurch wird die Heiligenverehrung in den Gottesdienst hineingenommen. Im Zentrum eines Heiligenfestes steht jedoch nicht die Verehrung des Heiligen, sondern die Eucharistiefeier, in der die Christen durch den Sohn im Heiligen Geist zum Vater beten.

4.5.4 Entstehung und Thematik der Marienfeste

In den östlichen Kirchen gab es zuerst ein allgemeines Marienfest, das dem Gedächtnistag der Märtyrer entsprach. Aus dem 5. Jahrhundert sind verschiedene Tage als Gedenktage Marias bekannt, so in Konstantinopel der 26. Dezember, in Jerusalem der 15. August, anderswo der Sonntag vor Weihnachten, in Antiochien und in Gallien der 18. Januar. Im 6. Jahrhundert kommt es zur Ausbildung von vier Marienfesten, die sich auf einzelne Ereignisse des Lebens Marias beziehen.

Verkündigung der Geburt Christi	25. März
Heimgang Marias	15. August
Geburt Marias	8. September
Begegnung des Tempels mit seinem Herrn oder Maria Lichtmeß, heute "Darstellung des Herrn"	2. Februar

Vom Osten her finden diese Feste Eingang in die westliche Kirche (s.o. S. 243)
Im 8. Jahrhundert entstehen im Osten zwei weitere Marienfeste:

1. Maria Darstellung, Opferung   21. November

Dieses Fest bezieht sich auf das sogenannte Protoevangelium des Jakobus, nach dem die dreijährige Maria von ihren Eltern dem Tempeldienst geweiht wurde.

2. Empfängnis Marias   8. Dezember

Das Fest der Empfängnis Marias wurde ursprünglich im Osten "Empfängnis der hl. Anna" genannt. Es wurde seit dem 8. Jahrhundert gefeiert. Es war allerdings kein Hauptfest, sondern erst in der lateinischen Kirche seit dem 15. Jahrhundert.

Neben diesen alten Marienfesten entstanden eine Vielzahl von weiteren Festen und Gedenktagen, deren Feier oft auf einzelne Orden und Diözesen beschränkt blieb. Im folgenden werden die Marienfeste des jetzt gültigen Heiligenkalenders mit jeweils kurzen Hinweisen zum Ursprung und zur Aussage des Festes aufgelistet. Allein dieser Überblick zeigt schon, wie viele Impulse und Strömungen die Marienverehrung geprägt haben.

| 1. Januar | **Hochfest der Gottesmutter Maria** |

Entstehung
Das Fest entstand im 7. Jahrhundert in Rom als Oktavtag (8. Tag) von Weihnachten und war marianisch geprägt. Es wurde später als "Fest der Beschneidung des Herren" gefeiert. Bei dem jüdischen Ritus der Beschneidung erhielt das Kind seinen Namen und wurde in die Glaubensgemeinschaft aufgenommen. Mit der Neuordnung des Kirchenjahres wurde die ursprüngliche marianische "Widmung" dieses Festes wiederhergestellt.

Aussage
Das Fest stellt die Gottesmutterschaft in den Mittelpunkt, dies ist eine Ausfaltung des Geheimnisses der Menschwerdung Gottes. (Zum Fest s.o. 3.2.3.6, zur theologischen Aussage s.o. S.52) Der 1. Januar ist zugleich der Weltfriedenstag (s.u. S. 288)

| 2. Februar | **Darstellung des Herrn (Mariä Lichtmeß)** |

Entstehung
Das Fest wurde in Jerusalem schon Anfang des 4. Jahrhunderts gefeiert, es gehört zu den alten Marienfesten.

Aussage
Der Inhalt des Festes ist durch den Bericht des Lukasevangeliums vorgegeben (Lk 2,22-40). Die Eltern bringen das Kind in den Tempel, für die Mutter wird das vorgeschriebene Reinigungsopfer dargebracht, Simeon und Hanna weissagen über das Kind und die Mutter.
Der Osten akzentuierte es als "Fest der Begegnung des Herrn". Jesus begegnet den Vertretern des Gottesvolkes, die die Messiaserwartung weitergetragen haben. Der Westen akzentuiert das Fest als Marienfest "Reinigung Marias". Seit der Liturgiereform wird der 2. Februar als Christusfest gefeiert "Fest der Darstellung des Herrn" (s.o. 3.2.3.7, S.52), mit dem die Weihnachtszeit abschließt.

256

Gedenktag Unserer Lieben Frau von Lourdes 11. Februar

Entstehung
In der Zeit vom 11. Februar 1858 an hatte Bernadette Soubirous in einer Felsengrotte bei Lourdes Marien-Erscheinungen. Der Gedenktag wurde 1907 von Pius X. für die ganze Kirche eingeführt.

Aussagen
Die Visionen der Bernadette Soubirous haben für die Frömmigkeitsgeschichte eine große Bedeutung. Lourdes ist einer der größten Wallfahrtsorte. Maria wurde von Bernadette Soubirous als die "Unbefleckt Empfangene" gesehen. 1854 war die Aussage über die unbefleckte Empfängnis als Lehrsatz der Kirche feierlich definiert worden. Der religiöse Impuls, den Bernadette vermittelte, bezog sich auf Gebet und Buße.

Verkündigung des Herrn 25. März

Entstehung
Im Osten wird das Fest bereits seit der Mitte des 5. Jahrhunderts gefeiert. Sein Datum bestimmt sich in Bezug auf das Weihnachtsfest am 25. Dezember.

Aussage
Im Osten wurde das Fest "Verkündigung der Gottesgebärerin" genannt. In der westlichen Kirche hieß das Fest "Mariä Verkündigung". Die Liturgiereform hat den alten römischen Titel "Verkündigung des Herrn" wieder aufgegriffen. Der Inhalt des Festes ist durch das Evangelium vom Besuch des Engels Gabriel bei der Jungfrau Maria in Nazareth vorgegeben (Lk 1,26-38). Das Fest steht in Bezug zu Weihnachten, seine Aussage ist, daß Jesus durch die Einwirkung des Geistes empfangen wurde, daß Gott der Vater dieses Kindes ist und daß das Kind im Heilsplan Gottes eine große Rolle spielen wird. (s. 3.2.4, S. 55 ff und oben 3.3., S. 72 ff)

Der ganze Monat Mai ist der Verehrung Marias geweiht. Maiandachten finden während des ganzen Monats statt. (s.u. Maiandacht, S. 268)

3. Samstag nach Pfingsten

Unbeflecktes Herz Mariä

Entstehung
Das Fest wurde 1944 eingeführt und am 22. August gefeiert. Die Liturgiereform legte es auf den Samstag nach dem Herz-Jesu-Fest.

Aussage
Die Verehrung des Herzens Marias ist im Zusammenhang mit der Herz-Jesu-Verehrung entstanden (vgl. 3.11. S. 174). In dem Fest werden auch die Impulse der Marienverehrung aufgegriffen, die sich von dem portugiesischen Ort Fatima herleiten. Pius XII. hatte 1942, nicht zuletzt aus der Weltkriegssituation heraus, die ganze Menschheit dem "Unbefleckten Herzen Marias" geweiht.

2. Juli

Mariä Heimsuchung

Entstehung
Das Fest ist im Westen aus der mittelalterlichen Marienfrömmigkeit heraus entstanden. 1263 hat es der Franziskanerorden eingeführt. 1389 wurde es auf die ganze abendländische Kirche ausgedehnt.

Aussage
Der Inhalt des Festes ist der Bericht über den Besuch Marias bei Elisabeth (Lk 1,39-56). Das Datum liegt daher in der Nähe des Festes von Johannes dem Täufer am 24. Juni. Der Besuch Marias, wenige Tage nach der Ankündigung der Geburt Jesu durch den Engel, wird im Evangelienbericht als Begegnung zwischen dem Messias und dem letzten Propheten des Alten Bundes dargestellt.

Elisabeth sagt zu Maria: "In dem Augenblick, als ich deinen Gruß hörte, hüpfte das Kind vor Freude in meinem Leib." (Lk 1,44)

Unsere Liebe Frau auf dem Berge Karmel 16. Juli

Entstehung
Dieser Gedenktag geht auf den Karmeliterorden zurück, der
die Marienverehrung besonders gepflegt hat. Der Orden
leitet sich von Eremiten auf dem Berg Karmel in Palästina
her. Diese Eremiten flüchteten im 13. Jahrhundert vor den
Sarazenen nach Europa. Ein besonderes Merkmal des Ordens ist das Skapulier, dessen Träger damit eine besondere
Marienverehrung ausdrücken (s.u. S. 269). Der 16. Juli
heißt deshalb auch "Skapulierfest". Das Skapulier, ein Teil
des Ordenskleides, gilt als Ausdruck der Marienverehrung.
Der Gedenktag selbst geht auf das 14. Jahrhundert zurück
und wurde 1726 auf die ganze Kirche ausgedehnt.

Aussage
Der Gedenktag bringt die Gestalt Marias mit der kontem-
plativen Ausrichtung des Karmeliterordens in Zusammenhang. Maria selbst wird in der Bibel als ein kontemplativer
Mensch dargestellt.

> Maria aber bewahrte alles, was geschehen war, in
> ihrem Herzen und dachte darüber nach. (Lk 2,19. 51)

Weihe der Basilika Santa Maria Maggiore 5. August

Entstehung
Die Kirche gilt als die bedeutendste Marienkirche des
Abendlandes, sie liegt in Rom auf dem Esquilin, wurde von
Papst Liberius (352-366) erbaut und 435 nach dem Konzil
von Ephesus (431) Maria geweiht. Der Gedenktag wird
auch "Maria Schnee" genannt, weil nach der Legende Maria
durch einen Schneefall im August den Platz für die Kirche
angezeigt habe.

Aussage

Der Gedenktag steht im Zusammenhang mit dem Konzil von Ephesus, das den Titel "Gottesmutter" für Maria bestätigte. Im Anschluß an das Konzil entfaltete sich die Marienverehrung, die sich auch in der Kunst und im Bau von Maria geweihten Kirchen niederschlug (s.o., S. 244, 250).

15. August **Mariä Aufnahme in den Himmel**

Entstehung

Der Todestag eines Heiligen war von jeher auch dessen Gedenktag. Im Osten wurde das Fest schon im 5. Jahrhundert gefeiert und war bald staatlicher Feiertag im byzantinischen Reich. Der 15. August war der Marienfeiertag der Jerusalemer Kirche.

Aussage

Der Glaube, daß Maria als ganzer Mensch die Endgültigkeit der Erlösung erlangt hat, daß ein Glied der Kirche bereits das Leben lebt, zu dem alle berufen sind, ist bereits im 5. Jahrhundert bezeugt. Maria ist wie Jesus gestorben, aber sie konnte nicht im Grab bleiben. Alttestamentliche Berichte, nach denen Henoch (Gen 5,24) und Elias (2 Kön 2,11-14) in den Himmel aufgenommen wurden, stützen diesen Glauben (s.o., S. 251).

22. August **Maria Königin**

Entstehung

Das Fest ist jungen Datums, es wurde 1954 von Pius XII. zum Abschluß der Hundertjahrfeier der Verkündigung des Dogmas von der unbefleckten Empfängnis eingeführt. Der Gedenktag lag bis zur Liturgiereform auf dem 31. Mai als Abschluß des Marienmonats. Jetzt ist er auf den Abschluß der Festzeit (Oktav) der Aufnahme Mariens in den Himmel gelegt.

Neben vielen Titeln, die in der Marienverehrung Maria zugesprochen wurden, ist der der Königin mit ihrer Aufnahme in den Himmel verbunden. Sie ist damit als Königin eingesetzt.

Mariä Geburt
8. September

Das Datum leitet sich vom Kirchweihtag einer Jerusalemer Kirche her, die der heiligen Anna, der Mutter Marias, geweiht war. Der Platz, auf dem die Kirche steht, gilt in einigen Traditionen als Ort der Geburt Marias.

Mariä Namen
12. September

Entstehung
Das Fest wurde 1683 als Dank für den Sieg über die Türken eingeführt, der auch auf das Gebet zu Maria zurückgeführt wurde. Der Gedenktag wurde bei der Liturgiereform gestrichen, für den deutschen Sprachraum jedoch beibehalten.

Aussage
In dem Gedenktag drückt sich das Vertrauen in die "Schutzmacht" Maria aus, die auch als "immerwährende Hilfe" angerufen und als "Schutzmantel-Madonna" dargestellt wird.

Gedächtnis der Schmerzen Marias
15. September

Entstehung
Das Fest hat seine Wurzeln im Mittelalter, in der Verehrung der "Sieben Schmerzen Marias", eines dem Kreuzweg (s. S. 87) verwandten Gebetes. Der Gedenktag wurde erst in Deutschland eingeführt und vom Servitenorden gepflegt und von Pius VII. 1814 als Dank für die Rückkehr aus der Gefangenschaft unter Napoleon für die ganze Kirche eingeführt. Seit 1913 ist der Gedenktag auf den Tag nach dem Fest "Kreuzerhöhung" gelegt. (s. 3.13., S. 183 ff)

Aussage
Nach dem Bericht des Evangelisten Lukas sagt Simeon, als die Eltern Jesus in den Tempel bringen, zu Maria: "Dir selbst aber wird ein Schwert durch die Seele dringen" (Lk 2,35). Diese Weissagung sehen die Christen durch den Schmerz Marias, die unter dem Kreuz ausharrt, als bestätigt an (Joh 19,25). In der Meditation der Schmerzen Marias sah der mittelalterliche Mensch seine eigenen Leiden gespiegelt. Aus dem Leben Marias wurden folgende Begebenheiten als schmerzhaft empfunden:

1. Weissagung des Simeon (Lk 2,34-35)
2. Flucht nach Ägypten (Mt 2,13-15)
3. Suche nach dem zwölfjährigen Jesus, den die Eltern im Tempel finden (Lk 2,45-52)
4. Der Weg nach Golgotha
5. Die Kreuzigung Jesu
6. Die Abnahme Jesu vom Kreuz
7. Die Grablegung Jesu

Das Bild der Mutter, die ihren toten Sohn auf den Knien hält (Pieta) ist das Gegenbild zur Mutter mit dem kleinen Kind auf den Armen.

Monat Oktober

Der Oktober ist der **Rosenkranz-Monat**, während dem täglich in den Kirchen der Rosenkranz gebetet wurde und gebetet wird (s. u. Rosenkranz, S. 265f).

7. Oktober

Unsere liebe Frau vom Rosenkranz

Entstehung
Das Fest wurde 1572 von Pius V. zur Erinnerung an den Sieg über die Türken am 7. Oktober 1571 eingeführt und nach dem Sieg über die Türken bei Peterwardein (Ungarn) 1716 auf die ganze Kirche ausgedehnt.

Aussage

Das Fest bezieht sich auf den Rosenkranz, Maria wird als Königin des Rosenkranzes angesprochen. Das Fest hat daher seinen Platz im Rosenkranzmonat. (Zum Rosenkranzgebet s. u. S. 265f)

Gedenktag unserer lieben Frau in Jerusalem 21. November

Entstehung

Das Fest ist ursprünglich das Kirchweihfest einer alten Jerusalemer Marienkirche.

Aussage

Das Fest bezieht seinen Inhalt aus dem Protoevangelium des Jakobus, nach dem die Eltern ihre dreijährige Tochter dem Dienst im Tempel geweiht haben. Das Fest heißt daher auch "Mariä Opferung". Heute steht man den Legenden des Protoevangeliums kritisch gegenüber. Das Fest kann Jerusalem und den Tempel auch in unmittelbarer Beziehung zu Maria sehen: Maria als Tochter Sion (Sion = Jerusalem), als Tempel Gottes.

Hochfest der ohne Erbsünde empfangenen Jungfrau 8. Dezember und Gottesmutter Maria

Entstehung

Das ältere Fest der Geburt Marias am 8. September führte zum Datum des 8. Dezember.

Das Fest wurde seit dem 8. Jahrhundert im Osten gefeiert, setzte sich aber nicht als Hauptfest durch. In der lateinischen Kirche breitete es sich seit dem 11. Jahrhundert von England her aus, setzte sich aber erst dann durch, als im 14. Jahrhundert die Lehre von der unbefleckten Empfängnis geklärt war.

Aussage

Das Fest stellt die Gestalt Marias in den Mittelpunkt als den Typ des erlösten Menschen. Alles, was über die Außerordentlichkeit Marias, ihre Begnadung und ihre Rolle in der

Heilsgeschichte gesagt werden kann, ist in diesem Fest konzentriert. In der lateinischen Kirche ist es das herausragende Marienfest. (Im einzelnen s.o. S. 251f)

4.5.5 Formen, Elemente, Bilder, Brauchtum der Marienverehrung

Engel des Herrn
Das Gebet wird morgens, mittags und abends zum Glockenläuten gesprochen, daher auch die Bezeichnung Angelus-Läuten. Das Gebet hat folgenden Aufbau:

Engel des
Herrn

Der Engel des Herrn brachte Maria die Botschaft, und sie empfing vom Heiligen Geist.
Gegrüßet seist du, Maria ...
Maria sprach: Siehe ich bin die Magd des Herrn, mir geschehe nach deinem Wort.
Gegrüßet...
Und das Wort ist Fleisch geworden und hat unter uns gewohnt.
Gegrüßet ...
Bitte für uns, heilige Gottesmutter, daß wir würdig werden der Verheißung Christi.

Allmächtiger Gott, gieße deine Gnade in unsere Herzen ein. Durch die Botschaft des Engels haben wir die Menschwerdung Christi, deines Sohnes, erkannt. Laß uns durch sein Leiden und Kreuz zur Herrlichkeit der Auferstehung gelangen. Darum bitten wir durch Christus, unseren Herrn. Amen.

Das Gebet geht auf Papst Johannes XXII. (1316-34 Papst in Avignon) zurück, der anordnete, daß zum Abendläuten drei "Gegrüßet seist du Maria" gebetet werden sollten. Zu dem Abendläuten kam das "Betläuten" am Morgen und das Mittagsläuten. Die heutige Form des Gebetes stammt aus dem 16. Jahrhundert. In der Osterzeit wird der Gebetstext abgewandelt:

Freu dich, du Himmelskönigin,
Halleluja! Den du zu tragen würdig
warst. Halleluja, er ist auferstanden, wie er gesagt ...

Rosenkranz

Das am weitesten verbreitete Volksgebet in der katholi-
schen Kirche ist der Rosenkranz. Es verbindet mit dem
Mariengebet die Meditation der wichtigsten Ereignisse des
Lebens Jesu.

Eine Einheit des Rosenkranzes sind jeweils 10 "Gegrüßet
seist du Maria...", die in folgender Weise mit einem
Heilsereignis verbunden werden:

Gegrüßet seist du Maria, voll der Gnaden,
der Herr ist mit dir.
Du bist gebenedeit unter den Frauen
und gebenedeit ist die Frucht deines Leibes Jesus.
- der (für uns Blut geschwitzt hat)
Heilige Maria, Mutter Gottes, bitte für uns Sünder,
jetzt und in der Stunde unseres Todes. Amen.

Durch die Zweiteilung des "Gegrüßet seist du Maria" kann
der Rosenkranz im Wechsel gebetet werden. Der Einschub
erinnert an ein Ereignis, und zwar jeweils zehnmal hinter-
einander. Diese Ereignisse werden "Geheimnisse" oder
auch "Gesetze" genannt und zu Fünfergruppen zusammengestellt.

Die freudenreichen Geheimnisse

Jesus, den du, o Jungfrau, vom Heiligen Geist
empfangen hast.
den du, o Jungfrau, zu Elisabeth getragen hast
den du, o Jungfrau, (in Betlehem) geboren hast
den du, o Jungfrau, im Tempel aufgeopfert hast
den du, o Jungfrau, im Tempel wiedergefunden hast.

Die schmerzhaften Geheimnisse
Jesus, der für uns Blut geschwitzt hat
der für uns gegeißelt worden ist
der für uns mit Dornen gekrönt worden ist
der für uns das schwere Kreuz getragen hat
der für uns gekreuzigt worden ist.

Die glorreichen Geheimnisse
Jesus, der von den Toten auferstanden ist
der in den Himmel aufgefahren ist
der uns den Heiligen Geist gesandt hat
der dich, o Jungfrau, in den Himmel aufgenommen hat
der dich, o Jungfrau, im Himmel gekrönt hat

Ein "Rosenkranz" besteht aus jeweils fünf "Geheimnissen". Jedes Geheimnis wird mit einem "Vater Unser" eingeleitet, der Rosenkranz insgesamt durch das "Glaubensbekenntnis", ein "Vater Unser" und drei "Gegrüßet seist du Maria" mit den Bitten um Glaube, Hoffnung und Liebe.

Der Rosenkranz kann sowohl in Gruppen als auch allein, in der Kirche, in der Wohnung und auf Wallfahrten gebetet werden. Der Rosenkranz ist ein meditatives Gebet, das die wichtigen Aussagen des Christentums umfaßt und diese entlang des Lebensweges Jesu betrachtet. Von vielen Betern wird der Rosenkranz in der Intention des Bittgebetes gebetet. Man verbindet mit dem Gebet ein bestimmtes Anliegen und hofft auf die "Fürsprache Marias". Historisch wird der Sieg über die Türken bei Lepanto am 7. Oktober 1571 (s.o. S. 262) dem Gebet der Rosenkranzbruderschaften zugeschrieben. Das Rosenkranzgebet als Reaktion auf Bedrohungen und Katastrophen ist auch heute immer wieder zu beobachten.

15. Jahrhundert · · · Seine heutige Form erhielt das Rosenkranzgebet im 15. Jahrhundert. Mehrere Gebetstraditionen haben diese Form ausgebildet. Das wiederholende Beten mit Steinen oder einer Zählschnur war bereits bei den Eremiten der alten Kirche in Brauch. Im Mittelalter noch betete man das "Vaterunser", daher auch der Name "Paternoster-Schnur". Seit dem 12. Jahrhundert verbreitete sich das "Gegrüßet seist du Maria". Es war zuerst als Gruß an Maria gedacht. Der zweite Teil, das Bittgebet, kam erst später hinzu und veränderte das Gebet, so

daß es heute eher als Bittgebet verstanden wird. Der Name Rosenkranz deutet noch auf den ursprünglichen Charakter des Gebetes hin. Der Dame Maria (Notre Dame), Unserer lieben Frau, wird eine Gabe dargeboten. Blumenkränze, aber auch Minnegedichte nannte man "Rosarium". Das Gebet wurde also zuerst als Minnedienst für Maria verstanden. Das wiederholende Gebet wurde als Volksgebet im Mittelalter propagiert. Die Zahl von 150 "Gegrüßet ..." leitet sich von den 150 Psalmen her, die die Kleriker beteten. Das Beten von 150 "Vaterunser" oder "Gegrüßet seist du ..." wurde der Laienpsalter genannt. Im 14. Jahrhundert entwickelte der Karthäuser Heinrich von Kalkar das Gebet weiter. Jeweils 10 "Gegrüßet ..." wurde ein "Vaterunser" vorangestellt. Der Karthäuser Adolf von Essen hat dann die Meditation des Lebens Jesu mit dem Gebet verbunden. Verbreitet wurde das Rosenkranzgebet durch verschiedene Orden, vor allem durch die Dominikaner, die seit dem 15. Jahrhundert Rosenkranzbruderschaften gründeten, deren Mitglieder sich zu diesem Gebet, aber auch zu gegenseitiger Hilfe verpflichteten.

Lauretanische Litanei

Die Litanei ist eine Gebetsform, in der ein Vorbeter Anrufungen und Bitten vorbetet, an die sich ein Ruf der Gemeinde anschließt, z.B. "Erbarme dich unser", "Bitte für uns" oder andere. Diese Gebetsform kommt aus dem Osten. Neben der Allerheiligenlitanei ist die Lauretanische Litanei die bekannteste. Der Name kommt von Loretto, einem Marienwallfahrtsort, wo sie seit 1531 nachzuweisen ist. Sie geht auf die östliche Marienfrömmigkeit zurück, in der Maria Ehrentitel beigelegt werden, z.B.

Mutter des guten Rates
Sitz der Weisheit
Bundeslade Gottes
Zuflucht der Sünder
Königin der Patriarchen

Die Litanei wird meist in sogenannten Andachten, vor allem in den Maiandachten, gebetet.

Maiandacht
Gebetsstunden am Abend des Monats Mai verbreiteten sich im 18. Jahrhundert von Italien aus. Die Form dieser Andachten unterliegt nicht besonderen Regelungen.

Zeiten, die mit Maria in Verbindung gebracht werden

Monat Mai
Der Mai wird als Marienmonat bezeichnet. Diese Zuordnung einer schönen Jahreszeit zur Mutter Jesu wird heute als Ausdruck für die Schönheit, die Begnadung Marias empfunden. Marienaltäre und Marienstatuen werden mit Blumen geschmückt, man betet an Marienkapellen und Marienbildern (Marienstöcke), die an den Feldern stehen. Die Marienverehrung im Mai ist im Mittelalter aus der Ummünzung von Maifeiern auf die Mutter Jesu entstanden.

Monat Oktober
Das tägliche Gebet des Rosenkranzes in den Kirchen während des Monats Oktober wurde durch Papst Leo XIII. 1883 vorgeschrieben. In den letzten Jahren ist diese Andacht zurückgegangen. Der Monat Oktober wurde im Zusammenhang mit dem Rosenkranzfest am 7. Oktober (s.o. S. 262) gewählt.

Samstag
Im Westen wurde der Samstag Maria geweiht. Die Texte der veränderlichen Teile der Messe beziehen sich auf Maria (seit dem 8. Jahrhundert finden sich solche Votivmessen).
Am Samstag Abend wird eine eigene Andacht, die "Salve-Andacht" gebetet, deren Name sich von dem "Salve Regina-Gebet" Sei gegrüßt, o Königin (s.o. S. 247) herleitet.

Frauendreißiger

Eine Art Erntedankzeit zwischen dem 15. August (Maria Himmelfahrt) und dem 15. September, in der Früchte und Kräuter gesammelt und geweiht wurden.

Riten und Zeichen

Skapulier (Scapulare = Schulterkleid)
Tuchstreifen, der über Brust und Rücken bis zu den Füßen herabfällt. Das Skapulier hat sich ursprünglich aus einer Arbeitsschürze entwickelt und wurde zum Ausdruck einer bestimmten religiösen Grundhaltung. Skapuliere tragen verschiedene Orden. Ein kleineres Skapulier für Laien wurde durch den Brauch, Medaillen zu tragen, weitgehend abgelöst.

Durch den Karmeliterorden wurde das Skapulier zu einem Zeichen für die Weihe an Maria. Ausgangspunkt ist eine Vision des Simon Stock am 16.7.1251 in Cambridge, in der das Tragen des Skapuliers in der Todesstunde empfohlen wurde.

Medaillen

Ausdruck der Marienfrömmigkeit ist das Tragen von Medaillen und kleinen Bildern, die oft von Wallfahrtsorten mitgenommen werden. Besondere Verbreitung erhielt die "Wundertätige Medaille", die offiziell "Medaille von der unbefleckten Empfängnis" genannt wird. Auf sie ist das Bild Marias, die auf der Erdkugel die Schlange zertritt (Motiv nach Gen 3,15), eingeprägt. Folgendes Gebet ist meist zu finden: "O Maria, ohne Sünde empfangen, bitte für uns, die wir zu dir unsere Zuflucht nehmen." Diese Medaille geht auf eine Vision der Catherine Labourè im Jahr 1830 zurück und war neben Lourdes wichtiges Element der im 19. Jahrhundert wiederbelebten Marienverehrung.

Blaue Farbe

In neuerer Zeit wird ein helles Blau Maria zugeordnet, es findet sich auf vielen Marienbildern und -statuen der letzten 150 Jahre und soll das "Unbefleckte Herz" Marias symbolisieren.

Wallfahrten

Das Christentum kennt eine Vielzahl von Wallfahrten zu verschiedenen Orten mit verschiedenen Inhalten. In den letzten Jahrhunderten sind Wallfahrten fast ausschließlich zu solchen Orten üblich, von denen Marienerscheinungen berichtet werden oder wo "wundertätige" Bilder, Gnadenbilder verehrt werden (s.u. Kapitel 8 "Wallfahrten", S. 389 ff)

Kräuterweihe   (15. August)

Seit dem 10. Jahrhundert ist die Weihe von Kräutern im Anschluß an den Gottesdienst des Festes "Mariä Himmelfahrt" ein Brauch.

Die Kräuter werden zu Bünden zusammengebunden. Nach Gegenden verschieden muß der Bund bestimmte Kräuter enthalten. Die geweihten Kräuter sollen Krankheiten heilen, werden bei Gewitter im Ofen verbrannt, in Viehfutter und Saatgut gemengt und auf Scheunen gesteckt. Durch die Kräuterweihe, einen Erntebrauch, wurden vorchristliche Riten verdrängt.

Maria in der künstlerischen Darstellung

Marienleben

Neben Gebeten und Gedichten ist das "Marienleben" eine besondere literarische Form. Es entwickelte sich aus den apokryphen Evangelien, die im Mittelalter eine Nachdichtung erfuhren. Das früheste deutsche Marienleben wurde von Roswitha von Gandersheim geschrieben (10. Jahrhundert).

Marienklagen

Marienklagen, die das Leiden Marias über den Tod ihres Sohnes ausgestalten, entstanden im Mittelalter und finden sich in den Passionsspielen.

Marienlegenden

Marienlegenden erzählen von Menschen, denen Maria aus einer Not geholfen hat, die eine besondere Hilfe erfuhren. Viele der Legenden sind mit Wallfahrtsorten verbunden.

Marienbilder

In der bildenden Kunst ist wohl kaum eine religiöse Gestalt häufiger dargestellt worden als Maria. Schon in den Katakomben wurde Maria dargestellt. Mit dem Konzil von

270

Ephesus (431) breitet sich das Bild Marias aus, es kann sogar anstelle des Bildes Christi in der Apsis des Chores treten. Neben der Darstellung der Mutter mit dem Kind werden auch die in der Bibel erzählten Ereignisse gemalt. Verkündigung, Besuch bei Elisabeth, Geburt, Huldigung der Magier ... Während das Marienbild der Ostkirche von bestimmten Vorstellungen geprägt ist, die sich oft an bestimmten Bildern, z.b. des Blachernaeklosters in Byzanz, orientieren, spiegelt die abendländische Kunst stärker das Frauenbild der jeweiligen Epoche und der jeweiligen Volksschicht.

Es wurden auch bestimmte Bildtypen entwickelt, die jeweils eine Aussage über Maria machen, z.B. Maria als die neue Eva, Maria als Kirche, Maria als Strahlenkranz auf der Mondsichel (das apokalyptische Weib, Offb 2,1 f), Schutzmantelmadonna, die eine symbolische Aussage über Maria wiedergeben (die Bundeslade, rosa mystica - Maria im Rosenhag, der elfenbeinerne Turm u.a.) die einer Andachtsform entsprechen, Vesperbild/Pieta (Betrachtung der Schmerzen Marias), Rosenkranzbilder.

Maria als Schutzpatronin
Maria wird als Schutzpatronin von Ländern (Polen, Ungarn, Bayern), von Städten, Kirchen, Hospitälern verehrt. Quellen, die nach Maria benannt sind, wird oft heilkräftige Wirkung zugeschrieben.

4.5.6. Ideen für Beiträge und Sendungen
Maria in der Geschichte des Christentums
Über Maria ist uns durch die Bibel nur wenig berichtet. Trotzdem ist ihre Gestalt Thema einer Fülle von Kunstwerken, von Legenden und Erscheinungen. Die Gestalt Marias ist aus der Gebetstradition der östlichen und westlichen Kirchen nicht wegzudenken.

Aus der Geschichte ergibt sich eine Fülle von Material:

- Darstellung des Marienlebens in der Kunst zu den Festen am 1. Januar, 2. Februar, 25. März, 2. Juli, 15. August, 8. Dezember
- Regionale Traditionen und Formen der Marienfrömmigkeit
- Die Geschichte einzelner Marienkirchen und Wallfahrtsorte: 11. Februar (Lourdes), 5. August, 8. September, 21. November
- Die geschichtlichen Wurzeln einzelner Feste 16. Juli, 12. September, 15. September, 7. Oktober

Maria - Antwort auf Ängste und Sehnsüchte
In verschiedenen Darstellungen der Kunst und in Frömmigkeitsformen spiegeln sich die Ängste und Sehnsüchte einer Epoche.

- Maria, die Mutter Gottes, der Glaube an die Menschwerdung Gottes (Konzil von Ephesus)
- Die schmerzhafte Mutter Gottes, die Bewältigung von Angst und Leid (Mittelalter)
- Maria, Schutzherrin und Mutter der Bittenden, die Auseinandersetzung mit Krieg und Unterdrückung (Rosenkranzgebet)

Maria und die Kirche
Maria wird von den Theologen als Typus der Kirche gesehen, Aussagen über die Kirche werden in gleicher Weise von Maria gebraucht.

Maria als Idealbild der religiösen Frau
Ein mehr psychologischer Zugang zur Geschichte christlicher Religiosität ist in der Weise gegeben, daß Maria in verschiedenen Epochen jeweils als Ideal christlicher Existenz gesehen wurde.

In der Darstellung Marias spiegeln sich Vorstellungen, Ideale und Sehnsüchte einer religiösen Existenz und das Frauenbild einer Epoche.

Zugang zur Ostkirche
Die Marienverehrung prägt das Leben der östlichen Kirchen. Durch die Gestalt Marias kann Verständnis für die Geistigkeit der östlichen Kirchen erschlossen werden.

Das Rosenkranzgebet
- Das Rosenkranzgebet zur Zeit der Türkenkriege
- Rosenkranzbeten während der letzten Kriege
- Erfahrungen einzelner Menschen mit diesem Gebet

Wallfahrten
Seit dem Barock entwickelten sich neue Wallfahrten nur noch zu Orten, die durch Marienerscheinungen ausgezeichnet wurden. In diesen Wallfahrten spiegelt sich das religiöse Leben und auch gesellschaftliche Konfliktlinien. So waren die Marienerscheinungen und Heilungswunder in Lourdes eine Infragestellung des weltanschaulichen Determinus der damaligen Epoche.

4.6 Einzelne Heilige

Im folgenden werden einige Heiligenfeste kurz dargestellt. Auswahlkriterium war nicht die Bedeutung des Heiligen als Persönlichkeit, sondern eine gewisse Breitenwirkung des Festes, die nicht zuletzt durch ein spezifisches Brauchtum bedingt ist.

1.	Josef	19. März
2.	Johannes der Täufer	24. Juni
3.	Peter und Paul	29. Juni
4.	Michael	29. September
5.	Martin	11. November
6.	Nikolaus	6. Dezember

4.6.1 Josef   19. März

Gestalt des Heiligen

Josef - der sorgende Mann im Hintergrund

Josef ist nach dem Bericht des Neuen Testamentes der Bräutigam Marias. Er erfährt durch einen Engel, daß die Schwangerschaft Marias von Gott gewollt ist (Mt 1,18-25).

Die Bibel berichtet weiter, daß Josef bei der Geburt zugegen war und mit dem Kind und seiner Mutter vor dem Zugriff des Herodes nach Ägypten geflohen ist (Mt 2,13-15, s.o. 3.2.4., S. 58 f) und daß er die Vaterrolle für Jesus eingenommen hat. Weil nach der Tradition Maria jungfräulich gelebt hat, wird Josef der "Bräutigam der Gottesmutter" genannt. Über seine Person wissen wir wenig, die Bibel zeichnet ihn als einen, der sich um die Familie sorgt, sie vor äußeren Widrigkeiten abschirmt und dem Zugriff des Herodes entzieht. Die christliche Tradition sieht Josef als treuen, selbstlosen Mann, der sich nicht in den Vordergrund drängt.

Entstehung des Festes

Wurzeln im Franzikanerorden

Die Verehrung des heiligen Josef entwickelt sich im Mittelalter. Der 19. März als Datum findet sich zuerst im 12. Jahrhundert. Der Franziskanerorden fördert die Verehrung des Heiligen, weil er in ihm franziskanische Tugenden verwirklicht sieht. 1870 erklärt Pius IX. Josef zum Schutzpatron der ganzen Kirche.

274

Elemente, Bilder, Brauchtum

Josef ist ein häufiger Vorname unter Katholiken. In Gegenden, wo der Namenstag gefeiert wird, hat der Tag seine Bedeutung in Familien und Bekanntenkreisen.

Josef ist, entsprechend seinem von der Bibel überlieferten Beruf, als Zimmermann der Patron der Zimmerleute und Holzfäller. Er gilt als Beschützer der Keuschheit. Der Festtag fällt in unseren Gegenden in das Frühjahr, die Zeit der Aussaat, das Vieh wird auf die Weide getrieben. Dadurch ist der Tag mit dem Arbeitsrhythmus der Bauern verbunden.

Ideen für Beiträge und Sendungen

In der Gestalt des Josef spiegeln sich Züge des Katholizismus wider, die auch heute das Denken und Fühlen prägen. Die Darstellung des sozialpsychologischen Charakters der Katholiken könnte von der Gestalt des Josef ausgehen. Eine bestimmte Epoche hat in Josef ihr Idealbild gesehen, dem einfachen, frommen Mann, der ohne Aufhebens seine Aufgabe erfüllt.

4.6.2 Johannes der Täufer 24. Juni

Die Gestalt des Heiligen

Die Bibel bringt Johannes den Täufer in verwandtschaftliche Beziehung zu Jesus. Die Mutter des Johannes ist die Kusine der Mutter Jesu (Lk 1,36).

Johannes wird als Vorläufer Jesu dargestellt, der selbst Jünger hat (Mt 11,2-6), auf die die christlichen Missionare später sogar treffen (Apg 19,1-7). Jesus empfängt von Johannes die Bußtaufe (Mt 3,13-17).

Nach Meinung der Bibelwissenschaftler findet sich in den neutestamentlichen Schriften eine harmonisierende Tendenz, die den Täufer näher an Jesus heranrückt, als es historisch der Fall war.

Neues Licht auf die Gestalt des Johannes werfen die Funde von Qumran am Toten Meer. Hier wurden 1947 von einem Beduinenhirten in Tongefäßen aufbewahrte Schriften einer jüdischen Sekte, der Essener, gefunden, die sich vom offiziellen Judentum im 2. vorchristlichen Jahrhundert getrennt hatten. Die Schriften geben einen Einblick in das sehr strenge Leben der Gemeinschaft. Johannes war möglicherweise Mitglied dieser Gemeinschaft, sein asketischer Lebensstil sowie seine Bußpredigt entsprechen den Vorstellungen der Qumran-Gemeinde.

In der Urkirche, deren religiöse Praxis die neutestamentlichen Schriften widerspiegeln, genießt der Täufer eine große Hochachtung. Jesus sagt von ihm:

> Ich sage euch, ihr habt sogar mehr gesehen als einen Propheten. Er ist der, von dem es in der Schrift heißt: Ich sende meinen Boten vor dir her, er soll den Weg für dich bahnen. Ich sage euch: Unter allen Menschen gibt es keinen größeren als Johannes. (Lk 7,26-28)

Johannes gilt in der christlichen Tradition als letzter Vertreter des Alten Bundes, der auf den Messias und damit auf den Neuen Bund hinweist. Johannes starb als Märtyrer. Herodes ließ ihn hinrichten, weil Johannes ihm das Recht bestritten hatte, Herodias, die Frau seines Bruders, zu heiraten. Salome, die Tochter der Herodias, überredete diesen, Johannes enthaupten zu lassen (Mk 6,17-29).

Entstehung des Festes

Der Festtermin ist durch die Bibel vorgegeben

Der 24. Juni steht in Zusammenhang mit dem Weihnachtstermin, da nach Lukas (1,36) Johannes sechs Monate vor Jesus geboren wurde. (Der 24. Juni sowie der 25. Dezember sind jeweils der 8. Tag vor dem folgenden Monatsersten.) (s.o. 3.2.3.1) Die Termine für das Weihnachtsfest wie auch für das des Täufers werden in Zusammenhang mit der

Sommersonnenwende

Winter- bzw. Sommersonnenwende gesehen, die in der alten Kirche heilsgeschichtlich interpretiert wurden. Das Wort des Johannes, mit dem er sein Verhältnis zu Jesus beschreibt: "Ich muß abnehmen", wird direkt auf die Sonne bezogen: Bei der Sommersonnenwende beginnt die Sonne abzunehmen, bei der Wintersonnenwende beginnt sie zuzunehmen. Der Abstand der Feste von 6 Monaten findet sich bei Lukas.

Neben Maria ist Johannes der einzige Heilige, dessen Geburt gefeiert wird. Die anderen Heiligenfeste beziehen sich jeweils auf den Todestag. Der Todestag des Heiligen, der 29. August, das Gedächtnis seiner Enthauptung, ist von geringerer Bedeutung.

Elemente, Bilder, Brauchtum

Mit dem Fest des Täufers verbindet sich ein Brauchtum, das sich von der Sommersonnenwende und der Sommerzeit herleitet.

Die Mitsommerfeuer, meist am Abend vor dem Johannistag, sollen die Luft reinigen und böse Geister verscheuchen, sie sollen der auf dem Höhepunkt stehenden Sonne Beistand leisten. Von den Höhen läßt man brennende Räder ins Tal rollen. Kommen sie unten an, verheißt das eine gute Ernte. Um das Feuer wird getanzt, man springt auch über das Feuer. Davon soll eine heilkräftige Wirkung ausgehen.   *Feuer*

Das Johannisfeuer ist mit Liebe und Heirat verbunden, wer nicht zum Feuer kommt, wird niemals heiraten, Paare halten sich an den Händen und springen durchs Feuer. In das Feuer werden Kräuter geworfen, um so die Abwehrkraft des Feuers zu erhöhen. Im Feuer wird das Alte verbrannt. Die Asche bzw. Kohle aus dem Johannisfeuer bewahren noch lange ihre heilbringende Kraft, sie werden in die Felder gelegt.   *Liebe und Heirat*

Am Johannistag werden die Brunnen gereinigt und das Herdfeuer neu angelegt.   *Reinigung*

Am Johannistag kann man voraussehen, wen man heiratet oder ob jemand stirbt, man geht davon aus, daß sich das Wetter am Johannistag ändert. Wenn es an diesem Tag regnet, regnet es noch 40 Tage.   *Orakeltag*

Der Johannistag bringt Segen über Äcker und Vieh, das Feuer und die Kräuter unterstützen die Segenswirkung. An die Häuser werden Kräuter und Blumenkränze gehängt.   *Segen*

Ideen für Beiträge und Sendungen

- Die Gestalt des Johannes, der Aszet; der, der den Mächtigen ins Gewissen redet
- Das Bild des Johannes in der christlichen Kunst
- Brauchtum der Sonnenwende, Johannisfeuer

4.6.3 Peter und Paul   29. Juni

Gestalt der Heiligen

Die Bibel schildert seine Berufung (Joh 5,1-11, Mk 1,16-20, Mt 4,18-22, Lk 5,1-11). Jesus beauftragt ihn mit der Leitung der Kirche und gibt ihm dafür einen neuen Namen. Statt Simon wird er Petrus, der Fels, genannt (Mt 16,13-19, Joh 21,15-23). Petrus ist einer derjenigen, dem Jesus an den Ostertagen erscheint, er tritt als Vertreter der Jünger Jesu am Pfingsttag auf (Apg 2,14-36), wird mehrfach inhaftiert und verteidigt die christliche Lehre vor den jüdischen Behörden (Apg 4,1-22; 5,17-42; 12,1-19). Petrus ist auch der erste, der Nichtjuden in die Kirche aufnimmt, ohne die Auflage, daß die Getauften ins Judentum übertreten (Apg 10,1 - 11,18). Über den weiteren Lebensweg des Petrus berichtet das Neue Testament nicht mehr.

Paulus erhielt wie Petrus diesen Namen erst als Zeichen seiner Erwählung. Er hieß Saulus, war ein gesetzestreuer Jude aus Kleinasien, der auch das römische Bürgerrecht besaß. Er lebte in Jerusalem, wohl als Student der Gesetzeslehrer, beobachtete die Anfänge der jungen Kirche und war ihr entschiedenster Gegner, der die Christen mit den Mitteln des jüdischen Rechtes verfolgte. Auf dem Weg nach Damaskus, wo er im Auftrag der jüdischen Obrigkeit gegen die Christen vorgehen wollte, erfährt er eine Vision, die ihn zum Jünger Jesu bekehrt. Paulus lebt einige Jahre in seiner Heimatstadt Tarsus, wird dort von Barnabas geholt und beginnt mit diesem das große Missionswerk, das ihn durch Kleinasien und Griechenland führt. Sein Wirken wird bekannt, er zieht die Gegnerschaft der Juden auf sich und wird bei einem Besuch in Jerusalem inhaftiert. Als römischer Bürger kann er einen Prozeß in Rom verlangen. Die römischen Behörden schieben ihn nach dort ab. Hier endet der Bericht der Apostel-geschichte. Möglicherweise ist Paulus wieder freigekommen und sogar in Spanien gewesen.

Der Tod der beiden Apostel wird im Neuen Testament nicht mehr berichtet. Eine sehr alte Tradition, die auch durch Inschriften in Katakomben bezeugt wird, sagt, daß beide in Rom unter Nero (54-68) eines gewaltsamen Todes gestorben sind. Obwohl es vor der Ankunft des Paulus schon Christen in Rom gab (Apg 28,13), gelten die beiden Apostel als die Fundamente der römischen Kirche. Die Päpste bezeichnen

Marginalien (linke Spalte):

Petrus - Sprecher des Jüngerkreises

Öffnet die christliche Gemeinde für die Heiden

Paulus: Vom gesetzestreuen Juden zum Anhänger Jesu

Paulus - der Motor der Mission

Alte Tradition, daß Petrus und Paulus in Rom hingerichtet wurden

278

sich als Nachfolger des Petrus. Kein anderer Bischofssitz beansprucht diese Stellung. Während Petrus, ein ehemaliger Fischer, das Amt in der Kirche verkörpert, ist Paulus der große Theologe der frühen Kirche, der jedoch, wie die meisten Theologen der ersten Jahrhunderte, auch Bischof war. Die Synthese seiner Theologie findet sich im Römerbrief, einem theologischen Lehrschreiben, das als erster theologischer Traktat der Kirche gelten kann.

Entstehung des Festes

Der Todestag der Apostel ist nicht überliefert, es ist auch historisch nicht zu verifizieren, ob sie am gleichen Tag oder im gleichen Jahr getötet wurden. Petrus soll auf dem Vatikanhügel gekreuzigt, Paulus vor den Toren der Stadt enthauptet worden sein. Seit der Mitte des 3. Jahrhunderts wird der 29. Juni als ihr Todestag begangen. Die Peterskirche und St. Paul vor den Mauern sind ihre Begräbnisstätten. In der valerianischen Verfolgung wurden ihre Leichname wahrscheinlich in einer Katakombe an der Via Appia versteckt.

Elemente, Bilder, Brauchtum

Außer dem Gottesdienst kennt dieses Fest kein besonderes Brauchtum, in manchen Gegenden sind Elemente des Mittsommerbrauchtums des Johannisfestes zum Fest der Apostel gewandert.

Ideen für Beiträge und Sendungen

- Die Gestalt der Apostel
- Die Missionsreisen des Paulus
- Gemeinden, die Paulus gegründet, in denen er gelehrt hat, Ephesus, Philippi, Korinth
- Petrus, Paulus und die Stadt Rom
- Petrus - der erste Papst und seine Nachfolger
- Judentum und Christentum in der Gestalt des Paulus
- Die Loslösung der Christen vom Judentum und die Rolle des Petrus und des Paulus
- Petrus und Paulus und die theologischen Traditionen der Kirchen

Beide Apostel haben für die Gegensätze zwischen den Konfessionen große Bedeutung. Petrus als erster Papst ist die theologische Figur, an der sich die Frage nach dem Papsttum festmachen läßt. Paulus ist maßgebend für die lutherische Theologie. Luther hat mit den Argumenten, mit denen Paulus den Gesetzesglauben des Judentums verurteilt, die spätmittelalterliche Kirche in Frage gestellt. Die Auslegung der paulinischen Schriften, vor allem des Römerbriefes, ist' ein Prüfstein dafür, ob die konfessionellen Gegensätze gerechtfertigt sind.

4.6.4 Michael, Gabriel, Rafael   29. September
Michael

Im Alten Testament bereits wird der Name des Erzengels Michael erwähnt (Dan 10,13. 21; 12,1). Er wird dort als Beschützer Israels bezeichnet. Im jüdischen Schrifttum gilt Michael als Anführer der guten Engel und als Widersacher des Satans, als den ihn auch das neutestamentliche Buch "Offenbarung des Johannes" (12,7) sieht. In der deutschen Missionsgeschichte wurde Michael als Widersacher der heidnischen Götter, besonders des Wotan begriffen. Die Verehrung des heiligen Michael ist jedoch älter, auch in den östlichen Kirchen. Bedeutsam ist eine Erscheinung auf dem Berge Gargano in Süditalien im Jahr 492. Michael wird als Beschützer der Kirche und später des Heiligen Römischen Reiches Deutscher Nation verehrt, er gilt als Patron der Sterbenden, die er in den Himmel geleitet. Viele Friedhofskapellen sind ihm daher geweiht.

Rafael

Rafael - Begleiter des Tobias

Der Erzengel Rafael wird im Buch Tobit erwähnt. Er ist Begleiter des Tobias und heilt diesen von seiner Erblindung. Rafael wird daher als Patron der Reisenden verehrt. Das kirchliche St. Rafaelswerk kümmert sich vor allem um die Auswanderer.

Gabriel

Der Name des Erzengels Gabriel wird wie der des heiligen Michael auch im Buch Daniel erwähnt (8,16; 9,21), wo er dem Propheten die Bedeutung von Visionen erschließt und ihm Botschaften von Gott bringt.

280

Im Neuen Testament kündet Gabriel die Geburt Johannes' des Täufers (Lk 1,11-20) und die Geburt Jesu an (Lk 1, 26-38). Im Islam ist Gabriel Vermittler göttlicher Offenbarungen an Mohammed.

Entstehung des Festes
Der 29. September geht auf die Weihe der Michaelskirche in Rom 493 zurück.
Die Verehrung des heiligen Rafael und des heiligen Gabriel ist jüngeren Datums, ihre Feste wurden erst 1921 eingeführt (Rafael 24. Oktober, Gabriel 24. März). Die Liturgiereform legte die Feste mit dem des heiligen Michael zusammen.

Elemente, Bilder, Brauchtum
Der 29. September fällt mit dem Ende der Erntezeit zusammen. Der Michaelstag wurde, nachdem er 813 in Deutschland allgemein eingeführt wurde, zum Zinstag. Erntebräuche und Jahrmärkte verbinden sich mit dem Datum, die letzte Garbe trägt seinen Namen.

Erntebrauchtum

Mit dem Michaelstag ist die Sommerzeit zu Ende.
Da Michael verschiedene Vorstellungen aus heidnischer Zeit auf sich gezogen hat, wird mit seiner Gestalt einmal der Kampf gegen das Böse verbunden, aber auch vorchristlicher Totenkult. Michael hält im Westturm der romanischen Kirchen die bösen Geister ab.
Die Vorstellung vom deutschen Michel entsteht im 17. Jahrhundert. Zuerst ist es der "schreckliche deutsche Michel", bezogen auf den Reiteroberst Michael von Ortraut. Im 18. Jahrhundert steht der deutsche Michel für "Bauer" oder "Schlafmütze", ein gutmütiger, verträumter, unpolitischer Geselle.

Der deutsche Michel

Ideen für Beiträge und Sendungen

Religiöse Vorstellungen
Im Bild des Engels kommen verschiedene Vorstellungsstränge zusammen, daß ein Volk seinen himmlischen Schutzgott hat, daß Engel den Hofstaat Gottes bilden, daß Völker und einzelne Menschen unter dem besonderen Schutz eines Engels stehen. In der heutigen rationalistischen Zeit

281

sind die Engel wieder Thema religiöser Vorstellungen und ziehen wieder das Interesse breiter Bevölkerungsschichten auf sich.

Spiegelbild des Deutschen
In der Gestalt des Michael kommen Idealvorstellungen der Deutschen zum Ausdruck. Zwischen dem Vorbild der Ritter und dem "deutschen Michel" bewegt sich das Bild des Deutschen. Anhand der Gestalt des heiligen Michael läßt sich eine Geschichte deutscher Ideale rekonstruieren.

Erntefest am 29. September
s. 3.14.6. Erntedank

4.6.5 Martin von Tours   11. November
Die Gestalt des Heiligen

Volkstümlicher Heiliger

Der Heilige ist vor allem durch eine Geste der Nächstenliebe bekannt. Er schneidet seinen Mantel mit dem Schwert in zwei Teile und gibt einen davon einem Bettler, auf den er am Stadttor von Amiens trifft. Martin war zuerst Soldat, geboren wurde er 316 oder 317 in Sabaria an der Donau. Mit 18 Jahren wurde er getauft, wurde Schüler des heiligen Hilarius von Poitiers. Er lebte in dem Jahrhundert, in dem die Kirche durch den Arianismus gespalten wird (s.o. S. 242) und in einem Land, wo das römische Reich mit seiner Wirtschafts-

Organisator kirchlichen Lebens

und Staatsstruktur in die Hand der Germanen übergeht. Für die Entwicklung des Christentums hat Martin eine große Bedeutung. Er gründet 361 das erste Kloster Galliens in Ligugé und 375 das Kloster Marmoutier, das zu einem religiösen Zentrum wird und aus dem viele Bischöfe hervorgehen. 371 wird er Bischof von Tours, von wo er eine große Missionstätigkeit in den ländlichen Gebieten entfaltet, die noch weitgehend heidnisch waren.

Martin als Wundertäter

Die Verehrung Martins geht jedoch weniger von seinen religiös-kulturellen Leistungen aus, sondern von den Heilungen und Wundertaten, die ihm zugeschrieben werden. Er wurde schon zu seinen Lebzeiten verehrt, seinem Begräbnis wohnten Tausende von Mönchen und eine große Volksmenge bei. Martin war einer der ersten Nichtmärtyrer, der als Heiliger verehrt wurde.

Eine zweite Wurzel seiner Verehrung ist in seiner Bedeutung für die Franken zu sehen. Sein Grab in Tours wurde zum fränkischen Nationalheiligtum, Chlodwig machte ihn zum Schutzherrn der fränkischen Könige, sein Mantel wurde als Reliquie in Schlachten mitgeführt. Die Verehrung des Heiligen, besonders im Rheinland, geht auf diese fränkischen Wurzeln zurück.

Entstehung des Festes
Der 11. November ist der Sterbetag des Heiligen. 397 starb er auf einer Reise in Candes. In evangelischen Gebieten wird der Martinstag nicht auf Martin von Tours, sondern auf Martin Luther bezogen.

Elemente, Bilder, Brauchtum
Am Martinstag wird am frühen Abend, jedoch schon bei Dunkelheit, ein Umzug mit Fackeln und Lampions und mit einem Darsteller des Heiligen auf einem Pferd veranstaltet. Dieses Brauchtum breitete sich in neuerer Zeit aus. Wurzeln dieses Brauches sind Heischegänge der Kinder sowie Umzüge.

Ideen für Beiträge und Sendungen

- Die Gestalt des Heiligen
- Die Geschichte des Römischen Reiches und des Frankenreiches
- Die religiös-kulturelle Verbundenheit des Rheinlandes mit Belgien und Frankreich
- Brauchtum des Martinstages
- Mantel-Teilung, ein Beispiel für Nächstenliebe, und aktuelle Parallelen dazu

4.6.6 Nikolaus von Myra   6. Dezember
Gestalt des Heiligen
Über den Bischof von Myra in Kleinasien, der wahrscheinlich in der ersten Hälfte des 4. Jahrhunderts lebte, ist historisch wenig auszumachen. Durch legendenhafte Berichte wurde Nikolaus sowohl für die östliche wie auch die

westliche Kirche zu einem der beliebtesten Heiligen: Er befreit drei zu Unrecht verurteilte Offiziere, drei armen Mädchen verhilft er durch eine Geldspende zur Heirat, er rettet ein Schiff aus Seenot. Nikolaus werden viele Kirchen geweiht, er wird zum Patron der Kinder, der Schüler, der Schiffer, der Gefangenen, der Bäcker, zum Patron von Städten und Ländern (Rußland). Nach der Übertragung seiner Gebeine nach Bari 1087 breitet sich seine Verehrung im Westen aus.

Entstehung des Festes
Die Verehrung des Heiligen ist seit dem 6. Jahrhundert im Osten bekannt, über Süditalien breitet sich seine Verehrung auch im Westen aus.

Elemente, Bilder, Brauchtum
Der Nikolaustag ist schon länger als der Martinstag Tag der Kinder, der sich von dem Brauchtum in den mittelalterlichen Schulen herleitet. An bestimmten Tagen, so an Nikolaus (auch am Fest der Unschuldigen Kinder) spielte ein Schüler die Rolle des Abtes oder Bischofs und nahm auch dessen Platz ein. Die Kinder erhalten vom Nikolaus Geschenke. Der Brauch wird hergeleitet von dem Geld, das Nikolaus den drei Töchtern eines armen Mannes schenkte. Erst Luther verlegte die Bescherung mit Geschenken vom Nikolaustag auf das Weihnachtsfest. In Holland ist der 6. Dezember Geschenktag geblieben.

Mit der Gestalt des Nikolaus verbinden sich Bräuche der Ernte und der Winterzeit. In der Gestalt des Knechtes Rupprecht, des Hans Muff, Krampus oder vieler anderer Namen erhält der heilige Nikolaus eine Begleitung, die auf Geistervorstellungen oder Geisterabwehr zurückzuführen sind.

Mit dem Nikolaustag sind auch Erntebräuche bzw. Fruchtbarkeitsvorstellungen verbunden. Der Korngeist muß nach Abschluß der Ernte besänftigt werden, das Stroh spielt im Nikolausbrauchtum eine Rolle. Weiter gibt es charakteristisches Gebäck und Äpfel, die auf Fruchtbarkeitskulte hindeuten.

- Die Gestalt des Heiligen, die Legenden
- Nikolaus in der bildenden Kunst, vor allem der östlichen Kirchen
- Formen des Nikolausbrauchtums
- Sinn und Dramaturgie des Schenkens
- Der Nikolaustag in Holland, wo er als Tag des Schenkens erhalten blieb

5.   Ideentage und Zwecksonntage

An einigen Tagen, vor allem an Sonntagen, wird für die Gottesdienste ein bestimmtes Anliegen vorgegeben. Da die Kirche durch die Gottesdienste immer noch mehr ihrer Mitglieder erreicht als durch andere Veranstaltungen, werden über die Predigt und Gebete bestimmte Gedanken, Anliegen, Ideen vermittelt. Auf diese Weise wird der Gottesdienst pädagogisiert. Ein Nebeneffekt ist, daß die Kollekte, die Geldsammlung im Gottesdienst, für den Zweck des Sonntages verwandt wird.

Gegen die Ideentage oder Zwecksonntage bestehen große Vorbehalte, weil eine Überlagerung des Gottesdienstes mit pädagogischen Zielen den Charakter des Ritus zerstört. Wenigstens der Gottesdienst sollte vom Zweckdenken freigehalten werden.

Problematik der Ideentage

Neben den oben aufgelisteten Ideentagen werden meist regional noch andere Themen und Anliegen, z.B. Ausländer, Diaspora, Umwelt, Afrika ... vorgegeben. Die einzelnen Ideentage werden im folgenden in jeweils vier Punkten dargestellt:

Entstehung
Thematik
Bezug zur Öffentlichkeit
Ideen für Beiträge und Sendungen

5.1   Weltfriedenstag   1. Januar

5.1.1 Entstehung
Der 1. Januar als Beginn des bürgerlichen Jahres fällt mit dem 8. Tag nach Weihnachten, dem Oktavtag, zusammen. Der Oktavtag großer Feste wurde schon sehr früh gefeiert. Der 1. Januar war früher das "Fest der Beschneidung des Herrn" und seit der Liturgiereform das "Hochfest der Gottesmutter" (s.o. 4.5). Seit dem Konzil wird der 1. Januar unter den Gedanken des Weltfriedens gestellt.

5.1.2 Thematik

Themenvielfalt am 1. Januar

Das Thema "Weltfrieden" überlagert den Inhalt des kirchlichen Festes, das als Marienfest gefeiert wird und in dem das Evangelium von der Namensgebung Jesu im Mittelpunkt steht. Der Gedanke des Weltfriedens steht sicher in engerem Zusammenhang zum Jahresbeginn. Der Appell zum Frieden ist in diesem Jahrhundert von den Päpsten oft ausgesprochen worden. Das Konzil hat zu Fragen der Friedenssicherung und der Abrüstung eindeutige Aussagen gemacht. Zum 1. Januar gibt es jedes Jahr eine besondere Botschaft des Papstes, die jedoch in Deutschland bisher wenig Resonanz findet.

5.1.3 Bezug zur Öffentlichkeit
Im 1. Januar laufen mehrere Linien zusammen. Das kirchliche Fest wurde in den ersten Jahrhunderten mit der Absicht eingeführt, das heidnische Brauchtum am Jahresbeginn zurückzudrängen. Als Marienfest, wie es in Rom anfänglich gefeiert wurde und heute wieder gefeiert wird, hat der Tag wenig mit dem Beginn des bürgerlichen Jahres zu tun.

Das Thema "Frieden" paßt zum Jahresbeginn

Das Thema Frieden aber bewegt sicher zu Beginn des Jahres viele Menschen. Allerdings hat die Kirche auch diesmal größere Schwierigkeiten, eine Idee gegen das Brauchtum ausgelassener Festlichkeiten durchzusetzen. Auch kirchliche Gruppen, die sich mit Friedenspolitik und Abrüstung beschäftigen, dürften kaum den 1. Januar zum Anlaß nehmen, um an die Öffentlichkeit zu treten.

5.1.4 Ideen für Beiträge und Sendungen

Im Zusammenhang mit dem Jahreswechsel wird in Berichten und Sendungen ein Rückblick auf das vergangene Jahr gemacht, in dem die Kriege und Katastrophen nicht unterschlagen werden. Wenn ein Rückblick auch die Versuche zur Konfliktlösung, zur Abrüstung und Friedenssicherung umfaßt, wäre der Gedanke des Weltfriedenstages sehr gut umgesetzt. Weiter könnte die Botschaft des Papstes zu diesem Tag aufgegriffen werden.

5.2 Gebetswochen

Gebetswochen stellen heute einen festen Bestandteil christlichen Lebens und Zeugnisses dar. In Gestaltung und Ziel haben sie vieles gemeinsam.

Sie suchen bewußt die Öffentlichkeit. Die Einladung zum gemeinsamen Gebet steht unter einem bestimmten Motto; sie sind zumeist von einer weiten ökumenischen Offenheit geprägt, teils überhaupt vorrangig mit der Stärkung der ökumenischen Gemeinschaft unter Christen befaßt. International bereiten Arbeitsgruppen die Gebetswoche vor. Sie sind zumeist aus zunächst kleinen, engagierten Gruppen hervorgegangen.

Diese Merkmale treffen für drei in Deutschland besonders bekannte Gebetswochen zu:

5.2.1 Gebetswoche für die Einheit der Christen

Die Gebetswoche für die Einheit der Christen gehört zu den ältesten Initiativen im Sinne der später sich rasch entfaltenden ökumenischen Bewegung und eines gemeinsamen Zeugnisses der Christen in der Welt.

5.2.1.1 Entstehung

Ihre Anfänge gehen auf eine 1857 in England entstandene Gebetsbewegung für die Einheit der Christen zurück. Diese führte vor allem anglikanische, katholische und orthodoxe Christen zusammen. Die weiteren entscheidenden Anstöße für diese Gebetsbewegung werden dem anglikanischen Geistlichen Paul J. Francis Wattson zugeschrieben. Von 1908 an versammelten sich in den USA Mitglieder einiger anglikanischer und katholischer Gemeinden zu Gebetswochen.

Ursprung in England

Bedeutsame Schritte auf dem weiteren Weg zu einer weltweiten Verbundenheit im Gebet sind sodann:

1916 die Einführung der Gebetsoktav von Papst Benedikt XV. für die gesamte römisch-katholische Kirche und dessen terminliche Festlegung auf die Zeit vom 18. bis 25. Januar (damals freilich noch vor allem als Gebet für die "Rückkehr der aus dem Schoß der Mutterkirche entlaufenen Söhne").

Katholische Kirche schließt sich an

1954 die Empfehlung der 2. Vollversammlung des Ökumenischen Rates der Kirchen in Evanston an seine

Mitgliedskirchen, "die Gebetswoche für die Einheit der Christen zu einem festen Bestandteil ihrer zwischenkirchlichen Beziehungen zu machen".

Seit 1966 wird die Gebetswoche ökumenisch begangen. Für die Vorbereitung besteht eine gemeinsame internationale Arbeitsgruppe des Päpstlichen Rates zur Förderung der Christlichen Einheit und des Ökumenischen Rates der Kirchen. Für die Kirchen in der Bundesrepublik liegt die Verantwortung für die Mitarbeit in der Gebetwoche bei der Arbeitsgemeinschaft Christlicher Kirchen in Deutschland (ACK). Dieser Gemeinschaft gehören neben der römisch-katholischen, der evangelischen Kirche und den Freikirchen u.a. Baptisten, Methodisten, Altkatholiken und Orthodoxe an.

Seit 1966 ökumenisch in jetzt 70 Ländern

Insgeamt beteiligen sich Kirchen und kirchliche Gruppen in mehr als 70 Ländern in allen Teilen der Welt an der gemeinsamen Gebetswoche, die entweder in der dritten Januarwoche oder in der Woche vor Pfingsten begangen wird.

5.2.1.2 Thematik

Ihre Hauptaufgabe sieht die Gebetswoche :

Auftrag zur Einheit in der Bibel

- in gemeinsamen gottesdienstlichen und anderen Veranstaltungen;
- in der Diskussion aktueller und grundsätzlicher Fragen, soweit sie von konfessionsübergreifender Bedeutung sind, und im gemeinsamen Hören auf das biblische Wort;
- in der Veranschaulichung der Einsicht, "daß Ökumene erst in der gemeinsamen Anrufung Gottes echte Frucht und Tiefe gewinnen kann".

Den Kirchen erschließt sich damit endlich - teils gegen Widerstände - das Wissen, daß die Trennungen unter Kirchen gewiß nicht dem Vermächtnis und dem Geist der neutestamentlichen Schriften entsprechen. In den Abschiedsreden des Johannesevangeliums betet Jesu:

"Alle sollen eins sein; Wie du, Vater, in mir bist und ich in dir bin, sollen auch sie in uns sein, damit die Welt glaubt, daß du mich gesandt hast" *(Joh 17,21)*.

291

Die Glaubwürdigkeit der Christen wird in diesem Gebet mit dem Gedanken der Einheit verknüpft. Die Einheit unter den christlichen Kirchen hat zudem eine gesellschafliche und

politische Dimension. Verfeindete christliche Kirchen waren und sind bis auf den heutigen Tag auch Ursache politischer Spannung und Konflikte.

Thematik und Inhalte der Gebetswochen sind in diesem Sinne bestimmt von dem Bemühen, in welchem akuten Bereich auch immer, Trennungen und Ausgrenzungen entgegenzuwirken. 1994 orientierte sich die Woche an der Thematik"Die Familie Gottes berufen zur Einheit im Glauben und Tun", die Gebetswoche 1995 an dem Thema "Gemeinschaft mit Gott - Gemeinschaft miteinander".

Die ökumenische Bewegung, die zuerst von wenigen gegen den Widerstand der kirchlichen Obrigkeit und der Mentalität der Kirchenmitglieder durchgesetzt werden mußte, hat inzwischen eine wechselvolle, doch im ganzen erfolgreiche Geschichte hinter sich.

5.2.1.3 Bezug zur Öffentlichkeit

Die Gebetswoche wurde und wird vor allem von den Menschen getragen, die weniger auf die Eigenständigkeit ihrer Kirche sehen, als den Anspruch Jesu und des Neuen Testamentes als maßgebend betrachten.

Seitdem sich die ökumenische Bewegung in den großen Kirchen durchgesetzt hat, ist das Thema "Einheit der christlichen Kirchen" nicht mehr auf die Gebetswoche beschränkt.

Das Thema
"Ökumene"
wird nicht mehr
an der Gebets-
woche festge-
macht

Ökumenische Gottesdienste finden während des ganzen Jahres statt, es gibt Konferenzen, Gespräche, Veröffentlichungen von theologischen Kommissionen. Während das Thema "Ökumene" seinen Platz im öffentlichen Bewußtsein hat, hat die Gebetswoche eher an Gewicht verloren, zumal um das Pfingstfest herum ökumenische Treffen veranstaltet werden. Der Papstbesuch hat der Ökumene in Deutschland neue Anstöße vermittelt.

5.2.1.4 Ideen für Beiträge und Sendungen

Das Thema ist weitverzweigt und kann bereits bis in die alte Kirche zurückverfolgt werden. Es werden hier einige Aspekte aufgelistet, die jedoch nicht nur während der Gebetswoche für die Einheit der Christen aufgegriffen werden sollten.

Einheit von Anfang an Problem der Christen

Kirchenspaltungen - ihre Geschichte und Ursachen
- Die Gnostiker und andere frühchristliche Bewegungen
- Der Arianismus
- Die Nestorianer
- Die Kirchenspaltung zwischen Ost und West
- Die Kirchenspaltungen im 16. Jahrhundert
- Die Altkatholiken
- Gefahren für Kirchenspaltungen heute

Die Suche nach einer neuen Einheit der Kirchen
- Der Ursprung der Gebetswoche für die Einheit der Christen
- Die Una sancta-Bewegung
- Der ökumenische Rat der Kirchen
- Die ökumenische Bewegung in Deutschland
- Das II. Vatikanische Konzil
- Konzepte für eine Einheit unter den Kirchen
- Die Bewegung für Frieden, Gerechtigkeit und Bewahrung der Schöpfung

Persönlichkeiten der ökumenischen Bewegung
- Paul J. Francis Wattson
- Kardinal Bea
- Visser't Hooft
- Couturier

Themen der Ökumene
- Gnade und Rechtfertigung
- Der Gottesdienst
- Das Petrusamt
- Das Amt in der Kirche

5.2.2 Weltgebetstag der Frauen

Ein Merkmal auch dieses Gebetstages besteht in seiner konsequenten Ökumenizität. Dieser Tag des Gebetes wird in jedem Jahr von Christinnen in einem anderen Lande vorbereitet. Die Frauen wollen auf diese Weise mit ihrer Fürbitte und Reflexion möglichst nahe an akute Belange, Probleme, Konflikte und Erwartungen gelangen, auf Benachteiligung, Verletzung von Menschenrecht, auf strukturelle Mißstände und soziale Notlagen aufmerksam machen.

5.2.2.1 Entstehung

Der Weltgebetstag versteht sich als eine ökumenische Basisbewegung. Aus seiner Chronik:

Ursprung in den USA

1887 rief die Presbyterianerin Darwin James in den USA zu einem Gebetstag für Innere Mission auf. Drei Jahre später folgte ein Aufruf für Äußere Mission, veröffentlicht von zwei baptistischen Frauen, Henny Peabody und Helen Barrett Montgomery. 1919/20 wurden beide Gebetstage zusammengeführt.

Seit 1927 wird dieser Gebetstag als Weltgebetstag gefeiert, dies jedes Jahr zu Beginn der Passionszeit: Am ersten Freitag im März nach 1945 haben sich Frauen in allen Erdteilen in der "Sehnsucht nach Frieden und Versöhnung in der Welt" dem Gebetstag angeschlossen, so auch in Deutschland, in der Schweiz und Österreich. 1968 ist für den Gebetstag ein Internationales Komitee geschaffen worden. Heute wird der Weltgebetstag regelmäßig in 170 Ländern begangen.

5.2.2.2 Thematik

Über sich selbst gibt der Weltgebetstag so Auskunft:

"Ein Freitag im März ist ein Fenster zur Welt, ein ökumenisches Datum, ein Tag voller Phantasie und Liebe, ein Lichtblick in einer Männerkirche, eine Überraschung für viele, ein Stein des Anstoßes, ein Schritt hin auf ein gemeinsames Ziel."

"Der Weltgebetstag ist ein Hoffnunszeichen für die Einheit der Kirche Jesu Christi auf Erden, weil er die Schranken der Konfessionen in gemeinsamem Beten und Tun öffnet." *(Hildegard Zumach)*

Besorgnis und Zuversicht, Schmerz und Freude, Belange einzelner und der Gemeinschaft, in Gottesdienst, Arbeitsgruppen, speziellen Veranstaltungen bedenken und im Gebet vor Gott bringen, das nimmt sich der Weltgebetstag Jahr für Jahr vor.

Zeitnahe Thematik eines Landes

Themenbeispiele:
Weltgebetstag 1994. Das Motto lautet :"Gehen - Sehen - Handeln".
Christinnen aus Palästina haben die Texte vorbereitet. Es geht dabei auch um die Opfer des Massakers von Hebron, um "Aussperrungen, die Abriegelung Israels und Ostjerusalems, um weitere Landenteignungen und bedrükkende Armut".

Weltgebetstag 1995. Das Motto "Die Erde - ein Haus für alle".
Diesmal haben Frauen aus Ghana die Texte verfaßt. Sie sprechen von "Flucht und Vertreibung, Konflikten bei der Landverteilung, Problemen bei Asyl, von Angriffen besonders auf Schwarzafrikaner in Deutschland".
Der Gebetstag ist stets mit einer Kollekte verbunden. Mit diesen Mitteln werden Frauenprojekte in Afrika, Asien und Lateinamerika unterstützt. 1994 sind aus dieser Kollekte mit einer Gesamtsumme von 2,4 Millionen DM 139 Frauenprojekte gefördert worden.

5.2.2.3 Ideen für Beiträge
Der Weltgebetstag gibt jedes Jahr ein Thema vor, das sowohl für Gottesdienste wie für die Berichterstattung aufbereitet wird.

5.2.3 Gebetswoche der Evangelischen Allianz
Die Allianz-Gebetswoche gehört zu den weltweit bekannten Gemeinschaften des Gebetes und fürbittenden Engagements.

5.2.3.1 Entstehung
Die Evangelische Allianz hat sich 1848 in London konstituiert.

Ursprung in England

Die Deutsche Evangelische Allianz versteht sich als ein Bund von Christusgläubigen aus Landeskirchen, Freikirchen, innerkirchlichen Gemeinschaften und freien Werken.

Die internationale Allianz-Gebetswoche jeweils am Anfang des Jahres gilt als "das Herzstück Evangelischer Allianz". Diese Gebetswoche besteht seit mehr als 140 Jahren. Sie wird heute in mehr als 70 Ländern begangen. Sie versammelt im deutschsprachigen Raum zu ihrer jährlichen Veranstaltung jeweils mehr als eine Million Menschen.

5.2.3.2 Thematik
Auch bei der Allianz-Gebetswoche werden Themen und Programm im Wechsel von Christen eines bestimmten Landes vorbereitet. Die Inhalte wollen geistliche Orientierung und Ermutigung im Glauben vermitteln. Ihren Begegnungen

Glaubensthemen

stellt sie entsprechende Leitwort voran wie: "Erweckung in der Gemeinde", "Treue zu Christus", "Seid wachsam", "Fester Grund", "Ihr seid der Leib Christi".

Der ehemalige Bischof Martin Kruse (Berlin) hat Ende der achziger Jahre die Gemeinden seiner Kirche und die Teilnehmer der Gebetswoche zu gegenseitigen Besuchen

Integration verschiedener Richtungen

aufgerufen. Er hat die beiden Gruppierungen bei dieser Gelegenheit so charakterisiert: Zwei unterschiedliche Ströme kämen hier sich einander nahe, "der eine mehr vom Pietismus, von den landeskirchlichen Gemeinschaften und den Freikirchen geprägt, der andere mehr von der Una-sancta-Bewegung, das heißt der evangelisch/katholischen Annäherung". Beide Ströme gingen in dieselbe Richtung, sie sollten das Miteinanderwachsen des Glaubens fördern.

5.3 Welttag der geistlichen Berufe
3. Sonntag nach Ostern

5.3.1 Entstehung
Der Tag wurde 1964 von Papst Paul VI. für die kathlischen Kirche eingeführt mit dem Ziel, für Priester- und Ordensberufe zu beten. Ein zentrales Motiv ist sicher, etwas gegen den starken Rückgang der Priester- und Ordensberufe zu unternehmen.

5.3.2 Thematik
Nach kirchlicher Auffassung und Erfahrung hängt es stark von der Einstellung der Umwelt ab, ob junge Menschen in einen Orden eintreten oder das Priesteramt als Beruf wählen. Zugleich wird der Priester- und Ordensberuf als Berufung gesehen, eine Berufung, die von Gott ausgeht. Die Vorbereitungszeiten in den Orden sowie auf das Priesteramt dienen dazu, die Berufung zu prüfen, zu erkennen, ob es der richtige Weg für den einzelnen ist. Anders als in anderen Berufsgängen ist es nicht etwas Außergewöhnliches, wenn einer in der Vorbereitungszeit das Berufsziel aufgibt, das Priesterseminar oder den Orden verläßt. Eine endgültige Bindung erfolgt erst mit den letzten Gelübden bzw. mit der Diakonatsweihe. Die Thematik wird an dem Sonntag mit dem Evangelium vom "Guten Hirten" in Verbindung gesetzt (Joh 10,1-10), der gute Hirt als Vorbild besonders für die Priester.

(Randnotiz: Einstellung der Kirchenmitglieder zu kirchlichen Berufen)

(Randnotiz: Sorgfältiger Umgang mit den "Berufen" in der kirchlichen Tradition)

Der Tag wird auch dazu genutzt, über die kirchlichen Berufe - Priester, Diakon, Gemeindereferenten, Pastoralassistenten u.a. - sowie über die Orden zu informieren, Gespräche mit Priestern, Diakonen, Theologiestudenten und Ordensleuten zu führen, Besuche von Ordenshäusern und Priesterseminaren zu ermöglichen.

(Randnotiz: Information über kirchliche Berufsfelder)

5.3.3 Bezug zur Öffentlichkeit
Das Thema "Beruf" spielt in der Zeit nach Ostern für viele junge Menschen eine Rolle. Schulabgänger müssen eine Lehrstelle finden, andere müssen sich für eine weiterführende Schule oder eine Studienrichtung entscheiden. Der Tag, wie er von der Kirche angelegt ist, zielt in einer gewissen Engführung auf die kirchlichen Bedürfnisse.

(Randnotiz: Die Zeit nach Ostern - Zeit der Berufswahl)

297

Die kirchlichen Berufe erfreuen sich im Augenblick keiner besonderen Hochschätzung. Das hindert oft, die jahrhunderte-langen Erfahrungen der Kirche mit der Berufsfindung und der persönlichen Ausgestaltung des Berufes zu nutzen. Kaum eine Berufsgruppe verfügt über eine institutionalisierte Bera-tung der Novizen und Studenten wie die Kirche. Die Erfah-rungen der Männer und Frauen, die junge Menschen auf dem Weg zum Orden- bzw. Priesterberuf begleiten, sind sicher für viele von Interesse.

Da der Tag der geistlichen Berufe unmittelbar die kirch-lichen Interessen betrifft, nicht zuletzt die der Pfarrer, gibt es Ausstellungen und Veranstaltungen, die im lokalen Bereich eine gewisse Öffentlichkeitswirkung haben.

5.3.4 Ideen für Beiträge und Sendungen
Porträts

Der Beruf des Priesters, Diakons, Pastoralassistenten, der Gemeindereferentin, des Religionslehrers, der Ordensfrau, des Ordensmannes.

Berater der kirchlichen Berufe (Spirituäle, Novizenmeister und Novizenmeisterinnen, Regenten von Priesterseminaren), ihre Erfahrungen, Prinzipien der Beratung.

Berufswege in der Kirche
- Theologiestudium
- Fachhochschulstudium
- Arbeitsgebiete der Orden

Personalplanung der Kirche, Folgen des starken Rückganges der Priesterberufe, Alternativen und Perspektiven.

5.4 Der Welttag der sozialen Kommunikationsmittel
Sonntag nach Christi Himmelfahrt bzw.
ein Sonntag im Herbst

5.4.1 Entstehung
Der Welttag der sozialen Kommunikationsmittel, der Mediensonntag, geht auf das II. Vatikanische Konzil zurück. In dem Konzilsdekret "Intermirifica" über die sozialen Kommunikationsmittel vom 8.12.1963 wird ein solcher Tag angeordnet, 1967 wurde er zum ersten Mal durchgeführt. In manchen Ländern gab es eine gewisse, wenn auch schwache Tradition von Presse- oder auch Mediensonntagen. Ziel des Tages ist einmal Bewußtseinsbildung, daß die Katholiken die Bedeutung der Medien erkennen und kritische Nutzer werden, aber auch der Wunsch, die kirchliche Distanz zu den Medien abzubauen.

5.4.2 Thematik
Der Welttag steht jeweils unter einem Thema, z.B. Familie und Medien, Freiheit, Wahrhaftigkeit, Menschenrechte, Schutz und Entfaltung der Kinder und Jugendlichen.

Jeder Welttag hat ein Thema

Hauptziel des Tages ist Bewußtseinsbildung durch Predigt, Seminare, Plakate, Handzettel ... Es gibt auch Werbeaktionen für kirchliche Zeitungen und Zeitschriften.

Ziel: Bewußtseinsbildung

Einige Bischöfe nehmen den Tag auch als Anlaß zu einem Gespräch mit Journalisten.

Gespräche mit Journalisten

5.4.3 Bezug zur Öffentlichkeit
Der Welttag der sozialen Kommunikationsmittel hat in den Gemeinden kaum Wurzeln geschlagen. Die Thematik liegt nicht im Interessenhorizont der Pfarrer. Allerdings gibt es in der Mehrzahl der Gemeinden Mitglieder, die eine Gemeindezeitung herausgeben und Kontakt zur Presse halten. Im Zusammenhang mit diesem Tag werden diese Mitarbeiter mit Materialien versorgt.

Geringe Verwurzelung im kirchlichen Raum

Pressearbeit der Gemeinden

Kaum Echo in den Medien

In den Medien selbst findet der Tag kaum ein Echo. Das von seiten der Kirche gut gemeinte Gesprächsangebot paßt nicht in den Rhythmus der Medien, die Thematik des Welttages hat im Frühsommer kaum Aktualität. Für Kirchenmitglieder wie auch für die Medienberufe ist zudem die Reflexion über Kommunikation und ihre Medien schwierig, wenn nicht gerade Konflikte zur Auseinandersetzung zwingen.

5.4.4 Ideen für Beiträge und Sendungen

Zum Welttag der sozialen Kommunikationsmittel werden Materialien herausgegeben, die sich jeweils auf das Thema des Welttages beziehen. Materialien können bei der

Zentralstelle Medien der
Deutschen Bischofskonferenz
Kaiserstr. 163
53113 Bonn
Fax.: 02 28 / 10 33 29

abgerufen werden.

5.5   Rogate - Sonntag der Weltmisson

Die evangelischen Missionswerke in der Bundesrepublik haben ihre Öffentlichkeitsarbeit verstärkt. Seit 25 Jahren ist hieran die heute als "Rogate-Aktion" bekannte gesamtkirchliche Publizistik-Initiative der Mission engagiert beteiligt. Diese Aktion verbindet Informationen mit der Einladung zu Gebet und Fürbitte. Damit soll eine breitere Öffentlichkeit auf Thema und Auftrag der Mission angesprochen werden.

Die "Rogate-Aktion" versorgt Gemeinden mit Material. Dies soll eine sachkundige Auseinandersetzung mit grundsätzlichen und aktuellen Fragen des missionarischen Dienstes in Übersee sowie mit der Situation von Christen und Andersgläubigen in den Entwicklungsländern erleichtern.

Die Aufgabe der Erarbeitung und Verbreitung dieses Materials obliegt heute dem inzwischen gegründeten gesamtkirchlichen Evangelischen Missionswerk in Hamburg; die Verantwortung für die Verwendung in der Öffentlichkeit liegt unmittelbar bei den Gemeinden. Der Rogate - Sonntag der Weltmission geht Christi Himmelfahrt, dem Sonntag Exaudi und Pfingsten unmittelbar voraus.

5.6 *Sonntag der Weltmission* (katholisch)
(Zweitletzter Sonntag im Oktober)

5.6.1 Entstehung

Missionsbewe-
gung

Der Missionssonntag ist im Zusammenhang mit der Missionsbewegung zu sehen, die in der ersten Hälfte des 19. Jahrhunderts als Laienbewegung begann und dann wesentlich durch Orden, oft Neugründungen, getragen wurde.

Verein zur
Verbreitung des
Glaubens

Auf Anregung ihres Bruders, damals Theologiestudent, gründete Pauline Jaricot am 3. Mai 1822 in Lyon den "Allgemeinen Verein der Glaubensverbreitung" (Association de la Propagation de la Foi) mit dem Ziel, möglichst jeden Katholiken für eine Unterstützung der Mission zu bewegen, durch Gebet und Geldspenden.

Der Verein gab Jahrbücher mit Berichten aus den Missionsländern und Briefen von Missionaren heraus. Er wurde auch in den Nachbarländern bekannt. 1841 gründete der Aachener Arzt Dr. Hahn den deutschen Zweig, den Xaverius-Verein, zur Unterstützung der katholischen Missionen, der heute als Missio - Internationales Katholisches Missionswerk e.V. weitergeführt wird. Die Gründung war durch Schwierigkeiten mit dem preußischen Staat hinausgezögert worden. Mitglied dieses Vereins konnte jeder Katholik werden, der bereit war, täglich ein "Vaterunser" für die Mission zu beten und wöchentlich einen Beitrag von fünf Pfennigen zu leisten. Mit seiner Öffentlichkeitsarbeit zielte der Verein auf die Pfarreien.

Für die bayerischen Diözesen wurde 1838 vom damaligen König Ludwig I. die Gründung eines Ludwigs-Missionsvereins erlaubt und gefördert.

Verschiedene Länder, als erstes die USA, hatten Schwierigkeiten, eine Zentrale in Lyon anzuerkennen. Daher wurden die Missionsvereine der "Propaganda Fidei", dem Missionssekretariat des Papstes, unterstellt und in "Päpstliches Werk der Glaubensverbreitung" umbenannt. 1926 bestimmte Pius XI. den vorletzten Sonntag im Oktober zum "Sonntag der Weltmission".

Heute "Missio-
Aachen" und
"Missio-Mün-
chen"

Die Vorbereitung und Durchführung dieses Sonntages wird in Deutschland von den beiden Missionsvereinen in Aachen und München getragen, die sich seit 1971 Missio-Aachen und Missio-München nennen. Die von den Bischöfen 1958 gegründete Fastenaktion Misereor ist aus der Missionsbewegung hervorgegangen und hat auch in Aachen ihren Sitz (s. 3.5.5. S. 89 Fastenzeit).

5.6.2 Thematik

Im Unterschied zum Judentum ist die christliche Religion nicht mit einem bestimmten Volk verbunden. Die christlichen Prediger haben schon bald den Raum des Judentums überschritten und sich an die ganze damalige Welt gewandt. Der Gedanke der Universalität bezog sich auf die damals bekannte Welt, und jedesmal, wenn die Grenzen der bekannten Welt hinausgeschoben wurden, haben christliche Missionare sich zu den neuen Völkern auf den Weg gemacht. Die Vorstellung, daß alle Menschen Adressaten der Botschaft sind, wurzelt in der theologischen Vorstellung, daß alle Menschen Kinder Gottes sind. Diese Idee der Universalität wurde von Anfang an in Frage gestellt, indem kulturelle und religiöse Vorstellungen der jeweiligen Zeit, des jeweiligen Volkes als notwendige Vorbedingungen für das Christsein mißverstanden wurden.

In der Urkirche waren es die jüdische Beschneidung und die jüdischen Reinigungsgesetze, die den Taufbewerbern aus dem Heidentum auferlegt werden sollten. Dann waren es die lateinische Sprache und die abendländische Philosophie, die dafür sorgten, daß das Priester- und Bischofsamt nur Vertretern der weißen Rasse vorbehalten wurde. Diese Eingrenzungen der Universalität durch diejenigen, die Missionare aussandten, wurde jeweils gesprengt. Der Missionsgedanke kann so als Einübung in den Gedanken der Universalität gesehen werden.

Vielleicht ist der Missionsgedanke heute das Vehikel, den Westen mit der Vorstellung vertraut zu machen, daß die abendländische Kultur nicht mehr mit einer Vorrangstellung rechnen kann.

Der Missionssonntag hat Bewußtseinsbildung zum Ziel. Jeder Christ ist unmittelbar zur Mission beauftragt und daher mitverantwortlich für die Mission seiner Kirche. Während früher der Missionsberuf die Realisierung dieser Maxime war, hat sich heute das Verhältnis zu den früheren Missionsländern verändert. Diese werden als "Junge Kirchen" gesehen, die durch einheimische Priester und Bischö-

Marginalien:

Universalistische Tendenz des Christentums

Mission überwindet vorläufige Grenzen und Bindungen

Umkehr der Bewegung: von den Missionsländern zu den abendländischen Kirchen

Mitverantwortung für die Mission

303

fe geleitet werden. Sie benötigen von den Ländern, die früher Missionare und Geldmittel bereitgestellt haben, nur noch subsidiäre personelle und materielle Hilfe. So dient heute der Missionssonntag dem Gedanken der Partnerschaft. Faktisch erhalten die Kirchen in der Dritten Welt einen großen Teil ihrer finanziellen Hilfen aus Deutschland.

Große materielle Leistungen der deutschen Kirche

Damit hat der Gedanke der Universalität, der Mitverantwortung jedes Christen für die Ausbreitung des Evangeliums, eine andere Ausprägung erhalten. Der Missionssonntag vermittelt das Gefühl einer weltweiten Zusammengehörigkeit, daß die Kirchen in den Missionsländern eigenständig geworden sind und - an diesen Gedanken müssen sich die Christen in Europa noch gewöhnen - eine führende Rolle in der Weltkirche übernehmen werden.

Weltweite Zusammengehörigkeit

Dieser Wandel des Missionsverständnisses, nicht zuletzt ausgelöst durch das Konzil, hat zeitweise zu einer Krise des missionarischen Engagements geführt. Heute dürfte die Herausforderung, die die Kirchen der Dritten Welt für die deutsche Kirche darstellen, Anstöße für eine christliche Lebenspraxis beinhalten, so daß der Missionsgedanke wie im 19. Jahrhundert einen wichtigen Aspekt für das Leben der Gemeinden beinhaltet.

Anstöße aus der Dritten Welt

Der Missionsgedanke lebt von jeher vom Bild. Plakate, Zeitschriften, Dias, Filme sind daher wichtige Elemente zur Gestaltung des Missionssonntages.

Viele Aktionen zum Sonntag der Weltmission

Für den jeweiligen Sonntag der Weltmission wird ein Motto formuliert, z.B. "Fremde werden Freunde". Feste, Tombolas, Basare sind ein Medium, den Gedanken der Mission unter die Leute zu bringen und Geld zu sammeln. Zu den Festen sollen auch die Ausländer eingeladen werden.

Die Kollekte am Missionssonntag ist ein wichtiger Bestandteil des Aktionsprogrammes, sie ist bei den Katholiken seit Jahrzehnten eingeführt.

Teestube, Verkauf von Dritte-Welt-Produkten sind Aktionen, die hauptsächlich von Jugendlichen durchgeführt werden.

304

5.6.3 Bezug zur Öffentlichkeit

Der Sonntag der Weltmission dürfte im Bewußtsein der Öffentlichkeit nicht besonders verankert sein. Er ist auch nicht so angelegt, denn die Missionsaktivitäten werden nicht auf einen Tag konzentriert. Missionszeitschriften, die unter Katholiken eine weite Verbreitung haben, stellen kontinuierlich eine Verbindung zu den Missionsländern her.

In den letzten Jahrzehnten ist das Erscheinungsbild der katholischen Kirche universal geprägt. Bischöfe, Priester, Ordensfrauen aus der Dritten Welt sind für den deutschen Katholiken keine Fremden mehr - auch im lokalen Erfahrungsbereich. Denn Mission hat durchaus einen lokalen Bezug. Deutsche Missionare halten Kontakt zu ihrer Heimatgemeinde, halten sich bei Heimatbesuchen in der Gemeinde auf. Gemeinden oder einzelne Personen übernehmen Ausbildungspatenschaften für Priesterstudenten in den Missionsländern. Schließlich gibt es in zunehmendem Maß Beziehungen zwischen einer Gemeinde in Deutschland und einer Gemeinde in der Dritten Welt.

Missionsaktivitäten über das ganze Jahr

Bischöfe, Priester, Ordensleute im Erscheinungsbild der Kirche

Lokaler Bezug durch Missionare

5.6.4 Ideen für Beiträge und Sendungen

Der Missionsgedanke benutzte seit jeher Medien als Transportmittel. Im 16. Jahrhundert verbreiteten Jesuiten bereits die Briefe von Missionaren, um für die Mission zu werben. Broschüren, Reportagen, Bildberichte, Filme, Hörfunk- und Fernsehsendungen werden heute als selbstverständlich angesehen.

Allerdings ist zu fragen, ob die Berichterstattung in den Massenmedien tatsächlich den radikalen Umschichtungsprozeß wahrgenommen hat, dem das Christentum, vor allem die katholische Kirche ausgesetzt ist. Denn im Jahr 2000 wird die katholische Kirche, eine Kirche der Dritten Welt sein. Während 1960 noch 51 % aller Katholiken in Europa und Nordamerika lebten, werden es im Jahr 2000 nur noch 30 % sein.

Berichterstattung hat den einen Umschichtungsprozeß in der Weltkirche noch nicht wahrgenommen

Vorbereitung auf das Jahr 2000

Auf die Gewichtsverlagerung in die Dritte Welt ist die deutsche Kirche wohl kaum vorbereitet. Beiträge in den Medien leisten bisher auch wenig Hilfe dazu, denn die Sendungen und Berichte sind immer noch aus der Perspektive konzipiert, daß die Entwicklung auf den technischen und kulturellen Status der westlichen Welt hinläuft, daß der Westen jeweils an der Spitze der Entwicklung liegt. Die finanzielle Abhängigkeit der jungen Kirchen von den Kirchen der Industrieländer täuscht darüber hinweg, daß aus der Dritten Welt Impulse für neue Entwicklungen kommen. Die Europäer können sich noch nicht vorstellen, daß die Theologie einmal in Indien "gemacht" werden könnte und nicht mehr an deutschen Universitäten, daß neue Gemeindemodelle aus Afrika kommen und der ganze Bereich der Caritas einmal durch Organisationsformen in Frage gestellt werden könnte, die in der Dritten Welt entwickelt wurden.

Es bietet sich ein großes Themenspektrum für die Berichterstattung an, das nicht nur zum Termin des Missionssonntages abgedeckt werden sollte:

- Afrikanische, indische, japanische Theologie
- Neue Gemeindemodelle, Basisgemeinden
- Liturgische Formen in den Kirchen Afrikas und Asiens
- Formen der Diakonie
- Die Rolle des weißen Missionars in der Dritten Welt
- Kirche und Politik in den verschiedenen Ländern

Impulse für die Integration von Ausländern

Der Elan, der im Missionsgedanken liegt, könnte auch für ein wachsendes Problem der deutschen Gesellschaft wirksam werden: Die Mission hat Verständnis für fremde Kulturen geweckt und eine Idee des gegenseitigen Austausches entwickelt. Missionare bzw. Seelsorger aus den jeweiligen "Gastarbeiterländern" könnten Verständnis für die Kultur ihrer Völker wecken.

5.7 Katholikentage

Großtreffen der Katholiken haben auch Festcharakter. Seit 1848 werden Katholikentage in Deutschland durchgeführt. Erster Tagungsort war Mainz, wo auch 1948, nach dem Verbot während des Dritten Reiches, der erste Katholikentag wieder stattfand. Anlaß im 19. Jahrhundert war die Versammlungsfreiheit, eine Errungenschaft der damaligen Revolution. Parallel zu den politischen Verhältnisse hatte die "Generalversammlung der deutschen Katholiken", wie sie in den ersten Jahren genannt wurde, eine wechselvolle Geschichte. Sie hängt eng mit den katholischen Verbänden zusammen. Aus der Katholikentagsbewegung ist das Zentralkomitee der Deutschen Katholiken entstanden, das auch heute noch Veranstalter der Katholikentage ist.

Katholikentage finden, wie die evangelischen Kirchentage, eine große Resonanz in den Medien. Die Veranstaltungsformen erlauben eine mediengerechte Vermittlung.

Adresse des Veranstalters:

Zentralkomitee der Deutschen Katholiken
Hochkreuzallee 246
53175 Bonn - Bad Godesberg

5.8 Kirchentage

Reflexion und Diskussion sind Merkmale der Tradition der Deutschen Evangelischen Kirchentage. Hieran sind seit seinen Anfängen unterschiedliche Positionen und Erwartungen im Umgang mit gesellschaftlichen Belangen, politischen Gegebenheiten und christlichem Glauben beteiligt. In diesem Sinne will der Kirchentag eine "evangelische Zeitansage" darstellen.

5.8.1 Entstehung

Der Kirchentag ist 1949 als eine "Einrichtung in Permanenz" gegründet worden. Die Initiative dazu ging von Reinhold von Thadden-Trieglaff aus, dem späteren langjährigen Kirchentagspräsidenten, und seinen Freunden. Der Kirchentag war und ist eine Laienbewegung, heute gern auch als eine "Freiwilligkeitsbewegung" bezeichnet. Der Präambel seiner Ordnung nach will er "evangelische Christen sammeln und im Glauben stärken". Er findet Beachtung als "Forum des Protestantismus" und gleichzeitig als "ökumenische Versammlung".

5.8.2 Thematik

Seit 1949 fanden 25 "große" Kirchentage statt, im Juni 1995 in Hamburg unter der Losung "Es ist Dir gesagt, Mensch, was gut ist" (Micha 6.8) der 26., mit über 120.000 Teilnehmer/innen. Vom Kirchentag sind bedeutsame Initiativen und Anregungen ausgegangen: 1961 der öffentlicher Dialog zwischen Juden und Christen; 1965 das evangelisch-katholische Gespräch; Gottesdienste in neuer Gestalt; Friedens- und Ökologiediskussionen. 1981 kam zum ersten Male ein Frauenforum zustande. Der Arbeitslose, der Fremde, der Entrechtete hier und anderswo traten als Themen in den Vordergrund. Die Jahre der Trennung bis zur Wende 1989 waren von engen Kontakten zwischen der Kirchentagsbewegung in Ost und in West bestimmt.

5.8.3 Adresse

Deutscher Evangelischer Kirchentag
Magdeburger Str. 59
Postfach 480
36037 Fulda

6. Feste der Gemeinde

In einer kirchlichen Gemeinde wird der allgemeine Festkalender der Kirche gefeiert, er realisiert sich geradezu vor Ort. Die großen Feste Weihnachten, Karfreitag, Ostern, Pfingsten und Fronleichnam sind auch die herausragenden Feste einer Gemeinde.

Neben dem allgemeinen Festkalender gibt es noch eigene Feiertage einer Gemeinde, die auch terminlich festliegen, aber jeweils nur für eine Gemeinde bzw. für einige Gemeinden. Es sind:

6.1 *Kirchweihtag*
   Tag der Kirchweihe bzw. des Festes des Kirchenpatrons; Patronatsfest - Tag des Heiligen, dem die Kirche geweiht ist.

6.2 *Erstkommunion*
   An diesem Tag empfangen die Kinder einer Jahrgangsstufe zum ersten Mal das eucharistische Brot.

6.3 *Konfirmation*
   Jugendliche werden in die Gemeinde eingeführt und gehen zum Abendmahl

6.4 *Firmung*
   Die Jugendlichen mehrerer Jahrgangsstufen empfangen das Sakrament der Firmung, zugleich Besuch des Bischofs in der Gemeinde.

6.5 *Pfarrfest/Gemeindefest*
   Meist im Sommer mit Spielen und Veranstaltungen.

6.6 *Gemeindetag*
   Religiös akzentuierter Tag für die ganze Gemeinde.

6.7 *Ewiges Gebet*

6.8 *Gemeindewallfahrt*
   Besuch eines Wallfahrtsortes

6.9 *Primiz*
   Erste Messe eines Neupriesters in seiner Heimatgemeinde

6.1 Kirchweihtag und Patronatsfest

Der Weihetag einer Kirche wurde schon früh begangen, so bereits im 4. Jahrhundert der Weihetag der Auferstehungskirche in Jerusalem. Oft leiten sich Heiligenfeste vom Weihetag einer dem Heiligen geweihten Kirche her. Weihetage der römischen Kirchen wurden zu allgemeinen Festtagen (Lateranbasilika 9. November, St. Peter 18. November, St. Paul vor den Mauern ebenfalls 18. November, S. Maria Maggiore 5. August, Michael 29. September).

Gottesdienste an den Gräbern der Märtyrer

Neben dem Tag der Kirchweih spielt der Gedenktag des Kirchenpatrons eine große Rolle. Der Zusammenhang ist sehr alt: Gottesdienste wurden an Gräbern der Märtyrer gefeiert, später wurden Reliquien von Heiligen in den Altar eingelassen.

Ist die Kirche nicht einem Heiligen, sondern dem "Kreuz Christi", dem "Herzen Jesu", der "Heiligen Dreifaltigkeit" geweiht, wird das Patronatsfest an dem jeweiligen Festtag begangen.

Eine andere Wurzel von Festen ist die Verbindung von Märkten und kirchlichen Feiern. Zu Beginn von Märkten wurden Messen gefeiert. Darauf deutet noch heute die Verwendung des Wortes Messe für Ausstellungen hin. Kirmes leitet sich ab von Kirchmesse. Die Märkte waren oft terminlich mit einem Heiligenfest verbunden.

Jahrmärkte und Volksfeste

Unterschiedliche Namen, Kirmes, Kirchweih, Kirchtag, Kirbe werden in den verschiedenen Gegenden für die Festtage bzw. für die Festwoche gebraucht. Zur Kirmes gehören Tanz, Spiele, Musik- und Theaterdarbietungen. Waren diese Volksfeste anfänglich mit dem Kirchweihtag verbunden, so verlor sich dieser Zusammenhang. Da die Feste nicht selten durch gelockerte Sitten, durch große Mahlzeiten, Alkoholgenuß und anschließende Raufereien gekennzeichnet waren, gab es

Kirche sucht Distanz zu den Volksfesten

von seiten der Kirche die Tendenz, das Patronatsfest von dem Volksfest zu trennen. Die Volksfeste wurden dann mit Ernte- und Schützenfesten verbunden und liegen meist im Spätsommer bzw. Herbst.

Der Kirchweih- bzw. Patronatstag hat, wo er im Jahresrhythmus einer Gemeinde eine Rolle spielt, jeweils ein eigenes Brauchtum, das regional verschieden ist. Die Funktion der Kirmes, des Volksfestes ist vor allem in städtischen

Regionen auf das Pfarrfest übergegangen (s.u. 6.5). Die Volksfeste und Jahrmärkte finden in den lokalen Medien ihren Niederschlag. Der Kirchweih- und der Patronatstag können zum Anlaß genommen werden, über die Geschichte der Gemeinde zu berichten.

Kirchweihe, Glockenweihe, Altarweihe ...
Die Weihe einer Kirche, eines Altars oder von Glocken ist selbstverständlich auch ein Fest. Der Weiheritus ist formenreich und benutzt aussagekräftige Symbole. Die Kirchweihe wird von einem Bischof vorgenommen und hat folgenden Aufbau:

- Prozession zur neuen Kirche mit den Reliquien (Gebeine eines Heiligen)
- Bauleute, Vertreter der Gemeinde und eventuell Stifter übergeben die Kirche dem Bischof (Übergabe der Schlüssel, eines Modells der Kirche, einer Festschrift).
- Einzug des Bischofs
  Altar und Kirchenwände werden mit Weihwasser besprengt.
- Wortgottesdienst der Messe
- Nach der Predigt werden die Reliquien unter den Altar eingelassen.
- Weihegebet und Salbung des Altars sowie Salbung der Kirchenwände
- Auf dem Altar wird Weihrauch verbrannt.
- Altar, Kirchenwände und Gläubige werden mit Weihrauch gesegnet.
- Der Altar wird mit einem Tuch bedeckt, Altarkreuz und Kerzen werden auf den Altar gestellt, der Altar wird mit Blumen geschmückt, und die Kerzen werden angezündet.
- Fortsetzung der Messe

Eine Altarweihe erfolgt in gleicher Weise wie die Teile der Kirchweihe, die sich auf den Altar beziehen.
Glocken werden durch Besprengung mit Weihwasser, durch Weihrauch gesegnet sowie durch Salbung mit Chrisam.

311

6.2 Erstkommunion

Fest der Gemeinde, Fest der Familien

Ein Ereignis von lokaler Bedeutung ist der Tag, an dem die Kinder einer Jahrgangsstufe, meist im Alter von neun Jahren, das erste Mal gemeinsam das eucharistische Brot empfangen. Der Tag ist ein Fest der Gemeinde mit einem feierlichen Gottesdienst und ein Fest in der Familie. Verwandte kommen zu Besuch, die Kinder erhalten Geschenke. Früher wurde die Erstkommunion in der Regel am Weißen Sonntag, dem Sonntag nach Ostern, gefeiert. Der Termin liegt heute nicht mehr fest, die Feier kann auch auf einem anderen Sonntag oder Feiertag der Osterzeit liegen.

Vorbereitung - Funktion für die Gemeinde

Neue Form der Vorbereitung

Die Erstkommunion hat nicht nur als Gemeinde- und Familienfest eine Bedeutung, sondern hat durch die Vorbereitungszeit eine gemeindebildende Funktion. Früher wurde die Vorbereitung in Form eines zusätzlichen Religionsunterrichts, Kommunionunterricht genannt, von den Priestern durchgeführt. In den letzten Jahren ist eine neue Form der Vorbereitung eingeführt worden, die von den Gemeinden aus übernommen wurde. Erwachsene, meist Mütter, bereiten kleinere Gruppen von 6 bis 10 Kindern auf die Erstkommunion vor. Für diese Gruppen geben die Bistümer Arbeitsmappen heraus. Neben der Beschäftigung mit Bibeltexten werden Meditationsübungen, Spiele gemacht. Die Gruppen bereiten den Gottesdienst vor.

Mitbeteiligung der Erwachsenen

Durch die Einbeziehung der Erwachsenen wird die Mitverantwortung der Gemeinde für die Weitergabe des Glaubens und die Einführung der Kinder und Jugendlichen in das Leben der Gemeinde aktualisiert. Es ist nicht mehr nur Sache der Priester, das Gemeindeleben zu gestalten und zu organisieren.

Aufnahme in die Gottesdienstgemeinde

Für die Gemeinde selbst ist die Feier der Erstkommunion ein Aufnahmeritus. Kinder werden in die Gottesdienstgemeinschaft aufgenommen. Sie nehmen nicht nur am Gottesdienst teil, sondern empfangen auch das eucharistische Brot. Diese volle Teilnahme setzt voraus, daß die Kinder das eucharistische Brot, den Leib Christi, von anderem Brot unterscheiden können.

Der Erstkommuniontag ist auch in der Öffentlichkeit "sichtbar", die Kirchengebäude sind mit Fahnen geschmückt, die Kommunionkinder tragen ein weißes Kleid bzw. einen blauen Anzug, jeder hat eine Kerze. Meist ziehen die Kinder in einer Prozession in die Kirche ein.

In den lokalen Medien findet die Erstkommunion Erwähnung. Ein häufiges Bildmotiv ist die Prozession der Kinder. Diese Berichte können dadurch aktualisiert werden, daß Erwachsene und Kinder über ihre Gruppenstunden und Erfahrungen in den Vorbereitungsgruppen berichten.

Berichte über die Erfahrungen in den Vorbereitungsgruppen

Zur Erstkommunion als Fest des einzelnen und der Familie s.u. 7.2 S. 333 ff

6.3 Konfirmation

Die Konfirmation spielt ungeachtet fortschreitender Säkularisierung im Leben der evangelischen Gemeinden und Familien eine bedeutsame Rolle. Der Tag der Konfirmation markiert den Übergang in einen anderen Lebensabschnitt. Dies freilich nicht so vordergründig, wie so oft angenommen oder gefeiert.

Die Reformation hat der Konfirmation keinen sakramentalen Rang zugemessen. Sie fürchtete, daß damit das nach ihrer Meinung eigentliche, zentrale Heilsgeschehen in Gestalt der Taufe abgewertet werden könnte. Damit trennte sich die reformatorische Kirche von bisheriger Praxis und Tradition und deren Stellenwert. Für sie bestand noch ein weiteres Argument dafür, hier eigene Wege zu gehen. Für sie war auch ausschlaggebend, daß Christus einen Vorgang wie die Firmung nicht eigens eingesetzt habe.

Für einen Reformator wie Martin Luther ist den Menschen mit der Taufe das "neue Leben zugeeignet" worden. Deren Ergänzung bedürfe es nicht. In diesem Sinne, so hat er einmal formuliert, bestehe "das ganze Christenleben in einem 'Hineinkriechen in die Taufe'".

Gleichwohl sind auch in den evangelischen Gebieten sehr rasch für die Heranwachsenden Formen der Einübung in Glauben und Gemeinde entstanden. Schon in den ersten 30 Jahren nach der Reformation wurde in Gottesdiensten evangelische Konfirmation gefeiert.

Ihre wichtigen Bestandteile waren und sind im Prinzip noch immer: der Katechismusunterricht, die Vorbereitung auf den ersten Abendmahlsgang, Zeit für die Einstimmung auf den abschließenden Gottesdienst für Kinder.

Für den Unterricht schafft Martin Luther (vorgelegt 1529) seinen "Kleinen Katechismus". Dieser gewährt Voraussetzungen für dem "Aufbau eines breiten Volkskatechumenats". Sein "Handbüchlein" entwickelt sich bald weltweit unter Evangelischen zu einer Art "Pflicht"-Lektüre. Unzähligen ist damit eine verläßliche und zudem eine für alle verständliche Lebensorientierung in die Hand gegeben.

Der Weg der Konfirmation ist bis in unsere Zeit von zahlreichen Reformversuchen bestimmt. Der Pietismus versuchte seine Akzente zu setzen. Die Aufklärung im 18. und

Vorrang der Taufe

Einübung in den Glauben

Kleiner Katechismus

314

19. Jahrhundert forderte bisher für unaufgebbar gehaltene und überkommene Vorstellungen und Praktiken heraus. Zwei Erwartungen blieben im Meinungsstreit über die Konfirmation und deren Sinn bis heute präsent: Für die einen stellt sie - überaus pragmatisch - den sogenannten Eintritt in "die Welt der Erwachsenen" dar. Die anderen wiederum möchten die Konfirmation als ein "echtes persönliches Bekenntnis zu Christus" verstanden sehen. Sie erhoffen sich damit zugleich den Beginn einer aktiven Mitwirkung in der Gemeinde.

Übergang in das Erwachsenenalter

Bekenntnis zu Christus

Die Realität ist auch auf evangelischer Seite so, daß sich zu letzterem nur der geringere Teil der Konfirmanden bereitfindet. In einigen Bereichen der neuen Bundesländer kommen als ein weiteres Problem der Verbleib in, beziehungsweise das Interesse an anderen Beziehungen wie etwa der Zugehörigkeit zur "Jugendweihe" und deren Strukturen hinzu.

In der gegenwärtigen Diskussion über die Zukunft der Konfirmation und des kirchlichen Unterrichtes finden (nach dem Evangelischen Erwachsenen-Katechismus) u.a. folgende Überlegungen und Empfehlungen besondere Beachtung:

- Die Konfirmation sollte nicht als feierliche Handlung überbetont werden.
- Sie ist weder Abschluß der Kindheit noch Abschluß der Beschäftigung mit dem Glauben. Sie sollte vielmehr ein Anfang sein.
- Die Konfirmation weist zurück auf die Taufe und voraus auf das Leben. Deshalb muß man von ihr als einer Station auf dem Weg des Glaubens sprechen.
- Die Konfirmation darf nicht isoliert werden, weder vom Leben in der Welt noch von der christlichen Gemeinde.
- Die Konfirmanden sollen diesen Unterricht nicht passiv über sich ergehen lassen. Vielmehr sollen sie tätig werden als junge Glieder der Kirche im Denken, Fragen, Urteilens, Erleben, Feiern und im christlichen Einsatz.

- Der Konfirmandenunterricht zielt nicht nur auf Belehrung und abfragbares Wissen. Deshalb sprechen viele heute lieber von Konfirmandenzeit als von Konfirmandenunterricht.
- Es reicht insbesondere nicht, wenn die Konfirmanden über das Abendmahl nur belehrt und informiert werden. Wenn wir erwarten, daß sie auch nach der Konfirmation weiter am Abendmahl teilnehmen, müssen sie schon während der Konfirmandenzeit das Abendmahl erleben.
- Niemand kann zum Glauben erziehen, Pfarrer und Lehrer nicht, auch Vater und Mutter nicht, aber sie können und sollen den Konfirmanden den Weg dahin zeigen, ihnen helfen und ihnen dabei nicht im Weg stehen.
- Die Konfirmation im Gottesdienst wird üblicherweise in der österlichen Zeit begangen, hier wiederum vorzugsweise am Palmsonntag, dem Sonntag vor Ostern.

Die Konfirmation als Fest des einzelnen und der Familie s. u. 7.3, S. 334

6.4   Firmung

Das Sakrament der Firmung vollendet die Taufe, der Gefirmte ist für die Gemeinde "volljährig" geworden. Handelten bei der Taufe die Eltern stellvertretend für das Kind, so handelt der Jugendliche jetzt in eigener Verantwortung. Theologisch gesehen ist die Firmung die Begabung mit dem Heiligen Geist, die erstmalig am Pfingstfest stattfand (s.o. 3.8.4) und damit die Teilnahme am Missionsauftrag der Kirche beinhaltet. Wie das erste Pfingstfest in Jerusalem hat auch die Firmung kirchenbildende Wirkung und beinhaltet den Auftrag, das Evangelium auch außerhalb der christlichen Gemeinde zu bezeugen. Für die Gemeinde wie auch für den Firmling ist die Firmung ein Aufnahmeritus. Der Firmling wird Gemeindemitglied mit allen Verantwortlichkeiten, die Gemeinde nimmt die Firmlinge als vollwertige Mitglieder auf. Faktisch bedeutet das in unserer Kultur jedoch nicht, daß die Gefirmten in den Gemeinden den Erwachsenenstatus erhalten.

Ergänzung zur Taufe

Die Synode der deutschen Bistümer hat zwar das Firmalter vom Grundschulalter (früher nach der Erstkommunion) auf 12 Jahre hinaufgesetzt, das damit den Übergang vom Kindes- ins Jugendalter markiert. Der Gefirmte erhält aber erst mit 16 Jahren das aktive und mit 18 Jahren das passive Wahlrecht für den Pfarrgemeinderat.

Heute späteres Firmalter

Vor allem durch die neue Firmvorbereitung hat die Firmung eine integrierende Funktion. Ein guter Teil der Gefirmten schließt sich einer Gruppe in der Gemeinde an, manche der Vorbereitungsgruppen bleiben auch über die Firmung hinaus zusammen.

Neue Form der Vorbereitung

Da die Firmung in der Regel durch einen Bischof gespendet wird, ist der Firmtag zugleich auch der Besuch des Bischofs bzw. eines Weihbischofs in der Gemeinde. Dieser Besuch wird oft mit der vom Kirchenrecht vorgeschriebenen Visitation verbunden, der Bischof spricht nicht nur mit den Seelsorgern, sondern auch mit dem Pfarrgemeinderat und den Gruppen der Gemeinde.

Spendung meist durch einen Bischof

Da die Firmung meist mit dem Besuch des Bischofs verbunden ist, gibt es keine festen Termine. Auch wird die Firmung nur in Gemeinden mit vielen Jugendlichen jährlich gespendet. Ähnlich wie die Erstkommunion wird auch

Kein fester Termin für die Firmung

die Firmung in kleineren Gruppen vorbereitet, die von Erwachsenen geleitet werden. Früher wurde die Firmvorbereitung von den Religionslehrern im Religionsunterricht geleistet.

Gruppenpädagogische Elemente in der Firmvorbereitung

Ein wichtiges Element der Vorbereitung ist die Gruppe selbst, das Kennenlernen in der Gruppe, die Bearbeitung von Konflikten, Rollenspiele. Die Gruppen beschäftigen sich mit der Bibel, spielen Begebenheiten aus dem Leben Jesu oder den Prozeß Jesu nach, beschäftigen sich mit der Struktur der Gemeinde und der Diözese. Das Sakrament und seine Symbolik werden erklärt. Ein wichtiges Moment ist das soziale Engagement - in der Nachbarschaftshilfe, für die Dritte Welt. Anders als die Konfirmation hat die Firmung keine größere Bedeutung als Familienfest. Da die Firmtage auch in der Woche liegen können, sind Festlichkeiten und Verwandtenbesuche meist schwerer zu organisieren.

Bericht über die Vorbereitungsgruppen

In den lokalen Medien findet die Firmung Erwähnung, oft bedingt durch den Besuch des Bischofs. Auch hier kann eine Aktualisierung durch Berichte aus den Vorbereitungsgruppen erreicht werden.

Die Firmung als Fest des einzelnen und der Familie s. u. 7.4, S. 335 ff

6.5 Pfarrfest - Gemeindefest

Pfarrfeste werden von den Gemeinden zunehmend gefeiert, meist an Wochenenden im Sommer oder Herbst. Motiv für diese Feste ist, außerhalb es Gottesdienstraumes gemeinsam zu feiern, die Gemeinschaft zu erleben und auch die Gemeindemitglieder einzubeziehen, die nicht am Gottesdienst teilnehmen. Vor allem in städtischen Gebieten hat das Pfarrfest die Funktion der Kirmes übernommen. Es steht in Konkurrenz zu Stadtteil- und Straßenfesten sowie Festen von Bürgerinitiativen und Parteien. Die Elemente eines Pfarrfestes finden sich auch bei anderen Sommerfesten:

Offene Gestaltung des Pfarrfestes

- Tanzveranstaltungen mit Wort- und Musikeinlagen am Samstagabend
- Spiele und selbstgebaute Buden für Kinder am Sonntag
- Gemeinsames Essen aus der "Gulasch-Kanone"
- Kuchen und Kaffee am Nachmittag

Meist beginnt das Pfarrfest nach dem Hauptgottesdienst am Sonntagvormittag. Veranstaltungen am Nachmittag führen das Programm fort.

Das Pfarrfest kann auch ein Faktor der Integration ausländischer Mitbürger sein, die in einigen Gemeinden das Fest mitgestalten, indem sie musizieren, einen Tanz vorführen, Essen kochen u.a.

Möglichkeit, ausländische Mitbürger zu integrieren

319

6.6 Gemeindetag - Einkehrtag der Gemeinde

In vielen Gemeinden fanden und finden sogenannte Einkehrtage statt. Diese Tage werden auch für einzelne Gruppen z.B. Jugend oder Männer ausgerichtet. Ziel des Tages ist eine religiöse Vertiefung. Meist wird ein Priester von auswärts eingeladen, der die Predigt sowie Vorträge hält.

Die Einkehrtage werden in vielen Gemeinden als Gemeindetag in neuer Form durchgeführt. Es steht nicht mehr der Vortrag im Mittelpunkt, sondern Gruppenarbeit, Meditationsübungen, gemeinsame Gottesdienstvorbereitung.

6.7 Ewiges Gebet, Vierzigstündiges Gebet

In den Pfarreien und Klöstern werden längere Gebetszeiten einmal im Jahr durchgeführt. Die Idee ist, daß in einer Diözese ein ständiges Gebet stattfindet, indem jeden Tag eine andere Pfarrei den Gebetsdienst übernimmt. 1592 wurde dieser Brauch für die Kirchen Roms von Papst Clemens VIII. eingeführt.

Diese Gebetsform hat zumindest zwei Wurzeln. Einmal in der Eucharistiefrömmigkeit des späten Mittelalters, die die konsekrierte Hostie als Objekt der Anbetung in den Mittelpunkt rückte. Das Ewige Gebet wird vor einer Monstranz mit einer Hostie oder einem Kelch mit Hostien durchgeführt.

Das Vierzigstündige Gebet geht auf die Gebetswache in den Kartagen zurück. Die Grabesruhe Jesu wurde auf 40 Stunden berechnet. Später, seit dem 16. Jahrhundert, wurde ein Vierzigstündiges Gebet in Notzeiten angesetzt, und zwar vor einer Monstranz und einer konsekrierten Hostie. Im Barock wurde es auch während der Karnevalstage als "Gegengewicht" gegen das Faschingstreiben abgehalten. Nachdem die Praxis des Ewigen Gebetes in den Pfarreien in den letzten Jahren zurückgegangen war, belebt sie sich an einigen Orten wieder.

6.8 Gemeindewallfahrt

Der Besuch eines Wallfahrtsortes gehört für viele Gemeinden in den Jahresablauf. Meist liegt ein bestimmter Termin für die Wallfahrt fest. Auch geht die Wallfahrt jeweils zu demselben Ort. Die Gemeindewallfahrt besagt nicht, daß die ganze Gemeinde sich auf den Weg macht, sondern daß eine gemeinsame Wallfahrt von der Gemeindeleitung organisiert wird. Meist fährt man mit dem Bus, seltener ist ein Fußmarsch einbezogen. Auf dem Hinweg wird gebetet und gesungen, am Wallfahrtsort nimmt die Gruppe an der Messe teil. Da der Katholizismus nicht allzu askzetisch eingestellt ist, folgen ein Essen und meist eine fröhliche Rückfahrt.

Zu Wallfahrten allgemein s. u. Nr. 8, S. 365-370

6.9 Primiz

Die erste Messe, die ein Priester in seiner Heimatgemeinde
liest, ist seine Primiz (von "primitiae"). Für die Gemeinde
ist dies ein besonderer Festtag, Mittelpunkt ist die Messe,
die der Primiziant zelebriert. Dabei assistiert ihm ein älterer
Priester. Der Primiziant trägt in manchen Gegenden einen
Myrtenkranz und wird in einer Prozession von seinem
Elternhaus abgeholt, nach der Messe folgten ein Empfang
und ein Essen. Besondere Bedeutung wird dem Primizsegen
zugemessen. Der Primiziant segnet mit ausgestreckten
Händen und einem Gebet sowohl einzelne als auch die
Gemeinde.

7. Feste des einzelnen und der Familie

Die Religionen begleiten den einzelnen und die Familie auf ihrem Lebensweg. Grundsituationen des Menschen - Geburt, Eintritt in das Erwachsenenalter, Eheschließung, Tod - erhalten durch Symbolhandlungen eine religiöse Bedeutung. Sie werden aber auch durch die Riten sozial bedeutsam.

Grundsituationen werden religiös interpretiert

Durch die Taufe wird ein Neugeborener in die menschliche Gemeinschaft aufgenommen. Das Eheversprechen, das sich zwei Menschen öffentlich geben, macht diese Ehe zu einer auch von der Umwelt anerkannten Institution. Das Begräbnis ist sowohl eine Abschiedszeremonie als auch die religiöse Zusage einer neuen Existenzweise und damit einer neuen Gegenwart des Verstorbenen.

Soziale Dimension der Riten

Das Christentum verbindet den Eintritt in einen neuen Lebensabschnitt mit dem Heilswerk Jesu. Die Grundsituationen werden so zu Heilssituationen. Diese religiösen Interpretationen menschlicher Grundsituationen heißen Sakramente. Die Sakramente haben neben ihrer Zielrichtung auf das Individuum zugleich eine kirchenstiftende Wirkung. Indem sie die Grundsituation mit Christus in Verbindung setzen, machen sie den einzelnen zugleich zu einem Mitglied der Gemeinschaft der Christusgläubigen, weisen ihm eine Rolle in der Gemeinde zu.

Sakramente - Grundsituationen

Kirchenbildende Funktion der Sakramente

Die Sakramente als Symbolhandlungen können im Verständnis der Beteiligten leicht ihre religiöse Bedeutsamkeit verlieren und zu bloß gesellschaftlich verstandenen Ritualen werden. Dieser Verfall der sakramentalen Praxis ist in der Geschichte der Kirche immer wieder zu beobachten gewesen. Heute stehen wir in zwei gegenläufigen Bewegungen. Auf der einen Seite vollziehen viele die Sakramente als bloß gesellschaftlich übliche Rituale nicht mehr mit, Eltern lassen ihre Kinder nicht mehr taufen, Ehepaare heiraten nur noch standesamtlich. Auf der anderen Seite wird in den Gemeinden die sakramentale Praxis vertieft, indem der Empfang des Sakramentes intensiver vorbereitet, seine religiöse Bedeutsamkeit und die Beziehung zum Leben der christlichen Gemeinden herausgearbeitet und auch in der Feier dargestellt werden.

Sakramente können zu bloß gesellschaftlich bedeutsamen Ritualen werden

Neue Formen der Vorbereitung

Die Impulse kamen aus der liturgischen Bewegung, wurden durch die Liturgiereform des letzten Konzils für die ganze Kirche fruchtbar und durch neue Methoden der Seelsorgepraxis realisiert. Im 6. Abschnitt wurden einige Sakramente in ihrem Gemeindebezug dargestellt. Im folgenden werden Struktur und Feier der Sakramente, wie sie sich für den einzelnen darstellen, skizziert.

7.1   Taufe
7.2   Erstkommunion
7.3   Konfirmation
7.4   Firmung
7.5   Versöhnung
7.6   Eheschließung; Silberne, Goldene Hochzeit
7.7   Profeß, Gelübde, Jungfrauenweihe
7.8   Diakonats-, Priester-, Bischofsweihe
7.9   Schwere Krankheit, Tod
7.10 Begräbnis

7.1   Taufe

7.1.1 Die religiöse und soziale Dimension der Taufe

Taufe: Aufnahmeritus

Die Taufe ist ein Aufnahmeritus. Dabei ist die Erwachsenentaufe die Norm, die Kindertaufe läßt sich nur im Blick auf die Erwachsenentaufe verstehen. Bei der Taufe eines Kindes steht der Glaube der Eltern stellvertretend für den des Kindes. Eine Waschung, das Untertauchen im Wasser ist auch in anderen Religionen eine heilige Handlung. Die Christen haben die Taufe von den Juden übernommen. Dort war sie als Bußritus bekannt (Johannes der Täufer) und bei der Aufnahme der Heiden in das Judentum (Proselytentaufen), d.h. der Aufnahme von Nicht-Juden, z.B. Griechen, in die jüdische Religion. Während jedoch der Aufnahmeritus des Judentums die Beschneidung ist, hat das Christentum die Taufe gewählt, und zwar schon sehr früh. Paulus, von dem die ältesten Schriften des Neuen Testamentes stammen, spricht an mehreren Stellen von der Taufe als selbstverständlichem Ritus.

Die Taufe korrespondiert mit dem Glauben. Der Glaube ist Voraussetzung für die Taufe. "Wer glaubt und sich taufen läßt, wird gerettet werden." (Mk 18,16). Es wird das Bild des Siegels gebraucht:

Glaube: Voraussetzung für die Taufe

Durch ihn (Jesus) habt auch ihr das Wort der Wahrheit gehört, das Evangelium von eurer Rettung; durch ihn habt ihr das Siegel (d.h. die Taufe) des verheißenen Heiligen Geistes empfangen, als ihr den Glauben annahmt. *(Eph 1,13)*

Die Taufe begabt den einzelnen mit der Fülle des Heils. Mit der Taufe tritt er in die durch Jesus herbeigeführte Heilszeit ein.

Taufe - Mitteilung des Heils

Mit Christus wurdet ihr in der Taufe begraben, mit ihm auch auferweckt, durch den Glauben an die Kraft Gottes, der ihn von den Toten erweckt hat. Ihr wart tot infolge eurer Sünden ... Gott aber hat euch mit Christus zusammen lebendig gemacht und uns alle Sünden vergeben. *(Kol 2,13)*

In der Taufe erleidet der Täufling das Schicksal Jesu und erhält ein neues Leben.

Mitvollzug des Schicksals Jesu in der Taufe

Wißt ihr denn nicht, daß wir alle, die wir auf Christus Jesus getauft wurden, auf seinen Tod getauft worden sind? Wir wurden mit ihm begraben durch die Taufe auf den Tod; und wie Christus durch die Herrlichkeit des Vaters von den Toten auferweckt wurde, so sollen auch wir als neue Menschen leben. *(Röm 6,3-4)*

Durch die Taufe wird der einzelne Mitglied des Volkes Gottes:

Taufe - Eingliederung in den Leib der Kirche

Durch den einen Geist werden wir in der Taufe alle in einen einzigen Leib aufgenommen, Juden und Griechen, Sklaven und Freie . *(1 Kor 12,13)*

Die Eingliederung in die Kirche ist nicht ein zusätzlicher Teil der Taufe, vielmehr gehören die Zugehörigkeit zur Kirche und das Geschenk des Heils innerlich zusammen. Die Hinwendung zu Gott ist nach christlichem Verständnis Antwort auf den Ruf Gottes, der zugleich eine Berufung zur Mitgliedschaft im Volk Gottes ist.

Diese theologische Dimension der Taufe wird von vielen Eltern und auch von den meisten Gemeindemitgliedern nicht in ihrer vollen Bedeutung gesehen. Das Taufverständnis zeigt allerdings auch die Problempunkte im religiös-kirchlichen Raum. Auf zwei Probleme sei hier kurz hingewiesen:

1. Der Heilsweg der Nichtgetauften
2. Die Ablehnung der Kindertaufe

Das Heil der Nichtgetauften

Zu 1: Nach dem Verständnis der Bibel ist die Taufe notwendig, um gerettet zu werden. Zwar setzt die Taufe den Glauben voraus, denn der Glaube ist die Antwort des Menschen auf das Angebot Gottes. Aber die Taufe ist die endgültige Zusage des Heils, das Hineingenommenwerden in das Heilswerk Christi.

Taufe kein Problem in einer christlichen Gesellschaft

Taufe durch Kirchenspaltungen nicht betroffen

Solange die Zugehörigkeit zur Kirche selbstverständlich war, die Gesellschaft sich als christliche verstand, war die Taufe kein Problem. Auch die Kirchenspaltungen haben die Bedeutung dieses Sakraments nie in Frage gestellt.

Als das Christentum auf andere Religionen stieß, entdeckte man, daß es neben der christlichen Welt noch andere Welten gibt. Es stellte sich die Frage, wie diese Menschen ihr Heil finden. In der frühen Missionspraxis des 16. Jahrhunderts versuchten die Missionare, so viele Menschen wie möglich zu taufen. Man dachte, alle anderen seien verloren, konkret der Hölle überantwortet. Diese Auffassung wurde aufgegeben. Die Christen gehen heute davon aus, daß alle Menschen das Heilsangebot Gottes erfahren und darauf eingehen können.

Zugehörigkeit zur Kirche nicht Voraussetzung für das Heil

Damit ist die Taufe nicht allein entscheidend für das Heil. Das hat Rückwirkungen auf die kirchliche Praxis, es ist ein Faktor, der auch zum Rückgang der Kindertaufe führte.

Zu 2: Wenn die Taufe nicht mehr absolut notwendig für das Heil des Menschen ist und sich die Identität von Gesellschaft und Kirche auflöst, wird die Kindertaufe zum Problem. Hinzu kommt, daß viele Eltern ihre Bindung an die Kirche gelöst haben. Sie wollen für ihre Kinder nicht bestimmen, sondern es den Kindern überlassen, ob sie Mitglied der Kirche werden wollen. Auch Theologen sehen darin ein Problem. "Wenn die Taufe den Glauben voraussetzt, dann kann sie nur gespendet werden, wenn der Mensch in einem entscheidungsfähigen Alter ist", wird argumentiert.

Zugehörigkeit zur Gesellschaft nicht mehr identisch mit Zugehörigkeit zur Kirche

Der kirchliche Standpunkt, der u.a. durch die Synode der Bistümer in der Bundesrepublik formuliert wurde (1974), nennt folgende Gründe für die sehr alte Praxis der Kindertaufe.

Gründe für die Kindertaufe

- Ein Kind kann nicht neutral erzogen werden.
- Durch die Eltern lernt es die Welt kennen, es sieht die Welt in der Sicht der Eltern. Wie die Eltern in vielen Bereichen Vorentscheidungen für das Kind treffen, tun sie es auch im Religiösen.
- Der Glaube der Eltern steht bei der Taufe stellvertretend für den des Kindes.
- Die Taufe ist ein Geschenk, das dem Kind nicht vorenthalten werden sollte.

Die Entwicklungen haben dazu geführt, daß die Kirche sich stärker um die Taufe bemüht. Die Seelsorger führen mit den Eltern intensive Vorgespräche. Die Taufe wird aufgeschoben, wenn die Eltern eine christliche Erziehung nicht für möglich halten. Schließlich gibt es in zunehmendem Maß Taufen von Jugendlichen und Erwachsenen.

Intensivierung der Taufvorbereitung

Der Taufritus ist, im Blick auf das Kind, eine Handlung, die das Kind ausdrücklich als Mitglied der menschlichen Gemeinschaft aufnimmt. Es gibt keinen vergleichbaren Ritus der Gesellschaft. In der kirchlichen Praxis wird diese Komponente der Taufe wieder stärker betont. Die Taufe findet nicht mehr im Krankenhaus statt, sondern in einer Feier in der Kirche oder, wenn möglich, im Gottesdienst der Osternacht. Die Gemeinde wird aufgefordert, eine Mit-

Taufritus - Aufnahme des Kindes in die menschliche Gemeinschaft der Kirche

verantwortung für die getauften Kinder zu übernehmen.

7.1.2 Tauffeier

Die Spendung eines Sakramentes hat immer auch das Element des Wortes, das die Bedeutung des Sakramentes aufzeigt und die Bereitschaft zum Empfang des Sakramentes vertieft. Wie die Messe hat auch die Tauffeier zwei Hauptteile: Es gibt einen Wortteil, der dem Wortgottesdienst der Messe entspricht, sowie die Spendung des Sakramentes selbst, die der Eucharistiefeier der Messe entspricht. Die Tauffeier ist folgendermaßen aufgebaut:

Wortgottesdienst:

> Begrüßung
> Die Eltern nennen den Namen des Kindes
> Lesung eines Bibeltextes
> Ansprache
> Fürbitten

Spendung der Taufe
- Absage an das Böse und Bekenntnis des Glaubens
- Taufe
  Der Zelebrant gießt Wasser über den Kopf des Täuflings mit den Worten:
  Ich taufe dich im Namen des Vaters und des Sohnes und des Heiligen Geistes.
- Salbung mit Chrisam, einem geweihten Öl, als Zeichen der Geistbegabung
- Überreichung des weißen Kleides
- Übergabe der brennenden Kerze

Ursprung des Glaubensbekenntnisses in der Taufliturgie

Die Absage an das Böse kommt aus der urchristlichen Erwachsenentaufe, sie soll den neuen Anfang, den die Taufe bedeutet, deutlich machen. Hinzu kommt das Bekenntnis des Glaubens. Die christlichen Glaubensbekenntnisse haben in der Taufliturgie ihren Ursprung.

Salbung - Begabung mit dem Geist
Weißes Kleid

Die Taufe wird in den östlichen Kirchen durch Untertauchen gespendet. Im Westen ist das Übergießen mit Wasser üblich. Die Salbung mit Chrisam drückt die Begabung mit dem Geist aus, und daß der Getaufte zu dem priesterlichen Gottesvolk gehört.

Das weiße Kleid ist Symbol der Reinheit, der Befreiung

von der Sünde. In der frühen Kirche trugen die in der Osternacht Getauften ein weißes Kleid, das sie am "Weißen Sonntag" wieder ablegten.

Lichtsymbol für Christus

Die Kerze symbolisiert das neue Licht, das Christus gebracht hat und das in dem Täufling jetzt leuchtet.

Die Eltern stehen im Zentrum des neuen Taufritus

Der oder die Taufpaten spielen im Bewußtsein der Familien eine große Rolle. Meist hat ein Kind zwei Paten, die für das Kind eine Verantwortung übernehmen. Früher waren die Paten sogar zu Geschenken verpflichtet (s.o. 3.2 Weihnachten). Im frühen Taufritus hatten die Paten eine zentrale Rolle, sie hielten das Kind auf dem Arm und sprachen stellvertretend das Glaubensbekenntnis. Im neuen Taufritus stehen die Eltern im Mittelpunkt. Der Pate hatte in der Urkirche eine Art Bürgenfunktion, der den Taufbewerber einführte. Daneben gab es den Taufgehilfen, meist einen Diakon oder eine Diakonisse. Im Mittelalter bildete sich die heutige Form des Paten heraus. Im Wort "Paten" drückt sich eine geistige Vaterschaft aus.

Wenn die Eltern des Kindes sterben, gehen ihre Pflichten auf den Paten über.

In der Erwachsenentaufe hat der Pate eher wieder eine Bürgenfunktion, er bezeugt vor der Gemeinde, daß der Täufling an Christus glaubt und seine Bitte um die Taufe ernst gemeint ist.

Die Erwachsenentaufe soll möglichst in der Osternacht stattfinden, der Getaufte empfängt das eucharistische Brot und wird auch gefirmt.

7.1.3 Ideen für Beiträge und Sendungen

Bedeutung der Taufe, Sinn der Riten

Die Taufe ist ein "unbekanntes" Sakrament, ihre Bedeutung und der Sinn der Riten sind zu wenig bekannt. Ein erklärender Beitrag kann dieses Informationsdefizit abbauen.

Das Kind wird aufgenommen

Die Taufe stellt das Kind in den Mittelpunkt. Es wird von der kirchlichen Gemeinde aufgenommen. Dieser Aspekt muß entfaltet werden. Konkrete Mitverantwortung der Gemeinden durch Hilfen für die Eltern, Nachbarschaftshilfe,

Krabbelstuben.

Die Problematik der Kindertaufe

Die Diskussion um die Kindertaufe fordert zu einer Auseinandersetzung mit der Kirche und der religiösen Erziehung heraus, gleich, ob die Eltern sich für oder gegen die Taufe entscheiden, es ist eine Entscheidung.

Die Taufe in der Geschichte

In der Urkirche stand die Taufe mehr im Bewußtsein der Christen. Es gibt eine reiche theologische Literatur und eine interessante liturgische Entwicklung. Im 20. Jahrhundert gibt es eine intensive Beschäftigung mit dem Sakrament. Der Getaufte wird nicht nur als Empfänger eines Sakramentes gesehen, er wird zum Jünger Jesu und Mitglied der Kirche.

Religiöse Erziehung

Mit der Kindertaufe ist die Aufgabe der religiösen Erziehung verbunden. Wie kann man das heute machen?

Erwachsenentaufe

Wege von Menschen, die zum Glauben gefunden haben.

Die Paten

Erfahrungen von Paten, von Kindern mit ihren Paten. Modelle für Patenschaften.

7.2 *Erstkommunion* (s. auch 6.2)

Für das Kind ist die Erstkommunion der nächste wichtige Schritt des Hineinwachsens in die Kirche. Ein Kind kann zur Kommunion geführt werden, wenn es das eucharistische Brot unterscheiden kann. Das ist bereits im Kindergartenalter möglich. Die Eltern können das Kind auf die Kommunion vorbereiten. Das tun jedoch nur wenige Eltern.

Die Vorbereitung auf die Kommunion wird meist in Gruppen von der Gemeinde geleistet (s.o. 6.2). Die Kinder sind in der Regel im Grundschulalter. Die erste heilige Kommunion empfing ein Kind früher in einem feierlichen Gottesdienst am Weißen Sonntag. Heute sind Kinder schon vorher mit ihren Eltern oder in einer Messe in der Vorbereitungsgruppe zur Kommunion gegangen.

Auf die Feier der Erstkommunion am Weißen Sonntag oder einem anderen Sonntag oder Feiertag der Osterzeit wird jedoch nicht verzichtet.

Mit der ersten heiligen Kommunion sind die Kinder Vollmitglieder der Gottesdienstversammlung, sie lösen sich meist von den Eltern und sitzen bei ihren Altersgenossen. Die Kinder entscheiden auch selbst, ob sie in einem Gottesdienst das eucharistische Brot empfangen oder nicht.

Nach der Erstkommunion werden Kinder in Deutschland, in den letzten Jahren erstmals auch Mädchen, als Meßdiener, Ministranten zum Altardienst herangezogen.

Weitere Informationen zur Erstkommunion s.o. Feste der Gemeinde 6.2 und Gründonnerstag 3.6.4.3

Einführung in die Gottesdienstgemeinschaft

Verschiedene Praxen der Erstkommunion

Feierlicher Gottesdienst wird beibehalten

Kinder verselbständigen sich im Gottesdienst

Eintritt in die Meßdienergruppe

7.3 Konfirmation

Wichtiges
Datum in der
Biografie

Öffentlich vor
der Gemeinde

Vorbereitung

Wie in anderen Kulturen markiert auch die christliche religiöse Praxis den Übergang vom Kindsein ins Erwachsenenalter. Der Fortbestand der Jugendweihe ist auch ein Hinweis auf die tiefe Verankerung eines solchen Ritus in der menschlichen Entwicklung.

In einer evangelischen Biografie spielt die Konfirmation immer noch eine wichtige Rolle und ist im Leben des einzelnen und der Familie ein wichtiges Fest. Vorbereitung und Feier spielen sich in der Öffentlichkeit der Kirchengemeinde ab.

Eine Vorbereitungszeit mit Katechismusunterricht, die in den Gemeinden und nicht in der Schule gestaltet wird, geht der kirchlichen Feier voraus. Wichtig ist die Hinführung zum Empfang des Abendmahles. Die Feier selbst hat folgenden Ablauf:

- Am Beginn steht die Predigt, die sich betont an die Konfirmandenfamilien wendet.
- Die Konfirmanden werden an die Taufe erinnert.
- Es folgen das Glaubensbekenntnis der Konfirmanden und die Konfirmandenfrage. Sie bittet die Konfirmanden, mit der Kirche zu leben, sich an Wort und Sakrament zu halten und Gott nicht zu vergessen.
- Nach der Bitte um den Heiligen Geist folgt die Einsegnung. Unter Handauflegung wird der Segen jedem einzelnen zugesprochen.
- Der Pfarrer gibt jedem Konfirmanden einen für ihn persönlich (oder von ihm selbst) ausgewählten Bibelspruch mit. Als Dankspruch soll er ihn das ganze Leben hindurch begleiten.
- Zum Abschluß werden sie in die volle Gliedschaft und Mitverantwortung der Gemeinde aufgenomen. Spätestens zu diesem Zeitpunkt werden sie zum Abendmahl zugelassen.

An den Gottesdienst schließt sich die Feier der Familie an.

7.4 Firmung

7.4.1 Die religiöse und soziale Dimension der Firmung

Die Firmung ist praktisch das Sakrament des Erwachsenwerdens in der Kirche. Sie entspricht in etwa der Konfirmation der evangelischen Kirche. Diese soziale Dimension des Sakraments wird durch theologische Aspekte ergänzt. Das ist auch ein Grund dafür, daß die Firmpraxis im Unterschied zur Taufpraxis größeren Veränderungen unterworfen gewesen ist.

Die Firmung vollendet die Taufe. Das ist bereits Praxis der Gemeinden, wie sie sich im Neuen Testament niederschlägt.

Wird ein Erwachsener getauft, empfängt er auch im gleichen Gottesdienst die Firmung. In den Ostkirchen werden die Kinder unmittelbar nach der Taufe gefirmt. In der katholischen Kirche wird die Firmung den Jugendlichen gespendet. Für Deutschland ist ein Alter ab 12 Jahren vorgesehen. In vielen Gemeinden sind die Firmlinge auch älter.

Die Firmung hat eine besondere Beziehung zum Heiligen Geist, auch wenn nach dem Glauben der Kirche der Geist in allen Sakramenten wirksam ist, durch die Sakramente geschenkt wird.

Wie die Jünger Jesu am Pfingsttag den Geist empfangen haben (s.o. 3.8.4), so empfangen ihn alle Christen. Im Geist zu leben ist die neue Lebensweise des Christen, deshalb spricht man von einem religiösen Leben als einem geistlichen Leben.

Dem Wirken des Geistes werden sieben Gaben zugesprochen, die sich im Wesen des einzelnen zeigen und ausprägen sollen:

Weisheit,
Einsicht,
Rat,
Stärke,
Wissenschaft,
Frömmigkeit,
Gottesfurcht.

Erwachsenwerden in der Kirche

Taufe und Firmung gehören zusammen

Firmung und Pfingsten

Ein vom Geist geprägtes Leben

7 Gaben des Geistes

335

Diese Vorstellung geht auf das Alte Testament zurück. Beim Propheten Jesaia heißt es vom kommenden Messias:

> Ein Reis wird aus dem Stumpf Isais sprossen, ein Schößling aus seinen Wurzeln Frucht bringen. Auf ihm ruht der Geist des Herrn: der Geist der Weisheit und der Einsicht, der Geist des Rates und der Stärke, der Geist der Erkenntnis und der Gottesfurcht.
>
> *(Jes 11,1-2)*

Der Geist, Quelle und Beweger des religiösen Lebens

Das Neue Testament führt die Hinwendung zum Glauben, die Ausbreitung des Evangeliums, den Aufbau der Kirche auf das Wirken des Geistes zurück. Der Geist ist auch Quelle des religiösen Lebens im einzelnen.

> Denn alle, die sich vom Geist Gottes leiten lassen, sind Söhne Gottes. Denn ihr habt nicht einen Geist empfangen, der euch zu Sklaven macht, sondern ihr habt den Geist empfangen, der euch zu Söhnen macht, den Geist, in dem wir rufen: Abba, Vater. So bezeugt der Geist selber unseren Geist, daß wir Kinder Gottes sind.
>
> *(Röm 8,14-16)*

Der Geist weckt Begabungen für den Aufbau der Kirche

Der Geist als Lebensprinzip der Kirche erweckt in den Gemeinden verschiedene Begabungen.

> Dem einen wird vom Geist die Gabe geschenkt, Weisheit mitzuteilen, dem anderen durch den gleichen Geist die Gabe, Erkenntnis zu vermitteln, dem dritten im gleichen Geist Glaubenskraft, einem anderen - immer in dem gleichen Geist - die Gabe, Krankheiten zu heilen, einem anderen Wunderkräfte, einem anderen prophetisches Reden, einem anderen verschiedene Arten von Zungenreden, einem anderen schließlich die Gabe, sie zu deuten. *(1 Kor 12,8-10)*

Heute andere Namen für die Begabung

In ähnlicher Weise wie Paulus sieht man auch heute die Mitarbeit von Christen als Gruppenleiter, in der Nachbarschaftshilfe, als Leiter von Erstkommunion- oder Firmgruppen, in der Gestaltung von Gottesdiensten als geistgewirkte Begabungen, als Charismen.

In der Firmung wird also einmal der Glaube gestärkt, zum anderen wird eine Berufung zur Mitarbeit in der Gemeinde und bei der Ausbreitung des Evangeliums ausgesprochen, ähnlich wie die Jünger Jesu im Anschluß an das Pfingstfest die Verantwortung für die Kirche übernommen haben.

Verantwortung für die Gemeinde und die Verbreitung des Evangeliums

Die Firmvorbereitung zielt daher nicht nur auf den Empfang des Sakramentes, sondern auch auf die Übernahme einer Verantwortung.

Durch die Reformen nach dem letzten Konzil hat die Firmung in der Praxis der Gemeinden an Bedeutung gewonnen. Sie wird jetzt in dem Alter gespendet, in dem das Kindesalter abgeschlossen ist und das Jugendalter beginnt, der einzelne sich vom Elternhaus löst, Selbständigkeit gewinnt und daher auch Verantwortung übernehmen kann und seinen Glauben jetzt selbständig lebt.

Neubelebung der Firmpraxis

Firmalter - Loslösung vom Elternhaus

Der Firmpate

Wie bei der Taufe kennt auch dieses Sakrament einen Paten. Der Pate soll eigentlich in der Firmvorbereitung mitwirken. Er stellt dem Bischof oder Priester den Firmling vor. Wie bei der Erstkommunion ist die Firmung auch eine Einführung in die Gemeinde. Ein übergemeindlicher Aspekt kommt hinzu, da in den meisten Fällen, entsprechend der Tradition der Westkirche, ein Bischof die Firmung spendet. Auch wenn ein Priester die Firmung spendet, ist es in der Regel nicht der Seelsorger der Gemeinde, sondern ein enger Mitarbeiter des Bischofs. So wird auf jeden Fall ein Bezug zur Diözese, ja sogar zur Weltkirche erfahrbar.

Bezug zur Diözese

7.3.2 Die Feier der Firmung

Das Sakrament der Firmung wird in der Eucharistiefeier gespendet. Nach dem Glaubensbekenntnis, wie bei der Taufe, werden die Firmlinge von den Paten einzeln zum Bischof geführt. Der Bischof zeichnet mit Chrisam ein Kreuz auf die Stirn des Firmlings und spricht:

Sei besiegelt durch die Gabe Gottes, den Heiligen Geist.

Ein besonderer Ritus bei der Firmung ist der sogenannte Backenstreich, der sich wahrscheinlich aus der mittelalterlichen Ritterweihe herleitet. Der Knappe wurde an der Backe mit dem Schwert berührt als Zeichen der Mannbarkeit und Entlassung in die Selbständigkeit. Heute verzichtet man meist auf diese Geste des Erwachsenwerdens und sieht in einer Berührung des Firmlings einen Ausdruck der Zuwendung und der Freundschaft.

7.3.3 Ideen für Beiträge und Sendungen

- Junge Menschen und die Kirche
- Das Hineinwachsen in eine Gemeinde, Verantwortung übernehmen
- Die Übernahme des Glaubens in eigener Verantwortung

s. auch Pfingsten 3.8.6 S. 158-162

7.5 Versöhnung

7.5.1 Die religiöse und soziale Dimension des Bußsakraments

Mit der Taufe werden dem Getauften alle Sünden vergeben. Er erhält die Gnade, ein neues Leben zu beginnen und auch durchzuhalten. Die Erfahrung zeigt jedoch, daß auch Getaufte sich wieder schuldig machen und der Versöhnung mit Gott und den Menschen bedürfen. Das Christentum stellt die Versöhnung in den Mittelpunkt seiner Aussage über das Heil des Menschen.

Erfahrung des Versagens

Gott hat die Menschen durch seinen Sohn mit sich versöhnt und damit auch Versöhnung zwischen den Menschen gestiftet. Der Friedensgruß in jedem Gottesdienst erinnert daran.

Versöhnung - zentraler Begriff für Heil

Die Vollmacht, im Namen Gottes Sünden vergeben zu können, leitet die Kirche von Jesus her. Jesus hatte bei den jüdischen Religionsvertretern Anstoß erregt, als er einem kranken Menschen sagte: "Mein Sohn, deine Sünden sind dir vergeben." Erst dann heilte er ihn (Mk 2,1-12).

Jesus vergab Sünden und provozierte dadurch die jüdischen Religionsvertreter

Die Praxis der Sündenvergebung wurde in der Kirche unterschiedliche ausgestaltet (s.o. 3.5.4. Fastenzeit, S. 96). In der alten Kirche empfing man das Bußsakrament nur einmal im Leben. Die Vorbereitung auf den Empfang am Gründonnerstag war während der ganzen Fastenzeit. Die Büßer trugen ein Bußkleid und waren vom eucharistischen Gottesdienst ausgeschlossen. Diese strenge Bußpraxis, die als Vorbereitung auf das Bußsakrament durchlaufen werden mußte, kam vor Ende des ersten Jahrtausends zum Erliegen. Sie lebt allerdings noch in der Form weiter, insofern der Empfang des Bußsakraments mit der Fastenzeit verbunden ist.

Andere Bußpraxis in der alten Kirche

Eine neue Form des Bußsakraments, die Beichte, wurde durch irische und schottische Mönche seit dem 8. Jahrhundert eingeführt (s.o. Fastenzeit 3.5.2., S. 96). Der Priester nimmt das Sündenbekenntnis entgegen und spricht den Bekennenden von der Sünde los. Diese Form ist als Beichte bekannt, weil von seiten des Empfangenden das Bekenntnis

Einführung der Beichte als Form des Bußsakraments

seiner Schuld, nicht die Zugehörigkeit zum Büßerstand im Vordergrund steht. Das Bußsakrament in Form der Beichte kann öfter empfangen werden. In der Seelsorgepraxis drängte man auf den monatlichen Empfang.

Beichte als Leistung und Belastung

Viele Katholiken erlebten die Beichte als schwer zu erfüllende Auflage, als eine Leistung, die ihnen abverlangt wird. Die häufige Beichte selbst wurde und wird von vielen nicht als Befreiung von der Schuld, sondern als Aufrechterhaltung eines Sündenbewußtseins erfahren. Negative Erfahrungen mit Beichtvätern verstärkten die Aversion gegen die Beichte. Verbunden war die Beichtpraxis mit der eher gedrückten, die Sündhaftigkeit des Menschen betonenden Emotionalität der letzten hundert Jahre. Der Katholik sah das Bußsakrament im Zusammenhang mit dem Karfreitag, nicht aber als Frucht der Auferstehung, wie es das Johannesevangelium darstellt:

Das Bußsakrament leitet sich von Ostern her

> Am Abend dieses ersten Tages der Woche (des Ostertages) ... kam Jesus in ihre Mitte und sagte zu ihnen: Friede sei mit euch! ... Wie mich der Vater gesandt hat, so sende ich euch. Nachdem er das gesagt hatte, hauchte er sie an und sprach: Empfanget den Heiligen Geist! Wem ihr die Sünden vergebt, dem sind sie vergeben; wem ihr Vergebung verweigert, dem ist sie verweigert. *(Joh 20,19-23)*

Krise der Beichtpraxis

Nachdem die Beichtpraxis in den sechziger und siebziger Jahren fast zum Erliegen gekommen war, gibt es neue Ansätze und auch neue Formen für die Spendung des Bußsakraments.

Auseinandersetzung mit der Schuld als religiöse Erfahrung Begegnung mit dem verzeihenden Gott

Auf jeden Fall gehört die Auseinandersetzung mit der eigenen Schuld zu den entscheidenden religiösen Erfahrungen.

Die Konfrontation mit der eigenen Schuld wird im Bußsakrament zur Begegnung mit dem verzeihenden Gott. Der Priester spricht, nachdem der Beichtende seine Sünden bekannt hat, folgende Worte:

> Gott, der barmherzige Vater, hat durch den Tod und die Auferstehung seines Sohnes die Welt mit sich versöhnt und den Heiligen Geist gesandt zur Verge-

340

bung der Sünden. Durch den Dienst der Kirche schenke er dir Verzeihung und Frieden. So spreche ich dich los von deinen Sünden im Namen des Vaters und des Sohnes und des Heiligen Geistes.

So ist die Beichte für viele Katholiken nicht nur mit einem Gefühl der Beklemmung, sondern auch mit dem Gefühl der Befreiung verbunden, tatsächlich Vergebung erhalten zu haben.

Dem Empfang des Sakramentes geht eine Vorbereitung voraus. Die traditionelle Form ist, daß der einzelne, anhand eines Beichtspiegels, sein Leben reflektiert und Verfehlungen und Sünden zu erkennen sucht, sie bereut und dann im Beichtstuhl oder einem Beichtzimmer dem Priester seine Schuld bekennt und die Lossprechung erhält.

Individuelle Vorbereitung

Die Vorbereitung kann bei kleineren Gruppen auch gemeinsam erfolgen, es werden Schrifttexte gelesen und das eigene Leben wird damit konfrontiert. Im Anschluß daran legt jeder einzelne sein Bekenntnis ab - im Beichtstuhl oder Beichtzimmer - und erhält die Lossprechung.

Vorbereitung in Gruppen

Ein gemeinsames Sündenbekenntnis, das den sozialen Bezug der Schuld in der Gemeinde artikuliert, wird in Bußandachten oder Bußgottesdiensten abgelegt. Nach einer Schriftlesung und Predigt erfolgen das gemeinsame Schuldbekenntnis und die Bitte des Vaterunser.

Bußgottesdienste - Konfrontation mit dem Versagen einer Gruppe, Gemeinde

Vergib uns unsere Schuld
wie auch wir vergeben
unseren Schuldigern.

Bußgottesdienste werden vor allem im Advent und in der Fastenzeit gefeiert. Neben dem Advent und der Fastenzeit sind für die Katholiken die Tage vor Allerheiligen eine traditionelle Beichtzeit. Die monatliche Beichte steht im Zusammenhang mit dem Herz- Jesu-Freitag (s.o. 3.11.5).

7.5.2 Ideen für Beiträge und Sendungen
Versöhnung statt Vernichtung

Schuld ist das Thema vieler Berichte wie auch von Fiction-Sendungen. In der Berichterstattung über Konflikte wird auf schuldhaftes Verhalten erkannt, im Kriminalfilm geht es um das Aufspüren und Unschädlichmachen des Schuldigen.

Das Thema "Versöhnung" findet dagegen weniger Raum. Der Verbrecher kann meist nicht mit Versöhnung rechnen. Er bedroht das friedliche Leben einer Stadt, einer Familie, er ist Ausdruck lebensbedrohender Mächte, die Gesellschaft muß sich seiner entledigen. Unschädlich-Machen, Vernichtung sind die Reaktionen auf das Böse. Der christliche Umgang mit der Schuld zielt auf Versöhnung. Entscheidend sind zwei Elemente:

- Die Anerkennung des eigenen Versagens
- Die Bitte um Vergebung und die Zusage, daß Gott sich tatsächlich mit den Menschen versöhnt.

Die Idee der Bußgottesdienste

Diese Elemente finden sich sowohl in der persönlichen Beichte wie auch im Bußgottesdienst. Wegen der Betonung der sozialen Dimension der Schuld, weil er auf das Schuldig-werden von Gruppen und Gemeinden abzielt, eignet sich der Bußgottesdienst eher als die Beichte für einen Bericht, eine filmische Darstellung.

Das Thema Buße im Leben großer Persönlichkeiten

Das Thema Umkehr, Buße gehört zur Biografie vieler christlicher Heiliger und Persönlichkeiten.

Bußpraxis der Kirche

Die Darstellung der kirchlichen Bußpraxis ist sicher eine schwierige journalistische Aufgabe, denn Inhalte und Perspektiven sind schwer zu vermitteln. Die neuen Initiativen der Seelsorgepraxis sind noch zu wenig bekannt. Eine sympathische, verständnisvolle Darstellung dieser Initiativen in den Medien wäre, schon allein als Gegengewicht gegen die klischeehafte Darstellung der Verbrechensbekämpfung in den Kriminalfilmen und den Polizeiberichten, heute gerechtfertigt.

342

7.6 Eheschließung

7.6.1 Die religiöse und soziale Dimension der Ehe

Die Heirat wird in den Religionen allgemein durch Symbolhandlungen begleitet. Da viele Religionen Fruchtbarkeitskulte haben, ist die Verbindung zwischen Mann und Frau selbst religiös, ein Abbild der Verbindung zwischen Himmel und Erde, der Gottheit und der Erde. Das Geheimnisvolle des Lebens fasziniert. An Kultstätten, z.B. im Mittelmeerraum, war religiöse Prostitution ein Ausdruck dieser Religiosität. Die jüdische Religion ist in den Baals-Kulten auf eine solche Religiosität gestoßen und dadurch auch in Frage gestellt worden.

Die Juden haben jedoch das Verhältnis Gottes zu den Menschen nicht unter dem Bild der Sexualität gesehen, sondern unter dem Bild des Bundes. Der Prophet Hosea nimmt die Ehe zwar als Vergleich, zielt aber auf das Element der Treue. Daß die Israeliten sich anderen Kulten zugewandt und von ihrem Gott abgewandt haben, wird als Ehebruch dargestellt (Hos 2,4-17; 4,11-19). Der Vorwurf der Propheten an ihr Volk ist, daß es den Bund gebrochen hat und daher die Verschleppung nach Babylon auf sich nehmen muß. *Nicht Fruchtbarkeit, sondern Bundestreue als grundlegende religiöse Kategorie des Judentums*

Der Bundesgedanke, dem der Begriff der Treue korrespondiert, wurde im Alten Testament noch nicht auf die Unauflöslichkeit der Ehe angewandt. Der Mann konnte seine Frau aus der Ehe entlassen und eine andere Frau heiraten. Jesus hat sich gegen die jüdische Scheidungspraxis gestellt. *Jesus vertieft den Gedanken der Treue*

Da kamen Pharisäer zu ihm und fragten:
Darf ein Mann seine Frau aus der Ehe entlassen?
Damit wollten sie ihm eine Falle stellen. Er antwortete ihnen: Was hat euch Mose vorgeschrieben? Sie sagten: Mose hat erlaubt, eine Scheidungsurkunde auszustellen und (die Frau) aus der Ehe zu entlassen. Jesus entgegnete ihnen: Nur weil ihr so hartherzig seid, hat er euch dieses Gebot gegeben. Am Anfang der Schöpfung aber hat Gott sie als Mann und Frau geschaffen. Darum wird der Mann Vater und Mutter verlassen, und die zwei werden ein Fleisch sein. Sie

sind also nicht mehr zwei, sondern eins. Was aber Gott verbunden hat, das darf der Mensch nicht trennen.

Zu Hause befragten ihn die Jünger noch einmal darüber. Er antwortete ihnen: Wer seine Frau aus der Ehe entläßt und eine andere heiratet, begeht ihr gegenüber Ehebruch. Auch eine Frau begeht Ehebruch, wenn sie ihren Mann aus der Ehe entläßt und einen anderen heiratet. *(Mk 10,2-12)*

Gott will die Dauerhaftigkeit der ehelichen Bindung

Die Christen haben dieses Wort als Maßstab für die Ehemoral und die kirchliche Ehegesetzgebung übernommen.

Jesus führt die Bindung zwischen den Ehepartnern auf den Willen Gottes zurück, der diese Bindung als dauerhafte will und selbst auch durch seine Treue garantiert.

Ehe als Abbild des Verhältnisses Christus - Kirche

Im Epheserbrief findet sich eine weitere theologische Perspektive, die die Ehe mit dem Verhältnis Christi zur Kirche vergleicht.

Über die christliche Familienordnung
Einer ordne sich dem andern unter in der gemeinsamen Ehrfurcht vor Christus. Ihr Frauen, ordnet euch euren Männern unter wie dem Herrn (Christus); denn der Mann ist das Haupt der Frau, wie auch Christus das Haupt der Kirche ist; er hat sie gerettet, denn sie ist sein Leib. Wie aber die Kirche sich Christus unterordnet, sollen sich die Frauen in allem den Männern unterordnen. Ihr Männer, liebt eure Frauen, wie Christus die Kirche geliebt und sich für sie hingegeben hat, um sie im Wasser und durch das Wort rein und heilig zu machen. So will er die Kirche herrlich vor sich erscheinen lassen, ohne Flecken, Falten oder andere Fehler; heilig soll sie sein und makellos. Darum sind die Männer verpflichtet, ihre Frauen so zu lieben wie ihren eigenen Leib. Wer seine Frau liebt, liebt sich selbst. Keiner hat je seinen eigenen Leib gehaßt, sondern er nährt und pflegt ihn, wie auch Christus die Kirche. Denn wir sind Glieder seines Leibes. Darum wird der Mann Vater und Mutter verlassen und sich an seine Frau binden, und die zwei werden ein Fleisch sein. Dies ist ein tiefes Geheimnis; ich beziehe es auf

Christus und die Kirche. Was euch angeht, so liebe jeder von euch seine Frau wie sich selbst, die Frau aber ehre den Mann. *(Eph 5,21-33)*

Die Ehe hat Anteil an dem neuen Bund Gottes und der Menschheit. Die Eheleute finden in der Ehe ihr Heil und sind zugleich Zeichen für den Bund Gottes mit den Menschen. Dieser Bund trägt auch die Ehe. Dadurch wird den Kindern ein Zugang zu Gott erschlossen.

Diese erfahren in der Liebe und Treue der Eltern auch etwas von der Liebe und Treue Gottes.

Die Eltern vermitteln die Erfahrung von der Treue Gottes

Diese weit ausgreifende Ehetheologie des Christentums kollidiert sicher mit der Realität vieler Ehen. Sie beinhaltet jedoch die Perspektive, daß Krisen des Zusammenlebens überwunden werden können, daß man am anderen nicht verzweifeln muß, daß Versöhnung und ein neuer Anfang möglich sind.

Diese personale Sicht der Ehe ist jedoch nur die eine Seite des Sakraments, das wie alle anderen Sakramente einen öffentlichen Charakter hat und in der abendländischen Geschichte die Institution Ehe gesichert hat. Über Jahrhunderte hinweg war die kirchliche Eheschließung auch die öffentliche Proklamation der Ehe und damit staatliche Anerkennung der Beziehung zweier Menschen als Ehe.

Öffentliche Dimension der Eheschließung

Das Verbot der Scheidung war eine besondere Stütze für eine dauerhafte eheliche Bindung und bis in die Zeit nach dem Krieg ein besonderer Schutz für die Frau, die in unserer Gesellschaftsordnung bis in die letzten Jahre wirtschaftlich, aber auch gesellschaftlich von ihrer Rolle in der Familie abhängig war. Erst die volle Integration der Frau in das Ausbildungssystem und das Berufsleben hat die Verhältnisse grundlegend verändert.

Scheidungsverbot - Schutz für die Frau

Auf diesen Wandel war die Kirche nicht vorbereitet. Eine christliche "Theorie" der Ehe, die den neuen Bedingungen gerecht wird, ist erst in Ansätzen formuliert. Die geringe Überzeugungskraft kirchlicher Ehevorstellungen schlägt sich in dem starken Rückgang kirchlicher Eheschließungen nieder. Die kirchliche Ehetheorie hat im übrigen dazu geführt, daß in der kirchlichen Publizistik Krisen oder das Zerbrechen von Ehen kein Thema war,

Die Kirche hat sich nicht auf die neue Situation der Ehe eingestellt - Rückgang der kirchlichen Eheschließungen

während Literatur, Film, Fernsehen und Presse alle Aspekte des Problems zur Darstellung bringen.

Voraussetzung für die Ehe: Freiheit der Entscheidung

Ein wichtiger Aspekt der christlichen Vorstellung von der Ehe wird oft übersehen - auch in der seelsorglichen Praxis selbst. Voraussetzung für das Sakrament ist die freie Entscheidung.

Voraussetzungen der kirchlichen Ehegesetzgebung

Die Treue, die eine lebenslange Bindung tragen soll, ist nur auf der Basis einer freien Entscheidung möglich, die die dafür notwendige seelische Reife voraussetzt und die durch äußeren Druck und psychischen Zwang unmöglich gemacht wird. Eine Ehe kommt auch dann nicht zustande, wenn ein oder beide Partner die Bindung als zeitlich begrenzt sehen oder wenn sie Kinder ausschließen.

Die Eheleute, nicht der Priester spenden das Sakrament

Die gegenseitige Annahme des anderen zum Ehegatten ist das Zentrum des Sakramentes. Nach der theologischen Lehre ist es nicht der Priester, sondern sind es die Eheleute, die sich das Sakrament durch das Jawort spenden. Der Priester "assistiert" ihnen nur, wie es im kirchlichen Sprachgebrauch heißt.

Skepsis gegenüber lebenslanger Bindung

Die Skepsis gegenüber einer lebenslangen Bindung prägt stärker als die personalen oder religiösen Perspektiven die Einstellung gegenüber der Ehe.

Heute dürfte es so sein, daß junge Paare, die sich für eine kirchliche Eheschließung entscheiden, eine bewußt christliche Motivation für die Gestaltung ihrer Ehe suchen.

Familie - Basis christlicher Gemeinden

Soziologisch gesehen sind die Ehepaare, die ihre Ehe christlich gestalten, die Basis für das Leben einer Gemeinde. Das hängt nicht zuletzt damit zusammen, daß sich Veranstaltungen und Feste auf die Lebensabschnitte eines Menschen beziehen und daher stärker als andere Institutionen den einzelnen in seinen familiären Bindungen ansprechen.

Ehe zwischen Partnern verschiedener Konfessionen

Bei der Eheschließung von Partnern, die nicht der gleichen Konfession angehörten, hat sich bis zum letzten Konzil die Kirchenspaltung voll ausgewirkt. Es war jeweils ein Streitpunkt, in welcher Kirche geheiratet wurde, in welcher Konfession die Kinder erzogen wurden. Viele Ehen sind dadurch erheblich belastet worden. Wegen der religiösen Kindererziehung hat die konfessionelle Ausrichtung der Ehe eine eminente Bedeutung für die jeweilige Kirche. Seit 1968 gibt es ökumenische Trauungen, bei denen Geistliche beider Konfessionen assistieren.

Die Zusammenarbeit der Kirchen wird allerdings noch nicht der Tatsache gerecht, daß ein immer größer werdender Teil der Ehen zwischen konfessionsverschiedenen Partnern geschlossen wird und dadurch ganz neue Aufgaben für die Seelsorge entstehen.

Konsequenz ökumenischer Trauungen

Ehejubiläen, silberne und goldene Hochzeit, sind für christliche Eheleute ein Anlaß zum Gottesdienstbesuch. Dafür gibt es besondere Meßtexte. In der Seelsorgepraxis werden die Paare, die 20 oder 25 Jahre verheiratet sind, durch besondere Veranstaltungen angesprochen. Dieser Zeitabschnitt bringt meist tiefgreifende Veränderungen für die Eheleute, da die Kinder das Haus verlassen oder bereits verlassen haben.

Gottesdienstbesuch bei Ehejubiläen

7.6.2 Die Feier der Eheschließung

Die Trauung findet meist im Rahmen einer Messe nach dem Wortgottesdienst statt. Nach der Predigt wird die Trauung vollzogen. Danach werden Fürbitten gebetet und der eucharistische Gottesdienst gefeiert. Wird keine Messe gefeiert, geht der Trauung ein Wortgottesdienst mit Schriftlesung, Ansprache und Gebeten voraus.

Die folgenden Fragen richtet der Priester zunächst an den Bräutigam; dann richtet er die gleichen Fragen an die Braut.

P.: N., ich frage Sie: Sind Sie hierher gekommen, um nach reiflicher Überlegung aus freiem Entschluß mit ihrer Braut N./Ihrem Bräutigam N. den Bund der Ehe zu schließen?
Antwort: Ja.
P.: Wollen Sie Ihre Frau/Ihren Mann lieben und achten und ihr/ihm die Treue halten alle Tage Ihres Lebens, bis der Tod Sie scheidet?
Antwort: Ja.
P.: Sind Sie bereit, die Kinder, die Gott Ihnen schenken will, anzunehmen und sie im Geiste Christi und seiner Kirche zu erziehen?
Antwort: Ja.

Dann richtet der Priester an beide gemeinsam die Frage:

P.: Sind Sie bereit, als christliche Eheleute Ihre Aufgabe in Ehe und Familie, in Kirche und Welt zu erfüllen?
Beide antworten: Ja.

Die Segnung der Ringe
Wenn die Ringe nicht bereits gesegnet sind, geschieht das jetzt. Sie werden auf einen Teller (Tablett) vor den Priester gebracht. Dieser spricht darüber ein Segensgebet.

P.: Da Sie also beide zu einer christlichen Ehe entschlossen sind, so schließen Sie jetzt vor Gott und der Kirche den Bund der Ehe, indem Sie das Vermählungswort sprechen. Dann stecken Sie einander den Ring der Treue an.

Der Vermählungsspruch kann entweder vom Priester vorgesprochen und von den Brautleuten wiederholt oder von diesen auswendig gesprochen oder abgelesen werden.
Der Bräutigam nimmt den Ring der Braut und spricht:
N., vor Gottes Angesicht nehme ich Dich an als meine Frau.
Er steckt ihr den Ring an und fährt fort:
Trag diesen Ring als Zeichen der Liebe und Treue. Im Namen des Vaters und des Sohnes und des Heiligen Geistes.
Danach nimmt die Braut den Ring des Bräutigams und spricht ebenso:
N., vor Gottes Angesicht nehme ich Dich an als meinen Mann.
Sie steckt ihm den Ring an und fährt fort:
Trag diesen Ring als Zeichen der Liebe und Treue. Im Namen des Vaters und des Sohnes und des Heiligen Geistes.

Der Priester umwindet die beiden ineinandergelegten Hände der Brautleute mit der Stola und spricht:
Euch aber, die ihr zugegen seid, nehme ich zu Zeugen dieses heiligen Bundes. Was Gott verbunden hat, darf der Mensch nicht trennen.

Dann spricht der Priester über beide den Brautsegen.

7.6.3 Ideen für Beiträge und Sendungen

Eine kirchliche Trauung bietet viele Motive für Foto und Film. Die Darstellung vermittelt meist eine Ahnung, eine Hoffnung von Glück. Wie bei anderen Sakramenten, Taufe, Erstkommunion, Firmung, ist die Vorbereitung jedoch von großer Wichtigkeit. Die Kirche verpflichtet, anders als der Staat, die Eheleute zu einer Vorbereitung, die als Ehevorbereitungskurse von Ehepaaren, Ärzten, Juristen und Seelsorgern durchgeführt werden. Die Themen und Erfahrungen dieser Kurse geben Material für Beiträge und Sendungen.

Weiter gibt es verschiedene kirchliche Initiativen, die Realisierung einer christlichen Ehe zu unterstützen.

- Familienkreise, in denen sich Eheleute treffen, um Fragen zu besprechen, das religiöse Leben zu intensivieren und um zu feiern.
- Eheseminare in der Erwachsenenbildung. Von besonderem Interesse dürfte die Methode "Marriage-Encounter" sein, die in den USA entwickelt wurde und auch in Europa übernommen wird.
- Eheberatungsstellen, in denen Eheleute bei ausgebildeten Fachleuten Rat und Therapie erhalten können.

Im Zusammenhang mit dem Ehesakrament können natürlich weitere Fragen aufgegriffen werden, die sich auf die Ehe beziehen.

- Stellenwert der kirchlichen Trauung in der Bevölkerung (Entfremdung und Engagement)
- Haltung der Kirchen gegenüber Gläubigen, deren Ehe gescheitert ist.
- Weitere Entwicklung der Ehetheorie durch das Lehramt.

7.7 Profeß, Gelübde, Jungfrauenweihe

7.7.1 Die religiöse und soziale Dimension des Ordenslebens

Das Leben in einer religiösen Ordensgemeinschaft, das ehelose Leben als Ausdruck einer besonderen Hingabe an Gott, wird in der Tradition der Christenheit nicht als Junggesellen-Stand, sondern als eigener Stand, der Ehe vergleichbar, gesehen. Das gilt auch für die Diakonissen und andere Ordensgemeinschaften der evangelischen Kirchen. Wie das Eheversprechen beinhalten auch die Gelübde eine lebenslange Bindung. Sie haben den Charakter der Endgültigkeit.

Jungfrauen in der Bibel

Das Ordensleben hat sich über Jahrhunderte entwickelt und ist auch jetzt in seiner Entwicklung noch nicht abgeschlossen. In den ersten Jahrhunderten waren "Jungfrauen" eine Vorstufe des Ordenslebens. Sie lebten aus einer religiösen Berufung heraus ehelos, aber noch nicht in einer Gemeinschaft, sondern in ihren Großfamilien. (Jungfrauen werden bereits im 1 Kor 7,32-35 erwähnt.)

Ägyptische Wüste

Eine weitere Form beginnenden Ordenslebens waren die Einsiedler in der ägyptischen Wüste, die seit dem 4. Jahrhundert Lebensgemeinschaften bildeten. Für die Gestaltung des gemeinsamen Lebens geben Satzungen, Regeln einen Rahmen ab. Die Schaffung von Regeln, die zugleich die religiöse Dimension beschreiben und auch ein lebbares Konzept hergeben, werden als große Leistungen gesehen. Für das Mönchtum der östlichen Kirchen sind die Regeln des Basilius (330 - 379) von großer Bedeutung. Augustinus (354 - 430) hat auch Ordensregeln verfaßt, nach denen u.a. die Dominikaner leben. Luther gehörte zu einem Orden, der sich ebenfalls an diesen Regeln orientierte (Augustiner-Eremiten).

Westen

Im Westen ist das Mönchtum von den Regeln des Benedikt von Nursia (480 - 547) geprägt. Im Mittelpunkt stehen das liturgische Chorgebet sowie die Arbeit in der Landwirtschaft, in der Wissenschaft, in Unterricht und Lehre.

Franziskaner

Franz von Assisi (1182 - 1226) entwickelte einen neuen Typ des Ordenslebens. Zentral sind das einfache, arme Leben und die Solidarität mit den Armen.

Ignatius von Loyola (1491 - 1556) fand ein Ordenskonzept, das maßgebend auch für die Ordensgründungen der letzten Jahrhunderte wurde. Im Mittelpunkt stehen die Aufgaben Mission, Unterricht und Lehre. **Jesuiten**

Die vielfältigen Formen des Ordenslebens haben als gemeinsame Basis eine ausdrücklich religiöse Ausrichtung des Lebens und eine besondere Bindung an die Kirche. Die Ordensleute stellen den Bezug zu Gott als strukturierendes Element ihres Lebens in den Mittelpunkt. Daher sind das Gebet, Meditation und gemeinsames Beten konstitutiv für ihr Leben.

Der Verzicht auf eigene Nachkommenschaft stellt einen zentralen Unterschied zur jüdischen Religion dar. Die Verheißung von Nachkommen gehört zum zentralen Bestand der jüdischen Religion. Die Verheißung an Abraham gilt für alle Israeliten. **Unterschied zum Judentum**

Da erging das Wort des Herrn an Abraham: ....
Sieh doch zum Himmel hinauf und zähl die Sterne, wenn Du sie zählen kannst.
Und er sprach zu ihm: So zahlreich werden deine Nachkommen sein. *(Gen 15,5)*

Die christliche Religion ist auf das Ende der Zeiten, die endgültige Erfüllung, orientiert, in der Zeugen und Gezeugtwerden nicht mehr notwendig sind. Wie Jesus selbst keine Nachkommen hatte, aber von einer neuen, geistigen Geburt sprach, versuchen auch die Ordensleute, die geistig-religiöse Dimension zu leben. **Ende der Zeiten**

Während man von einem Verzicht auf Nachwuchs sprechen kann, kann man von einem Verzicht auf Familie nur in einem eingeschränkten Sinn sprechen. Die Ordensleute leben in der "Familie" der Ordensgemeinschaft, des Klosters. Das Leben in solchen Gemeinschaften unterliegt einer anderen Dynamik als das einer Familie, hat aber ebenso stabilisierende Funktion. **Familienstruktur**

Die Bindung der Ordensgemeinschaften an die Kirche hat für das kirchliche Leben eine große Bedeutung. Klöster waren und sind religiöse Zentren, religiöse Erneuerungsbewegungen wurden von Orden getragen: cluniazensische Reform (10. Jahrhundert), franziskanische Reform im 13. **Religiöse Zentren**

351

Jahrhundert, Gegenreformation - Jesuiten (16. - 17. Jahrhundert). Der religiöse Aufbruch im 19. Jahrhundert war mit vielen Ordensgründungen verbunden. Krankenpflege, Unterricht und Mission als auch in neuerer Zeit kirchliche Medienarbeit wurden von einem großen Teil von Ordensleuten getragen.

In den letzten zwei Jahrzehnten ist in Europa und Nordamerika eine Krise des Ordenslebens zu verzeichnen. Viele Ordensleute, Männer und Frauen, haben ihre Gemeinschaften verlassen, der Nachwuchs ist stark zurückgegangen, manche Orden sind zum Aussterben verurteilt.

Krise in den Industrieländern

Seit den siebziger Jahren gibt es dagegen neue Impulse für das Ordensleben. Es werden neue Formen des Gebetes und des Zusammenlebens entwickelt, es gibt ein verstärktes Engagement für die unteren Bevölkerungsschichten. In Asien, aber auch überhaupt in der Dritten Welt, finden die Orden viele Menschen, die sich ihnen anschließen.

Asien und Afrika

7.7.2 Die Feier der Profeß, der Gelübde, die Jungfrauenweihe

Die Zugehörigkeit zu einer Klostergemeinschaft und zu einem religiösen Orden wird durch die Ablegung von Gelübden und die feierliche Profeß vollzogen. Die Ordensgemeinschaft wie auch Verwandte und Freunde feiern einen solchen Tag als Fest.

Gelübde

Die Gelübde werden innerhalb einer Messe abgelegt. Die Texte für die Gelübde sind in den einzelnen Orden verschieden, da in ihnen auch spezifische Ordensziele, z.B. die Sorge für die Jugend oder für Kranke, ihren Ausdruck finden. Die Ablegung der Gelübde ist zugleich die formelle Aufnahme in den Orden. Die feierliche Profeß ist die endgültige Verpflichtung, in dem Orden nach dessen Zielen und Regeln zu leben. Gelübde können nämlich auch erst einmal auf eine bestimmte Zeit hin abgelegt werden. Das wird in den meisten Orden für die jungen Mitglieder, die das Noviziat beendet haben, so gehandhabt.

Die Jungfrauenweihe war in den ersten Jahrhunderten der Kirche ein Ritus für diejenigen, die nicht in einer Klostergemeinschaft lebten. Ab dem Mittelalter war die Jungfrauenweihe nur für Nonnen, die in einem Kloster lebten, üblich. 1974 wurde der Ritus wieder eingeführt, auch für Frauen, die

Jungfrauenweihe

352

nicht in einem Kloster leben. Der Ritus, die Übergabe des Schleiers, leitet sich von der Eheschließung her. Der Schleier war Kennzeichen der verheirateten Frau. Die Jungfrau hatte den Stand und das Ansehen einer verheirateten Frau, wie später die Haube der Krankenschwester Zeichen für deren gesellschaftliche Gleichstellung mit der verheirateten Frau wurde. Neben dem Schleier wird der geweihten Frau ein Ring und ein Stundenbuch, eine Form des Breviers, übergeben. Die Jungfrauenweihe selbst ist zu unterscheiden von den Gelübden, sie wird aber oft mit der Profeß verbunden.

7.7.3 Ideen für Beiträge und Sendungen

So vielfältig das Ordensleben ist, so viele Themen bieten sich auch an. Die Geschichte einzelner Orden, aber auch einzelner Klöster ist bereits Thema von Artikeln und Beiträgen geworden. Beiträge über Ordensstifter finden auch immer wieder das Interesse von Lesern und Zuschauern. Die Tätigkeit von Ordensleuten, auch im lokalen Bezug, wird auch in Beiträgen dargestellt.

Gedenken

Schwieriger darzustellen ist das Leben der Ordensgemeinschaften selbst und der Lebensweg von Ordensleuten. Die Gefahr besteht, daß stereotype Bilder einzelner Gemeinschaften und Menschen nachgezeichnet werden, die dem "offiziellen Bild", das man sich von ihnen macht, entsprechen. Die Spannungen, das Auf und Ab, die persönlichen Entwicklungen eines Ordenslebens sind nicht weniger vielschichtig als die einer Ehe.

Zusammen-leben

Ordensleute sind weiter dazu gezwungen, sich mit ihrer Lebensform und ihrem Beruf auseinanderzusetzen. Sie gehen einen Weg, der nicht üblich ist, suchen andere emotionale Stabilisierungsfaktoren, als sie im gesellschaftlichen Kontext vorgezeichnet sind. Sie können, einfach durch ihre Entscheidung, anderen helfen, sich über ihr Lebenskonzept klar zu werden.

Berufung

Adressen von Orden finden sich im Telefonbuch, z.B. Franziskaner oder unter "Katholischer Kirche". Die Orden haben meist eine Organisationsstruktur in der Weise, daß mehrere Häuser eine Provinz bilden mit einer Provinzleitung. Anschriften finden sich im Adreßbuch für das katholische Deutschland. Auskunft geben:

Adressen

Vereinigung der Ordensoberinnen Deutschlands (VOD)
Bonner Talweg 135
53129 Bonn

Vereinigung Deutscher Ordensobern (VDO)
Am Knöcklein 13
96049Bamberg

Vereinigung höherer Ordensobern der Brüderorden
und -kongregationen
Nordallee 1
54292 Trier

7.8 Diakonats-, Priester-, Bischofsweihe

7.8.1 Die religiöse und soziale Dimension des Amtes in der katholischen Glaubensgemeinschaft

Eine der schwierigen Fragen des kirchlichen Lebens ist die Struktur und die Ausübung des Amtes in einer Glaubensgemeinschaft. Die christlichen Konfessionen haben, ähnlich wie der Islam, unterschiedliche Verständnisse und Formen des Amtes entwickelt. Hier liegen heute die entscheidenden Probleme zwischen den Konfessionen. **Amt**

Daß Gruppen Leitungsfunktionen ausbilden, ist ein psychologisches Gesetz. In einer Religionsgemeinschaft erhält das Leitungsamt natürlich eine religiöse Dimension. **Leitung** / **Apostel**

Als Religionsstifter hat Jesus bereits aus seiner Anhängerschaft Männer ausgewählt und sie mit besonderen Aufgaben betraut, die Apostel.

Entsprechend seines Sendungsverständnisses standen die zwölf Apostel stellvertretend für die zwölf Stämme Israels. Von diesen Männern ging die Gründung der Kirche aus (s.o. 3.8. Pfingsten). Als konstituierendes Element für die Glaubensgemeinschaft erwies sich die Fortsetzung des Mahles, das Jesus mit seinen Anhängern am Gründonnerstagabend gefeiert hatte. **Gründung der Kirche**

Die Leitung der Gemeinde ist wohl von Anfang an mit der Leitung des gemeinsamen Mahles verbunden gewesen. Der Zusammenhang von Amt und Eucharistie ist für das Amtsverständnis, vor allem der katholischen Kirche, auch heute noch zentral. Das Leitungsamt hat von den Anfängen der Kirche an die Verantwortung für die Verkündigung des Evangeliums und die Mission gehabt. **Vorsitz beim eucharistischen Mahl**

Die heutige Form des Amtes hat sich bereits im 2. Jahrhundert herausgebildet. Nicht ein Kollegium, ein Presbyterium, sondern ein einzelner hatte die Leitung einer Gemeinde. Priester und Diakone waren seine Helfer.

Die Übernahme eines Leitungsamtes wird als lebenslange Aufgabe gesehen. Priester und Bischöfe, auch die meisten Diakone, üben ihre Aufgabe als "Hauptberuf" aus. Priester und Bischöfe leben ehelos - aus derselben Motivation heraus wie die Ordensleute (s.o. 7.6.1.). **Lebenslange Aufgabe**

Mit dem Amt ist auch die Verpflichtung zum ausdrücklichen
religiösen Leben gegeben. Das drückt sich u.a. darin aus, daß
Diakone, Priester und Bischöfe zum Stundengebet verpflichtet sind. Sie beten das "Brevier", das sich von dem Chorgebet
der Mönche und der Chorherren der mittelalterlichen Kathedralen herleitet. Zu bestimmten Tageszeiten, z.B. "Laudes"
am Morgen und "Vesper" am Abend, sind Psalmen, Lesungen und Gebete zusammengestellt. Diese finden sich, entsprechend dem Wochenrhythmus und dem Ablauf des
Kirchenjahres, im Brevier.

Die Priester und Bischöfe feiern in der Regel täglich die
Messe. Weiter organisieren sie das Leben der Gemeinde,
betreuen Gruppen, unterrichten, sind in der Erwachsenenbildung tätig.

Das kirchliche Amt, vor allem das des Priesters, ist in den
letzten Jahren einer tiefgreifenden Krise unterworfen gewesen. Viele Priester haben ihren Beruf aufgegeben, der
Priesternachwuchs ist stark zurückgegangen. Das gilt allerdings für viele Länder der Dritten Welt nicht. Wie bei den
Orden gibt es jedoch wieder ein etwas größeres Interesse an
dem Beruf.

Diskutiert wird auch ein anderer Zugang zum kirchlichen
Amt. Seit Jahrhunderten, das Konzil von Trient (1545 - 63)
hat auch hier klare Regelungen gebracht, wird man Priester,
indem man sich in jungen Jahren für den Beruf entscheidet,
während des Philosophie- und Theologiestudiums und einer
an der Praxis orientierten Ausbildungszeit mit anderen
"Priesteramtsanwärtern" zusammenlebt und nach der Priesterweihe in einer Gemeinde eine Aufgabe übernimmt (als
Hilfsgeistlicher, Kaplan oder Vikar).

Nach einigen Jahren übernimmt man die Leitung einer
Gemeinde und wird Pfarrer. Es gibt auch andere Aufgaben-
felder für Priester: Unterricht, Wissenschaft (Theologie),
Medienarbeit, Mitarbeit in kirchlichen Verbänden u.a.. Aus
dem Kreis der Priester wird der Bischof gewählt.

Es gäbe auch die Möglichkeit, daß Männer, die Eignung
für das Amt zeigen, zu Priestern geweiht werden. Diese
Männer sind aber in der Regel verheiratet, so daß wegen des
Zölibats nur wenige diesen Weg gehen.

Stunden-
gebet

Krise

Berufs-
weg für
Priester

Diakone können jedoch verheiratet sein, sie rekrutieren sich zu einem guten Teil aus dem Kreis (nichtakademischer) Berufstätiger.

7.8.2 Die Feier der Diakonats-, Priester-, Bischofsweihe

Die katholische Kirche kennt, wie auch die orthodoxen Kirchen, einen besonderen Weiheritus, in dem zugleich kirchliche Ämter übertragen werden.

Der Diakon ist als eigenes Amt erst seit dem letzten Konzil wieder eingeführt worden. Die Apostelgeschichte (Apg 6,1-7) kennt dieses Amt bereits, dort hat es, wie auch heute, eine soziale Ausrichtung. Es ist vor allem ein Dienst an den Armen und Kranken. In den Gottesdiensten übernimmt der Diakon besondere Funktionen, so vor allem die Lesung des Evangeliums, er kann Taufen spenden und den Brautleuten bei der Eheschließung assistieren. *(Diakon)*

Hier spendet er nicht das Sakrament, das tun die Brautleute gegenseitig (s.o. 7.5). Der Diakon leitet Wortgottesdienste und den Beerdigungsritus und ist auch in der Katechese tätig.

Bischöfe sind im Verständnis der katholischen und orthodoxen Kirche die Nachfolger der Apostel. Sie tragen die Gesamtverantwortung für die Kirche und bilden als Kollegium die höchste Autorität der Kirche, stehen allerdings nicht über dem Papst. Neben dem Bischof, der ein Bistum leitet, gibt es noch in vielen Diözesen Weihbischöfe, die, wie die Bischöfe, alle Sakramente, selbst die Bischofsweihe, spenden können, aber nicht die oberste Verantwortung für das Bistum tragen. Die Weihe wird nach altchristlichem Brauch (Apostelgeschichte 6,6; 13,3; 1 Tim 4,14; 2 Tim 1,6; Tit 1,5) durch Handauflegung gespendet. Der Bischof legt dem Weihekandidaten die Hand auf den Kopf. Danach legen ihnen die anwesenden Priester auch die Hände auf. Die Weihe wird in einer Eucharistiefeier nach dem Evangelium gespendet. Den neuen Diakonen bzw. Priestern wird das Meßgewand angelegt, der Bischof salbt ihre Hände und überreicht ihnen die Gefäße, Kelch und Patene, die im Gottesdienst gebraucht werden. Die neu geweihten Priester feiern dann mit dem Bischof die Messe. *(Nachfolger der Apostel)* *(Weihe durch Handauflegung)*

Bei einer Bischofsweihe sind mindestens drei Bischöfe zugegen, die dem Weihekandidaten die Hand auflegen. Der *(Bischofsweihe)*

357

Geweihte erhält das Evangeliumbuch als Zeichen für seinen Auftrag, das Evangelium zu verkünden. Sein Haupt wird gesalbt, er erhält die bischöflichen Insignien, Ring, Stab und Mitra.

Neben der Handauflegung und den begleitenden Riten beinhaltet die Weihe zugleich auch eine Aufnahme in das Kollegium der Diakone, Priester bzw. Bischöfe.

7.8.3 Ideen für Beiträge und Sendungen

Amtsträger der Kirche erscheinen oft in Beiträgen der Zeitungen, des Hörfunks, des Fernsehens. Sie vertreten die Kirche und werden wie Vorsitzende von Parteien, Gewerkschaften oder Verbänden zitiert. Die Mechanismen der Berichterstattung führen dazu, daß die Amtsträger das Bild der Kirche in den Medien weitgehend bestimmen. Dieselben Mechanismen sorgen auch dafür, daß Kritiker und Opponenten der Amtsträger ebenfalls überdurchschnittlich häufig zu Wort kommen.

Eine Darstellung des Amtes und seiner Funktionen sollte nicht die institutionelle Sicht der Kirche verstärken, sondern menschliche Entwicklungen zeigen, wie ein solches Amt gelebt werden kann.

7.9 Schwere Krankheit

7.9.1 Die religiöse und soziale Dimension des Sakraments der Krankensalbung

Die schwere Krankheit ist für den einzelnen eine Zeit der Krise. Er ist in Gefahr zu verzweifeln, das Vertrauen zu Gott zu verlieren. Zugleich ist die Krankheit eine Herausforderung, intensiver nach dem Sinn des Lebens zu fragen und sein Leben neu zu verstehen.

Krankheit - Gefahr der Verzweiflung

Menschen in schwerer Krankheit spricht die Kirche Gottes Gnade und Hilfe zu. Im Jakobusbrief wird aus dem Leben der ersten Christengemeinden berichtet:

Ist einer von euch krank, dann rufe er die Ältesten der Gemeinde zu sich: sie sollen Gebete über ihn sprechen und ihn im Namen des Herrn mit Öl salben. Das gläubige Gebet wird den Kranken retten, und der Herr wird ihn aufrichten. Wenn er Sünden begangen hat, werden sie ihm vergeben. *(Jak 5,14-15)*

Die Salbung mit Öl ist symbolischer Ausdruck für die Heilkraft des Sakramentes. Die Liturgiereform des letzten Konzils hat den ursprünglichen Sinn der Krankensalbung, einem schwer Erkrankten beizustehen, wiederhergestellt. Allerdings ist die Vorstellung der Kirchenmitglieder noch weitgehend die alte: Man ruft den Priester, wenn die Krankheit zum Tod führt. Die Krankensalbung hatte sich in der seelsorglichen Praxis und im Bewußtsein der Katholiken zur "Letzten Ölung" entwickelt. Oft wird auch heute noch ein Priester erst zu einem Kranken gerufen, wenn die Krankheit zum Tode führt und die Krankensalbung nur als Sterbesakrament gespendet wird.

Salbung mit Öl
"Letzte Ölung"

Aus der Krankensalbung wurde ein Sterbesakrament

Das Sakrament, verbunden mit der Weisung Jesu, sich der Schwachen anzunehmen, hat eine Verwurzelung in der Praxis der Kirche, die nicht auf das Rituelle beschränkt ist. Die Sorge für den Kranken findet in vielen Orten und Institutionen ihre Realisierung.

Krankensalbung und Sorge für die Kranken

In den letzten Jahren werden, nachdem die Gesundheitsdienste nicht mehr auf Spenden und den kostenlosen Dienst der Ordensleute, Diakonissen und der anderen Schwestern-

Krankenbesuchsdienste

schaften angewiesen sind, neue Formen der Sorge für den Kranken entwickelt. Einzelne Gemeinden haben Krankenbesuchsdienste aufgebaut. Es gibt auch Gruppen, die in die Krankenhäuser gehen, um den Patienten Gesprächsangebote zu machen.

7.9.2 Die Spendung des Sakramentes der Krankensalbung

Wie die anderen Sakramente hat die Krankensalbung den Rahmen einer gemeinsamen Feier. Sie beginnt mit dem Schuldbekenntnis und einer Lesung aus der Bibel. Nach Fürbittgebeten betet der Priester und salbt die Stirn und Hände des Kranken mit folgendem Gebet:

> Durch diese heilige Salbung helfe dir der Herr in seinem reichen Erbarmen, er stehe dir bei mit der Kraft des Heiligen Geistes. Der Herr, der dich von Sünden befreit, rette dich. In seiner Gnade richte er dich auf.

Meist empfängt der Kranke im Anschluß an die Salbung auch das eucharistische Brot.

Kommt ein Mensch zum Sterben, soll er nicht allein gelassen werden. Verwandte und Mitglieder der Gemeinde sollen bei ihm ausharren und beten. Das eucharistische Brot wird für den Sterbenden zur Wegzehrung und ist damit das eigentliche Sterbesakrament. Bei dem Toten halten Verwandte und Gemeindemitglieder die Totenwache.

7.9.3 Ideen für Beiträge und Sendungen

Das Thema Krankheit wird in den Medien vielfach aufgegriffen. Kranke dürften auch besonders intensive Nutzer vor allem des Hörfunks und Fernsehens sein. Die Diskussion um eine Neuorientierung der Medizin, die die psychische Situation des Kranken und den Prozeß des Sterbens in den Mittelpunkt stellt, ist in vollem Gange. Vielleicht fehlen neben der Diskussion noch persönliche Zeugnisse von Menschen, die eine schwere Krankheit durchlitten haben. Berichte von Gruppen, die Kranke besuchen, können das Interesse für einen solchen Dienst unterstützen.

- Krankensalbung, nicht nur "Letzte Ölung", Besinnung auf den letzten Sinn
- Tod im Krankenhaus - über das Sterben in Verlassenheit und die Aufgabe der Mitwelt
- "Sterbehilfe", unnötige medizinische Behandlung Sterbender
- Krankenhausseelsorge - Interviews mit Seelsorgern und Besuchsdienstgruppen

7.10 Begräbnis

7.10.1 Die religiöse und soziale Bedeutung des Begräbnisses

Begräbnisriten in vielen Religionen: Versöhnung mit dem Tod

Die christliche Religion sagt dem Sterbenden, daß er auf ein neues Leben zugeht, daß der Tod Durchgangsstadium ist, jedoch nicht das Ende des Lebens überhaupt bedeutet.

Beim Begräbnis spricht die Kirche den Trauernden Trost zu. Sie setzt dem Schmerz, der Infragestellung der menschlichen Gemeinschaft etwas entgegen. Der Tod wird spontan als zerstörerisch erlebt, nicht nur setzt er dem Leben des einzelnen ein Ende. Auch die Gemeinschaft ist durch den Verlust eines ihrer Mitglieder in ihrem Bestand bedroht. Die religiöse Feier am Grab vereinigt die Trauernden, stärkt die familiären Bande, die Freundschaften und die Nachbarschaft. Die Trauergemeinde übergibt den Toten in die Hand Gottes und baut so eine neue Beziehung zu dem Toten auf.

Nach dem Begräbnis: Schwerste Zeit für die Angehörigen

Auf ein Problem soll hier noch hingewiesen werden, das nur von wenigen christlichen Gemeinden angegangen wird: Für die Angehörigen des Toten beginnt die schwere Zeit erst nach dem Begräbnis. Verwandte und Freunde sind abgereist, es gibt nichts mehr zu regeln, zu organisieren. Jetzt erst wird der Verlust richtig bewußt. In dieser Phase brauchen die Angehörigen Gesprächspartner, die ihnen bei der Bewältigung des Schmerzes helfen.

7.10.2 Die Begräbnisfeier

Gebet in der Friedhofskapelle

Im Vergleich zu anderen Religionen sind die Begräbnisriten der Christen eher nüchtern und einfach. Sie beginnen mit Gebeten und Lesungen, meist in der Friedhofskapelle. Der Sarg wird mit Weihwasser und Weihrauch gesegnet. Dann begleiten die Trauernden den Sarg zum Grab.

Gebete und Riten am Grab

Der Sarg wird in das Grab eingesenkt. Der Priester segnet ihn wiederum mit Weihwasser und Weihrauch, wirft mit folgenden Worten Erde auf den Sarg

Von der Erde bist du genommen
und zur Erde kehrst du zurück.
Der Herr aber wird dich auferwecken.

und steckt ein Kreuz über dem Grab auf. Nach Fürbitten und einem Gebet für "den, der als erster dem Verstorbenen vor das Angesicht Gottes folgen wird" treten die Trauernden ebenfalls an das Grab und werfen Blumen und Erde auf den Sarg.

Vor oder nach dem Begräbnis wird eine Messe gefeiert, die auch "Seelenamt" genannt wird. Nach sechs Wochen und jeweils am Jahrestag des Sterbetages kommen die Verwandten und Freunde des Toten zum Gottesdienst. Die Messe wird vom Priester ausdrücklich für den Toten gefeiert. Die Katholiken erhoffen sich dadurch für den Toten eine besondere Hilfe, solange dieser noch am Ort der Reinigung, im Fegfeuer auf die endgültige Vollendung wartet (s.o. 3.15. Allerheiligen, Allerseelen).

Messe, Sechswochenamt, Jahresgedächtnis

7.10.3 Ideen für Beiträge und Sendungen

Praktisch jeder in unseren Breiten kommt einmal mit einer Begräbnisfeier in Berührung. Die Feier selbst bereitet in ihrer Einfachheit keine Verständnisschwierigkeiten.

Schwieriger ist der geistig-religiöse Hintergrund. Im Vergleich zu anderen Kulturen sind Tod und Begräbnis aus der Öffentlichkeit verdrängt. Es wären Beiträge zu folgenden Situationen, Themen notwendig:

- Die Sorge für Sterbende und ihre Angehörigen
  Beispiele und Versäumnisse
- Die Sorge für die Angehörigen Verstorbener
  Beispiele und Versäumnisse
- Wer hat Anspruch auf ein kirchliches Begräbnis?

8. Christen unterwegs

8.1 Wallfahrten

Die Wallfahrt, die Pilgerreise ist eine religiöse Handlung, die nicht spezifisch für das Christentum ist. Im Unterschied zum Islam oder zum Judentum gehört die Wallfahrt im Christentum nicht zu dem notwendigen Bestand der Riten. Wallfahrten werden den Christen nicht vorgeschrieben, allenfalls war es im Mittelalter üblich, eine Wallfahrt als Buße aufzuerlegen.

Ziel der Wallfahrt sind Orte, die durch religiöse Erfahrungen, Erscheinungen oder durch religiöse Menschen ausgezeichnet sind. Der Wallfahrer will an der Erfahrung des Numinosen, an der Erfahrung der Transzendenz, die an dem Ort von einzelnen gemacht wurde, teilhaben.

8.1.1 Typologie der Wallfahrtsziele

Im Judentum und im Islam waren und sind die zentralen Kultstätten Ziele von Wallfahrten. Die Israeliten kannten mehrere Kultstätten, Bethel und Shilo. David machte Jerusalem zum Zentralheiligtum der israelitischen Stämme. Zur Zeit Jesu waren die erwachsenen Juden verpflichtet, zu den Hauptfesten nach Jerusalem zu pilgern (Passah-, Pfingst- und Laubhüttenfest).

Palästina wurde dann auch das erste Wallfahrtsziel der Christen. Wallfahrten einzelner sind bereits aus dem 2. Jahrhundert bekannt. Unter Kaiser Konstantin wurden über den wichtigsten Gedenkstätten (Geburtsgrotte, Kreuzigungsstätte und Grab) Kirchen errichtet. Seit dem 3. Jahrhundert werden Gruppenwallfahrten organisiert. Die Kreuzzüge sind auch als Reaktion auf die Sperrung des See- wie des Landweges durch islamische Völker zu verstehen.

Im Osten wie im Westen sind die Gräber von Heiligen seit dem Ende des 2. Jahrhunderts Wallfahrtsziele. Im Osten übten die Styliten, die Säulensteher, eine besondere Anziehungskraft aus (seit dem 4. Jahrhundert). Im Westen ist das Grab des heiligen Martin in Tours (s.o. 4.6.5) Wallfahrtsziel der Franken.

Eine große Bedeutung als Wallfahrtsort hatte und hat Rom. Die Gräber der Apostel sind nur ein Grund für die Wallfahrt. Die Einrichtung des "Heiligen Jahres" (seit 1300 eingeführt, seit 1475 alle 25 Jahre gefeiert) förderte die Romwallfahrt.

Engelserscheinungen

Wallfahrtsorte entwickelten sich auch an Orten, von denen Engelserscheinungen berichtet werden: Monte Gargano in Italien, Erscheinung des hl. Michael 492, Mont St. Michel in der Normandie, Chonai in Kleinasien.

Santiago de Compostela

Ein großer europäischer Wallfahrtsort des Mittelalters ist Santiago de Compostela, in der spanischen Provinz Galizien, wo nach einer Legende Bischof Theodomir im 9. Jahrhundert die Gebeine des Apostels Jakobus des Älteren gefunden haben soll. Auf den Wegen nach Santiago entstanden Herbergen, Hospitäler, dem Jakobus geweihte Kirchen und Kapellen. Die Muschel ist Zeichen dieser Wallfahrt.

Marienwallfahrtsorte

Seit dem Barock üben in der westlichen Kirche die Marienwallfahrtsorte die größte Anziehungskraft aus. Im deutschen Sprachraum sind das Altötting, Maria Zell, Einsiedeln, Kevelaer, Telgte, Neviges und viele andere, in Polen Tschenstochau und andere Wallfahrtsorte. Anlaß für die Wallfahrt sind an den meisten Orten ein Bild oder eine Statue Marias, ein Gnadenbild, das auf wunderbare Weise gefunden wurde, vor dem ein Mensch gebetet hat, ein Bild, dem eine wundertätige Wirkung zugeschrieben wird.

Ein besonderer Wallfahrtsort ist Loreto in Italien, wohin nach der Legende im 13. Jahrhundert das Haus der Familie Jesu von Nazareth über Dalmatien von Engeln gebracht worden sein soll.

La Salette, Lourdes und Fatima sind durch Marienerscheinungen zu Wallfahrtsorten geworden.

Kreuzreliquien

Splitter des Kreuzes, das seit 350 in Jerusalem den Pilgern gezeigt wurde, werden in Konstantinopel, Rom, Venedig, Neapel, Paris und an vielen Orten verehrt. In Deutschland bewahren Kreuzreliquien die Städte Donauwörth, Wieblingen, Scheyern, Maria Laach, Trier, Limburg, Köln.

Der "heilige Rock"

In Trier wird der "heilige Rock" verehrt, der nach der Legende von der hl. Helena, der Mutter Konstantins, nach Trier gebracht worden sein soll. Seit dem 16. Jahrhundert wird der "heilige Rock" in unregelmäßigen Abständen ausgestellt, in diesem und im letzten Jahrhundert zog er große Pilgerströme an (1959 mehr als 1,5 Millionen).

366

Aus der Verehrung des eucharistischen Brotes entstanden im Spätmittelalter Wallfahrten zu "Bluthostien" (Walldürn, Heiligenblut, Vilsnack, Brügge). Die "Bluthostien" sind mit Legenden verknüpft. Die Hostie wurde nicht verzehrt, sondern versteckt, der Frevel führte zum Bluten der Hostie, sie werden wiedergefunden und feierlich in die Kirche gebracht.

Bluthostien

8.1.2 Elemente, Bilder, Brauchtum

Die christlichen Wallfahrten finden in verschiedenen Zeiten unterschiedlichen Zuspruch. In den letzten Jahren ist eine wachsende Teilnahme zu beobachten. Studentenwallfahrten nach Chartres oder Tschenstochau ziehen Teilnehmer aus vielen Ländern an. Wallfahrten als religiöse Handlung finden wie andere Riten im Vollzug ihren Sinn. Die Zurücklegung des Weges hat deshalb nicht nur den Sinn, das Ziel zu erreichen. Das Gehen, das Pilgern ist selbst ein Ausdruck der menschlichen Existenz und wird auch als Bußübung angesehen. Wallfahrten zu Fuß setzen sich daher wieder durch. Der Weg zum Wallfahrtsort wird betend zurückgelegt, die Pilger beten oft gemeinsam, meist den Rosenkranz, und singen Lieder.

Der Weg als Ausdruck der menschlichen Existenz

Für viele Menschen ist die Wallfahrt ein Ausdruck der Bitte. Vor allem Marienwallfahrtsorte sind Stätten des Bittgebetes. Votivtafeln und Votivbilder werden am Wallfahrtsort als Dank dafür abgelegt, daß eine Bitte erhört wurde.

Wallfahrt als Bittgebet

Am Wallfahrtsort selbst gehört der Besuch des Gnadenbildes oder der Reliquie neben dem Gottesdienst in der Wallfahrtskirche zu den religiösen Handlungen. Das ist nur die eine Seite. Der Besuch des Gasthauses ist für die inzwischen hungrigen und durstigen Pilger ebenfalls Bestandteil einer Wallfahrt.

An Wallfahrtsorten werden Andenkenartikel, Medaillen, Abbildungen des Gnadenbildes, Rosenkränze u.a. verkauft.

Andenken, Medaillen

Die Wallfahrt ist nicht nur ein religiöses, sondern war immer schon ein touristisches Unternehmen. Seit dem 4. Jahrhundert gibt es Kritik an der Wallfahrtspraxis, an den lockeren Sitten der Wallfahrer, teilweise wurde Klosterfrauen die Wallfahrt verboten.

Die touristische Seite der Wallfahrt

Es gab auch immer schon "Werbung", die die Betreuer der Wallfahrtsorte, meist sind es Orden, betrieben haben. Zu großen Wallfahrtsorten im Ausland sowie nach Rom und Palästina organisieren die diözesanen Pilgerbüros Wallfahrten mit Bussen oder Sonderzügen.

8.1.3 Ideen für Beiträge und Sendungen

Berichte über die Wallfahrten sind so alt wie die Wallfahrt selbst. Durch die Berichte wurden immer wieder Menschen motiviert, eine Wallfahrt anzutreten und sich dadurch nicht unerheblichen Gefahren auszusetzen.

Uns sind auch schriftliche Berichte überliefert. Viel Aufschluß über Palästina, die Gestaltung der Prozessionen und Gottesdienste vermittelt der Bericht der Pilgerin Ätheria (um 400).

Schriftliche Reiseführer (Itinerarium) gab es schon bei den Römern und wurden auch für christliche Wallfahrer geschrieben. Die ersten Palästina-Reiseführer gehen auf die Zeit Konstantins zurück.

Verfilmung eines Itinerariums

Die Berichtsform, die die einzelnen Wegstrecken und Stationen der Wallfahrt festhält, dürfte am besten geeignet sein, einen Eindruck der Wallfahrt zu vermitteln, wenn auch die Erfahrung des Wallfahrers nur im Gehen und eventuell Fahren selbst gemacht werden kann.

Reizvoll wäre es, ein altes Itinerarium für das heilige Land in einer Reportage oder einem Film umzusetzen oder den Weg eines mittelalterlichen Pilgers nach Santiago de Compostela oder Rom nachzuzeichnen.

Geschichte von Wallfahrtsorten

Neben dem meist legendären Ursprung einer Wallfahrt ist die Geschichte eines Wallfahrtsortes von großem Interesse. In ihr spiegeln sich religiöse Strömungen, Kriege und Notzeiten.

Begleitung von Wallfahrern

Die Erfahrung einer Wallfahrt kann auch dadurch wiedergegeben werden, daß ähnlich wie bei einer Gruppenreise der Berichtende subjektiv schildert, wie er die Wallfahrt erlebt.

8.2 *Tourismus*

8.2.1 Die Situation der Touristen

Die Pilger des Altertums sind möglicherweise gar nicht so verschieden von den heutigen Touristen. Der Drang, die Fremde kennenzulernen, das Gewohnte zu verlassen, um es bei der Rückkehr dann wieder genießen zu können, war sicher auch Motiv für die Pilgerscharen früherer Jahrhunderte.

Die Touristen heute begegnen auf ihren Reisen den verschiedenen Manifestationen der Religion - Kirchen, Tempel, Plastiken, Gottesdiensten, Prozessionen.

Möglicherweise stoßen sie auch bei sich selbst in einer neuen Weise auf die religiöse Dimension - ein anderes Erleben der Welt, Begegnungen mit Menschen, die Erfahrung von Gastfreundschaft. Im Unterschied zum Wallfahrer bricht der Tourist nicht mit einem religiösen Ziel auf, vielleicht macht er aber ähnliche Erfahrungen wie der Wallfahrer.

Schließlich gibt es Begegnungen mit Touristen am eigenen Wohnort. Es gibt allerdings nur wenige Berührungspunkte, die Touristen leben in Hotels und Omnibussen, sammeln sich vor den Sehenswürdigkeiten, während die Bewohner ihrer Arbeit und ihren Geschäften nachgehen. Vielleicht stecken in den beiden Welten mehr Chancen der Begegnung, wenn sie bewußt vermittelt werden.

8.2.2 Ideen für Beiträge und Sendungen

- Einüben ins Kennenlernen
  Gespräche mit Touristen vor Ort
  Berichte von denen, die weggefahren und Menschen begegnet sind
- Meditationen über die Schöpfung
  Erfahrungen der Bewegung, der Geräusche, der Stille, verschiedener Landschaften
  Begegnung mit anderen Kulturen

- Ausdrucksformen der Religion
  Christliches Leben in anderen Ländern
  Christliche Gemeinde
  Kirchen, religiöse Kunst
  Andere Religionen
- Der Europagedanke
  Die christlichen Wurzeln des heutigen Europas
- Lebensweisheiten anderer Völker
  Märchen, Sprichwörter
- Für die Daheimgebliebenen
  Ausflüge in die nähere Umgebung
  Entdeckungsreisen in die Natur mit einem Förster
  Kirchen und religiöse Kunstwerke der Umgebung

Materialerschließung - Literaturhinweise

Es gibt eine Vielzahl von Lexika, Handbüchern und Mongrafien zur Thematik kirchlicher Feste, über Heilige und die Sakramente. Die hier zusammengestellten Literaturhinweise sollen den Zugang erleichtern.

Zuerst eine Warnung: Was im folgenden bibliografiert ist, kann das Verständnis und das Sprachgefühl des Lesers strapazieren. Es wird teils in einer kirchlichen Binnensprache und in einer Fachterminologie geschrieben, die nicht jedermann vertraut ist. Zudem hat die Theologie ihre Fachausdrücke, wie andere Wissenschaften auch. Vieles will der Leser auch gar nicht so genau wissen, wie es die Historiker erforscht und die Theologen formuliert haben.

Man muß jedoch nicht unbedingt alles lesen, um ein Thema zu bearbeiten. Es gibt im kirchlichen Raum Fachleute für fast alle Fragen, die mit Festen, Gottesdienst und Kirchenjahr zusammenhängen. Diese sind schnell ausfindig zu machen. Sie geben sicher auch gerne Auskunft, zumal eine Anfrage eines Redakteurs oder Autors als positive Überraschung erlebt wird. Der nächste Fachmann ist der

- Pfarrer
  Er hat ständig mit der Gestaltung von kirchlichen Festen zu tun, hat in der Regel auch historische Interessen und meist eine gute Bibliothek. Schließlich kennt er Fachleute für einzelne Fragen.
- Ordenshäuser, Klöster
  Die Ordenshäuser und Abteien haben neben auskunftswilligen Mitgliedern auch meist gut ausgestattete Bibliotheken.
- Bistum - Diözesanverwaltung
  Die Bistümer verfügen über ein Seelsorgsamt, das in den meisten Fällen auch ein Referat "Gottesdienst" oder "Liturgie" hat. Dieses Referat entwickelt Arbeitshilfen und führt Kurse und Seminare durch.
- In der evangelischen Kirche haben die Landeskirchen vergleichbare Dienststellen
- Diözesanbibliothek - Diözesanarchiv
  Ein Bistum verfügt in der Regel über eine gutausgestattete Fachbibliothek. Vor allem finden sich hier Unterlagen über regionale und lokale Frömmigkeitsgeschichte.
- Lehrstuhl für Liturgik der theologischen Fakultäten
  Eine Fakultät für Theologie hat in der Regel einen Lehrstuhl für Liturgik, der sich mit Fragen des Gottesdienstes, des Kirchenjahres und der Heiligenverehrung wissenschaftlich beschäftigt. Es wird eine umfassende historische Forschung betrieben.

- Lutherische Liturgische Konferenz Deutschlands,
  (Herrenhäuser Str. 12, 30419 Hannover, Tel. 05 11 / 27 96 - 403)
- Liturgisches Institut (katholisch)
  (Jesuitenstr. 13 c, 54290 Trier, Tel. 06 51 / 4 81 06 - 7)

Für die gottesdienstlichen Belange auf überdiözesaner Ebene gibt es in Deutschland (seit 1947) ein Liturgisches Institut. Es unterhält das Sekretariat und die Arbeitsstelle der Liturgiekommission der Deutschen Bischofskonferenz, ist federführend bei der Erarbeitung der liturgischen Bücher für das deutsche Sprachgebiet, gibt Fachzeitschriften, Arbeitshilfen und Handreichungen heraus und veranstaltet Kurse und Seminare. Das Liturgische Institut verfügt über eine ausgezeichnete liturgiewissenschaftliche Fachbibliothek.

Buch-hand-lungen
Die aktuelle Literatur ist hervorragend erschlossen. Jede mittlere Buchhandlung verfügt (auf CD-Rom) über das Verzeichnis lieferbarer Bücher, Verzeichnis im Autorenalphabet kumuliert mit Titel- und Stichwortregister mit Verweisung auf den Autor und den Verlag. Zu den Festen und Heiligen finden sich in diesem Verzeichnis jeweils Stichworte.

Gottesdienstbücher und Nachschlagewerke

Die Feier der kirchlichen Feste erfolgt auf der Basis von Büchern. In diesen Büchern finden sich die Texte für die Gottesdienste sowie auch Hinweise zur Gestaltung und zur Aussage des Festes.

Gottesdienstbücher

Für den Gebrauch in der katholischen Kirche gibt es zwei wichtige Bücher:

a. Meßbuch
b. Lesungsbuch (Meßlektionar)

Im Meßbuch stehen die Gebetstexte; es sind einmal die Texte, die spezifisch für ein Fest oder einen Sonntag gelten, sowie die sogenannten gleichbleibenden Teile der heiligen Messe.
Im Lesungsbuch finden sich die Texte aus dem Alten und Neuen Testament, die im Gottesdienst vorgelesen werden. Für die verschiedenen Zeiten und Feste gibt es jeweils eigene Lesungsbücher.

I - III	Schriftlesungen für die Sonntage der Lesejahre A, B und C, die Lesejahre folgen im Turnus aufeinander
IV und V	(zwei Teilbände) Schriftenlesungen für die Wochentage des Kirchenjahres und Gedenktage der Heiligen
VI/1	Schriftlesungen für verschiedene Anlässe
VI/2	Schriftlesungen für die Meßfeier für Verstorbene

Wie für die Meßfeier gibt es auch für die anderen Gottesdienste (z.b. Tauffeier, Beerdigung) liturgische Bücher.

Ordnungen für Gottesdienste und Amtshandlungen

Ordnungen für Gottesdienst am Sonntag sowie für andere Anläße (Casualien) wie Taufe, Trauung und Beerdigung liegen in den einzelnen Landeskirchen in unterschiedlicher Form (Agenden) vor. Bei Bedarf an Informationen darüber sollten sie in der jeweiligen Landeskirche einge- sehen werden.

Gebet- und Gesangbuch

Die regional eingeführten Bücher liegen in den Kirchen meist aus.

Gotteslob

Für die deutschsprachigen Diözesen (mit Ausnahme der Schweiz) ist in langjähriger Arbeit ein Gebet- und Gesangbuch entwickelt worden, das 1975 eingeführt wurde und die entsprechenden Bücher der einzelnen Diözesen abgelöst hat.
Neben vielen Liedern enthält das Buch Texte für das private Gebet, für Andachten und die Texte für die Spendung der Sakramente.
Zum allgemeinen Teil gibt es für jedes Bistum einen Anhang, der vor allem regionales Liedgut berücksichtigt.
Für die evangelischen Landeskirchen gibt es die gleichen Bücher, die vor allem das reiche Liedgut der Kirchen enthält.

Meßbücher für die Gottesdienstbesucher

Die Texte der Bücher, die der Priester in der katholischen Kirche benutzt, werden auch in handlicher Form für die Gottesdienstbesucher gedruckt. Dabei sind Meßbuch und Lesungsbuch nicht getrennt, son- dern für den jeweiligen Tag zusammengestellt. Diese Bücher sind von der "Liturgischen Bewegung" schon lange vor dem Konzil entwickelt worden, um den Gottesdienstbesuchern eine Mitfeier der damals noch in lateinischer Sprache gehaltenen Liturgie zu ermöglichen.

Durch die Ausweitung der biblischen Lesungen passen die Texte jetzt nicht mehr wie früher in einen Band. Neben diesen in der Liturgie benutzten Texten enthalten die Bücher jeweils kurze, sorgfältig erarbeitete Einführungen in das Fest bzw. an Heiligengedenktagen eine kurze Biografie sowie Erläuterungen zu den biblischen Lesungen. Hingewiesen sei hier auf zwei weitverbreitete Bücher:

Der große Sonntags-Schott
für die Lesejahre A-B-C   3 Bände
Der große Wochentags-Schott   2 Bände
Texte für die gewöhnlichen Wochentage und die Heiligengedenktage, Verlag Herder, Freiburg

In den verschiedenen Bänden werden die Feste erklärt wie auch kurze Heiligenbiografien abgedruckt::

Textprobe aus dem Wochentags-Schott
23. April
Hl. Adalbert, Bischof, Glaubensbote, Märtyrer

Adalbert wird der Apostel der Preußen genannt, obwohl seine Missionstätigkeit wenig Erfolg hatte und damit endete, daß er 997 von sieben Preußen mit Spießen erstochen wurde. Er stammte aus dem böhmischen Adelsgeschlecht der Salvnik und wurde an der Magdeburger Domschule erzogen. 983 wurde er, noch sehr jung, zweiter Bischof von Prag. Zu seiner Diözese gehörten außer Böhmen auch Schlesien das südliche Polen und die heutige Slowakei. In der Ausübung seines Bischofsamtes stieß er auf heftigen Widerstand beim Adel und beim Volk. Das Land war zwar offiziell christlich geworden, aber man hielt noch an heidnischen Gebräuchen fest. Nach wenigen Jahren bat Adalbert um Enthebung von seinem Amt und trat in ein römisches Benediktinerkloster ein. Aber 992 mußte er nach Prag zurück, konnte jedoch wieder nichts ausrichten. Deshalb ging er als Missionar nach Ungarn, später nach Polen und Preußen. Adalbert hat in seinem Leben nicht viel erreicht. Aber er hat das Gute gewollt und das Große erstrebt.

Pustet Taschenmeßbuch
a)   Die Sonn- und Feiertage im Lesejahr A
b)   Die Sonn- und Feiertage im Lesejahr B
c)   Die Sonn- und Feiertage im Lesejahr C
Werktagstaschenmeßbuch, vollständige Ausgabe (3476 Seiten), Verlag Friedrich Pustet, Regensburg

Sonn- und Festtagskalender,

herausgegeben von der Lutherischen Liturgischen Konferenz Deutschlands, Herrenhäuser Str. 12, 30419 Hannover

Nachschlagewerke

Die Theologen sind eine fleißige Zunft, die ihre Quellen sorgfältig gesichtet und untersucht hat. In den letzten 150 Jahren ist eine immense historische Forschung betrieben worden. Die biblischen Texte wurden mit den Methoden der Text- und Literaturkritik, der Formgeschichte und neuerdings der Linguistik untersucht. Dabei wurden auch viele Handschriftenfunde aus ältester Zeit gemacht. Ebenfalls wurde die Geschichte der frühen Kirche, die Entwicklung der theologischen Lehre, der religiösen Praxis und auch der Festzeiten und Gottesdienste erforscht. Wie jede Wissenschaft hat auch die Theologie eine eigene Terminologie und eine Art Binnensprache entwickelt, die auf wohlmeinende Leser störend wirken kann. Die Ergebnisse, die die theologische Forschung erzielt hat, werden in Lexika und Handbüchern dargestellt. Auf einige dieser in Bibliotheken meist leicht zugänglichen Werke soll hier hingewiesen werden.

Lexikon für Theologie und Kirche, 3. Auflage, 10 Bände und Registerband, abgekürzt LThK, Herder Freiburg 1993 ff
Dieses Lexikon ist hervorragend gearbeitet, oft informativer als Fachbücher und enthält sowohl theologisch fundierte Artikel wie auch eine Fülle historischer Informationen sowie Angaben zu Personen der Kirchengeschichte. Dieses Lexikon ist in der Bibliothek fast jedes Pfarrers zu finden.

Religion in Geschichte und Gegenwart, 3. Auflage, herausgegeben von Kurt Galling, 6 Bände und 1 Registerband 1957-1962, abgekürzt RGG, Verlag J.C.B. Mohr, Tübingen
Das evangelische Pendant zum Lexikon für Theologie und Kirche.

Theologische Realenzyklopädie, herausgegeben von Gerhard Krause und Gerhard Müller, mehr als 30 Bände, bisher sind 12 erschienen 1977 ff, abgekürzt TRE, Walter de Gruyter, Berlin, New York
Die Enzyklopädie ist ökumenisch angelegt. Dieses Werk ist zum größeren Teil erschienen. Es behandelt die Stichworte ausführlicher als die beiden oben angegebenen Lexika (Der Buchstabe A verteilt sich auf 4,5 Bänd|). Es finden sich umfängliche Literaturangaben zu den einzelnen Stichworten.

Adam, Adolf; Berger, Rupert; **Pastoralliturgisches Handlexikon,** Herder Verlag, Freiburg, Basel, Wien ^{5}1994, 720 Stichworte auf 570 S. Das Lexikon ist sachlich-informativ orientiert, erläutert die Riten, Bräuche und das liturgische Gerät, z.b. Brevier, Klingelbeutel, Patene, an die Brust Klopfen.

Textauszug aus "Pastoralliturgisches Handlexikon"
Hungertuch, *auch Fastenvelum genannt, mit dem im Mittelalter und z.t. noch heute der Altar verhängt wird, oft mit Darstellungen von Passionssymbolen und -szenen geschmückt, im ausgehenden Mittelalter nicht selten zu einer Fahne verkleinert, die aus dem Gewölbe herunterhängt. Mit der Sitte des Hungertuches hängt wahrscheinlich auch die Verhüllung der Kreuze und Bilder am (früheren) Passionssonntag zusammen. Den Ursprung des Hungertuches sehen manche in der solidarischen Verbundenheit der Gläubigen mit den öffentlichen Büßern, die im Rahmen der Bußriten zu Beginn der Fastenzeit aus dem Gotteshaus verwiesen wurden. Ähnlich wie alle Gläubigen den ursprünglich nur den Büßern zugedachten Ritus der Asche übernommen hätten, so hätten sie auch mit ihnen auf den Anblick des Altares und seiner Bilder verzichten wollen (Fasten der Augen). Vielleicht stehen hinter dem Brauch des Hungertuches aber auch die alten Altarvelen, die im Gebälk der Chorschranken befestigt waren, um den Altar teilweise den Blicken der Gläubigen zu entziehen, ähnlich der griechischen Bilderwand (Ikonostase). Das Hungertuch hat in den letzten Jahren durch die Fastentücher der bischöflichen Hilfswerke "Misereor" und "Brot für die Welt" eine gewisse Neubelebung erfahren, wobei es jedoch nicht um die Verhüllung des Altares, sondern um eine katechetisch-pastorale Zielsetzung geht.*
Lit.: J. Sauer, Symbolik des Kirchengebäudes, Freiburg 2/1924) 401 ff

Biblische Bücher und Kommentare
Die großen kirchlichen Feste gehen auf Ereignisse zurück, die in der Bibel berichtet werden. Bibeltexte stehen im Mittelpunkt der Feste, die Bibel selbst ist ein Gottesdienstbuch, d.h. ein Großteil der Teste ist für den Gebrauch im Gottesdienst niedergeschrieben worden.
Die Ergebnisse der Bibelwissenschaft finden sich vor allem in den Kommentaren zu den einzelnen Büchern der Bibel. Neben einer Einführung und einer Darstellung der Grundlinien des biblischen Buches werden die Textabschnitte einzeln kommentiert. In deutscher Sprache gibt es mehrere Kommentarreihen, die jedoch meist nicht vollständig, bzw. in allen Teilen auf einem neueren Stand sind. Als Einführung sei hingewiesen auf:

Lohfink, Gerhard; Jetzt verstehe ich die Bibel, Katholisches Bibelwerk, Stuttgart, 10/1980, 168 Seiten
Dieses Buch von einem Bibelwissenschaftler zeigt an einzelnen Beispielen, mit welcher Aussageabsicht verschiedene biblische Texte niedergeschrieben wurden und wie man das Verständnis der Texte erarbeiten kann. Weiter unten sind Kommentare ausführlicher zitiert, so daß man sich ein Bild davon machen kann, wie die Bibelwissenschaftler arbeiten, s. zu 3.2.4 Weihnachten, 3.6.4.4 Karfreitag, 3.6.4.5 Ostern, 3.8.4 Pfingsten

Symbole und Riten

Forstner, Dorothea / Becker, Renate; **Neues Lexikon christlicher Symbole**, Tyrolia, Innsbruck 1991

Symbolik der Religionen, herausgegeben von Ferdinand Hermann, Stuttgart
Bd III Ernst L. Ehrlich; Kultsymbole im Alten Testament und im nachbiblischen Judentum, 1959, 143 Seiten

Bd IV Josef A. Jungmann; Symbolik der kathlischen Kirche und des Kirchenbaues, 1960, 100 Seiten
u.a. geschichticher Abriß, Typologien, Ostern, Taufe, Maria, Prozessionen

Bd VII Kurt Goldammer; Kurzsymbolik des Protestantismus und des protestantischen Kirchengebäudes, 1960, 112 Seiten
u.a. geschichtlicher Abriß, Abendmahl, Eheschließung, Begräbnis

Bd X Ernst Hammerschmidt; Symbolik des orthodoxen und orientalischen Christentums, 1962, 280 Seiten

Adam, Adolf/Berger, Rupert; **Pastoralliturgisches Handlexikon,** Herder Verlag, Freiburg, 6/1994, 570 Seiten
In dem Lexikon finden sich u.a. Erklärungen für die Symbole und Riten.

Kaspar, Peter Paul; **Geheiligte Zeichen**, Freiburg 1986
Der Autor stellt, bezogen auf den Gottesdienst, 53 Zeichen nach 8 Gruppen geordnet dar.

Lipfert, Klementine; **Symbol-Fibel,** Eine Hilfe zum Betrachten und Deuten mittelalterlicher Bilder, Stauda Verlag, Kassel, 160 Seiten
u.a. Pflanzen, Tiere, Farben, Bienenkorb, Engel ...

Patzek, Martin; **Ursymbole im Gottesdienst**, Würzburg 1989

Rahner, Hugo; **Griechische Mythen in christlicher Deutung**, Rhein-Verlag, Zürich, 1957
Mysterien des Kreuzes, der Taufe, von Sonne und Mond, Ostersonne, Weihnachtssonne, Mysterium des Mondes, Seelenheilung - Kraut des Hermes, Mandragore, Weidenzweig, Odysseus am Mastbaum

Brauchtum - Volkskunde

Handwörterbuch des deutschen Aberglaubens herausgegeben von Hanns Bächtold-Stäubli, 9 Bände und Registerband, Verlag Walter de Gruyter, Berlin, Leibzig, 1927-1942, abgekürzt Bächtold-Stäubli
Der Titel ist etwas irreführend. Das Lexikon ist eine Enzyklopädie der volkskundlichen Forschung, das streng wissenschaftlich gearbeitet ist. Für die kirchlichen Fest- und Heiligengedenktage finden sich ausführliche Artikel, die auch das regionale Brauchtum erfassen.

Wörterbuch der deutschen Volkskunde, begründet von Oswald A. Erich und Richard Beitl, 2. Auflage neu bearbeitet von Richard Beitl Kröners Taschenausgabe Band 127, Kröner, Stuttgart 1955, 919 Seiten

Kirchhoff, Hermann; **Christliches Brauchtum**, Kösel, München 1995

Richter, Klemens; **Feste und Brauchtum im Kirchenjahr,** Herder Freiburg [2]1992

Garritzmann, H. u.a.; **Durch das Jahr - durch das Leben**. Haubesuch der christlichen Familie, München [3]1986

Das Große Hausbuch. Brauchtum, Fest und Freude in der christlichen Familie, hrsg. von Johannes Thiele, Kreuz Verlag, Stuttgart 1991
Ein Handbuch für die evangelische Kirche
vom gleichen Autor: Hausbuch der Feste und Bräuche, Südwest Verlag, München 1993

Ebertz, Michael N./Schultheis, Franz (Hrsg.); **Volksfrömmigkeit in Europa**. Beiträge zur Soziologie popularer Religiosität aus 14 Ländern. Reihe Religion - Wissen - Kultur, Band 2. Christian Kaise, München 1986, 288 S.

Schönfeld, Sybil Gräfin; **Das große Ravensburger Buch der Feste und Bräuche**, Ravensburg 1980

Kaufmann, Paul; **Brauchtum in Österreich**. Feste, Sitte, Glaube, Zsolnay Verlag, Wien/Rastatt 1982

Heim, Walter; **Volksbrauch im Kirchenjahr heute**, Nr. 67 der Schriften der Schweizerischen Gesellschaft für Volkskunde, Bonn 1983

Gross, Gino E.; **Im Jahreskreis der Juden**. Tradition, Feste und Brauchtum, Edition Tau, Bad Sauerbrunn 1995

Brauneck, Manfred; **Religiöse Volkskunst**, Votivgaben, Andachtsbilder, Hinterglas, Rosenkranz, Amulette, Du Mont, Köln 1978

Christliche Kunst

Eine Art Inventarisierung der christlichen Kunstwerke findet sich in zwei Lexika:

Lexikon der christlichen Ikonografie

herausgegeben von Engelbert Kirchbaum S.J. (gestorben) und Wolfgang Braunfels, Herder, Rom, Freiburg, Basel, Wien 1968 - 1976

Band I-IV Allgemeine Ikonografie
z.B. Arche Noah, Christus, Kugel, Verklärung .....
Aufbau eines Artikels: Begriff, Quellen (z.B. Bibeltexte), Ikonografie, Fundorte einzelner Kunstorte, Literatur, zahlreiche Abbildungen, Band V-VIII Heilige

Schiller, Gertrud; Ikonografie der christlichen Kunst

Gütersloher Verlagshaus Gerd Mohn 1969-1976

Bd 1	Inkarnation, Kindheit, Taufe, Versuchung, Verklärung, Wirken und Wunder Jesu
Bd 2	Die Passion Jesu Christi
Bd 3	Die Auferstehung und Erhöhung Christi
Bd 4.1	Die Kirche
Bd 4.2	Maria

Das Werk enthält viel weniger Stichworte als das Lexikon der chritlichen Ikonografie und bietet eine eher monografische Darstellung. Ausgehend von den biblischen Quellen wird ein kunsthistorischer Überblick gegeben. Das Werk enthält auch Hinweise auf einzelne Kunstwerke. Jeder Band hat einen umfangreichen Bildteil.

Kirchliche Feste, ein erster Überblick   *zu 1.1*

Der Kalender für das Kirchenjahr und für die Heiligenfeste findet sich auch in den Gottesdienstbüchern.

Adam, Adolf; **Das Kirchenjahr mitfeiern**. Seine Geschichte und seine Bedeutung nach der Liturgiereform, Herder, Freiburg 1979, 272 Seiten
Das Buch zeigt die Struktur des Kirchenjahres und stellt die Feste im einzelnen dar. Lesenswert ist in der Regel der historische Überblick zum einzelnen Fest. Aussagen zum Fest selbst beschränken sich auf eine Inhaltsangabe der Gottesdiensttexte. Interessant sind die Informationen über die Entwicklung des Kalenders.

Bieritz, Karl Heinrich; **Das Kirchenjahr**, Gedenk- und Feiertage in Geschichte und Gegenwart, Bede, München ³1991
Eine übersichtliche Darstellung der Feste, der Jahreszeiten und wichtiger Heiliger. Der Aufbau orientiert sich an der evangelischen Zählung der Sonntage und der dafür vorgesehenen Lesungen, berücksichtigt jedoch ebenfalls die Neuordnung der katholischen Liturgie. Die Erklärungen beziehen auch die jüdischen Wurzeln christlicher Feste ein.

Gottesdienst der Kirche. Handbuch der Liturgiewissenschaft Teil 5 und 6, Feiern im Rhythmus der Zeit, Regensburg 1994

Adam, Adolf; **Grundriß der Liturgie**, Herder, Freiburg 1985, 336 S. Darstellung des Liturgieverständnisses der katholischen Kirche, geschichtliche Entwicklung, die einzelnen Sakramente, Kirchenjahr, Stundengebet. Das Buch kann als Nachschlagewerk benutzt werden.

Wolp, Rainer; **Liturgik. Die Kunst, Gott zu feiern**, 2 Bde. Gütersloh Darstellung des Liturgieverständnisses der evangelischen Kirche. Geschichte des christlichen Gottesdienstes, Geschichte der evangelischen Liturgiewissenschaft, Elemente des Gottesdienstes, die Sakramente

Herlyn, Otto; **Theologie der Gottesdienstgestaltung**, Neukirchen 1990

Die Göttliche Liturgie der Orthodoxen Kirche. herausgegeben v. Kallis, Anastasios, Grünewald, Mainz ²1993

Ben-Chorin, Schalom; **Betendes Judentum**. Die Liturgie der Synagoge, Mohr, Tübingen 1980

zu 1.1   Petuchowski, Jacob J.; **Feiertage des Herrn**. Die Welt der jüdischen
Feste und Bräuche, Freiburg 1984

Anthropologie des Kults; Beiträge von Alois Hahn, Peter Hünermann,
Herbert Mühlen u.a., Herder Verlag, Freiburg, Basel, Wien 1977, 157
Seiten
In den Beiträgen wird eine philosophische, religionsgeschichtliche und
theologische Begründung des Gottesdienstes geleistet.
Stichworte: Erscheinung des Göttlichen, Erneuerung durch Bezug zur
Ursprung, Abgrenzung von Kult und Magie, kultische Handlungen in
Revolutionen, Mahl: Urszene des Kults, Struktur kommunikativer Hand-
lungen.

Meyer, Hans Bernhard u.a. (Hrsg.), **Gottesdienst der Kirche**, Handbuch
der Liturgiewissenschaft, Pustet Verlag, Regensburg 1983 ff
Umfangreiches Handbuch auf wissenschaftlicher Basis.

Hahn, Ferdinand; **Der urchristliche Gottesdienst**, Stuttgarter Bibelstudien, Band 41, Katholisches Bibelwerk, Stuttgart, 1970, 101 Seiten
Der Band gibt einen Überblick über die Kenntnisse, die die Bibelwissenschaft gewonnen hat. Die Darstellung verfolgt die Entwicklung bis
ins 2. Jahrhundert.

Schritte zur sichtbaren Einheit (sog. Lima Papier), Sitzung der Kommission für Glauben und Kirchenverfassung, hrsg. von Hans Georg Link,
Frankfurt 1983   213 Seiten
Die Kommission des Ökumenischen Rates der Kirchen hat die theologischen Aussagen über Taufe, Eucharistie und Amt formuliert. Zwischen
den Auffassungen der verschiedenen Kirchen ist eine wachsende Annäherung zu verzeichnen. Dies betrifft auch die katholische Kirche, die in
dieser Kommission Mitglied ist.

zu 1.2   *Feste in einer Industriekultur*

Koch, Kurt; **Aufstand der Hoffnung**. Die befreiende Lebenskraft
christlicher Feste, Christopherus Verlag, Freiburg 1986, 259 S.
Der alternative Lebensentwurf christlicher Feste wird als Kritik der
modernen Lebensverhältnisse dargestellt.

Kirchliche Feste in einer Arbeits- und Freizeitwelt zu 1.2.1

Breuer, St.; **Die Gesellschaft des Verschwindens**. Von der Selbstzerstörung der technischen Zivilisation, Hamburg ²1993

Das Heilige in der säkularisierten Gesellschaft zu 1.2.2

Unter dem Stichwort finden sich in den verschiedenen Lexika ausführliche Artikel.
Die Säkularisierung als Ablehnung der Religion als Idee ist mit den philosophischen Strömungen eng verbunden. Aus der umfänglichen Literatur hier nur einige Hinweise.

Blumenberg, Hans; Die Legitimität der Neuzeit, 3 Bände, Suhrkamp, Frankfurt 1977

1.	Säkularisierung und Selbstbehauptung	250 S.
2.	Der Prozeß der theoretischen Neugierde	320 S.
3.	Aspekte der Epochenschwelle, Cusaner und Nolaner	300 S.

Religionskritik von der Aufklärung bis zur Gegenwart, Autorenlexikon von Adorno bis Wittgenstein, herausgegeben von Karl Heinz Weger S.J., Herderbücherei Bd 716, Herder, Freiburg 1979, 317 Seiten

Lübbe, Hermann; Religion nach der Aufklärung, Styria, Graz,Wien,Köln ²1990
Der Autor zeigt auf, daß das im 19. Jahrhundert prognostizierte Verschwinden der Religion sich nicht eingestellt hat, sondern daß neue Typen von Kontingenzerfahrungen Platz für eine religiöse Kultur lassen.

Höhn, Hans Joachim; Gegen-Mythen. Religionsproduktive Tendenzen der Gegenwart, Herder, Freiburg 1994
Auf 150 Seiten arbeitet der Autor heraus, an welche Grenzen der technische Fortschritt stößt und wie die Moderne neue Kontingenzerfahrungen macht, die die religiöse Frage neu stellen. Gesellschaftsanalysen und religionsphilosophische Fragestellungen werden referiert.

Küenzelen, Gottfried; Der Neue Mensch. Zur säkularen Religionsgeschichte der Moderne, Fink, München 1994

zu 1.2.2   Schmidtchen, Gerhard; Was den Deutschen heilig ist. Religiöse und politische Strömungen in der Bundesrepublik, Kösel, München 1979, 228 Seiten
Ergebnisse religionssoziologischer Forschungen

Schmidtchen, Gerhard; Gottesdienst in einer rationalen Welt. Religionssoziologische Untersuchungen im Bereich der Vereinigung Evangelisch-Lutherischer Kirchen Deutschlands, Stuttgart, Freiburg 1973

Die Darstellbarkeit der Religion zu 2.

Casper, B., Sarn, W. (Hg.); Alltag und Transzendenz, Herder, Freiburg, München 1992

Hugger, P. (Hrg.); Stadt und Fest. Zur Geschichte und Gegenwart europäischer Festkultur, Stuttgart 1987

Schulz, U. (Hrg.); Das Fest. Eine Kulturgeschichte von der Antike bis zur Gegenwart, München 1988

Kaufmann, Franz Xaver; Religion und Modernität. Sozialwissenschaftliche Perspektiven, Tübingen 1989

Gabriel, Karl; Christentum, zwischen Tradition und Postmoderne, Herder, Freiburg ⁴1995

Sequeira, Ronald; Gottesdienst als menschliche Ausdruckshandlung; in: Gottesdienst der Kirche Teil 3, Regensburg 1987

Balthasar, Hans Urs. v.; Herrlichkeit. Eine theologische Ästhetik 3 Bde. Johannes Verlag, Einsiedeln, 1961 ff

Held, M., Geissler, A.(Hg.); Ökologie der Zeit. Vom Finden der rechten Zeitmaße, Stuttgart 1993

Religion im Film, Lexikon mit Kurzkritiken zu 1200 Kinofilmen, Verlag Katholisches Institut für Medieninformation, Köln 1992

Anthropologische Grundlagen   **zu 3.1.1**
Walter, Eugen; Der größere Advent, Herder, Freiburg, Basel, Wien, 1977, 120 Seiten

Entstehung des Advent   **zu 3.1.3**
Die umfangreichste Darstellung über die Entstehung des Advent findet sich im Band 1, Spalte 112 - 125 des Reallexikons für Antike und Christentum, Sachwörterbuch zur Auseinandersetzung des Christentums mit der antiken Welt, Stuttgart, 1950
Das Stichwort Advent im Lexikon der Theologie und Kirche gibt einen kurzen, sehr informativen Überblick. Band 1, Spalte 160 - 161

Aussagen der Adventszeit   **zu 3.1.4**
Schlier, Heinrich; Der Herr ist nahe, Adventsbetrachtungen, Herder, Verlag, Freiburg, 4/1977, 112 Seiten

Ratzinger, Josef; Licht, das uns leuchtet, Besinnungen zu Advent und Weihnachten, Herder, Freiburg, 6/1979, 69 Seiten

Elemente, Bilder, Brauchtum   **zu 3.1.5**
Adventskalender sind über den Buchhandel beziehbar.

Rorate Messen, s. Lexikon für Theologie und Kirche, Texte im Meßbuch, Schott, unter "Marienmessen im Advent"

Frauentragen, s. Lexikon für Theologie und Kirche, Band 4, Spalte 311

Klöpfelnächte, s. Wörterbuch des deutschen Aberglaubens, Artikel Klopfnächte, Band 4, Spalte 1542 - 1546

Brauchtum: Wörterbuch der deutschen Volkskunde, Stuttgart, 1955

Darstellungen der bildenden Kunst
Lexikon der christlichen Ikonografie
Stichworte:
Propheten, Band 3, Spalte 461-462, s. auch David, Isaias, Micha
u.a., Johannes der Täufer, Band 7, Spalte 164-190, Parusie,
Band 3, Spalte 384-386, Weltgericht, Band 4, Spalte 513-523

Schiller, Gertrud; Ikonografie der christlichen Kunst Band 1, Seite 16-68, Bildteil Nr. 1 - 142

zu 3.2   Weihnachten und die Weihnachtszeit

zu 3.2.1   Anthropologische Voraussetzungen

Ausgehend von dem Faktum, daß Weihnachten gefeiert wird, finden sich in Zeitungsartikeln, Rundfunkbeiträgen und Predigten immer wieder Versuche, einen allgemeineren Zugang zum Weihnachtsfest zu erschließen, Aspekte herauszusuchen, die nicht unmittelbar vom christlichen Glauben her gegeben sind.

zu 3.2.2   Bezug zur Öffentlichkeit

Kielholz, Paul; Weihnachten, die programmierte Depression?, Die Arche, Zürich, 1979, 80 Seiten

zu 3.2.3
Entstehung der Feste der Weihnachtszeit
25. Dezember
Artikel "Weihnachten I. Heortologie" im Lexikon für Theologie und Kirche, Band X, Spalte 986, gibt den augenblicklichen Stand der Forschung wieder.

Usener, Hermann; Das Weihnachtsfest, Religionsgeschichtliche Untersuchungen, Bouvier, Bonn, 3/1968, 485 Seiten

Cullmann, Oscar; Die Entstehung des Weihnachtsfestes und die Herkunft des Christbaumes, Stuttgart ³1991

6. Januar
Artikel "Epiphanie" im Lexikon für Theologie und Kirche, Band 3, Spalte 941 f, Artikel "Drei Könige", Band 3, Spalte 566 f

zu 3.2.4   Aussage des Festes

Beck, Eleonore; Gottes Sohn kam in die Welt, Katholisches Bibelwerk, Stuttgart, 1977, 188 Seiten
Großzügig angelegtes Arbeitsbuch, in dem auch schwerer auffindbare Texte der orientalischen Religionen und der Antike abgedruckt sind. Neben einer Erläuterung der biblischen Erzählungen werden die Messiaserwartungen des Alten Testaments, die historischen Entwicklungen der damaligen Zeit sowie die Berichte der apokryphen Evangelien herangezogen. Auf diese Weise werden die Aussageabsichten der Evangelien plastischer als in den meisten Kommentaren und Monografien herausgearbeitet.

388

Auszug: 2. Kaiser Augustus

*Oktavian Augustus, geboren 63 v. Chr., gestorben 14 n. Chr., war ein
Großneffe von Julius Cäsar, der ihn erzogen, testamentarisch als Sohn
angenommen und als Erben eingesetzt hatte. Zunächst bildete er mit
Marc Antonius und Lepidus das zweite Triumvirat; dann kam es zu
Spannungen; schließlich siegte Oktavian in der Schlacht bei Actium (31
v. Chr.) über Mark Anton und wurde Alleinherrscher. Von nun an trug
er seinen Frieden (pax Augusta) nach Rom und in die Provinzen.*

"Mit welchem Zulauf, mit welcher Begeisterung von Menschen aller
Altersstufen und aller Klassen der Kaiser bei seiner Rückkehr nach
Italien und Rom (29 v. Chr.) begrüßt wurde, wie prächtig seine
Triumphe und seine Geschenke waren, das läßt sich nicht einmal in
einem Werk von größerem Wurf, geschweige denn in diesem Abriß
angemessen darstellen. Nichts können die Menschen von den Göttern
erbitten, nichts die Götter den Menschen gewähren, nichts kann in ein
Gebet gefaßt, nichts von glücklichem Gelingen gekrönt werden, was
nicht Augustus nach seiner Rückkehr in die Hauptstadt dem römischen
Staat und Volk und dem ganzen Erdkreis gegeben hätte. Nach zwanzig
Jahren waren die Bürgerkriege beendet, die auswärtigen begraben, der
Friede wieder ins Land gerufen ... Sobald die altehrwürdige Staatsform
erneuert war, wurden die Felder wieder bearbeitet, die Heiligtümer
wieder geehrt, die Menschen gewannen ihre Sicherheit zurück, jeder
konnte seines Besitzes sicher sein."
Velleius Paterculus, Römische Geschichte II 89
*Die griechischen Städte der Provinz Asia beschlossen vermutlich im
Jahr 9 v. Chr. den Julianischen Kalender und mit ihm eine neue
Zeitrechnung einzuführen. "... darum scheint es mir richtig, daß alle
Gemeinden ein und denselben Neujahrstag haben, eben den Geburtstag
des göttlichen Kaisers, und daß an ihm alle Beamten ihr Amt antreten,
das ist am 9. Tag vor den Kalenden des Oktober." Damit ist der
Neujahrstag auf den 23. Oktober festgelegt. In vier kleinasiatischen
Städten fand man Fragmente dieses Erlasses, der vermutlich auf den
Marktplätzen bekanntgemacht wurde, darunter auch die 1890 entdeckte
"Inschrift von Priene":*
"Dieser Tag, der Geburtstag des Kaisers, hat der Welt ein anderes
Gesicht gegeben. Sie wäre dem Untergang verfallen, wenn nicht in dem
heute Geborenen für alle Menschen ein gemeinsames Heil aufgestrahlt
wäre... Wer richtig urteilt, wird in diesem Geburtstag den Anfang des
Lebens und der Lebenskräfte für sich erkennen. Es ist unmöglich, in
gebührender Weise für so große Wohltaten zu danken, die dieser Tag uns
gebracht hat. Die Vorsehung, die über allem Leben waltet, hat diesen
Mann zum Heile der Menschen mit solchen Gaben erfüllt, daß er uns und
den kommenden Geschlechtern als Heiland gesandt ist. Jedem Krieg
wird er ein Ende setzen und alles herrlich machen. In seiner Erscheinung
sind die Hoffnungen der Vorfahren erfüllt. Er hat nicht nur die früheren
Wohltäter der Menschheit allsamt übertroffen, es ist unmöglich, daß je
ein größerer käme. Mit dem Geburtstag des Gottes beginnt für die Welt
das Evangelium, das sich mit seinem Namen verbindet."

Wer die Sprache solcher Ankündigungen und Inschriften im Ohr hat, wird etwa die Ankündigung der Geburt Jesu, das Lied der Engel auf dem Hirtenfeld anders hören und verstehen. Er wird erfahren, wie sehr das Evangelium die Sprache seiner Zeit spricht: Der Geburtstag des Kaisers ist der Beginn einer neuen Zeit; seine Erlasse sind Evangelium; er trägt den Titel Heiland (Retter); mit seiner Geburt strahlt Licht auf in der Welt. Augustus wurde im ganzen Reich verehrt. Der römische Senat baute ihm zwar zu Lebzeiten keinen Tempel in der Stadt, doch nach seinem Tod erhob er den Herrscher in den Stand der Unsterblichen und erklärte ihn zum göttlichen Wesen.

Konradin Ferrari d'Occhieppo; Der Stern von Bethlehem aus der Sicht der Astronomie, Franck-Kosmos, Stuttgart, Altstein, Frankfurt, Berlin 1994
Der Autor ist emeritierter Astronomieprofessor. Ausgehend von babylonischen Quellen, erklärt er die im Matthäusevangelium beschriebene Sterndeutung durch eine Konjunktion von Jupiter und Satur und erklärt die Evangeliumstexte bis hin zur Flucht nach Ägypten. Er berechnet auch das Geburtsdatum Jesu.

Riedl, Johannes; Die Vorgeschichte Jesu, Katholisches Bibelwerk, Stuttgart, 1968, 79 Seiten
Interpretation der matthäischen und lukanischen Kindheitsgeschichte, die die alttestamentlichen Bezüge und die Aussageabsichten der Texte herausarbeitet. Eine informative, knappe Übersicht, die sich ganz auf die Auslegung der Texte beschränkt.

Knörzer, Wolfgang; Wir haben seinen Stern gesehen, Verkündigung der Geburt Christi nach Lukas und Matthäus, Katholisches Bibelwerk, Stuttgart, 1967, 272 Seiten
Vermittlung der bibelwissenschaftlichen Forschungsergebnisse für den Praktiker. Das Buch ist stärker an den Texten orientiert als das von E. Beck, bringt allerdings auch viele alttestamentliche Texte im Wortlaut. Es werden auch Anwendungsbereiche für Gemeindearbeit und Religionsunterricht erschlossen.

Laurentin, René; Struktur und Theologie der lukanischen Kindheitsgeschichte, Katholisches Bibelwerk, 1967, 249 Seiten, mit einem zusätzlichen Beitrag von Josef Gewieß "Die Marienfrage", Lk 1,34.
Diese Monografie stellt eine gründliche Analyse der lukanischen Kindheitsgeschichte dar. Es werden nicht nur die alttestamentlichen Bezüge, sondern auch Verbindungen zu anderen neutestamentlichen Autoren herausgearbeitet. Es wird zugleich eine Grundlegung der Mariologie erarbeitet.

Neben den Monografien und Arbeitsbüchern bieten die wissenschaftlichen Kommentare zum Neuen Testament einen Zugang zu den Texten. Diese Kommentare sind allerdings für Fachtheologen geschrieben und setzen in der Regel Kenntnisse über die gesamte Heilige Schrift und über exegetische Arbeitsmethoden voraus. Es werden hier Kommentare zitiert, um weitere Informationen zu erschließen:

Neues Testament Deutsch, Schweitzer, Eduard; Das Evangelium nach Matthäus, Vandenhoeck & Ruprecht, Göttingen 1976

Auszug: Die Flucht Jesu; Mt 2,13-23
Die Geschichte selbst erinnert wieder an die Moseserzählung, besonders in der Form des Josephus (Altertümer 2, 205 ff, 210 ff, 254 ff): Ein priesterlicher Schriftgelehrter in Ägypten verkündet dem König die kommende Geburt eines Retters; der König fürchtet sich vor ihm und läßt alle männlichen Kinder töten. Der Vater Moses, in großer Sorge wegen der kommenden Geburt, wird im Traum durch Gott beruhigt und die Geburt erfolgt schmerzlos. Drei Monate lang behalten die Eltern das Knäblein daheim und setzen es dann auf dem Nil aus. Auch an die spätere Flucht Moses und seine Rückkehr nach Ägypten nach dem Tode des verfolgenden Königs (2. Mose 2, 15 ff) ist zu erinnern. Später erzählen jüdische Lehrer von einem Rabbi, der mit Jesus nach Ägypten geflohen sei, als der König Jannaeus (104-78 v. Chr.) die Gelehrten töten ließ; dort habe Jesus ägyptische Zauberei gelernt. Das könnte zurückgehen auf ein vages Wissen, daß die Christen von der Flucht nach Ägypten redeten; sicher nicht auf die genaue Kenntnis von Mt.2; denn Joseph ist kein gelehrter Rabbi und Jesus noch nicht im Alter, in dem er bei ägyptischen Zauberern in die Lehre gehen könnte. Mehr als solche unbestimmten Erinnerungen an christliche Geschichten liegt kaum hinter dieser jüdischen Tradition.
Zugrunde liegt also wahrscheinlich eine Erzählung von Geburt, Namensgebung, Verfolgung, Flucht und Rückkehr, die Jesus weithin in Parallele zu Mose gesehen hat. Typisch dafür ist die fünfmalige Erwähnung einer Entscheidung durch einen Traum (1,20 = 2,13 = 2,19; 2,12 = 2,22). Teile von 2,13 f. kommen in 2,20 f. wörtlich wieder vor. Überall steht Joseph im Mittelpunkt. ......Wie in 1,20 bestimmt der "im Traume erscheinende Engel des Herrn", wie im Alten Testament im "Ich" Gottes redend, alles Folgende. Er ist gewissermaßen das gestaltgewordene Wirken Gottes. Auch hier steht Joseph im Zentrum. Sein Gehorsam zeigt sich wieder (vgl. zu 1,25) in der wörtlich dem Befehl entsprechenden Ausführung: "Er aber stand auf und nahm das Kind und seine Mutter mit" (genau so V. 20f.). Die Flucht zeigt nochmals die Diskrepanz zwischen der scheinbaren Macht des jetzigen Königs und der Niedrigkeit und Ohnmacht des kommenden Weltenkönigs auf. Dieser scheint Objekt, nicht Subjekt der Geschichte zu sein; tatsächlich aber beherrscht er das ganze Geschehen. ...... Die Grausamkeit des Herodes ist sprichwörtlich gewesen; drei Söhne ließ er hinrichten und zu seinem Begräb-

nis hätte aus jeder Familie einer getötet werden sollen, damit man auch wirklich trauere (Josephus, Altertümer 17,181). Daß freilich Josephus, der diese Grausamkeiten mit Absicht zusammenstellt, nichts von einem Kindermord berichtet, spricht gegen die Historizität gerade dieser Untat. ...... Die Weisung zur Rückkehr entspricht völlig derjenigen zur Flucht im V.13. "Land Israel", der im modernen Staat Israel wieder aufgenommene Begriff, findet sich im Neuen Testament einzig hier.

Auffällig ist die Mehrzahl "die nach dem Leben ... trachten"; vielleicht wirkt hier die Parallele zu 2. Mose 4,19 (LXX) ein: "Da starb der König von Ägypten. Der Herr aber sprach zu Mose: ... Gehe weg nach Ägypten, ... denn gestorben sind alle, die nach deinem Leben trachten." Das Reich des Herodes wurde nach dessen Tod unter drei Söhne geteilt, von denen Archelaos am meisten gefürchtet war. Besonders wichtig ist für Matthäus, daß auch die Umsiedlung nach Nazareth auf Befehl des Engels erfolgt. Der Ausdruck "er bezog Wohnung" und die Tatsache, daß erst eine Weisung im Traum Joseph zum Umzug nach Nazareth bewegt, sind eindeutig; nach Matthäus haben die Eltern Jesu vorher nicht in Nazareth, sondern in Bethlehem gewohnt. Mit dieser Ansiedlung im galiläischen Nazareth, nochmals durch Prophetenwort bestätigt, ist der Höhepunkt erreicht.

Im Rückblick auf die ersten zwei Kapitel erkennt man, in wie verschiedener Weise die Gemeinde versucht hat, die Einzigartigkeit Jesu auszudrücken. Der Stammbaum stellt ihn als den von Gott verheißenen Davididen dar, der zugleich die ganze Geschichte Israels seit der Berufung Abrahams erfüllt. Die folgenden Geschichten sehen in ihm den Mose noch überbietenden Erlöser Israels. Außerdem sind schon Texte auf ihn bezogen worden, die ihn als den von den Propheten Verheißenen darstellen. Während in Stammbaum und Kindheitsgeschichten Joseph die zentrale Stellung einnimmt, fiele diese Rolle in der Tradition der Jungfrauengeburt eigentlich der Maria zu; doch ist dies einzig im Bericht von der Anbetung der Magier der Fall. Hier erscheint auch das Motiv des Weltenkönigs. ......

Lohfink, Gerhard; Jetzt verstehe ich die Bibel, Katholisches Bibelwerk, Stuttgart, 1973
Die folgende Textprobe gibt einen längeren Auszug aus dem Kapitel zu Lk 1,26-38 wieder:
Die Verheißung der Geburt Jesu
Im sechsten Monat wurde der Engel Gabriel von Gott in die Stadt Nazareth in Galiläa zu einer Jungfrau gesandt. Sie war mit einem Mann namens Josef verlobt, der aus dem Haus David stammte, und ihr Name war Maria. Der Engel trat bei ihr ein und sagte: Sei gegrüßt, du Begnadete, der Herr ist mit dir. Sie erschrak über diese Anrede und überlegte, was dieser Gruß zu bedeuten habe. Da sagte der Engel zu ihr: Fürchte dich nicht, Maria; denn du hast vor Gott Gnade gefunden. Du wirst ein Kind bekommen, einen Sohn wirst du gebären; dem sollst du den Namen Jesus geben. Er wird groß sein und Sohn des Höchsten genannt werden. Gott, der Herr, wird ihm den Thron seines Vaters David geben.

Er wird über das Haus Jakob in Ewigkeit herrschen, und seine Herr- schaft wird kein Ende haben. Maria sagte zu dem Engel: Wie soll das geschehen, da ich mit keinem Mann zusammenlebe? Der Engel antwor- tete ihr: Heiliger Geist wird über dich kommen, und die Kraft des Höchsten wird dich überschatten. Deshalb wird auch das Kind heilig und Sohn Gottes genannt werden. Auch Elisabeth, deine Verwandte, hat noch im Alter einen Sohn empfangen; sie ist jetzt schon im sechsten Monat und galt doch als unfruchtbar. Denn für Gott ist nichts unmög- lich. Da sagte Maria: Ich bin die Magd des Herrn; mit mir geschehe, was du gesagt hast. Danach verließ sie der Engel.

Das Konstruktive unserer Erzählung wird deutlich, wenn man den Aufbau des Gesprächs im ganzen untersucht. Es muß ja auffallen, daß sich die Ankündigung des Johannes in Lk 1,5-20 und die Ankündigung Jesu in unserem Text nach genau dem gleichen Schema vollziehen:

1   Ein himmlisches Wesen erscheint
2   Die Geburt eines Sohnes wird angekündigt
3   Sein Name wird festgelegt
4   Seine Zukunft wird offenbart

Woher stammt dieses Schema, dessen Bestandteile und dessen Aufbau doch keineswegs selbstverständlich sind? Die Antwort ist einfach und der biblischen Forschung seit langem bekannt: Das Schema stammt aus dem Alten Testament. Es findet sich dort in zahlreichen Texten, in denen die Geburt eines Kindes vorausgesagt und verkündet wird. Man nennt es deshalb einfach "Verkündigungsschema". ......

In Gen 17,15-19 erscheint Gott vor Abraham und kündigt ihm, zunächst in allgemeiner Form, die Geburt eines Sohnes aus Sara an. Abraham fällt auf sein Angesicht und lacht. Er denkt bei sich: "Können denn einem Hundertjährigen noch Kinder geboren werden, und kann Sara als Neunzigjährige noch gebären?" Da macht ihm Gott die feierliche Zusage: "Sara, deine Frau, wird dir einen Sohn gebären. Du sollst ihm den Namen Isaak geben. Ich werde meinen Bund mit ihm errichten als einen ewigen Bund für seine Nachkommen."

Die vier Bestandteile des Verkündigungsschemas sind deutlich zu erkennen: Gott oder der Engel Gottes erscheint, die Geburt eines Sohnes wird angekündigt, sein Name wird festgelegt, seine Zukunft oder ein wichtiger Aspekt seiner Zukunft wird offenbart. Die Ankündigung des Johannes (Lk 1,13-17) und die Ankündigung Jesu (Lk 1,31-33) folgen diesem Schema aufs genaueste. Die neutestamentlichen Erzähler müs- sen also entsprechende alttestamentliche Texte gekannt und ihren Aufbau sorgfältig nachgeahmt haben. Wiederum ein Zeichen für das Schematische und Konstruktive unserer Erzählung! Nun ist mit dem Verkündigungsschema allerdings erst die Hälfte der Erzählung struktu- rell erklärt. Anschließend meldet Maria ja noch ihr Bedenken an, der Engel beseitigt dieses Bedenken und gewährt Maria schließlich ein Zeichen, an dem sie erkennen kann, daß Gott seine Zusage erfüllt. Läßt sich auch für diesen zweiten Teil der Erzählung ein bereits vorgeprägtes alttestamentliches Schema nachweisen?

Das ist tatsächlich der Fall. Die Gewährung eines Zeichens durch Gott ist fester Bestandteil alttestamentlicher Berufungserzählungen.

393

Solche Berufungserzählungen sind oft nach folgendem Schema aufgebaut:

1   Gott spricht eine Berufung aus

2   Der Berufene äußert ein Bedenken

3   Gott beseitigt dieses Bedenken durch eine Erklärung

4   Gott gewährt zur Bekräftigung der Erklärung ein Zeichen

In Exodus 3,10-12 wird die Sendung des Mose zum Pharao folgendermaßen erzählt: Gott spricht zu Mose: "So gehe hin! Ich sende dich zum Pharao. Führe mein Volk, die Israeliten, aus Ägypten heraus. Moses antwortet ihm: Wer bin ich, daß ich zum Pharao gehen und die Israeliten aus Ägypten herausführen könnte? Da sprach Gott: Ich selbst bin mit dir. Und dies soll dir zum Zeichen sein, daß ich dich gesandt habe: Wenn du das Volk aus Ägypten herausgeführt hast, werdet ihr Gott an diesem Berge verehren." ......

Maria äußert, gleich Mose und Jeremia, ein Bedenken. Dieses Bedenken wird dann, wie es das Schema verlangt, durch eine Erklärung Gabriels ausgeräumt. Und hierauf folgt das vierte Bauelement des Berufungsschemas, das beglaubigende Zeichen: Maria wird an der Schwangerschaft der hochbetagten Elisabeth erkennen, daß Gott seine Zusage erfüllt. ......

Wir hatten gesehen, daß unserem Text zwei geprägte alttestamentliche Schemata zugrundeliegen: das Verkündigungsschema und das Berufungsschema. Die oben gestellten Fragen sind somit zu präzisieren: Worum geht es in diesen beiden Schemata? Was ist ihre eigentliche Aussageabsicht? Wo liegt ihr Sinnzentrum? ......

So zeigt die Strukturanalyse ganz eindeutig, daß der Höhepunkt und das Sinnzentrum unserer Erzählung in dem Satz liegt: "Dieser wird groß sein und Sohn des Höchsten genannt werden. Gott, der Herr, wird ihm den Thron seines Vaters David geben, er wird herrschen über das Haus Jakob in Ewigkeit und seine Herrschaft wird kein Ende haben" (Verse 32-33).

Das ist natürlich ein äußerst wichtiges, ja entscheidendes Ergebnis. Aber bevor wir es im einzelnen auswerten, wollen wir uns noch einmal unsere Fragestellung vergegenwärtigen. Wir hatten aus dem konstruktiven und schematischen Charakter der Verkündigungserzählung geschlossen, daß es ihr nicht in erster Linie darum geht, Fakten mitzuteilen, sondern eine Deutung zu geben. Wir hatten daraufhin gefragt: Was soll in dieser Erzählung eigentlich gedeutet werden?

Nachdem wir jetzt mit Hilfe der Formkritik erkannt haben, welcher Satz im Mittelpunkt steht, kann die Antwort nur lauten: Die Person Jesu, ihr Wesen und ihr Geheimnis, soll gedeutet werden. Wir haben eine christologische Erzählung vor uns. Sie will sagen: Das Kind, das Maria empfangen wird, wird Sohn des Höchsten genannt werden - das heißt, man wird von ihm bekennen, daß es der Sohn Gottes ist.

Ferner: Gott wird ihm den Thron seines Vaters David geben - das heißt, Jesus wird als Messias eingesetzt werden, und zwar, wie der Text präzisiert, zu einer ewigen Herrschaft. Ja, wenn wir bedenken, daß das Verkündigungsschema erzählerisch schon vor der Geburt ansetzt, um

das Wesen eines Menschen zu enthüllen, so müssen wir als die eigent-
liche Aussage unserer Erzählung sogar formulieren: Jesus ist der Sohn
Gottes, er ist der Messias, er ist in seine ewige Herrschaft eingesetzt, in
ihm haben sich die messianischen Verheißungen des Alten Testaments
erfüllt.
Das alles sind aber Bekenntnisaussagen der nachösterlichen Ge-
meinde über Jesus. Im Neuen Testament finden sich zahlreiche Texte,
die zeigen, daß "Sohn Gottes" und "Messias" zentrale Bekenntnis-
aussagen der Urkirche sind, in denen diese das Geheimnis des
gekreuzigten und auferstandenen Jesus zu begreifen suchen. Wir dürfen
also sagen, daß im Sinnzentrum unserer Erzählung ein nachösterliches
Glaubensbekenntnis über Jesus steht, allerdings nicht als isoliertes
Bekenntnis, sondern vorgetragen und formuliert als Erzählung.
Nun spielt in Lk 1,26-38 allerdings auch die geistgewirkte Empfäng-
nis Jesu eine wichtige Rolle. Welchen Stellenwert und welche Funktion
hat die Aussage, daß Jesus ohne Zutun eines Mannes empfangen wurde,
im Text?
Zunächst einmal ist klar, daß diese Aussage besonders betont
werden soll. Maria äußert ja ein Bedenken, das dann durch die
Erklärung Gabriels beseitigt wird. Damit ist erzähltechnisch zweifellos
ein starker Akzent gesetzt. Andererseits liegt aber auch auf der Hand,
daß die Erklärung Gabriels in Vers 35 nicht gleichwertig neben der
Offenbarung Jesu als Messias und Sohn des Höchsten in Vers 32 steht.
Denn die Erklärung in Vers 35 soll ja die Offenbarung in Vers 32 nur
unterstreichen und verdeutlichen: Jesus ist der Sohn Gottes, weil er sein
menschliches Dasein der schöpferischen Tat Gottes im Schoß einer
Jungfrau verdankt. Schon allein Form und Struktur unserer Erzählung
beweisen also, daß die Aussage von der geistgewirkten Empfängnis Jesu
nicht einfach gleichwertig neben der Aussage, Jesus sei der Sohn Gottes,
steht. In dieselbe Richtung weist aber auch noch eine ganz andere
Beobachtung:
Das Bekenntnis, Jesus sei der verheißene Messias und der Sohn
Gottes, findet sich in allen Schichten des Neuen Testaments, vom
ältesten Paulusbrief bis zum Johannesevangelium. Es ist uraltes
Glaubensgut der Kirche, das in allen Gemeinden lebendig war und das
im Neuen Testament in vielerlei Variationen immer wieder auftaucht.
Hingegen findet sich die Aussage von der geistgewirkten Empfängnis
Jesu nur in unserem Text und in Mt 1,18-25. Sie fehlt im gesamten
übrigen Neuen Testament, und sie ist in den beiden Texten, in denen sie
auftaucht, auch noch keine echte Bekenntnisaussage; sie tritt ja nicht für
sich auf, sondern sie hat beide Male die Funktion, die Gottessohnschaft
Jesu zu unterstreichen und zu verdeutlichen.
Wir dürfen also wirklich sagen: Unsere Erzählung ist eine
christologische Erzählung. In ihrem Zentrum stehen nachösterliche
Bekenntnisaussagen: Jesus ist der Sohn Gottes. Jesus ist der zu ewiger
Herrschaft erhöhte Messias, Jesus ist die Erfüllung der alttestamentlichen
Verheißungen. Um die Hervorhebung und Veranschaulichung dieser
urchristlichen Bekenntnisaussagen geht es in unserer Erzählung. Wir

werden deshalb bei der Bestimmung der Gattung am besten von einer "Bekenntniserzählung" sprechen. Sie sagt und bekennt, wer Jesus war, indem sie auf die Zeit vor der Empfängnis Jesu zurückblendet und mit Hilfe alttestamentlicher Schemata den Anfang Jesu erzählt. Sie sagt und bekennt: Jesus ist der Sohn Gottes, denn er kam aus Gott.

Wenn das so ist, haben wir natürlich keine Möglichkeit mehr, die Verkündigungserzählung auf irgendwelche historischen Vorkommnisse zu hinterfragen - zum Beispiel darauf, ob Maria ein besonderes Offenbarungserlebnis hatte oder nicht. Selbstverständlich kann es ein solches Offenbarungserlebnis gegeben haben. Aber aus der Erzählung in Lk 1,26-38 läßt es sich nicht beweisen. Die Gattung der Erzählung bietet dazu einfach keinen Ansatzpunkt. Die Erzählung sagt uns nur: Jesus ist der Sohn Gottes, denn seine Empfängnis geschah durch den Geist Gottes. Über alles andere schweigt sie. ......

Es liegen eine Vielzahl von Arbeiten vor, die eine Auslegung der biblischen Erzählungen versuchen, die sich nicht streng am Text entlang bewegen.

Vögtle, Anton; Was Weihnachten bedeutet, Meditationen zu Lk 2, 1-20, Herder, Freiburg, 3/1978, 144 Seiten

Drewermann, Eugen; Dein Name ist wie der Geschmack des Lebens, Tiefenpsychologische Deutung der Kindheitsgeschichte nach dem Lukasevangelium, Herder, Freiburg, 1986, 168 Seiten
Der Autor interpretiert die Weihnachtserzählungen einmal auf dem Hintergrund der altägyptischen Religion, vor allem bzgl. der Geburt des Gottessohnes, und legt die Texte so aus, daß die Erfahrungen, die Träume und Hoffnungen des Menschen sich in den biblischen Erzählungen wiederfinden. Die Auslegung steht im bewußten Gegensatz zur historisch-kritischen Methode, die die meisten Bibelwissenschaftler heute anwenden.

Elemente, Bilder, Brauchtum

Eine umfassende Darstellung des Brauchtums findet sich in:
Handwörterbuch des deutschen Aberglaubens, Band 9, Sparte 864-968 (Achtung: Das Stichwort "Weihnachten" findet sich im Anhang des 9. Bandes, der in der Mitte noch einmal mit der Paginierung beginnt.)

Vossen, Rüdiger; Weihnachtsbräuche in aller Welt, Martini bis Lichtmeß ³1991

Wörterbuch der deutschen Volkskunde, Kröner Taschenbuch 127, s. Stichworte Weihnachten, Weihnachtsbaum, Weihnachtsgebäck

Schneider, Camille; Der Weihnachtsbaum und seine Heimat, das Elsaß, Fischer Verlag, CH-Dornach, 3/1977, 112 Seiten

Heim, Walter; Weihnachtsbrauchtum, Kanisius-Verlag, Freiburg/ Schweiz, 48 Seiten

Zum Stichwort "Weihnachtsspiele" findet sich ein ausführlicher Artikel im Lexikon
Religion in Geschichte und Gegenwart, 3. Auflage, Band VI, Spalte 1569 - 1571

Ein Überblick über die Bücher zu und über Weihnachten ist leider nicht möglich. Die Fülle der Titel konnte nicht gesichtet werden. Es bleibt nur der Hinweis auf das Verzeichnis der lieferbaren Bücher, Verlag der Buchhändler-Vereinigung
Zum Stichwort Weihnachten finden sich Erzählbücher, Liederbücher, die Darstellung des Weihnachtsfestes in verschiedenen Ländern und Regionen, Bücher über Weihnachtsgebäck und vieles andere.

Weihnachten in der darstellenden Kunst wird unter verschiedenen Stichworten dargestellt in
Lexikon der christlichen Ikonografie

Jesuskind	Band 2, Sp. 400-406
Geburt Christi	Band 2, Sp. 86-120
Krippe	Band 2, Sp. 657-658
Ochs und Esel	Band 3, Sp. 339
Drei Könige	Band 1, Sp. 539-549
Flucht nach Ägypten	Band 2, Sp. 43-50
Darbringung Jesu im Tempel	Band 1, Sp. 473-477
Zwölfjähriger Jesus im Tempel	Band 4, Sp. 583-589
Maria - Marienbild	Band 3, Sp. 154-210
Wurzel Jesse	Band 4, Sp. 549-558

Schiller, Gertrud; Ikonografie der christlichen Kunst, Band 1, S. 17 - 135, Bildteil Nr. 1 - 343

Die Heiligen Drei Könige, heilsgeschichtlich, kunsthistorisch, das religiöse Brauchtum, hrsg. von Adam Wienand, Wienand Verlag, Köln, 1973, 144 Seiten

zu 3.3   Verkündigung des Herrn

Die Literaturhinweise zu Weihnachten gelten auch für dieses Fest. s. besonders 3.2., ebenso die Hinweise zum Kapitel Marienfeste 4.5., S. 476 ff

zu 3.4   Karneval - Fastnacht

Hund, Dieter; Fastnachtliches Brauchtum, Oberwolfach 1991

Reitzel, Adam; Carneval - antik bis modern, Von alten Festen und Spielen zum literarischen Mainzer Carneval, Deutscher Fachschriftenverlag Braun, Wiesbaden, 150 Seiten

Künzig, Johannes; Die alemannisch-schwäbische Fasnet, Verlag Rombach, Freiburg, 1980, 100 Seiten

Fuchs, Peter/Schwering, Max; Die geschichtliche Entwicklung des Kölner Karnevals von seinen Ursprüngen bis in die Gegenwart, Greven Verlag, Köln, 1972, 192 Seiten

Mezger, Werner; Narrenidee und Fastnachtsbrauch, Studien zum Fortleben des Mittelalters in der europäischen Festkultur, Konstanz 1991, 624 Seiten

Simon, Gerd; Die erste deutsche Fastnachtsspieltradition (Germanistische Studien), Matthiesen Verlag, Husum, 1970, 192 Seiten

Die Geschichte der Fastnacht wird im Institut für Volkskunde der Universität Freiburg/Brg. erforscht. Dort geht man von einem christlichen Ursprung der Fastnacht im 13. Jahrhundert aus. Aufgabe der Narren sei es anfänglich gewesen, die Vergänglichkeit irdischer Werte zu verdeutlichen.

Artikel "Fastnacht" im Handwörterbuch des deutschen Aberglaubens, Band II, Spalte 1246 - 1263

Moser, Dietz-Rüdiger; Fastnacht, Fasching, Karneval, Das Fest der "Verkehrten Welt", Styria Verlag, Graz 1986, 382 S.
Es wird nicht nur das Brauchtum beschrieben, sondern auch die Wurzeln der Fastnacht in der mittelalterlichen Weltsicht, die auf Augustinus zurückgeht.

Anthropologische Grundlagen   zu 3.5.2
Pesch, Otto H.; Buße konkret - heute, Theologische Meditationen,
Benziger, Einsiedeln, 1974, 64 Seiten

Entstehung der Fastenzeit   zu 3.5.3
Artikel "Quadragesima" in
Adam/Berger "Pastoralliturgisches Handlexikon", Freiburg, 1980, S.
442 f

Artikel "Quadragesima"
Lexikon für Theologie und Kirche, Band 8, Spalte 910 f

Aussage der Fastenzeit   zu 3.5.4
Nikolasch, Franz; Die Feier der Buße, Theologie und Liturgie, Echter
Verlag, Nürnberg, 108 Seiten

Elemente, Bilder, Brauchtum   zu 3.5.5
Ziegenaus, Anton; Umkehr, Versöhnung, Friede, Zu einer theologisch
verantwortbaren Praxis von Bußgottesdienst und Beichte, Herder,
Freiburg, 1975, 328 Seiten

Artikel "Fasten" und "Fastenzeit" im Handbuch des deutschen Aberglaubens, Band 2, Spalte 1234 - 1246

MISEREOR - Fastenaktion der deutschen Katholiken, Mozartstr. 9,
52064 Aachen

zu 3.6   *Karwoche*

zu 3.6.1   Anthropologische Grundlagen

Der Mensch in den Konfliktfeldern der Gegenwart, Verlag Wissenschaft
und Politik, Köln, 1975
Beiträge von Soziologen, Politikern, Psychologen und Ethikern

zu 3.6.2   Bezug zur Öffentlichkeit

Stock, A./Wichelhaus, M.; Ostern in Bildern, Reden, Riten, Geschichten
und Gesängen, Benziger, Zürich, 1979, 239 Seiten
In dem Band werden interessante politische und gesellschaftliche Aspekte
des Osterfestes unter dem Stichwort "Deutschland erwache" sowie
"Auferstehung und Weltmeister" dargestellt.

zu 3.6.3   Entstehung und Entwicklung der Kartage

Der Ostertermin
Lexikon für Theologie und Kirche,
Stichworte Osterfestberechnung und Osterfeststreit, Karwoche

Strobel, August; Ursprung und Geschichte des frühchristlichen
Osterkalenders, Band 121 der Texte und Untersuchungen zur Geschichte
der altchristlichen Literatur, Akademie Verlag, Berlin, 1977

Zum Sterbetag Jesu siehe:
Pesch, Rudolf; Das Evangelium nach Markus, Band II Exkurs: Zur
Chronologie der Passion Jesu, S. 323 - 327

Schnackenburg, Rudolf; Das Johannesevangelium, Band III, Exkurs 15:
Das johanneische Abendmahl und seine Probleme, S. 38-45

Haag, Herbert; Vom alten zum neuen Pascha, Geschichte und Theologie
des Osterfestes, Stuttgarter Bibelstudien, Band 49, Katholisches
Bibelwerk, Stuttgart, 1971
Vor allem die Entwicklung des Paschafestes in Israel wird dargestellt.

Fischer, Balthasar/Wagner, Johannes; Paschatis Solemnia, Studien zur
Osterfeier und Osterfrömmigkeit, Herder Verlag, Freiburg, 1959
36 meist kurze Beiträge: Theologie, Osterfrömmigkeit der Frühzeit,
Brauchtum, Osterfrömmigkeit heute.

Aussagen des Palmsonntag

Gnilka, Joachim; Das Evangelium nach Markus, Band 2, 113-122, Benziger Verlag, Zürich, Neunkirchener Verlag, Neukirchen-Vluyn, 1979

zu 3.6.4.2 Palm-sonntag

Aussage des Gründonnerstag

Pesch, Rudolf; Wie Jesus das Abendmahl hielt, Der Grund der Eucharistie, Herder Verlag, Freiburg, 3/1979, 110 Seiten

Jeremias, Joachim; Die Abendmahlsworte Jesu, Vandenhoeck & Ruprecht, Göttingen, 4/1967, 275 Seiten

Schürmann, Heinz; Ursprung und Gestalt, Kap. III Das Mahl des Herrn, S. 77-198, Patmos Verlag, Düsseldorf, 1970

zu 3.6.4.3 Grün-donners-tag

Der Karfreitag - seine Aussage

Kertelge, Karl (Hrsg.); Der Prozeß Jesu. Historische Rückfragen und theologische Deutung, Freiburg 1986

zu 3.6.4.4 Karfrei-tag

Die Berichte über Gefangennahme, Prozeß und Hinrichtung Jesu beinhalten zugleich eine Deutung dieses Geschehens. In der Auslegung der biblischen Texte wird besonders diese Deutung herausgearbeitet.

Schneider, Gerhard; Die Passion Jesu nach den drei älteren Evangelien, Kösel Verlag, München, 1973
Der Autor stellt die Ergebnisse einer Vielzahl exegetischer Untersuchungen zusammen.

Conzelmann, H. u.a.; Zur Bedeutung des Todes Jesu, Exegetische Beiträge, Gütersloher Verlagshaus G. Mohn, Gütersloh, 1968
In dem Band sind Vorträge zusammengestellt, die neben den Synoptikern auch die paulinische und johanneische Theologie einbeziehen sowie den alttestamentlichen Hintergrund der christlichen Kreuzestheologie herausarbeiten. Im folgenden sind Auszüge aus dem Beitrag über den johanneischen Passionsbericht wiedergegeben (Autor: Ernst Haenchen):

Packen wir die Sache am anderen Ende an: Wer hat Jesus an Pilatus ausgeliefert? Judas? Der ist bei Johannes eine erbärmliche Hintergrundsfigur. Seine Auftraggeber aber, die wahrhaft Schuldigen, waren - so sieht es der Evangelist - die Hohenpriester als die Repräsentanten der Juden.
Auch sie haben Macht, aber ihnen ist sie nicht von einem menschlichen Vorgesetzten gegeben worden, sonst hätten sie nicht die größere Schuld. ...... Die Hohenpriester sind als die Vertreter der gottfeindlichen Welt ohne die besondere Fügung Gottes in ihr Amt gelangt. Das kann man von Pilatus nicht sagen. Er ist von Gott in sein Amt eingesetzt

401

*worden, ohne daß er das freilich ahnt. Was besagt das? Er ist eine Figur im Heilsplan Gottes. Er hat freilich keine dankbare Aufgabe bekommen: Er wird den Gottessohn zum Kreuz verurteilen müssen. Das geht nicht ohne Schuld ab, gewiß nicht. Aber Pilatus handelt doch nicht, wie die Hohenpriester, aus einem gottfeindlichen Herzen heraus - so sieht es wenigstens der Evangelist und macht es an den Bemühungen des Prokurators anschaulich, Jesus die Freiheit zu geben. Pilatus möchte, daß noch alles gut geht und man Jesus nicht tötet. Aber er ist wie ein Mann in einem Boot, das in rasender Fahrt auf einen Katarakt zuschießt. ......
"Wer sich zum König macht, ist ein Feind des Caesars." Der Caesar wurde im Osten damals ...., "König", genannt. Nahm nun ein anderer für sich die Königswürde in Anspruch, dann war er damit ohne weiteres der Rivale, der Feind des Kaisers. Wer einen solchen König unterstützt, meint es nicht gut mit dem Caesar - und will Jesus nicht der "König der Juden" sein?*

*In dieser Lage sieht Pilatus nur noch einen Ausweg; er muß den Juden begreiflich machen, was für sie mit ihrem König auf dem Spiele steht (selbstverständlich ist das alles vom Evangelisten mit christlichen Augen gesehen.). Wenn die Juden das begreifen, müssen sie doch eigentlich zur Vernunft kommen. Denn ohne Messias sind sie auch kein messianisches, kein auserwähltes Volk mehr. Pilatus bringt ihnen (oder der Evangelist seinen Lesern) nun sehr sinnfällig zum Bewußtsein, um was es hier geht.
......*

Vers 19,14 | Pilatus sagt zu den Juden: "Da ist euer König." Sie aber schrien: "Weg mit ihm, kreuzige ihn." So ist diese Szene unter den Händen des Evangelisten geradezu der entscheidende Augenblick dieses Prozesses geworden. ...... Pilatus sagt noch einmal zu den Juden: "Siehe, da ist euer König." Nun müssen sie sich endlich für oder gegen den Anspruch Jesu entscheiden. Sie schreien: "Weg mit ihm! Weg mit ihm! Kreuzige ihn!" Pilatus fragt ausdrücklich zurück: "Soll ich euren König kreuzigen?" Die Hohenpriester antworten: "Wir haben keinen König außer Caesar." Damit hat nach der Sicht des Evangelisten Israel sein Vorrecht weggeworfen: Ohne seinen gesalbten König ist Israel nicht mehr das auserwählte Gottesvolk. Damit hat freilich auch Pilatus - so wie er hier verstanden wird - das letzte Druckmittel gegen die Juden eingebüßt: "Da überlieferte er ihn ihnen zur Kreuzigung." Alle Versuche, aus dieser "kerygmatischen" Darstellung einen modernen historischen Dokumentarfilm zu machen, gehen an der Absicht des Evangelisten vorbei. Er will hier vor allem zweierlei veranschaulichen, das sich nicht trennen läßt. Einmal - und das war wohl dem Erzähler besonders wichtig - seine Erkenntnis: Indem Israel Jesus verstieß, hat es sich selbst preisgegeben. Damit kommen wir zu dem anderen: Das bisher Gesagte gilt im Grunde nur, wenn nicht Pilatus, sondern Israel Jesus ans Kreuz gebracht hat. ......

Was der Erzähler an Tradition vorfand, hatte sich in einer Zeit gebildet, wo sich die beiden Gemeinden - die jüdische und die christliche - schon auseinandergelebt hatten und die Juden für die Christen die Repräsentanten der ungläubigen Welt waren. Pilatus hat, so meint der Evangelist, von der Unschuld Jesu mehr und mehr überzeugt, alles getan, um Jesus zu retten. Weil aber feststand, daß Jesus gekreuzigt worden ist, muß die Bemühung des Prokurators irgendwo auf eine Grenze gestoßen sein. In diesem Rahmen hat der Erzähler das Bild von den Verhandlungen des Pilatus mit den Juden und mit Jesus hineingezeichnet. Es hat freilich mit dazu beigetragen, daß die Juden durch Jahrhunderte immer wieder verfolgt wurden. Das II. Vatikanische Konzil hat dem für die katholische Kirche ein Ende bereitet. Es liegt nun an der evangelischen Kirche, in ihrer Predigt dieses an den Juden begangene Unrecht wiedergutzumachen. Dabei kann ihr Apg 3,17 helfen, wo Petrus zugibt, daß auch die jüdische Obrigkeit Jesus gegenüber aus Unkenntnis gehandelt hat, also ohne ihn zu erkennen. In Wirklichkeit war er für sie ein Mann, der mit seiner Verkündigung den spätjüdischen Gottesglauben zu erschüttern drohte.

Das besondere Interesse der Forschung hat der Passionsbericht des Markus gefunden, weil das älteste Evangelium sich auf einen ihm vorliegenden Bericht stützt, der sehr alt sein muß und daher einen besonders guten Zugang zu dem Geschehen bietet.

Schenke, Ludger; Der gekreuzigte Christus, Versuch einer literarkritischen und traditionsgeschichtlichen Bestimmung der vormarkinischen Passionsgeschichte, Katholisches Bibelwerk, Stuttgart, 1974
Diese fachexegetische Arbeit ist sehr knapp gehalten. Die einzelnen Szenen des Passionsberichtes werden gut herausgearbeitet.

Dormeyer, Detlev; Die Passion Jesu als Verhaltensmodell, Literarische und theologische Analyse der Traditions- und Redaktionsgeschichte der Markuspassion, Aschendorf, Münster, 1974
Auch diese Arbeit ist fachexegetisch, sie hebt besonders die theologischen Aussagen heraus.

Die verschiedenen Untersuchungen zu dem bereits Markus vorliegenden Passionsbericht sind in den neueren Kommentarwerken ebenfalls dargestellt und berücksichtigt.

Herders Theologischer Kommentar zum Neuen Testament, Das Markusevangelium, II. Teil, von Rudolf Pesch, Freiburg, 1977, s. besonders Exkurs S. 1-27, Auszug:

5. Der Aufbau der vormarkinischen Passionsgeschichte
Der Erzählzusammenhang der vormk. Passionsgeschichte scheint nach einer Dreiergliederung aufgebaut; die neununddreißig Erzähleinheiten lassen sich im ganzen leicht in dreizehn Dreiergruppen zusammenordnen:

I
1. *8,27-30*   Messiasbekenntnis bei Cäsarea Philippi
2. *8,31-33*   Erste Leidens- und Auferstehungsweissagung
3. *9,2-8*   Verklärung Jesu auf dem hohen Berg

II
4. *9,9-13*   Gespräch über Leiden und Auferstehung Jesu
5. *9,30-32*   Zweite Leidens- und Auferstehungsweissagung
6. *9,33-35*   Gespräch im Haus zu Kafarnaum

III
7. *10,1,32-34*   Dritte Leidens- und Auferstehungsweissagung
8. *10, 46-52*   Heilung des blinden Bartimäus in Jericho
9. *11,1-11*   Ritt nach Jerusalem

IV
10. *11,12-14*   Verfluchung des Feigenbaums
11. *11,15-19*   Messianische Tempeldemonstration
12. *11,20-23*   Der verdorrte Feigenbaum - Spruch vom Glauben

V
13. *11,27-33*   Vollmachtsfrage
14. *12,1-12*   Winzergleichnis
15. *12,13-17, 34c* Steuerfrage

VI
16. *12,35-37*   Belehrung über den Messias
17. *12,41-44*   Das Scherflein der armen Witwe
18. *13,1-2*   Die Tempelweissagung Jesu

VII
19. *14,1-2*   Tötungsbestrebung der Gegner Jesu
20. *14,3-9*   Vorweggenommene Totensalbung Jesu
21. *14,10-11*   Der Verrat des Judas

VIII
22. *14,12-16*   Vorbereitung des Paschamahls
23. *14,17-21*   Verratsvorhersage beim Paschamahl
24. *14,22-25*   Jesu Todesdeutung beim Paschamahl

IX
25. *14,26-31*   Vorhersage von Jüngerflucht und Petrus-
                    verleugnung
26. *14,32-42*   Jesu Gebetsringen in Getsemani
27. *14,43-52*   Verhaftung Jesu und Flucht der Jünger

zu 3.6.4.4
**Karfrei-
tag**

Das Neue Testament Deutsch, Eduard Schweitzer, das Evangelium
nach Markus, Neues Göttinger Bibelwerk, Vandenhoeck & Ruprecht,
Göttingen,1967
Der Kommentar ist weniger wissenschaftlich orientiert als der Herder-
Kommentar. Im folgenden ein Abschnitt über die theologische Aussage
der Markus-Passion:

*Seit 2. Sam 7, 12-16 wartet Israel auf jenen Nachkommen Davids, der
als "Sohn" Gottes den Thron Davids besteigen und die davidische
Herrschaft über Israel für immer festigen wird. Diese Hoffnung ist im
palästinensischen und hellenistischen Judentum bis in die Zeit Jesu
hinein lebendig geblieben und taucht auch in den Schriften von Qumran
auf. Was sich schon beim Christustitel gezeigt hat (vgl. zu 8,29) gilt auch
hier: Jesus hat zwar Gott in einzigartiger Weise als seinen Vater
angerufen (vgl. zu 14,36), hat aber kaum je selbst den Titel "Sohn
Gottes" auf sich angewendet, gerade weil die bloße Übernahme eines
schon eingeführten Titels die Menschen nur hinderte, wirklich dem zu
begegnen, was in ihm in einzigartiger, nicht mit irgendeiner Etikette so
einfach abzutuender Weise geschah. Die Aufnahme des Titels durch die
Gemeinde geht denn auch tastend vor sich und erweist gerade dadurch
die Echtheit des Bekenntnisses; hier versuchen durch Gott überwundene
Menschen das, was ihnen an Erkenntnis geschenkt wurde, in die Formen
menschlicher Sprache zu bringen, indem sie sich immer wieder abgren-
zen gegen Mißverständnisse, die in den verwendeten Sprachformen
lauern. ...... Der durch das Alte Testament geschulte Mensch zur Zeit Jesu
fragt nicht so sehr nach dem Wesen als nach dem Handeln, dem Wirken
einer Person oder einer Sache. Ob einer "an und für sich" Gottessohn*

405

*ist, interessiert ihn nicht; ja, er könnte diese Fragestellung kaum verste-
hen. Ihm ist allein wichtig, ob jemand in seinem Handeln ihm wirklich als
der seinen Gehorsam Fordernde, seine Herrschaft über ihn Ausübende,
ihn Beschützende und Führende begegnet. In diesem Sinne hat die
Gemeinde bekannt, daß sie seit Ostern die Herrschaft Jesu, also seine
Gottessohnschaft, über sich erlebt hat, und diese aller Welt verkündet.
War aber der an Ostern Auferweckte derselbe, der als Jesus von Nazaret
auf Erden weilte, mußte man den Beginn seiner Herrschaft als des
Repräsentanten Gottes doch eigentlich schon in seiner Taufe sehen. ......
Die entscheidende Frage, die sich Markus stellt, ist aber die: In
welcher Weise geschieht das? Die Versuchung lag ja nahe, die Offenbarung
Gottes in allerlei Wundern Jesu zu sehen, und es hat Strömungen in der
Gemeinde gegeben, die Jesus einfach als "göttlichen Menschen" ansa-
hen, der mehr konnte als gewöhnliche Sterbliche. Damit wäre Jesus
einfach neben allerlei mehr oder weniger zweifelhafte Gestalten von
Wundertätern gerückt, und seine Gottessohnschaft hätte sich beschränkt
auf besondere Hilfeleistungen mirakulöser Art in außergewöhnlichen
Notfällen. Diese Entwicklung zeigt gerade, wie wenig mit dem Fürwahr-
Halten eines noch so hohen Titels an sich erreicht ist und welch letzte
Weisheit im Verzicht Jesu auf alle schon geprägten und mit allerlei
Vorstellungen schon gefüllten Titel, bei denen der Mensch immer schon
ein mehr oder weniger fertiges Bild mitbringt, bevor er dem lebendigen
und dann doch immer wieder anderen Jesus Christus begegnet, lag.
Solchen Tendenzen entgegen konzipiert Markus sein Evangelium. ......
Daß Jesus nicht von Anfang an Gottessohn im Vollsinn ist, ist nirgends
angedeutet. Richtig ist nur, daß für Markus die Passion die
entscheidende Offenbarung der Gottessohnschaft Jesu ausmacht. Allerdings ist Jesus Gottes Sohn, wie vielleicht schon 1,1 festhält; aber das
beruht auf dem Auftrag Gottes, der ihn auf einen ganz bestimmten Weg
stellt (1,9-11). Darum ist jener Glaube, der Jesus einfach auf Grund
seiner Wunder Göttlichkeit zuschreibt, nur Dämonenglaube (3,11; 5,7)
und soll daher auf keinen Fall weiterverkündet werden. Erst nachdem
das Mißverständnis des Petrus zurechtgerückt, die zentrale, bisher durch
die Parabelrede noch verhüllte Offenbarung Gottes in der Ankündigung
des Leidens des Menschensohnes erfolgt und nur dem Nachfolger auf
dem Kreuzweg die Möglichkeit echten Glaubens verheißen ist, enthüllt
Gott selbst den drei Vertrauten die Gottessohnschaft Jesu, wobei er sie
noch einmal nicht auf seine Wunder, sondern auf seine Worte verweist
(9,7). Erst als sein Leiden einsetzt, bekennt Jesus selbst sich, wenn auch
in merkwürdig zurückhaltender Weise, zu dem von Hohenpriester (nicht
von Jesus selbst) verwendeten Titel, und nicht bevor Jesus mit lautem
Schrei verschieden ist, kann der erste Mensch von sich aus glaubend
bekennen: "Wahrhaftig, dieser Mensch ist Gottes Sohn gewesen." Daß
es ein Heide ist, zeigt zugleich, wie dieser Tod die Tür in die Völkerwelt
hinaus geöffnet hat.*

Ökumenischer Taschenbuchkommentar zum Neuen Testament, Walter Schmithals, Das Evangelium nach Markus, Gütersloh, Würzburg, 1979 Der Autor arbeitet die Bezüge zur Frömmigkeitsgeschichte heraus und zeigt damit die theologischen und spirituellen Zusammenhänge auf.

Dormeyer, Detlev; Der Sinn des Leidens Jesu, Historisch-kritische und textpragmatische Analysen zur Markuspassion, Stuttgarter Bibelstudien Band 96, 1979
Der Autor hat sich ausführlich mit der Markuspassion beschäftigt (s. 3.6.6.4. - 4). Hier ist er nicht nur um eine textorientierte Auslegung bemüht, sondern auch um die Herausarbeitung der Bedeutung der Worte und Ereignisse sowohl für den damaligen Hörer wie auch für heutige Leser. Dazu der folgende Auszug:

Zugänge zum Verstehen
Es sind die beiden Bereiche "zwischenmenschliche Beziehung" und "theologische Vorstellungen" zu unterscheiden. Der unfair geführte Prozeß gegen Jesus ruft eigene Erfahrungen mit ungerechter Beurteilung und Aburteilung durch Vorgesetzte, Behörden, Gerichte oder andere Macht ausübende Institutionen und Organisationen wach. Beruht diese Identifikation aber nur auf subtilen Ähnlichkeiten, so kann die Ähnlichkeit zwischen Auseinandersetzungen innerhalb religiöser Gruppen und dem Prozeß Jesu deutlicher werden, und zwar dann, wenn dem "Gegner" Unwahrhaftigkeit unterstellt wird.
In der christlichen Theologie bildet die Spannung zwischen christologischem Glauben, seiner Durchsetzung (ohne/mit Gewalt) und seiner Repräsentation (ohne/mit verdinglichtem Kult) weiterhin ein Zentralgebiet der Glaubenserfahrung. Diese Spannung ist aber nicht nur ein Kennzeichen christlichen Glaubens, sondern trifft auf alle Sinnsysteme zu. Sinn entsteht im Laufe der Erziehung durch Übernahme der Sinngebungen der Bezugspersonen. Wird dieser Sinn reflektierend ins Bewußtsein gehoben, so entsteht ein Sinnsystem mit ideologischem Anspruch: Der Zusammenhang von Sinn soll möglichst geschlossen sein, um eine plausible Erklärung der gesamten Erfahrung zu ermöglichen. Wenn solche unbewußten und bewußten Sinngebungen wie Glaubenswahrheiten formuliert werden, entstehen die Mythen, wie sie die Umgangssprache kennt: Das muß so sein; es ist so; das macht man so; dies ist ein Symbol für ... Solche Mythisierungen lösen Einsichten, Werte, Normen und Haltungen von der ursprünglichen Erfahrung ab und immunisieren sie gegen eine rationale Veränderung, die durch neue Erfahrungen notwendig würde. So entsteht eine realitätsferne Sicht der Wirklichkeit und damit ein falsches Bewußtsein, das wiederum weitere Mythen zu seiner Stabilisierung produziert: konfliktfreie Harmonie in den Partnerschaftsbeziehungen, Sex als Technik und Ware, Beruf als Job, Bildung als Erwerb und Vermittlung vorprogrammierter Inhalte und Fertigkeiten, Religion als beruhigende Neutralisierung von Sinnfragen .... Jesus füllt nun das mythische Sprechen nicht weiter auf, noch löst er es wie heutige Sprachanalytiker gänzlich in rationale Vorgänge auf. Er

407

kritisiert es vielmehr durch den Abbau der alten Mythen und den Aufbau eines neuen Glaubens. In der Ablösung des Judentums mit seinen "von Menschen geschaffenen" Mythen, z.B. dem des Tempels und des Messias, durch das Christentum mit seinem neuen Glauben, z.B. dem Fortwirken des Auferstandenen in der Kirche, offenbart sich Gottes Handeln selbst. Gott wird durch Jesus als kritische Instanz des religiösen Sprechens eingeführt. Nur da, wo Jesus unrückführbar Gottes Handeln zur Sprache bringt, dürfen wieder Mythen gebildet werden; das verweisende Sprechen mit unpersönlichen Konstruktionen und Symbolen bringt erst dann eine echte Wirklichkeit zur Sprache. Darum erfolgt konsequent auf das Tempelwort die Selbstoffenbarung Jesu. Der Weg Jesu ist die Lebenshaltung, die im Vertrauen auf Auferweckung und bestätigendes Urteil Gottes die herrschende Wirklichkeit als Raum rationalen Handelns ernst nimmt. Alle Mythen des Alltags und der neutralisierten Religion werden radikal entmythologisiert und neue Mythen nur insoweit zugelassen, wie sie helfen, die herrschende Wirklichkeit auf die Wirklichkeit der Auferweckung hin zu verändern.

Erst durch einen Glauben, der die Auferweckung als Zukunft zur Geltung bringt, wird die herrschende Wirklichkeit wieder verfügbar und auf Gott hin veränderbar. Kirche ist die Gemeinschaft derer, die in der Nachfolge Jesu diesen Anfang des Reiches Gottes setzen und Israel mit seinem überholten Tempelkult und hinfälligem Messiasglauben ablösen.

Ruppert, Lothar; Jesus als der leidende Gerechte, Stuttgarter Bibelstudien Nr. 59, 1972
In einer knappen Übersicht werden die alttestamentlichen Vorstellungen vom leidenden Gerechten dargestellt. Weiter wird gezeigt, wie sich das Selbstverständnis Jesu sowie die Passionsberichte an diesem Bild orientieren.

Lohfink, Gerhard; Der letzte Tag Jesu, Die Ereignisse der Passion, Herder Verlag, Freiburg, 1981

Karsamstag - Ostern, die Aussage des Festes

Zu der Interpretation der Auferstehungsbotschaft des Neuen Testamentes gibt es eine vielfältige Literatur. Im folgenden werden nur einige Titel genannt, die eine Zusammenfassung der Forschungsergebnisse versuchen.

Kremer, Jacob; Die Osterberichte, Geschichten um Geschichte
Katholisches Bibelwerk, Stuttgart, Kloster Neuburg, 1977
In diesem Buch ist die Diskussion um die Auferstehungsberichte, die wohl innerhalb der Bibelwissenschaft zu einem gewissen Abschluß gekommen ist, eingearbeitet. Die Berichte der vier Evangelien werden ausführlich ausgelegt, in ihrer literarischen Eigenart bestimmt und ihre Aussageabsichten zusammengefaßt.
Im folgenden werden zwei Textauszüge vorgestellt. Der eine zeigt die literarische Eigenart der letzten Verse des Matthäusevangeliums auf, der andere faßt die Diskussion über das leere Grab zusammen.

Die elf Jünger gingen nach Galiläa auf den Berg, wie Jesus ihnen aufgetragen hatte. Und als sie Jesus sahen, fielen sie vor ihm nieder. Einige aber hatten Zweifel. Da trat Jesus auf sie zu und sagte zu ihnen: Mir ist alle Macht im Himmel und auf der Erde gegeben. Darum geht zu allen Völkern und macht alle Menschen zu meinen Jüngern, tauft sie auf den Namen des Vaters und des Sohnes und des heiligen Geistes und lehrt sie, alles zu befolgen, was ich euch geboten habe. Und ich bin bei euch alle Tage bis zur Vollendung der Welt.

1. Betrachtet man den kurzen Text als Ganzes, so steht neben der als Vorbereitung dienenden Angabe über die Elf (sie sind es, die angeredet werden) die auf eine kurze Einleitung folgende dreigliedrige Rede Jesu. Auf ihr liegt der Hauptakzent dieses Textabschnittes. Auf den ersten Blick macht die Perikope den Eindruck eines Berichtes. Doch tritt das Interesse des Verfassers an äußeren Vorgängen völlig zurück. Das Sehen wird zudem nur angedeutet. ...... Deshalb kann sie keineswegs als protokollarischer Erscheinungsbericht aufgefaßt werden. ...... Mit gewissen Einschränkungen kann man diese Schilderung zwar den übrigen Erscheinungsgeschichten zuordnen, sie weicht jedoch in wichtigen Punkten von diesem Muster ab. ......
Das dreigliedrige Wort des Erscheinenden (Selbstvorstellung, Auftrag, Verheißung) ist verwandt mit dem Schema der alttestamentlichen Gottesrede, mehr aber noch mit dem Schema eines amtlichen Dekrets, wie dies 2 Chr 36, 23 vorliegt: "So spricht Cyrus, der König von Persien: 'Der Herr, der Gott des Himmels, hat mir alle Reiche der Erde verliehen. Er selbst hat mir aufgetragen, ihm zu Jerusalem in Juda ein Haus zu bauen. Wer immer unter euch zu seinem Volk gehört, mit dem sei der Herr, sein Gott. Er ziehe hinauf." Vielleicht hat Matthäus sogar den Schluß seines Evangeliums dem des Buches der Chronik nachgestaltet. Durch die einleitenden Verse wird die diesem Dekret sehr ähnliche

409

Erklärung des Auferstandenen im Rahmen einer Szene vorgetragen, die aus dem Kontext heraus - und nur aus diesem - als Erscheinung des Auferstandenen erkennbar ist. Der Nachweis, daß Jesus auferstanden ist, steht für Matthäus und seine Leser hier nicht zur Diskussion. Die Gattung von Mt 28, 16-20 wird deshalb am besten bestimmt als eine programmatische Erklärung, die im Rahmen einer Ostergeschichte vorgetragen wird.

2. War das Grab Jesu leer?
Seit der Aufklärungszeit wird die Frage, ob das Grab Jesu wirklich leer war, diskutiert. Sehr oft wurde in ihrer Beantwortung ein Indiz für die Leugnung oder Bejahung der Osterbotschaft gesehen. Zur Entschärfung der Problematik kann zunächst daran erinnert werden, daß zumindest vom heutigen Verstehenshorizont aus das leere Grab keine unabdingbare Voraussetzung für die Wahrheit der Osterbotschaft ist, da die Existenz des Auferstehungsleibes nicht von seiner materiellen Identität mit dem biochemischen Substrat des irdischen Leibes abhängt. Deshalb können heute auch ernsthafte Verteidiger der kirchlichen Osterbotschaft die These vertreten, Jesu Grab sei wahrscheinlich nicht leer gewesen.
Als Gründe für die Kritik lassen sich vor allem folgende aufzählen:
1. In den ältesten Zeugnissen fehlt nicht nur ein direkter Hinweis auf das leere Grab, sondern vor allem jegliche Argumentation unter Berufung auf dasselbe.
2. Die aus jüngerer Zeit stammenden Evangelientexte kommen für den Historiker zudem wegen ihrer widersprüchlichen Angaben nicht als zuverlässige Quellen in Betracht. Vermutlich, so wird argumentiert, war das Grab Jesu den Aposteln überhaupt nicht bekannt.
3. Schließlich spricht das wunderbare Verschwinden des Leichnams aus dem Grab gegen jede Analogie zu innerweltlichem Geschehen.
Weitaus die meisten Exegeten halten trotz dieser Bedenken an der Zuverlässigkeit der biblischen Aussagen über das leere Grab fest, und zwar aus folgenden Gründen:
1. Offenbarungen und Deutungen in der apokalyptischen Literatur nehmen meist auf geschichtliche Ereignisse Bezug und knüpfen daran an. Von der literarischen Gattung aus ist deshalb mit einem historischen Kern der Überlieferung zu rechnen.
2. Selbst eine kritische Exegese der Grablegungsgeschichte ergibt, daß das Grab Jesu bekannt war. Wenn aber ein Kult dieses Grabes, womit in der jüdischen Umwelt zu rechnen war, ausblieb, so muß es dafür eine Erklärung geben.
3. Es entsprach damaligem Gebrauch, daß Frauen die Gräber von Toten besuchten und die während des Sabbats unterbrochene Totenklage wieder aufnahmen. Die Entdeckung des geöffneten, leeren Grabes durch Frauen kann außerdem kaum als Erfindung der Urkirche erklärt werden, da Frauen nicht als zuverlässige Zeugen galten und die Gemeinde sich ihre Verkündigung dadurch nur erschwert hätte (vgl. Lk 24,11).
4. Die Osterbotschaft implizierte für Juden das leere Grab, da ihnen die abendländischem Denken vertraute Trennung von Leib und Seele nicht geläufig war. Hätte man in Jerusalem auf den Leichnam Jesu im Grab

zeigen können, wäre die Verkündigung der Osterbotschaft unmöglich gewesen.
5. Das leere Grab Jesu wurde auch von den Gegnern nicht bestritten, sondern nur anders gedeutet (vgl. Mt 28, 13 ff).
6. Für die Auferweckung des Gekreuzigten als der neuen Schöpfungstat Gottes gibt es keine Analogie in der bestehenden Weltordnung; deshalb kann auch für die Offenbarung dieser Machttat Gottes nicht a priori gefordert werden, daß sie in Analogie zu dem innerweltlichen Geschehen stehen müsse. Aus der Sicht des kritischen Forschers gilt darum auch heute noch: "Es spricht vieles für und nichts Durchschlagendes und Bestimmtes gegen sie (die Tradition vom leeren Grab); sie ist also wahrscheinlich historisch." (H.v. Campenhausen)

zu 3.6.4.6
Ostern

Lapide, Pinchas; Auferstehung. Ein jüdisches Glaubenserlebnis, München, Calw [6]1991

Kremer, Jacob; Das Evangelium von Jesu Tod und Auferstehung, 96 Seiten, Stuttgart [2]1988

Wilckens, Ulrich; Auferstehung. Das biblische Auferstehungszeugnis historisch untersucht und erklärt, Gütersloh [5]1992

Kessler, Hans; Sucht den Lebenden nicht bei den Toten. Die Auferstehung Jesu Christi in biblischer, fundamentaltheologischer und systematischer Sicht
Patmos Verlag, Düsseldorf, 1985, 422 Seiten
Das Buch faßt die Ergebnisse der bibelwissenschaftlichen Forschung zusammen und arbeitet die zentrale Bedeutung des Auferstehungsglaubens für die christliche Religion heraus. Die besonderen Schwierigkeiten der Neuzeit mit dieser zentralen Aussage des Christentums dienen als Ausgangspunkt und werden mit den Fragen des Menschen nach Sinn und endgültiger Gerechtigkeit in Zusammenhang gesehen. Die leitenden Grundfragen des Alten Testaments und der Predigt Jesu werden zum Verständnis der Aussagen über die Auferstehung herangezogen. Die wichtigsten Kritiker der christlichen Auferstehungsbotschaft sowie die Interpretationen herausragender Theologen werden ausführlich dargestellt.

Textauszug: Auferstehung wird als Grundaxiom christlicher Existenz entfaltet, als Kampf des auferstandenen Jesus gegen die Macht des Todes, als Erfahrung der Kraft im Leiden.

Nach glaubwürdiger Auskunft des Neuen Testaments geht der Osterglaube nicht auf eine Weiterentwicklung der vorösterlichen Gegebenheiten durch die Jünger, sondern auf eine für sie überraschende, unmotivierte, von außerhalb ihrer selbst zustoßende (fremde), radikale neue göttliche Initiative zurück: auf die Bekundung des Gekreuzigten als des Auferstandenen durch Gott bzw. auf die Selbstbekun-

411

dung des Auferstandenen von Gott her. Diese hat den Charakter der Begegnung (ab extra), der (von den Jüngern) erlittenen Begegnung.

Neuzeitliches Verstehen neigt nun tendenziell dazu, von der Frage nach dem wahrnehmenden Subjekt auszugehen und von ihm her das Wahrgenommene zu bemessen. Dieses dem Subjekt-Objekt-Verhältnis abgewonnene Modell ist aber schon untauglich, wenn es um zwischenmenschliche Begegnungen, um Subjekt-Subjekt-Verhältnisse (personale Begegnung und Erkenntnis) und die durch sie ausgelöste Veränderung der Grundstruktur und Grundorientierungen der Subjekte geht. Erst recht ist es unbrauchbar, wo ein den Horizont des menschlichen Subjekts prinzipiell sprengendes, seine Grundstruktur radikal verwandelndes personales Begegnungsgeschehen zur Frage steht. Ein solches aber wird von den neutestamentlichen Texten behauptet. Ihr Interesse liegt daher überhaupt nicht beim wahrnehmenden (und seine Bedingungen der Wahrnehmbarkeit stellenden) Subjekt als solchem, sondern primär und eindeutig beim wahrgenommenen "Gegenstand", genauer: beim "Begegnenden" (dem auferstandenen Jesus, der auf sie zukam), und sekundär dann bei dem, was er an den wahrnehmenden Subjekten (den Jüngern) gerade verändert hat (neue Existenz, Glaube, Sendung, Gemeinde).

Es ist von grundlegender Bedeutung zu sehen, daß die österliche Wende sich - nach übereinstimmender Meinung der Zeugen - nicht auf das beschränkt, was in und mit ihnen vor sich gegangen ist. Ostern reduziert sich für sie nirgendwo auf ihr definitives Zum-Glauben-Kommen, die Auferstehungsaussage ist nicht nur Spiegelung und mythologischer Ausdruck eines Geschehens in der Subjektivität der Jünger. Eigentlicher Kern und Grund der österlichen Wende (und damit Grund auch des Geschehens an und mit den Jüngern) ist vielmehr das, was - "mit unbezweifelbarer Klarheit für alle Beteiligten" - an und mit Jesus selber geschehen ist: die endgültige heilvolle Manifestation Gottes im neu gegenwärtigen (und das heißt auferweckten, erhöhten, lebendigen) Jesus bzw. dessen überraschendes Hervortreten (Selbstbekundung) aus der Verborgenheit und Vorbehaltenheit Gottes in die geschichtliche Erfahrung der Jünger hinein. Dies ist der entscheidende Sachverhalt, der in dem Wort "Erscheinungen" - mit seiner Betonung der Aktivität Gottes bzw. des neu gegenwärtigen Jesus - zum Ausdruck kommt. ...

Durch dieses Hervortreten Jesu von Gott her, durch seinen Übergang und sein Eintreten in die geschichtliche Erfahrung der Jünger hinein und die dadurch bewirkte elementare Unterbrechung ihres bisherigen Existenzverlaufs wird Jesu neue lebendige Gegenwart überhaupt erst ursprünglich erkennbar und so auch geschichtlich wirksam; sonst wäre sie rein verborgen, unerkannt und geschichtlich-praktisch bedeutungslos geblieben.

So schafft der Auferstandene selber durch das grundlegende Geschehen seiner neuen Begegnung jene geschichtliche "Beziehungswirklichkeit", zu der diejenigen, denen er erscheint, hinzugehören, und zwar als Zeugen. Sie sind bestimmte, konkrete Zeugen einer neuen, geschichtlich konkreten Wirklichkeit, die von Gott her zu ihnen kommt, die daher selbst die Bedingungen ihrer Erkenntnis (zumindest mit) stellt *und die man nicht unter schon vorgegebene Bedingungen stellen kann. Auch diejenigen, die das eigentümlich einmalige Hervortreten dieser neuen Wirklichkeit des Auferstandenen in die ursprüngliche Erfahrung der Jünger hinein nivellieren, reduzieren und so wegerklären wollen, zehren noch einmal davon, daß die Jünger sie einstmals als sie selbst haben vorkommen und sich von ihr radikal haben ergreifen lassen; denn sonst gäbe es weder christlichen Glauben noch eine Kirche. ...*

Schlier, Heinrich; Über die Auferstehung Jesu Christi
Johannes Verlag, Einsiedeln, 1968, 72 Seiten
Schlier legt auf 72 Seiten eine theologische Deutung der Auferstehungsbotschaft vor. Eine eingehende Analyse der Texte erfolgt nicht. Dieses Büchlein ist in der Herausarbeitung der Grundlinien der Auferstehungsbotschaft nicht überholt.

Grisbert Greshake, Jacob Kremer, Resurrectio Mortuorum, Wissenschaftliche Buchgesellschaft, Darmstadt 1987, 399 Seiten

Meliton von Sardes, Vom Passa, Die älteste christliche Osterpredigt (2. Jahrhundert)
Lambertus Verlag, Freiburg, 1963
Text der Predigt , Interpretation der Predigt.

Drewermann, Eugen; Ich steige hinab in die Barke der Sonne. Meditationen zu Tod und Auferstehung, Olten [5]1993, 322 Seiten

Reinkarnation oder Auferstehung, Hrsg. von Hermann Kochanek, Freiburg, [2]1994

Stock, A./Wichelhaus, M; Ostern in Bildern, Riten, Geschichten und Gesängen
Benziger Verlag, Zürich, 1979, 239 Seiten
Analysen einiger biblischer Texte, der Osterliturgie und der Ostergesänge mit semiotischer Methode. Ein ideenreiches Buch auch zur gesellschaftlich-politischen Dimension des Osterfestes.

Elemente, Bilder, Brauchtum   **zu 3.6.5**
Henrichs, Norbert; Kult und Brauchtum im Kirchenjahr
Patmos Verlag, Düsseldorf, 1967

Schnitzler, Theodor; Kirchenjahr und Brauchtum neu entdeckt
Herder Verlag, Freiburg, 1977

Schiller, Gertrud; Ikonografie der christlichen Kunst, Band 2 - Die Passion Jesu/Band 3 - Die Auferstehung und Erhöhung Christi
Gütersloher Verlagshaus Gerd Mohn, 1968, 1971
Palmsonntag

zu
3.6.5.2

Handwörterbuch des deutschen Aberglaubens, Band VI, Spalte 1365-1386, Palm, Palmesel und Palmsonntag

Artikel "Palmesel" und "Palme" im Lexikon der christlichen Ikonografie
Band 3, Spalte 363-365
Herder Verlag, Freiburg, 1971

zu
3.6.5.3

Gründonnerstag
Handwörterbuch des deutschen Aberglaubens, Stichwort "Gründonnerstag", Band III, Spalte 1186-1196

zu
3.6.5.4

Karfreitag
Handwörterbuch des deutschen Aberglaubens, Stichworte "Karfreitag, Karfreitagsei, Karfreitagswasser", Band IV, Spalte 985-1004

Artikel "Leben Jesu" im Lexikon der christlichen Ikonografie

zu
3.6.5.6

Ostern
Handwörterbuch des deutschen Aberglaubens, Band VI, Stichworte "Osterbrot, Ostergebäck, Osterei, Osterfeuer, Osterkerze, Osterlamm, Ostern, Osterrute, Ostersonne, Osterwasser"

s. auch Titel 3.6.4.5. - 9, Stock u.a., Ostern in Bildern, Riten, Geschichten und Gesängen

Artikel "Auferstehung" im Lexikon der christlichen Ikonografie, Band 1, Spalte 201-218
Herder Verlag, Freiburg, 1968

Auszug: Schnitzler, Kirchenjahr und Brauchtum neu entdeckt, Freiburg 1977

Osterhase, Fuchs und Schlange, Storch
Grundlage: Byzantinische Tiersymbolik, aufgezeichnet im "Physiologus" (6. Jh.) eines griechischen Klosters
Hase: "schläft nicht" (Das heißt, er hat keine Augenlider, schiebt zum Schlaf Pupille nach oben.)
Also: Symbol der Auferstehung, weil Christus im Tode nicht entschläft.
Hasenbild, den österlichen Bildbroten aufgeprägt, Brot in Hasenform (vgl. Hasenbrot - Reisebrot wie an Ostern).
Hasen-bild-brot, zusammengebacken mit einem Ei - Osterei - als Ostergabe, Osterzins
So entsteht die Mär: Der Hase legt die Eier.

414

Auf den Teufel weisen zwei Tiere hin: die Schlange und der Fuchs,
Schlange - wegen des Berichtes der Genesis;
Fuchs - wegen seiner Verschlagenheit.

Deshalb unpassende abwertige Bemerkungen über die Rothaarigen: Ein
"Fuchs" erinnert an den Teufel, deshalb muß man sich vor dem
Fuchshaarigen in acht nehmen.

Osterei
Zwei Ursprungsideen:

Ei in allen Kulturen: Lebenssymbol	Ei =	Pacht und Zins des kleinen Mannes nach Einführung der Geldwirtschaft: Soundso viele Eier entrichtet als Pacht für ein Stück Land.
Zeichen des neuen Lebens der Aufer stehung		Pachttermine sind Weihnachten (Adventsbeginn Mitte November, also Martini,11.11.; Schlußfeier Lichtmeß, also 2.2.) und Ostern, da vor allem der Antlaßtag = Gründonnerstag
Ostergabe		Darum Ostereier als Zins und "Gehalt" für die Ministranten und den Küster eingeholt. Am Gründonnerstag wurden die öffentlichen Sünder entlassen.

Zier des Ostereies

Gefärbt: für den baldi- gen Genuß ge- kocht und durch Farbe kenntlich gemacht	Ungefärbt u.dgl.: zum Aufbewahren in Stroh	Geschmückt: als Festgabe kenntlich
		Künstliches Ei aus Wachs, Perlmutter, Marmor, Edelstei- nen. So in Fürsten- häusern, im griechi- schen liturgischen Brauch, in Italien

zu 3.7   *Himmelfahrt*

Artikel "Himmel" in den verschiedenen Lexika und Symbolhandbüchern

s. Artikel "Himmelfahrt Christi" (III liturgisch) im Lexikon für Theologie und Kirche, Band 5, Spalte 362

Lohfink, Gerhard; Die Himmelfahrt Jesu - Erfindung oder Erfahrung?
Katholisches Bibelwerk, Stuttgart, 1980, 66 Seiten
In einer knappen Darstellung werden die Bedeutung der biblischen Texte entwickelt und die Glaubensaussage herausgearbeitet.

Schneider, Gerhard; Die Apostelgeschichte, I. Teil
Herder Verlag, Freiburg, 1980, S. 195-211

Artikel "Himmelfahrt Christi" im Lexikon für Theologie und Kirche
Band 5, Spalte 358-362

Artikel "Himmelfahrt Christi" im Lexikon der christlichen Ikonografie
Band 2, Spalte 268-276

Schiller, Gertrud; Ikonografie der christlichen Kunst
Band 3, S. 140-164 Himmelfahrt Christi

zu 3.8   *Pfingsten*
Schmidtchen,Gerhard; Was den Deutschen heilig ist
Kösel, München 1979
Ergebnisse religionssoziologischer Umfragen

Adam/Berger; Artikel Osterzeit im Pastoralliturgischen Handlexikon
Herder Verlag, Freiburg, 1980, S. 394-396

Kremer, Jacob; Pfingsten, Erfahrung des Geistes, Was sagt darüber die Bibel? Katholisches Bibelwerk, Stuttgart, 1974, 88 Seiten
Knappe Darstellung der Aussagen der biblischen Texte.

Kremer, Jacob; Pfingstbericht und Pfingstgeschehen, Eine exegetische Untersuchung zu Apostelgeschichte 2, 1-13
Stuttgarter Bibelstudien 63/64, Katholisches Bibelwerk, Stuttgart, 1973, 297 Seiten.
Der Pfingstbericht in der Apostelgeschichte wird im Zusammenhang

416

mit den anderen Texten des Neuen Testamentes über die Wirkungen des Heiligen Geistes interpretiert. Texte der jüdischen Literatur sind abgedruckt. Im folgenden ein Auszug:

Zeit, Ort, Anwesende
Lukas setzt Apg 2, 1-13 ein tatsächliches Ereignis voraus, auf das sich Petrus bei mehreren Gelegenheiten (Apg 10, 47; 11,15-17, 15,8) bezieht. Ausdrücklich wird es Apg 11,15 ("wie auch auf uns im Anfang") als zum "Anfang" des apostolischen Wirkens gehörend gekennzeichnet und entspricht dadurch dem "Anfang" des öffentlichen Wirkens Jesu.
   Als Termin wird Apg 2,1 das Pfingstfest genannt. Auf dessen Feier wird im Bericht und auch sonst nicht näher eingegangen. Lukas betont auch in der Art seiner Darstellung keine Beziehung zu den Inhalten dieses Festes (Erntedank, Bundesschluß, Gesetzgebung). ......
   Das Pfingstgeschehen ereignete sich in Jerusalem, dem Zentrum des jüdischen Volkes, wo Jesus starb, (nach Lukas) als Auferstandener erschien und in den Himmel aufgenommen wurde. ...... Die Sonderstellung Jerusalems in der Urkirche als Bindeglied zwischen der Geschichte Israels und der Zeit der Kirche wird durch die dort stattgefundene erste Geistbegabung unterstrichen. ......
   Anwesend waren bei dem Pfingstgeschehen nach Apg 2 mit Sicherheit "alle" Apostel, die Jesus "durch den heiligen Geist erwählt" hatte (Apg 1,2) und deren Zahl durch die Wahl und Berufung des Matthias wieder aufgefüllt worden war. Ihnen hatte der Auferstandene den Auftrag gegeben, seine Zeugen zu sein (Lk 24,48; Apg 1,8), und dafür die Kraft des heiligen Geistes verheißen (Apg 1,5; Lk 24, 49). ...... In der Pfingstpredigt tritt Petrus als ihr Sprecher auf und verkündet der zusammengeströmten Bevölkerung Jerusalems die Bedeutung des Pfingstgeschehens. Wie auch sonst (z.B. Lk 24,13 ff) grenzt allerdings Lukas den Kreis der zwölf Apostel nicht ganz scharf von dem größeren Kreis derer ab, die mit den "Frauen und Maria, der Mutter Jesu, und seinen Brüdern" (Apg 1,14) nach der Himmelfahrt einmütig im Gebet verharrten und die (wohl zusammen mit noch anderen) den Kreis der mehr als 120 Brüder bildeten (Apg 1, 15ff). ......

"Brausen" und "Zungen"
Die Aussagen von Apg 2,2-3 über das plötzlich vom Himmel her entstandene Brausen, das mit einem heftigen Sturm verglichen wird und das ganze Haus erfüllte, sowie über das Sichtbarwerden von Zungen, die dem Feuer ähnlich waren und sich auf einen jeden herabließen, scheinen auf den ersten Blick hin - auch für Lukas - äußerlich wahrnehmbare Vorgänge zu betreffen. Auf sie wird allerdings weder in den Versen 5-13 noch in der Pfingstpredigt näher eingegangen. (Vielleicht liegt aber V.6 und V. 19 eine Anspielung vor.) ...... Offensichtlich hat Lukas über die Historizität nicht weiter reflektiert und zu den vorgefundenen Traditionen, deren Vorstellungs- und Darstellungsweise

mit theophanieartigen und apokalyptischen Schilderungen verwandt sind, ein anderes Verhältnis besessen, als es einem modernen Historiker eigen ist. ....

Das vom Himmel her entstandene Brausen (also nicht in erster Linie der Sturm) ist Metapher für die Herabkunft des heiligen Geistes, der die ganze Versammlung erfüllt und eine nach außen hin laut kundtuende und zusammenrufende Wirkung hat. Das Erscheinen von "Zungen" wie von Feuer deutet die im folgenden berichtete Befähigung zu einem geistgewirkten Sprechen in anderen "Zungen" an. ...... Die in diesem Punkt bestehende Unklarheit der Darlegung hängt offensichtlich damit zusammen, daß Lukas die Alternative "Metapher" (Symbol, Zeichen) oder "Verkörperung" des Geistes (manchmal wird sogar fälschlich "Inkarnation" gesprochen) fremd war und er sich diesbezüglich - von der heutigen Fragestellung aus betrachtet - sehr unklar ausgedrückt hat.

Reden in fremden Sprachen
Was zu Pfingsten in Jerusalem allgemeines Erstaunen erregte, steht in dem kurzen Nachsatz: "und sie fingen an, in fremden Sprachen zu reden". Gemeint ist damit ein Sprechen fremder Sprachen. ...... Auffallenderweise interessiert den Schriftsteller jedoch die Beherrschung von fremden Sprachen überhaupt nicht. Wie auf das VV. 2-3 Erzählte geht er darauf weder hier noch sonst ein. Worauf es ihm ankommt, ist die Tatsache, daß die "Galiläer" (d.h.die Jünger Jesu) von "Juden und Proselyten" aus aller Welt in Judäa verstanden wurden. ......

Am Anfang der Pfingstpredigt wiederholt Petrus im Hinblick auf dieses Reden in dem Joelzitat die Wendung "und sie werden prophezeien". Wie der Rückverweis auf Pfingsten in Apg 10,44 ff lehrt, besteht für den Verfasser der Apostelgeschichte gerade in lobpreisendem Reden die charakteristische Auswirkung des Geistempfangs, ... so daß aus seiner Sicht das pfingstliche Reden der Apostel vor allem in einer von Enthusiasmus getragenen lobpreisenden Verkündigung bestand.

Im Licht der Voraussagen des Pfingstgeschehens muß die Befähigung zu dieser außergewöhnlichen Verkündigung in Verbindung mit der Aufgabe der Apostel, Zeugen für Jesus Christus zu sein, betrachtet werden. Um diesen Auftrag erfüllen zu können, bedarf es - das wird vorausgesetzt - einer ungewöhnlichen Kraft. Die Ausführung des Missionsauftrags beginnt am Pfingsttag in Jerusalem. Petrus richtet seine Predigt, die als Bezeugung des Auferstandenen (vgl. 2,40) aufzufassen ist, im Namen der Zwölf an alle Juden in Jerusalem, ja an "das ganze Haus Israel" (2,36) ......

Erfüllt mit heiligem Geist
Im Mittelpunkt des Pfingstberichts steht die Herabkunft des heiligen Geistes auf die Apostel. ...... Wie im Alten Testament findet sich auch in den Aussagen über Pfingsten - im Unterschied zu hellenistischen Darstellungen (z.B. der Begeisterung der Pythia in Delphi) - keine anschauliche Schilderung des Geistempfangs selbst (z.B. über ein

Eindringen des heiligen Geistes in die Apostel). Das weist darauf hin, daß es sich auch nach Lukas beim Erfülltwerden mit dem heiligen Geist nicht um ein direkt wahrnehmbares Geschehen handelt, sondern um einen Vorgang, der nur aus seiner Wirkung erschlossen werden kann. Wenn Lukas mehrfach voraussetzt, daß der Geistempfang feststellbar ist (z.B. Apg 8,16 und 19,2), so ist das auf die Wirkung des Geistempfangs zu beziehen - auch wenn es nicht eigens gesagt wird. ......

Das Pfingstgeschehen ist dann ein von Christus gegebenes Zeichen, das zusammen mit den früher von ihm gewirkten (Apg 2,22) zu denen gehört, die auf den bevorstehenden Tag des Herrn hinweisen. Das "Zeichen" besteht aber nicht so sehr in den geschilderten außergewöhnlichen Phänomenen, als in der geistgewirkten, prophetischen und allen verständlichen (aber auch miß-deutbaren) Verkündigung der "Galiläer". Es ist die gleiche Predigt, die Johannes der Täufer als letzter Prophet des Alten Bundes im Hinblick auf den Kommenden (vgl. Apg 19,4) hielt, die Jesus seit der Salbung am Jordan verkündet und in seinen letzten Worten den Jüngern aufgetragen hat (vgl. Lk 24,47).

Targume:
In den Targumen zu den Texten, die über die Gottesoffenbarung am Sinai handeln(z.B. Ex 19) oder darauf bezogen werden (Hab 3; Ez 1), wird die Majestät Gottes oft eindrucksvoll betont und erhält die Sinaitheophanie den Charakter einer Gerichtsdrohung. Ergiebiger ist für den Vergleich mit dem Pfingstbericht, in dem jegliche Spur einer Gerichtsandrohung fehlt, der in den Targumen dem Dekalog (Ex 20,2) vorangestellten "Midrasch über das Wort".

Das erste Wort, als es den Mund des Heiligen - gepriesen sei sein Name - verließ, war wie brennende Pfeile, wie Blitze, wie Feuerflammen; eine Fackel von Feuer war zu seiner rechten Seite, eine flammende Fackel zu seiner Linken. Es flog und schwebte in der Luft des Himmels; darauf wurde es sichtbar dem ganzen Lager Israels und darauf grub es sich ein auf den Tafeln des Bundes.
In diesem Text wird das Wort Gottes teilweise in personifizierter Weise dargestellt, aber auch mit "Pfeilen", "Blitzen", "Feuerfackeln" verglichen. Bevor es sich der steinernen Tafel einprägt, schwebt es in der Luft, umgeben von lodernden Fackeln, und wird von ganz Israel gesehen. Sinn dieser Darstellung ist, die Bedeutung des im Dekalog verkündeten Wortes Gottes hervorzuheben. ......

Rabbinische Texte:
Eigentümlich sind zwei Motive (Verbreitung der Stimme nach den vier Himmelsrichtungen und Verteilung der Stimme in 70 Sprachen), die sich in dem jüngeren Midrasch Exodus rabba beisammen finden:
Das steht auch geschrieben Ijob 37,5: "Gott donnert mit seiner Stimme Wunder". Was heißt ..... (es donnert)? Als Gott das Gesetz auf dem Sinai gab, ließ er die Israeliten durch seine Stimme Wunder über Wunder sehen. Wieso? Als Gott sprach, erscholl eine Stimme, verbreitete sich in der ganzen Welt, die Israeliten hörten sie, sie kam zu ihnen

zu 3.8.4
Pfingsten

von der Mittagsgegend und liefen ihr dahin nach, um sie zu empfangen, da wandte sie sich nach Mitternacht und sie liefen ihr dahin nach, von da wandte sie sich nach Morgen, und sie liefen ihr dahin nach, von da wandte sie sich nach der Abendseite, und sie liefen ihr dahin nach, von da wandte sie sich nach dem Himmel, und sie richteten ihre Augen dahin, dann wandte sie sich zur Erde, und sie blickten auch dahin, wie es heißt Dtn 4,36: "Vom Himmel herab hat er dich seine Stimme vernehmen lasen, um dich zu züchtigen". Da sprachen die Israeliten zueinander mit Ijob 28,12: "Und die Weisheit, wo findest du sie? d.i. die Israeliten sprachen: Woher kommt Gott (die göttliche Erscheinung), vom Morgen oder vom Mittag? wie es heißt Dtn 33,2: "Der Ewige kam vom Sinai", ...und es heißt Hab 3,3: "Gott kommt vom Teman". Es heißt Ex 20,18: "Das ganze Volk sah die Stimmen (..........). Es heißt nicht .... die Stimme, sondern .... die Stimmen. R.Jochanan sagte: Die Stimme ging aus und teilte sich in 70 Stimmen nach den 70 Sprachen, damit alle Nationen sie vernehmen sollten. Jede Nation hörte die Stimme in der Sprache ihrer Nation.

Wenn dieser Midrasch auch erst im 11.-12. Jahrhundert n. Chr. niedergeschrieben wurde, so stammt er doch zumindest aus sehr früher Zeit. ......

An anderer Stelle beruft sich die Mekhilta für den gleichen Gedanken auf Dtn 33,2 und zählt vier Völker auf, denen Gott vom Sinai aus die Tora verkündete: Edomiter, Ammoniter, Ismaeliter und Israeliten. Einzig Israel aber habe sie angenommen.

Mühlen, Heribert/v. Heitmanns, Claus (Hrsg); Erfahrung und Theologie des Heiligen Geistes
Agentur des Rauhen Hauses, Hamburg, 1974, 312 Seiten

Schneider, Theodor; Gott ist Gabe, Meditationen über den Heiligen Geist
Herder Verlag, Freiburg, 1979, 109 Seiten

Jetter, Werner; Über den Geist, Zwei Versuche, die christliche Rede vom Heiligen Geist verständlich zu machen
Verlag Mohr, Tübingen, 1968

Congar, Yves; Der Heilige Geist, übersetzt von August Berz
Herder, Freiburg, 1982

Basilisus von Caesarea; Über den Heiligen Geist, eingeleitet und übersetzt von Manfred Blum, Paulines Verlag, Trier, 120 Seiten
Einer der großen Theologen der alten Kirche, der vor allem die Theologie des Heiligen Geistes entwickelt hat (329 - 379).

Pfingstbewegung
Hollenweger, Walter; Christen ohne Schriften, Fünf Fallstudien zur charismatischen Bewegung in Amerika, Afrika, Europa, Evang.-Luth. Missionswerk, Erlangen, 1976, 144 Seiten

Wiederentdeckung des Heiligen Geistes, Der Heilige Geist in der charismatischen Erfahrung und theologischen Reflexion, Verlag Lembeck, Knecht, Frankfurt, 1974, 119 Seiten

Dreifaltigkeitssonntag

Das Geheimnis des dreifaltigen Gottes findet in den theologischen Handbüchern eine spekulative Darstellung. Hingewiesen sei auf den Artikel Dreifaltigkeit bzw. Trinität in den Lexika. Eine ausführliche Darstellung findet sich in

Mysterium Salutis, Grundriß heilsgeschichtlicher Dogmatik, Band 2, S. 15-40,1, Benziger Verlag, Einsiedeln, 1967
Es werden ausführlich die biblischen Texte und die Entwicklung der Theologie dargestellt sowie eine spekulative Durchdringung des Geheimnisses versucht.

Heufelder, Emmanuel M.; Das Geheimnis der Dreifaltigkeit, Nach der heiligen Schrift meditiert, Pustet, Regensburg, 1979, 144 Seiten

Darstellungen der Kunst, Artikel "Dreifaltigkeit" im Lexikon der christlichen Ikonografie, Band 1, Spalte 525-537

zu 3.10 Fronleichnam

zu 3.10.3 Entstehung des Festes

s. Artikel Fronleichnam im Pastoralliturgischen Handlexikon, S. 154-156, berücksichtigt auch Fronleichnamsprozession, Artikel Fronleichnam (Text und Prozession) im Lexikon für Theologie und Kirche

zu 3.10.4 Aussage des Festes

Gerken, Alexander; Theologie der Eucharistie, Kösel Verlag, München, 1973, 260 Seiten

Thurian, Max; Die eine Eucharistie. M. Grünewald Verlag, Mainz, 2/ 1979, 88 Seiten

s. auch Literatur zu Gründonnerstag 3.6.4.3

zu 3.10.5 Elemente, Bilder, Brauchtum

Eucharistische Frömmigkeit in Bayern, hrsg. von Adolf v. Ziegler, Seitz Druck, München, 1963, 184 Seiten

Wainwright, Elisabeth; Studien zum deutschen Prozessionsspiel, Die Tradition der Fronleichnamsspiele in Künzelsau und Freiburg und ihre textliche Entwicklung, Arbeo Gesellschaft, Bachenhausen, 1974, 292 Seiten

Bendel, Johann; Die Gottestracht zu Mülheim am Rhein, Die Schiffsprozession zu Mülheim a.Rh., Scriba Verlag, Köln, 1972, 32 Seiten (Faksimile Ausgabe)

Herz Jesu Fest zu 3.11

Artikel Herz Jesu im Lexikon für Theologie und Kirche
Es findet sich ein geschichtlicher Überblick über die Herz-Jesu-Verehrung sowie eine theologische Begründung.

Stierli, Josef (Hrsg); Cor Salvatoris, Wege zur Herz-Jesu-Verehrung, Herder, Freiburg, 1954, 270 Seiten

Bea, Augustin/Rahner, Hugo (Hrsg); Cor Jesu, 2 Bände, Herder, Freiburg, 1959, 661 Seiten
Kommentar zur Enzyklika Pius' XII. "Haurietis Aquas" über die Herz-Jesu-Verehrung. In diesen beiden Bänden wird eine theologische Grundlegung der Herz-Jesu-Verehrung geleistet. Die Bücher sind in theologischen Bibliotheken zu finden.

Birrer, Eduard; Im Herzen des Seins, Grundlagen für eine Herz-Jesu-Verehrung, Kanisius Verlag, Freiburg, Schweiz, 1979, 112 Seiten

Seuffert, Josef; Der Herz-Jesu-Freitag, Modelle für Meßfeiern und Andachten, Don Bosco Verlag, München, 3/1980, 160 Seiten

Darstellungen der Kunst, Artikel "Herz Jesu" im Lexikon der christlichen Ikonografie, Band 2, Spalte 250-254

Verklärung Christi zu 3.12

Das Fest bezieht sich auf einen biblischen Bericht, der von den ersten drei Evangelisten überliefert wird.
Matthäus   17, 1- 9
Markus   9, 2-13
Lukas   9, 28-36
Siehe dazu die Erläuterungen zu den Kommentaren zu den neutestamentlichen Büchern.

Darstellungen der Kunst
Schiller, Gertrud; Ikonografie der christlichen Kunst, Band 1, Kapitel "Verklärung", S. 155-161, Gütersloher Verlagshaus Gerd Mohn, Gütersloh, 1969

zu 3.13   *Fest der Kreuzerhöhung*

Die christliche Verehrung des Kreuzes ist eng mit dem Karfreitag verbunden. (s. 3.6.4.4 S. 401 ff)

Lexikon der christlichen Ikonografie, Band II, Spalte 562-590, Herder, Freiburg, 1970

s. auch Handbücher über Symbole (1.2.3. - 8 - 11)

zu 3.14   *Erntedank*

Handwörterbuch des deutschen Aberglaubens, Band II, Spalte 939-963, Berlin, 1929

Texte für eine Erntedankmesse finden sich im Meßbuch

zu 3.15   *Reformationstag*

s. Artikel im Lexikon "Religion in Geschichte und Gegenwart"

zu 3.16   *Allerheiligen, Allerseelen*

Adam, Adolf; Das Kirchenjahr mitfeiern, S. 188 f, 195-198, Herder, Freiburg, 1969

zu 3.17   *Buß- und Bettag*

s. Artikel im Lexikon "Religion in Geschichte und Gegenwart"

zu 3.18   *Totensonntag*

s. Artikel im Lexikon "Religion in Geschichte und Gegenwart"

Adam, Adolf; Das Kirchenjahr mitfeiern, S. 146-149, Herder, Freiburg, 1979

Zur Bedeutung des Christ-Königs-Sonntags zur Zeit des National-sozialismus:
Schellenberg, Barbara; Katholische Jugend und Drittes Reich, Ver-öffentlichungen der Kommission für Zeitgeschichte, Band 17, Matthias Grünewald Verlag, Mainz, 1975

Materialerschließung "Heilige"

Die Verehrung der Heiligen

Müller, Gerhard Ludwig; Gemeinschaft und Verehrung der Heiligen,
Geschichtlich-systematische Grundlegung der Hagiologie. Herder,
Freiburg, 1986, 368 Seiten
Das Buch ist nicht am Heiligenkalender orientiert, sondern geht den
grundlegenden theologischen Fragen nach, inwieweit Heiligenvereh-
rung mit den Grundaussagen der christlichen Religion zusammenhängt.
Hier gibt es erhebliche Unterschiede zwischen der katholischen und der
orthodoxen Theologie einerseits und den Kirchen der Reformation.

s. Artikel Heilige/Heiligenverehrung in Theologischer Realenzyklopädie,
Bd 14
Auf 30 Seiten werden die Entwicklung der Heiligenverehrung sowie die
Charakteristika der verschiedenen Kirchen dargestellt.

Der Heiligenkalender

zu 4.2

Harnoncourt, Philipp; Gesamtkirchliche und teilkirchliche Liturgie.
Herder, Freiburg, Basel, Wien, 1973
Auf S. 63-245 wird die historische Entwicklung des Heiligenkalenders
dargestellt.

Heiligenbiografien

zu 4.3

Sammelwerke
Die meisten Sammelwerke orientieren sich am Heiligenkalender. Nur
wenige haben Literaturangaben zu Quellen und Biografien. Zum Vergleich der Sammelwerke werden Textauszüge zur hl. Barbara wiedergegeben.

Torsy, Jacob; Der große Namenstagskalender, 3500 Namen, 1495
Lebensbeschreibungen, Benziger, Herder, Einsiedeln, Freiburg, 1975
Heilige finden sich unter dem Datum ihres Gedenktages. Die kurzen

Lebensbeschreibungen werden ergänzt durch Hinweise auf Attribute des Heiligen, Ikonografie und auf regionale Verwurzelung.

Barbara wurde als jungfräuliche Märtyrin in Nikomedien verehrt. Ihr Martyrium wird in die Zeit der Verfolgung des Kaisers Maximinus Daja verlegt. Die romanhafte Legende berichtet, der heidnische Vater habe sie in einen Turm gesperrt. Dort sei sie auf wunderbare Weise durch die Eucharistie gestärkt worden. Dann habe der Vater seine Tochter, die ihren Glauben nicht verleugnen wollte, dem Gericht ausgeliefert, das Barbara nach grausamer Marterung zum Tode verurteilte. - Barbara gehört zum Kreis der vierzehn Nothelfer, wird gegen einen jähen Tod angerufen und gilt besonders als Patronin der Bergleute.

Bibliotheka Sanctorum, hrsg. vom Instituto Giovanni XIII della Pontificia Unversita Lateranense, 12 Bände und Registerband, Rom 1961-1969
Großangelegtes lexikalisches Werk in italienischer Sprache, ausführliche Literaturhinweise.

Lexikon für Theologie und Kirche, 10 Bände und Registerband
Herder, Freiburg, 1957-1967, Neue Auflage seit 1993
Zu den meisten Heiligen finden sich Artikel, wichtig sind die Literaturhinweise.

Herders Kleines Lexikon der Heiligen, Herderbücherei Band 326, Freiburg, 1968
Knappe Hinweise, nur für eine erste Information geeignet.

Schnitzler, Theodor; Die Heiligen im Jahr des Herrn, Herder, Freiburg, 1979
Prägnant geschriebene kurze Beiträge, die auch die kirchengeschichtliche Bedeutung der Heiligen herausarbeiten.

4. Dezember, Hl. Barbara, Märtyrin

Die Heilige hilft gegen physische und menschliche Macht, sie bringt Christus.
Barbara ist von der Legende so umrankt, daß ihre Persönlichkeit nicht mehr sichtbar zu werden scheint. Nach der Überlieferung hat sie unter Kaiser Maximinus Daja (310-313) das Martyrium erlitten. Sie wird als eine der heiligen Vierzehn Nothelfer verehrt. Sie ist Helferin in der Sterbestunde, Patronin der Bergleute und der Artillerie. Ihr Zeichen sind Turm, Zweige, Kelch. An ihrem Fest werden vielerorts die Barbarazweige aufgestellt, ein Brauch, der in neuerer Zeit wieder sehr beliebt ist. Die kahlen Zweige werden von entlaubten Sträuchern abgeschnitten. Sie beginnen in der geheizten Stube zu treiben und blühen an Weihnachten. Vielleicht hat der Barbarazweig etwas mit der germanischen Lebensrute

zu tun. Doch wird er empfunden als Darstellung des weihnachtlichen Mysteriums, das in der winterlichen Dunkelheit aus der adventlichen Erwartung erblüht. Oder man sieht ihn als Hinweis auf die aus der menschlichen Armseligkeit aufblühende göttliche Herrlichkeit Christi. Der Zweig präludiert zum Lied "Es ist ein Reis entsprungen".

Im Gegensatz zum Barbarazweig steht der Barbaraturm. Er weist nicht auf Sicherheit und Geborgenheit hin, sondern auf Verlies, Gefängnis, Ungeborgenheit und Finsternis, Festung und Verschanzung des Bösen. Barbaras Vater hat seine Tochter in ein Turmverlies geworfen, um sie vom Christentum abzubringen. Der Turm sagt den Kanonieren, daß sie dagegen kämpfen müssen. So wird Barbara Patronin der Artillerie.

Der Turm sagt den Bergleuten, daß sie durch die Macht ihrer Patronin Barbara gerettet und geborgen werden können. Wenn der Bergmann eingeschlossen ist in einem tiefen Stollen - er darf hoffen auf die Befreiung, die auch der heiligen Barbara gegeben worden ist. - Der Turm erinnert an die dunkle Stunde des Kranken in der Finsternis des Sterbens. Barbara bringt als Sterbepatronin den Kelch Christi mit der Eucharistie hinein. Stanislaus und andere Heilige sahen St. Barbara kommen im Geleit der Gottesmutter bei der wunderbaren Sterbekommunion. Bis in dieses Jahrhundert betete man nach dem häuslichen Rosenkranz ein Vaterunser, um Barbaras Hilfe in der Todesstunde zu erlangen.

Barbara wird mit Turm und Zweig und Kelch dargestellt: aus der Verschanzung des Bösen und aus dem Dunkel des Todes macht die heilige Nothelferin uns frei - durch den Zweig, das heißt: durch das Christusmysterium, durch den Kelch, das heißt: durch die Christusgegenwart in der Eucharistie. Der Zwang wird überwunden vom Zweig und vom Kelch.

Manns, Peter (Hrsg.); Die Heiligen, Alle Biografien zum Regionalkalender für das deutsche Sprachgebiet, M. Grünewald Verlag, Mainz, 1975
Die Biografien sind ausführlicher und werden nicht nach dem Jahresrhythmus, sondern in der Folge der Epoche der Kirchengeschichte dargestellt. Im Anhang finden sich Attribute und Patronate, eine kurze Ikonografie sowie Hinweise auf die Herkunft der Namen.

Barbara
Widerstandsfähig gegen jede Form historischer Kritik ist sodann der unkomplizierte Liebreiz und die Anziehungskraft, die von der heiligen Barbara ausgehen. Auch in ihrem Fall gilt, daß die authentischen Quellen ihren Namen nicht kennen und daß sie darum historisch eigentlich nicht existiert. Sicher scheint indes, daß ihre weit verbreitete Verehrung älter ist als die erst im 7. Jahrhundert sich fixierende Legende, die uns in lateinischen, griechischen, syrischen und armenischen Fassungen vorliegt. Angesichts der hoffnungslos verworrenen literarischen Überlieferung beschränken wir uns auf die summarische

zu 4.3
Heiligen-
biographien

Wiedergabe des gemeinsamen Kerns der Legende.

Danach war Barbara - philologisch die weibliche Form von "Barbarus", wie schon die Legende Christophorus nannte - die verführerisch schöne Tochter eines reichen heidnischen Vaters mit Namen Dioskur. Eifersüchtig auf die Schönheit seiner Tochter, verwahrte der Vater Barbara in einem festen Turm. Alle Bewerber, die um die Hand Barbaras anhielten, wurden von ihm abgewiesen. Der Bequemlichkeit und des Lebensstils wegen versorgte Dioskur das turmartige Gefängnis der Tochter mit einem großen Bad und ging anschließend auf Reisen. Die schöne Barbara aber, die dem Herzen nach bereits Christus angehörte, nützte die Gelegenheit, um sich taufen zu lassen. Zum Zeichen ihres Glaubens an den dreifaltigen Gott veranlaßte sie, daß außer den zwei vorhandenen Fenstern ein drittes in den Turm geschlagen wurde. Der unerwartet zurückkehrende Vater erkennt sofort die Bedeutung. Voller Zorn darüber, daß Barbara die angestammten Götter verachtet, will er sogleich die eigene Tochter töten. In ihrer Not und Angst sucht sie ihr Heil in der Flucht. Und selbst der harte Fels öffnet sich, um ihr einen Durchgang zu verschaffen. Wenig später verrät jedoch ein Hirte ihr Versteck. Es hilft ihr wenig, daß Gott zur Strafe für den Hirten dessen Schafe in Mistkäfer verwandelt. Denn der erzürnte Dioskur ergreift die eigene Tochter und schleppt sie vor den Richter, der mit grausamen Strafen gegen sie vorgeht. Christus selbst stärkt sie jedoch und gibt ihr in Juliana eine Gefährtin. Aber der Tyrann will Barbara in ihrem Herzen treffen. Darum läßt er das junge Mädchen entkleiden, um es nackt auf den Märkten des Landes den lüsternen Blicken einer schaulustigen Menge auszusetzen. Barbara fleht zu Gott, der seinen Himmel mit Wolken, seine Erde aber mit dem Nebel des Morgens und des Abends verhüllt. Und Gott erhört ihr Gebet - wobei es unerheblich ist, daß wir das gleiche Wunder bereits aus einer anderen Passio (Acta sactorum, t.I, S.210) kennen. Schließlich verurteilt der Richter Barbara zum Tod durch Enthauptung. Dabei geschieht das Ungeheuerliche, daß der vorher um Tugend und Schönheit seiner Tochter so besorgte Vater in eigener Person die Vollstreckung des Urteils vornimmt. Als er nach dem Mord nach Hause zurückkehrt, trifft ihn jedoch der Blitz und verbrennt seinen Leib zu Asche. Ein gewisser Valerian aber sorgt für die würdige Bestattung Barbaras und der mit ihr enthaupteten Juliana. Es dauert nicht lange, bis zahlreiche Pilger an ihrem Grab Befreiung von ihren Leiden oder den notwendigen Trost finden.

Als Zeitpunkt des Martyriums erwähnen die verschiedenen Fassungen der Legende Kaiser wie Maximin (235-238), Maximianus (286-305) oder Maximin Daia (308-313). Dioskur wohnt entweder in Antiochien oder in dem schwer zu lokalisierenden Heliopolis. Als Ort des Martyriums werden entweder Nikomedien, die Toscana oder Rom selbst genannt. Versuchen wir nicht das Unmögliche, und lassen wir diese oder ähnliche Schwierigkeiten ungelöst stehen. Sicher ist indes die Feststellung, daß die Barbara-Verehrung spätestens seit dem 9. Jahrhundert ebenso im Orient wie im Okzident verbreitet ist, was als ein Indiz für die orientalische Herkunft der Heiligen gelten mag, da die Ostkirche westliche

430

Heilige nicht so ohne weiteres annahm.

Obgleich "legendäre Heilige" eigentlich kein Gebein hinterlassen, gibt es dennoch eine breite Streuung von Reliquien und die verschiedensten Translationsberichte. So finden sich unter den Städten, die Anspruch auf den Besitz der sterblichen Überreste Barbaras erheben, so bedeutende wie Venedig, Konstantinopel, Rom und Alt-Kairo oder so unbedeutende wie Plaisance und Rieti im Sabinerland. Der Kopf der heiligen Barbara aber wird gleichzeitig im russischen Nowgorod, das vorher schon eine Rarität wie die versteinerte Brust der Heiligen besaß, und im Pommernland verehrt. Von Bremen aus ist sodann die Barbara-Verehrung schon früh nach Lettland und Finnland gelangt. Im 13. Jahrhundert verhandelt Aragon mit dem Sultan von Kairo, um von den Kopten den ganzen Leichnam der Heiligen zu erhalten. Geliebt und verehrt ist aber Barbara auch auf der Insel Cypern, auf den Inseln der Ägäis, in Griechenland und im Balkan sowie in Armenien und Georgien. Ein nicht geringeres Ansehen genießt sie in Westeuropa, nämlich in Belgien, in den Niederlanden, im Norden und Osten Frankreichs sowie in der Schweiz und in Österreich. In Deutschland ist sie die Lieblingsheilige des Volkes vor allem im Rheinland und in Westfalen. So besaß die Abtei Mönchengladbach schon unter ihren ältesten Reliquien solche der heiligen Barbara. In Westfalen begegnen wir ihr häufig gemeinsam mit Margareta und Katharina als Patronin von Kirchen und Altären, während sie im Archidiakonat Xanten mit Anna und Katharina eine solche Dreiergruppe bildet.

Inhaltlich knüpft die volksfromme Verehrung naturgemäß an den verschiedenen Motiven der Legende an. So wird Barbara etwa als Nothelferin gegen den "bösen und plötzlichen Tod" verehrt, der den grausamen Vater durch den Blitz ereilte. Häufig ist darum das Bittgebet: "Bewirke, o Herr, daß wir auf die Fürsprache der heiligen Barbara vor dem Tod das Sakrament ... empfangen." Von daher wiederum erklärt sich, daß die Künstler die Heilige häufig mit einem Ziborium und der darüber gehaltenen Hostie darstellen. Aus dem gleichen Grund hatten außerdem zahlreiche "Bruderschaften vom guten Tod" Barbara zur Patronin. Ihre Beziehung zum Blitz macht sie sodann zur Schutzheiligen, die bei Gewitter und Brandgefahr angerufen wurde. Von daher ziert ihr Bild die bei solchen Anlässen geläutete Sturmglocke. Auch erscheint sie als die geeignete Patronin der Glöckner und Glockengießer sowie der Türme, der Berggipfel und der Befestigungsanlagen.

Nach der Erfindung des Pulvers, das die Macht des Blitzes und des Feuers in sich vereint, wurde die zarte und alle Gewalttat verachtende Heilige sehr bald auch zur Patronin der die Arkebuse bedienenden Landsknechte und der späteren Kanoniere. Aus dem gleichen Grund galt und gilt sie bis heute als die von den Bergknappen und Bergleuten geliebte Schutzheilige, die sie mit ihrem milden Lächeln in den dunklen Schacht begleitet, wo selbst heute noch Wetter aller Art ihr Leben mit Blitz und Tod bedrohen. Nicht umsonst tragen vor allem da zahlreiche Kirchen ihren Namen, wo auch die Fördertürme der Zechen aufragen. Der Turm aber, in dem sie wohnte und mit dem sie oft dargestellt wird,

*war der Grund eines anderen alten Patronates, an das sich freilich die
modernen Architekten und Baugewerkschaften kaum mehr erinnern
dürften. Aus dem reichen Brauchtum, mit dem die Kirche über die
Verehrung der heiligen Barbara so manche heidnische Sitte zu christia-
nisieren suchte, sei nur an den bis heute bekannten "Barbara-Zweig"
erinnert. Die Menschen schneiden oder kaufen ihn am Barbara-Tag, um
ihn in den adventlichen Stuben bis zum Christfest (ursprünglich bis zur
Winter-Sonnenwende) zum Blühen zu bringen. So säkularisiert dieser
Brauch gegenwärtig auch sein mag, in seiner schlichten Zeichenhaftigkeit
bewahrt er eine ungewöhnliche Aussagekraft für jeden, der nicht ohne
Hoffnung zu leben vermag. Er läßt uns nicht nur an das "Reis Jesse" denken, sondern er erinnert uns im Blick auf die heilige Barbara oder
"Bärbel" - wie das Volk sie zärtlich nennt - zugleich daran, daß auch
unsere Herzen in Liebe erblühen, wo ihnen Christus - meist lange vor
oder auch unabhängig von der Bekanntschaft mit seiner Kirche - begegnet.*

*Ähnlich wie beim heiligen Christophorus läßt sich darum auch an der
heiligen Barbara zeigen, daß sie ausgerechnet als "legendäre Heilige"
über einen doppelten Vorzug verfügt: Einerseits verfügt sie über eine
merkwürdige Resistenz gegenüber den zahlreichen Fehlformen, die uns
in der Heiligenverehrung begegnen. Andererseits bewahrt sie sich in
ihrer Transparenz für Christus eine beachtliche Anziehungskraft, die
auch den modernen Menschen in den Bann der Heiligkeit zu ziehen
vermag.*

Schmitz, Hans Josef; Von heiligen Menschen, Leben, Texte und Geschichte unserer Namenspatrone
Neben einer verhältnismäßig ausführlichen Biografie sind auch zu
einigen Heiligen Erzählungen, Berichte und Zitate abgedruckt.

Barbara	*306 (?) Nikomedien* *Namenstag: 4. Dezember*

*Geh in den Garten
am Barbaratag.
Gehe zum kahlen
Kirschbaum und sag:*

*Kurz ist der Tag,
grau ist die Zeit.
Der Winter gebinnt.
Der Frühling ist weit.*

*Doch in drei Wochen,
da wird es geschehn:
Wir feiern ein Fest,
wie der Frühling so schön,
Baum, einen Zweig*

*Und er wird blühen
im leuchtender Pracht
mitten im Winter
in der heiligen Nacht.*

432

gib du mir von dir.
Ist er auch kahl,
ich nehm ihn mit mir.

Ein schöner Brauch ist es, am Fest der heiligen Barbara von Obstbäumen oder Sträuchern Zweige mit vielen Blütenknospen abzuschneiden und in der Vase zum Blühen zu bringen.

An Weihnachten, wenn die Natur draußen in tiefer Ruhe liegt, wenn der Garten kahl und das Wetter unfreundlich ist, entfalten sich im warmen Zimmer die Knospen der "Barbarazweige" zu festlicher Blüte. Sie erinnern uns an Weihnachtslegenden, in denen die Natur einmal im Winter, und nur in der heiligen Nacht, frühlingshaft erblüht. Auch schöne alte Weihnachtslieder leben von diesem Sinnbild: "Maria durch ein Dornwald ging - der hatt' in 7 Jahrn kein Laub getragen ... als das Kindlein durch den Wald getragen, da haben die Dornen Rosen getragen - Jesus und Maria". Blüten gehen auf, aus der Dunkelheit wird uns Licht - Traurigkeit wird umgewandelt in Freude -im Leben ist Hoffnung.

Es gibt viele Weihnachtsbräuche. Aber wie kommt es, daß einer davon benannt wird nach einer Heiligen, von der man nicht einmal weiß, ob sie wirklich gelebt hat? Sicher ist, daß mit Barbara, die besonders als Schutzpatronin der Bergleute bekannt ist, viele Legenden verbunden sind. Der Volksglaube hat ihr Hilfe bei Blitz und Wettergefahr und Schutz vor plötzlichem Tod zugeschrieben. Man nimmt an, daß sie um 306 in Nikomedien den Märtyrertod starb.Barbara soll ein bildschönes junges Mädchen gewesen sein.Die Legende weiß zu berichten, daß ihr heidnischer Vater Dioskur die Tochter in einem reich ausgestatteten Turmbau verwahrte, um sie vor zudringlichen Männern zu schützen.

Wer sie heiraten wollte, wurde abgewiesen. Barbara aber glaubte nicht mehr an die Götter, die man damals in ihrer Heimat verehrte. Als der strenge Vater auf Reisen war, ließ sie sich in ihrem Bad taufen und wurde Christin. Für Dioskur ist das eine Freveltat, die nicht ungestraft bleiben darf. Sein Zorn kennt keine Grenzen. Er will die eigene Tochter auf der Stelle töten. Mit Gottes Hilfe gelingt Barbara die Flucht. Die Turmmauer tut sich auf, und das junge Mädchen kann sich vor dem wütenden Vater verbergen. Doch ein Hirte verrät ihr Versteck. Für Barbara jedoch beginnt nun eine Leidenszeit. Sie wird vor den Richter geschleppt. Man droht ihr grausame Strafen an. Nackt soll sie auf dem Markt den Leuten zur Schau gestellt werden. Gott aber läßt Nebel fallen, der alles in undurchdringlichen Dunst hüllt. Und trotzdem entgeht Barbara dem Henkertod nicht. Sie soll mit dem Leben für ihren christlichen Glauben büßen. So unvorstellbar hart und erbittlich ist Dioskur, daß er sein Kind selbst enthauptet. Barbara stirbt zusammen mit einer Gefährtin. Dem furchtbaren Vater aber folgt der Tod auf dem Fuße, er wird auf dem Heimweg vom Blitz getroffen und verbrennt zu Asche. Barbaras Legende ist voller Wunder. Sie hat ihren Glauben mit dem Leben bezahlt, und doch begleitete sie Gottes Schutz. Ihr Leben lag in Gottes Hand. Vielleicht ist darum die Geschichte der heiligen Barbara bald so weit verbreitet worden. Und vielleicht verbindet man deshalb noch heute mit ihrem Namen alte Bräuche, die zeichenhaft zeigen, daß im Leben Hoffnung ist über den Tod hinaus.

Wimmer, Otto; Handbuch der Namen und Heiligen mit einer Geschichte des christlichen Kalenders, Innsbruck, Wien, München, 1986, 980 Seiten
Gliederung der Beiträge:
Leben
Darstellung
Patron
Monografie

Barbara (Kf. Babe, franz. Babette, Betty, Bäbi, Waberl; griech.-lat. = die Fremde, Ausländerin), Hl., der Legende zufolge Tochter eines Heiden in Nikomedien (jetzt Ismid, östlich von Konstantinopel), vom ängstlichen Vater in einen Turm gesperrt; als Christin, vom eigenen Vater ausgeliefert, stirbt sie unter Maximinus Daja 306 einen qualvollen Märtyrertod, indes der Vater auf dem Richtplatz von einem Blitz erschlagen wird. M-Fest am 4. Dezember seit 12.Jh. - Eine der 14 Nothelfer.

Darstellung: als vornehmes Mädchen mit Kelch und Hostie (weil ihr ein Engel einen solchen in den Kerker brachte und weil sie Patronin ist für einen durch Empfang der hl. Sterbesakramente seligen Tod). Mit Schwert, womit sie enthauptet wurde. Mit dreifenstrigem Turm (weil "durch die drei Fenster" des Turmes, worin sie vom Vater eingesperrt war, die erleuchtende Gnade des dreifaltigen Gottes dennoch Eingang fand und sie Christin wurde). Öfters mit anderen Heiligen, besonders mit Katharina und Margareta dargestellt als die "drei hl. Madeln":
"Margareta mit dem Wurm, Barbara mit dem Turm,
Katharina mit dem Radl, das sind die drei
heiligen Madl."
Patronin der Architekten, Artillerie, Bauarbeiter, Bergleute, Dachdecker, Festungen, Feuerwehr, Gefangenen, Gießer, Glöckner, Hutmacher, Köche, Maurer, Schmiede, Steinhauer, Totengräber, Türme, Zimmerleute, des Wehrstandes; gegen jähen Tod, für eine glückliche Sterbestunde; gegen Blitz, Gewitter, Feuer, Fieber, Pest. - "Die drei heiligen Madln" sind die Schützerinnen des Nährstandes (Barbara), des Lehrstandes (Katharina), des Wehrstandes (Margareta).

Schauber, Vera; Namenstagskalender, Pattloch, Augsburg, 1994
Praktisches Nachschlagewerk. Zu jedem Kalendertag sind für ca. 3.000 Heilige Lebensbeschreibungen zusammengestellt. Im Index finden sich 5.000 Vornamen.

Mayer, Richard; Die Heiligen in Deutschland. Ein Lexikon der 540 deutschen Orte, an denen Heilige gelebt haben, Verlag Neue Stadt, München, 1990

Melchers, Carlo; Das große Buch der Heiligen, Geschichte und Legende im Jahreslauf, Südwest Verlag und Verlag Borromäusverein, 1978

Leidl, August (Hrsg.); Bistumspatrone in Deutschland, Festschrift für Jacob Torsy, Verlag Schnell und Steiner, München-Zürich, 1984, 223 Seiten

Hinkel, Helmut; Die Diözesanheiligen in deutschsprachigen Raum, Mainz 1986

Walter Nigg - Autor von Biographien

Der schon zum Klassiker gewordene Autor von Heiligenleben, Heiligenbiografien ist der protestantische Theologe Walter Nigg. Seine Bücher gehören schon lange zum Bestand der Bibliothek eines katholischen Pfarr- oder Ordenshauses. Nigg hat meistens Sammelbände veröffentlicht, aus deren Titel nicht erkennbar wird, welche Heilige beschrieben werden. Die folgende Aufstellung soll das Auffinden einzelner Biografien erleichtern.

Die Antwort der Heiligen, Wiederbegegnung mit Nikolaus v. Flüe, Franz v. Assisi, Martin von Tours, Thomas Morus
Herderbücherei 758, Freiburg, 1980

Botschafter des Glaubens, Der Evangelisten Leben und Wort
Walter Verlag, Olten - Freiburg, 1968
Markus, Matthäus, Lukas, Johannes

Buch der Büßer
Walter Verlag, Olten, 1972
Maria Magdalena, Makarius der Große, Margareta von Cortona, Hieronymus, Savonarola, Abbè de Rancè, Fjedor Dostojewski, Albert von Polen, Charles de Foucauld, Simone Weil

Buch der Ketzer
Artemis, Zürich, 1970
Simon Magus, Origines, Marcion, Irenäus, Kaiser Julian, Montanus, Arius, Pelagius, der Mönch Gottschalk, Johannes Scotus Erigena, Peter Abälard, die Katharer, die Waldenser, die Brüder und Schwestern des freien Geistes, Meister Eckart, Arnold von Brescia, John Wycliff, Johannes Hus, Martin Luther, Thomas Müntzer, Hans Denk, Michael Servet, Sebastian Castellio, Sebastian Franck, Gottfried Anold, Giordano Bruno, Baruch Spinoza, Blaise Pascal, Gotthold Ephraim Lessing, Leo Tolstoi

435

W. Nigg:
Heiligen-
biographien

Der christliche Narr
Artemis, Zürich, 1956
Symeon v. Edessa, Jacopone da Todi, Erasmus von Rotterdam, Philipp Neri, Cervantes Don Quichotte, Heinrich Pestalozzi, Dostojewskis Idiot

Don Bosco, Ein zeitloser Heiliger
Don Bosco Verlag, München, 1978

Der exemplarische Mensch, Begegnung mit Heiligen
Herder, Freiburg, 1974
Ludwig von Frankreich, Felix und Regula, Adelheid

Glanz der ewigen Schönheit - Annette von Droste Hülshoff
Artemis, Zürich, 1966

Heilige im Alltag
Walter Verlag, Olten, 1978
Bezogen auf Situationen und Lebensformen (Jugend, Ehe, Politik, Vision, Arme, Kranke ...) wird das Verhalten einer Vielzahl von Heiligen dargestellt.

Die Heiligen kommen wieder, Leitbilder christlicher Existenz
Herder, Freiburg, 1974
Elisabeth von Thüringen, Hedwig von Schlesien, Nikolaus von der Flüe

Große Heilige
Artemis, Zürich, 1946
Franz v. Assisi, Jeanne d'Arc, Nikolaus von der Flüe, Theresia v. Avila, Johannes vom Kreuz, Franz v. Sales, Gerhard Tersteegen, Johannes Vianney, Pfarrer von Ars, Therese von Lisieux

Heilige ohne Heiligenschein
Walter Verlag, Olten, 1978
Abbè Stock, Wladimir Solwjew, Florence Nightingale, Alfred Delp, Friedrich v. Bodelschwingh, Marie Noel, Jacob Künzler, Leon Bloy

Heimliche Weisheit, Mystiker des 16.-19. Jahrhunderts
Walter Verlag, Olten, 1972
Jacob Böhme, Novalis, Oettinger, Schleiermacher, Angelus Silesius, Gerhard Tersteegen, Valentin Weigel

Nikolaus von der Flüe
Düsseldorf, 1962

Maler der Ewigen
Artemis, Zürich, 1951
Grünewald, Michelangelo, El Greco, Rembrandt

436

Philipp Neri, der Spaßvogel Gottes, Sokrates in der Soutane
Herderbücherei 576, Freiburg, 1976

Des Pilgers Wiederkehr
Artemis, Zürich, 1954
John Bunyan, Benedikt Labre, der russische Strannik

Prophetische Denker
Artemis, Zürich, 1957
John Henry Newman, Sören Kierkegaard, Fjedor Dostojewski, Friedrich Nietzsche

Der verborgene Glanz
Walter Verlag, Olten, 1974
Bruder Ägidius, Bruder Klaus, Bruder Lorenz, Bruder Konrad, Matthias Claudius, Joh. Christoph Blumenthal

Vom Geheimnis der Mönche
Artemis, Zürich, 1953
Antonius der Einsiedler, Pachomius, Basilius, Augustin, Benedikt, Bruno, Bernhard v. Clairvaux, Franziskus, Dominikus, Theresa v. Avila, Ignatius v. Loyola

Vom beispielhaften Leben
Walter Verlag, Olten, 1978
Johannes von Gott, Thomas Morus, Feodossij von Kiew, St. Ulrich, Heinrich Seuse, Sergius von Radonesch, Seraphim von Sarow, Maximilian Kolbe, Edith Stein

Von Heiligen und Gottesnarren
Herderbücherei Nr. 79, 1960 / Artemis, Zürich, 1956
Benedikt von Nursia, Franziskus, Philipp Neri, Dostojewskis Idiot

Was bleiben soll, zehn biografische Meditationen
Walter Verlag, Olten, 1974
Hermann Kutter, Albert Schweitzer, Georges Bernanos, Josef Orabuena, Julien Green, Romano Guardini, Peter Wust, Reinhold Schneider, Martin Buber, Leo Schestow

Große Unheilige
Walter Verlag, Olten
König Saul, Judas Ischariot, Heloise, Kaiser Friedrich II., Michael Bakunin, Charles Baudelaire, Friedrich Nietzsche

Heilige des
19. und 20.
Jahrh.

Heilige und religiöse Gestalten der letzten 100 Jahre
Victor Conzemius; Propheten und Vorläufer, Wegbereiter des neuzeit-
lichen Katholizismus
Benziger, Einsiedeln, 1972
Daniel O'Connell, Félicité de Lamennais, Antonio Rosminij, Charles
Forbes de Montalembert, Ignaz v. Döllinger, Adolf Kolping, Antoine
Chevrier, Lord Acton, Lambert Beauduin, Paul Courturier, Marius
Besson, Matthias Laros, John La Farge, Ronald Knox, Vincent Lebbe,
Franz Jägerstätter, Robert Schumann, Jean Ploussard, Josef Cardijn,
Madelaine Delbràèl

Aretz, Morsey, Rauscher; Zeitgeschichte in Lebensbildern, 3 Bände
Grünewald, Mainz

Aus dem Katholizismus des 19. und 20. Jahrhunderts
Band 1, 1973, 20. Jahrhundert
Kardinal Kopp, Julius Bachem, Graf Hetting, Franz Hitze, Peter Spahn,
Karl Trimborn, Karl Muth, Matthias Erzberger, Felix Prosch, Hedwig
Dransfeld, Konstantin Fehrenbach, Heinrich Brauns, Josef Wirth, Wil-
helm Marx, Adam Stegerwald, Heinrich Held, Joseph Joos, Heinrich
Brüning, Ludwig Kaas, Kardinal Bertram, Romano Guardini

Band 2, 1975
Bernhard Letterhaus, Edith Stein, Kardinal v. Galen, Friedrich
Muckermann, Ildefons Herwegen, Franz v. Papen, Kardinal Preysing,
Kardinal Faulhaber, Waldemar Gurian, Karl Arnold, Jacob Kaiser, Gu-
stav Gundlach, Georg Schreiber, Konrad Adenauer, Christine Teusch

Band 3, 1979
Franz v. Baader, Joseph Görres, Adolf Kolping, Franziska Chervier,
Ludwig Windthorst, Josef Edmund Jörg, Franz Brandts, Elisabeth
Knanke-Kühne, Wilhelm Hohoff, Heinrich Pesch, Josef Mausbach,
Josef Heß, Bernhard Otte, Otto Müller, Maria Schmitz, Helene Weber,
Götz Briefs, Hans Globke, Kardinal Döpfner

Lehrer des geistlichen Lebens, Ein Sammelband bietet einen Überblick über die wichtigsten Lehrer der christilchen Spiritualität:

Geistliche
Lehrer

Sudbrack, Josef; Walsch, James; Große Gestalten christlicher Spiritualität, Echter Verlag, Würzburg, 1969
Origines, Augustinus, Johannes Chrysostomos, Johannes Kassian, Benedikt v.Nursia, Venantius Fortunatus, Johannes Scotus Eriugena, Rupert
v.Deutz, Bernhard v.Clairvaux, Hildegard v.Bingen, Guigo Angelicus,
Franz v.Assisi, Bonaventura, Johannes Reusbroec, Johannes Tauler,

Brigitta v.Schweden, Nikolaus v. Kues, Ignatius v. Loyola, Alphons Rodriguez, Johannes vom Kreuz, Franz v. Sales, Maria v.d. Menschwerdung, Caussade, Johann Michael Sailer, Hermann Schell, Charles de Foucauld, Edith Stein

Im Buchhandel lieferbare Biografien finden sich im: Verzeichnis der lieferbaren Bücher, Verlag der Buchhändlervereinigung jeweils unter dem Namen des Heiligen ("mager" gedruckt)

Bavaria Sancta, Zeugen christlichen Glaubens in Bayern, 3 Bände, hrsg. von Georg Schwaiger, Pustet, Regensburg, 1970-1973

Namenskunde, Brauchtum   Brauchtum
Reclams Namensbuch, Die wichtigsten deutschen und fremden Vornamen mit ihren Ableitungen und Bedeutungen, hrsg. von Theo Herrle, Stuttgart, 11/1970

Senger, Basilius; 2000 Vornamen - Ihre Deutung und ihre Patrone mit dem neuen Heiligenkalender, Laumann Verlag, Dülmen, 1986, 216 S.

Handbuch des deutschen Aberglaubens, hrsg von Hanns Bächtold-Stäubli, 9 Bände und ein Registerband, Berlin, Leipzig, 1927-1942 Fundgrube für alle Fragen des Brauchtums bis in seine regionalen Ausfaltungen und Verschiedenheiten. Wissenschaftlich sauber gearbeitet.

Wörterbuch der deutschen Volkskunde
Kröners Taschenbuchausgabe Band 127, Stuttgart 1955
Kleines Nachschlagewerk

Darstellungen in der Kunst   Kunst
Bibliotheka Sanctorum, 12 Bände mit zahlreichen Abbildungen, Rom 1961-69

Lexikon der christlichen Ikonografie, Heilige: Bände V-VIII
Umfassendes wissenschaftliches Sammelwerk, das die Darstellungen auch nach ihrem Ort nachweist. Wichtiges Nachschlagewerk, um Darstellungen ausfindig zu machen.

Reclams Lexikon der Heiligen und biblischen Gestalten, Legende und Darstellung in der bildenden Kunst
Stuttgart, 1970
Als Kunstführer angelegt, um das Verständnis der christlichen Ikonografie zu erleichtern. Hinweise auf einzelne Kunstwerke, das Brauchtum wird kurz erwähnt. Hinweise auf einzelne Werke.

zu 4.5   *Marienfeste*

Beinert, W./Petri, H.; Handbuch der Marienkunde, Regensburg, 1984,
1100 Seiten

Marienlexikon, hrsg. von Institutum Marianum, Regensburg, 4 Bde,
1988ff

Geschichte der Marienverehrung

Graef, Hilda; Maria, Eine Geschichte der Lehre und Verehrung
Herder, Freiburg, 1964, 426 Seiten
Das Buch geht von einzelnen Theologen und Gebeten aus, gibt kurze
Überblicke über die Frömmigkeit einer Epoche, bietet viele Materialien
und Zitate und spiegelt so die Vielfalt der Marienverehrung.

Delius, Walter; Geschichte der Marienverehrung
E. Reinhardt, München, Basel, 1963
Der evangelische Autor legt eine kritische Darstellung vor und behandelt
ausführlich die Standpunkte der Reformatoren.

Laurentin, René; Die marianische Frage
Herder, Freiburg, 1965, 186 Seiten
Eine kritische Auseinandersetzung mit der marianischen Bewegung und
den Übertreibungen der Marienverehrung.

500 Jahre Rosenkranz, 1475, Köln, 1975
Kunst und Frömmigkeit im Spätmittelalter und ihr Weiterleben.
Erzbischöfliches Diözesanmuseum, Köln
Katalog zu einer Ausstellung, der umfangreiches Material über die
Frömmigkeit des Spätmittelalters enthält und die verschiedenen Ent-
wicklungsphasen, die zum Rosenkranzgebet führten, darstellt.

Theologische Aussagen über Maria

Maria, Die Gestalt der Mutter Jesu in jüdischer und christlicher Sicht
Herder, Freiburg, 1985, 105 Seiten
Ein jüdischer, ein katholischer und ein evangelischer Autor beschreiben
aus ihrer Sicht die Person Maria. Dies wird ergänzt durch mittelalterliche
Darstellungen des Marienlebens.

Ratzinger, Joseph; Die Tochter Sion
Johannes Verlag, Einsiedeln, 1977, 83 Seiten
Ausgehend von dem Bild der Frau im Alten Testament werden die
theologischen Aussagen über Maria entwickelt.

440

Auszug:

Noch eine Bemerkung zum Schluß. Lukas erzählt in der Geschichte von dem Besuch Marias bei Elisabeth, daß Johannes beim Ertönen von Marias Grußwort "vor Freude hüpfte im Mutterschoß" (1,44). Er verwendet zum Ausdruck der Freude dasselbe Wort ....(hüpfen), das er auch als Ausdruck für die Freude derer eingesetzt hat, die von den Seligpreisungen getroffen sind (Lk 6,23). In einer der alten griechischen Übersetzungen des Alten Testaments kommt dieses Wort auch vor, wo der Tanz Davids vor der endlich heimgekehrten Bundeslade beschrieben wird (2 Sam 6,16; 16 Symmachus). Vielleicht hat Laurentin doch nicht völlig unrecht, wenn er die ganze Szene mit der Heimholung der Lade parallel gebaut findet, so daß das Hüpfen des Kindes die ekstatische Freude Davids angesichts der Bürgschaft von Gottes Nähe fortsetzen würde. Aber wie dem auch sei, etwas kommt hier zum Ausdruck, das uns in unserem kritischen Jahrhundert fast ganz abhanden gekommen ist und das doch von innen her zum Glauben gehört: Ihm ist die Freude über das Mensch gewordene Wort wesentlich, das Hüpfen vor der Bundeslade in dem selbstvergessenen Frohsinn dessen, der Gottes rettende Nähe erkannt hat. Nur wenn man dies versteht, kann man auch Marienverehrung begreifen: Sie ist über alle Probleme hinweg das Hingerissenwerden von der Freude darüber, daß es das wahre Israel unzerstörbar gibt; sie ist das glückselige Einschwingen in die Freude des Magnificat und damit Lobpreis dessen, dem sich die Tochter Zion verdankt und den sie trägt als die wahre, unverwesliche und unzerstörbare Lade des Bundes.

Boff, Leonardo; Ave Maria, Das Weibliche und der Heilige Geist Patmos, Düsseldorf, 1982

Meinhold, Peter; Maria in der Ökumene, Die Mutter Jesu im Neuen Testament, Steiner Verlag, Wiesbaden, 1978, 45 Seiten
Der evangelische Theologe legt ein Marienverständnis vor, das allein von den Aussagen des Neuen Testamentes ausgeht.

Thurian, Max; Maria, M. Grünewald, Mainz; J. Stauda, Kassel, 1967
Entlang den biblischen Texten entwickelt der evangelische Mönch von Taizé eine Mariologie, in die auch die Geschichte der kirchlichen Lehre über Maria eingearbeitet ist.

Müller, Alois; Glaubensrede über die Mutter Jesu, Versuch einer Mariologie in heutiger Perspektive, M. Grünewald, Mainz, 1980, 150 Seiten
Ausgehend von sprachphilosophischen Überlegungen werden die theologischen Aussagen über Maria erläutert.

Maria im Neuen Testament, Eine ökumenische Untersuchung, Übersetzung einer amerikanischen Studie, Kath. Bibelwerk, Stuttgart, 1981

Greely, Andrew; Maria, Über die weibliche Dimension Gottes
Styria, Graz, 1979, 255 Seiten
Der amerikanische Autor sucht von anthropologischen und religions-
geschichtlichen Ansätzen einen neuen Zugang zur Gestalt Marias. Dar-
stellungen der Kunst werden einbezogen. Gedichte und Gebete werden
zitiert. Einige Kapitelüberschriften: Der Aufstieg Marias, Madonna,
Jungfrau, Gemahlin, Pieta - die Frau als Spenderin und Zerstörerin des
Lebens.

Marienfest - Formen der Marienverehrung heute

Beinert, Wolfgang (Hrsg.); Maria heute ehren, Herder, Freiburg, 1977,
320 Seiten
In dem Buch werden von 10 Autoren theologische Aussagen über Maria
und Vorschläge für die Gestaltung der Marienverehrung gemacht. Das
Buch ist nur unter Vorbehalten empfehlenswert, es ist in Teilen oberflächlich gearbeitet und pflegt eine theologisch kirchliche Binnensprache.

Brems, Fraz J.; Marienwallfahrtsorte. Ein kulturgeschichtlicher Führer,
Pfeiffer, München 1994

Rovira, German (Hrsg.); Der Widerschein des Ewigen Lichtes, Mariener-
scheinungen und Gnadenbilder als Zeichen der Gotteskraft
Butzon & Bercker, Kevelaer, 1984
Analysen, theologische Reflexion und Bedeutung der Gnadenbilder und
Marienerscheinungen. Wissenschaftliches Werk des internationalen
Mariologischen Arbeitskreises.

Maria   ## Darstellungen der Kunst

Schiller, Gertrud; Ikonografie der christlichen Kunst, Band 4.2 Maria
Gütersloher Verlagshaus Gerd Mohn, Gütersloh, 1980

Lexikon der christlichen Ikonografie, Band 3 Maria, Marienbild,
Marienleben, Spalte 154-233, Herder, Freiburg, 1971

Grimme, Ernst Günther; Deutsche Madonnen, DuMont Buchverlag,
Köln, 1976 (nur Plastiken), 146 Abbildungen, 204 Seiten
Beschreibung der einzelnen Darstellungstypen und lexikalische Be-
schreibung einzelner Plastiken.

Maria, Königing des Himmels, Das große Marienbuch christlicher
Malerei und Ikonendarstellungen, Pattloch, Aschaffenburg 1983, 239 S.

442

Josef zu 4.6.1

Galot, Josef; Der heilige Josef
Paulus-Verlag, Freiburg, Schweiz

Johannes der Täufer zu 4.6.2

Becker, Jürgen; Johannes der Täufer und Jesus von Nazareth
Neunkirchener Verlag, Neunkirchen-Vluyn, 1973, 128 Seiten

In den biblischen Kommentaren (s.o. 1. -12 ff, S.402 ff) zu den
Stellen:

Gebet des Johannes	Lk 1,26-38, 57-80
Predigt des Johannes	Mt 3,1-13, Mk 1,2-8, Lk 3,7-17, Joh 1,19-23
Jesus läßt sich von Johannes taufen	Mt 3,13-17, Mk 1,9-11, Lk 3,21-22, Joh 1,29-34
Frage des Johannes an Jesus, Urteil Jesu über Johannes	Mt 11,2-19, Lk 7,18-35
Tod des Johannes	Mt 14,3-12, Mk 6,17-29, Lk 3,19-20

Brauchtum
Handwörterbuch des deutschen Aberglaubens, Band IV, Stichworte
Johannes der Täufer, Johannis Enthauptung, Johannisfeuer, Johannis-
kohle

Peter und Paul zu 4.6.3

Der Petrus der Bibel, Eine ökumenische Untersuchung, hrsg. von
Brown, Raymond E; Donfried, Karl P.; Reumann, John
aus dem Amerikanischen von E. Füßl
Calwer Verlag, Stuttgart; Katholischen Bibelwerk, Stuttgart, 1976,
255 Seiten

Guarducci, Margherita; Petrus, sein Tod - sein Grab, Chronik einer
Entdeckung, Pustet, Regensburg, 1976, 180 Seiten
Bericht über die archäologischen Funde in Rom, die Anhaltspunkte für
den Aufenthalt des Petrus in Rom geben.

Das Petrusamt in der gegenwärtigen Diskussion. hrsg. von Hans Mund
Schöningh, Paderborn, 1976, 101 Seiten

Cullmann, Oscar; Petrus
Theologischer Verlag, Zürich, 2/1960, 287 Seiten
Die Darstellung eines evangelischen Bibelwissenschaftlers, der allerdings dem katholischen Standpunkt sehr nahe kommt.

Bradfort, Ernle; Die Reisen des Paulus
dtv 1455, München, 1979

Perowne, Stuart; Die Reisen des Apostels Paulus
Herder, Freiburg, 5/1976, 144 Seiten

Bornkamm, Günther; Paulus
Urbaun Taschenbuch 19, Stuttgart, 12/1980, 216 Seiten
Eine knappe Darstellung der Theologie des Paulus.

Ben-Chorin, Schalom; Paulus, der Völkerapostel in jüdischer Sicht,
dtv 1550, München, 1980

Paulus, Apostat oder Apostel? Jüdische und christliche Antworten,
Beiträge von fünf Autoren
Pustet, Regensburg, 1976, 176 Seiten

zu 4.6.4   Michael

Sauser, Ekkhard; Heilige und Engel im Kirchenjahr, Besinnungen und
Anregungen
Pustet, Regensburg, 1979, 160 Seiten

Siegen, Johann; Der Erzengel Michael
Christiana Verlag, Stein a. Rhein, 2/1975, 104 Seiten

Handwörterbuch des deutschen Aberglaubens, Band VI, Stichwort
"Michael", Spalte 232-240

Mai, Paul/Popp, Marianne/Altmann, Lothar; Sankt Michael in Bayern
Schnell und Steiner Verlag, München, 1978, 190 Seiten

Tatic-Djuric, Mirjana; Das Bild der Engel
Bongers, Recklinghausen, 1962, 86 Seiten
Darstellung der Engel auf Ikonen

Nigg, Walter/Loose, Helmuth; Martin von Tours
Herder, Freiburg, 1978, 120 Seiten

Sulpicius Severus, Vita Sancti Martini
Die Biografie des Zeitgenossen des Heiligen liegt in keiner aktuellen
deutschen Übersetzung vor.
Kösel, München, 1914; Herder, Freiburg, 1940
In Bibliotheken finden sich jedoch sowohl Übersetzungen wie auch
Ausgaben des lateinischen Textes.

Vossen, Carl; Sankt Martin, sein Leben und Fortwirken in Gesinnung,
Brauchtum und Kunst, Düsseldorf ²1986

Handwörterbuch des deutschen Aberglaubens, Band V, Stichwort
"Martin", Spalte 1708-1720

Timmermanns, Felix; Sankt Nikolaus und die Kinder, Erzählungen
Arche, Zürich, 3/1967

Tschizewskij, Dmitrij; Der heilige Nikolaus,
Kleine Ikonenbücherei Band 4,
Bongers, Recklinghausen, 2/1957, 80 Seiten

Handwörterbuch des deutschen Aberglaubens, Band VI, Spalte 1086-
1107

Ideentage - Zwecksonntage zu 5.

Weltfriedenstag *zu 5.1*

Dienst am Frieden, Stellungnahmen der Päpste, des II. Vatikanischen Konzils und der Bischofssynode von 1963-1980, Nr. 23 der Verlautbarungen des apostolischen Stuhls

Sekretariat der Deutschen Bischofskonferenz, Kaiserstr. 163, 53113 Bonn 1, Tel.: 02 28 / 10 30

Von der Pressestelle des Sekretariat wie auch von
Pax Christi - Internationale Katholische Friedensbewegung, Windmühlstr. 2, 6000 Frankfurt/M 1
können Unterlagen zum Weltfriedenstag angefordert werden.

Gebetswochen *zu 5.2*

Gebetswoche für die Einheit der Christen zu 5.2.1

Einen Überblick über die Ökumene und die Geschichte der ökumenischen Bewegung sowie Literaturhinweise finden sich in:
Heyer, Friedrich; Konfessionskunde
W. de Gruyter, Berlin, New York, 1977

Fahlbusch, Erwin; Kirchenkunde der Gegenwart
Kohlhammer, Stuttgart, 1979, 288 Seiten

Rouse, Ruth/Neill Stephen; Geschichte der ökumenischen Bewegung 1517-1948, 2 Bände
Vandenhoeck & Ruprecht, Göttingen, 1963, 1973

Fey, Harold (Hrsg.); Geschichte der ökumenischen Bewegung 1948-1968
Vandenhoeck & Ruprecht, Göttingen, 1974

Lengsfeld, Peter (Hrsg.); Ökumenische Theologie, Ein Arbeitsbuch
Kohlhammer, Stuttgart, 1980, 508 Seiten

Dokumente wachsender Übereinstimmung, sämtliche Berichte und Konsenstexte interkonfessioneller Gespräche auf Weltebene 1931-1982
Paderborn, Frankfurt, 1983

Adressen:

Arbeitsgemeinschaft der christlichen Kirchen in der Bundesrepublik
Deutschland, Friedrichstr. 2-6, 6000 Frankfurt/Main,
Tel.: 0 69 / 7 15 91

Konfessionskundliches Institut (evangelisch), Eifelstr. 35,
6140 Bensheim, Tel.: 0 62 51 / 3 80 00

Johann Adam Möhler Institut für Ökumenik (katholisch),
Leostr. 19 a, 4790 Paderborn, Tel.: 0 52 51 / 2 46 44

zu 5.2.2   Weltgebetstag der Frauen

Ein Freitag im März, Weltgebets-Taschenbuch, Burchardthaus-Laetar,
Klens ²1986

zu 5.3   *Welttag der geistlichen Berufe*

Klostermann, Ferdinand; Die pastoralen Dienste heute, Priester und
Laien im pastoralen Dienst, Situation und Bewältigung
Pustet, Regensburg, 1980, 360 Seiten

Informationsmaterial kann angefordert werden bei:
Informationszentrum "Berufe der Kirche", Arbeitsstelle der Deutschen
Bischofskonferenz, Schoferstr. 1, 7800 Freiburg i. Brg.,
Tel.: 07 61 / 3 32 66

In den einzelnen Diözesanverwaltungen gibt es jeweils Referate für
"Berufe der Kirche".

zu 5.4   *Welttag der sozialen Kommunikationsmittel*

Eine kirchliche Theorie und Praxis der Massenmedien findet sich in

Pastoralinstruktion "Communio et Progressio" über die Instrumente der
sozialen Kommunikation, Lateinischer Text, Übersetzung und Kommentar von Hans Wagner, Paulinus Verlag, Trier, 1971, 304 Seiten

Kirche und Publizistik, Dreizehn Kommentare zu "Communio et Progressio" mit dem deutschen Originaltext, hrsg. von Franz Eilers u.a. Schöningh, Paderborn, 1973, 198 Seiten

Medien-
sonntag

Materialien zum Welttag der sozialen Kommunikationsmittel gibt heraus:
Zentralstelle Medien der Deutschen Bischofskonferenz, Referat Kommunikationspädagogik, Kaiserstr. 163, 53113 Bonn, Tel.: 0228/103240

Stellungnahmen der Kirche zu Medienfragen können ebenfalls bei der Zentralstelle angefordert werden.

Über die kirchlichen Medien informieren:

Presse: Arbeitsgemeinschaft Katholische Presse,
         Friedensstr. 30, 5205 St. Augustin 1,
         Tel.: 0 22 41 / 2 62 07

Film: Arbeitsgemeinschaft der AV-Medienzentrale,
         Referat Film/AV Medien der Zentralstelle Medien,
         Kaiserstr. 163, 53113 Bonn

Kirchliche Hörfunk- und Fernseharbeit:
         Arbeitsgemeinschaft Katholischer Hörfunk- und
         Fernseharbeit in der Bundesrepublik Deutschland
         und Berlin-West, Referat Hörfunk/Fernsehen der
         Zentralstelle Medien (Adresse s.o.)

Medienerziehung:
         Referat Kommunikationspädagogik der Zentralstelle
         Medien (Adresse s.o.)

Sonntag der Weltmission   *zu 5.5*

Eine Analyse sowie Perspektiven der kirchlichen Missionsarbeit finden sich in

Bühlmann, Walbert; Wo der Glaube lebt, Einblicke in die Lage der Weltkirche, Herder, Freiburg, 1974

ders., Weltkirche, Neue Dimensionen für das Jahr 2001, Styria, Graz, 1984

Adressen:

Missio - Internationales Katholisches Missionswerk, Goethestr. 43,
52064 Aachen, Tel.: 02 41 / 75 07 00

Missio - Internationales Katholisches Missionswerk, Ludwig-Missions-
Verein, Pettenkoferstr. 26-28, 80336 München , Tel.: 0 89 / 5 16 20

Beide Einrichtungen geben Materialien, auch Fotos, zum Missionssonntag
heraus und stehen mit ihrem Referat Öffentlichkeitsarbeit ständig für
Informationen zur Verfügung.

Feste der Gemeinde zu 6.

Fährmann, Willi; Gemeinde mit Herz, Feste, Veranstaltungen und Aktionen, Echter, Tyrolia, Würzburg, 1974, 126 Seiten

Fährmann, Elisabeth und Willi; Kinderfeste im Kirchenjahr, Echter, Tyrolia, Würzburg, 1974, 127 Seiten

Kirchweihtag - Patronatsfest *zu 6.1*

Adam, Adolf; Das Kirchenjahr mitfeiern
Herder, Freiburg, 1979, S. 152-154

Erstkommunion *zu 6.2*

Für die Vorbereitung auf die Erstkommunion und die Feier des Gottesdienstes gibt es eine Vielzahl von Arbeitsmappen und Büchern. Die Pfarrer verfügen in der Regel über diese Materialien.

Firmung *zu 6.4*

Wie für die Erstkommunion gibt es auch für die Firmung eine Vielzahl von Arbeitsmappen.

Kleinheyer, Bruno; Die Feiern der Eingliederung in die Kirche, Taufe und Firmung, Regensburg 1989

Gemeindewallfahrt *zu 6.8*

s. 8.1. Literatur zum Kapitel "Wallfahrten" S. 459

zu 6.9   *Primiz*

Ordination und kirchliches Amt; hrsg. von Reinhard Mumm
Veröffentlichung des ökumenischen Arbeitskreises evangelischer und
katholischer Theologen; Bonifacius Druckerei, Paderborn; Luther Verlag, Bielefeld, 1976, 176 Seiten

Ordination und Beauftragung; in: Gottesdienst der Kirche, Band 8,
Regensburg 1984

Mitten in der Gemeinde, Werkbuch zur Vorbereitung und Gestaltung
von Priesterweihe, Primiz und anderen Tagen des Priestertums der
Kirche; Herausgeber: Arbeitsstelle des Päpstlichen Werkes für geistliche Berufe in Deutschland, Don Bosco, München, 1968, 352 Seiten

Feste des einzelnen und der Familie

zu 7.

Boff, Leonardo; Kleine Sakramentenlehre
Patmos, Düsseldorf, 1976, 120 Seiten
Das Buch zeigt an alltäglichen Beispielen, daß wir Dingen eine sakramentale Bedeutung zuerkennen. Aus diesen Überlegungen heraus wird die Auffassung der religiösen Sakramente, wie sie das Christentum entwickelt hat, dargestellt.

4. Kapitel: Das Sakrament des Brotes
Dann und wann wird bei uns zu Hause Brot gebacken. In einer großen Stadt mit ...zig Bäckereien und dazu noch in einer Etagenwohnung ist das immerhin bemerkenswert. Da gibt sich jemand dem Luxus hin, Brot zu backen. Das wäre doch nun wirklich nicht nötig. Aber das Brot ist ja auch nicht dazu bestimmt, nur den Hunger zu stillen. Denn Brotbacken spielt sich ab nach den Regeln eines alten Ritus. Es entspringt einem fundamentaleren Bedürfnis als dem, satt zu werden. Im Brotbacken wird nämlich eine archetypische Geste wiederholt. Der primitive Mensch wiederholte eine Reihe von Gesten, von Urgesten, mittels derer er sich in eine Vereinigung mit dem Ursprung der Dinge und dem verborgenen Sinn des Kosmos begab. So auch hier: Es wird ein Gestus wiederholt, der voll menschlicher Sinngebung steckt, die die unmittelbaren Bedürfnisse übersteigt.

Heutzutage wird unser Brot im engen Backofen eines Gasherdes gebacken, nicht mehr wie früher in einem gewaltigen Backofen aus Ziegelsteinen. Das Brot wird - lange - mit der Hand geknetet. Ohne Anstrengung geht's nicht, wenn man etwas zu kneten hat. Wenn das Brot schließlich fertig ist, wird es unter die zahlreichen Geschwister aufgeteilt, die jetzt schon außer Hause sind und selbst schon wieder Familie und Kinder haben. Allen schmeckt das Brot großartig: "Das ist Mamas Brot." Unser Brot hat etwas ganz Besonderes an sich, das das namen- und geschichtslose Brot aus der Bäckerei des Portugiesen an der Ecke oder aus dem Supermarkt in der Stadtmitte nicht zu bieten imstande ist. Worin besteht dieses bestimmte Etwas unseres Brotes? Weshalb wird das Brot unter allen Familienmitgliedern aufgeteilt? -: weil es ein sakramentales Brot ist. Obwohl Weizenmehl und Zutaten, aus denen es zubereitet wird, sich in nichts von jedwedem anderen Brot unterscheiden, ist unser Brot dennoch anders. Es ist anders, weil es eine andere menschliche Wirklichkeit anklingen läßt, die in dem von Mama gebackenen Brot zugegen ist. Denn Mama - als Witwe mit weißem Haar - versteht sich auf Urgesten des Lebens und weiß damit auch um den tieferen Sinn, den jedes Ding im Leben einer Familie in sich birgt.

Dieses Brot erweckt die Erinnerung an eine Vergangenheit, in der es noch jede Woche unter großen Mühen gebacken wurde. Elf Mäuler waren wir, die wie Vogeljungen in ihrem Nest auf Mutters Brot warteten. In der Frühe stand sie auf, die allmählich zum Symbol für die mulier fortis und magna mater wurde. Sie schüttete einen großen Berg von schneeweißem Weizenmehl auf, gab Hefe hinzu und schlug viele Eier in

453

Brot und
Eucharistie

Mehl und Hefe. Manchmal fügte sie auch Süßkartoffeln hinzu. Dann vermengte sie alles mit ihren starken Armen und kraftvollen Händen, bis daß ein schön gleichmäßiger Teig entstand. Darüber streute sie ein wenig gröberes Maismehl. Schließlich wurde das Ganze mit einem riesigen Tuch zugedeckt.

Wenn wir aufstanden, lag auf dem Tuch schon ein ganz beachtlicher Teigberg. Wir, die Kleinen, hoben vorsichtig das Tuch an, um nach dem bauschigen und lockeren Teig zu spähen. Heimlich naschten wir mit dem Zeigefinger ein Stückchen von dem Teig, das wir dann auf dem heißen Blech des Holz-Backofens backten. Und dann die Geschichte mit dem Feuer im Backofen: Dazu wär nämlich viel Brennholz nötig. Immer wieder gab es Streitereien. Wer war heute an der Reihe, Holz zu holen? Wenn dann aber das frische Brot fertig war, freuten sich alle zusammen, und Mutters Augen leuchteten in ihrem schweißüberströmten Gesicht, das sie mit der weißen Schürze abwischte.

Wie bei einem Ritual bekamen alle ein Stück. Dabei wurde das Brot nie geschnitten - bis heute -, sondern stets gebrochen. Vielleicht sollte damit an den erinnert werden, der am Brotbrechen erkannt wurde (vgl. Lk 24, 30,35). Das Brot, dessen Teig unter Mühen gemengt, dessen Aufgehen erwartungsvoll beobachtet und das im Schweiß des Angesichts gebacken und mit Freuden gegessen wird, ist ein Grundsymbol des Lebens. Jedesmal, wenn Papa auf Reisen war, erwartete Mama ihn mit einem großen Backofen voll Brot. Und wenn er zurückkam, freute er sich - wie wir Kinder - über das frische Brot, das wir mit Käse oder italienischer Salami aßen. Dazu gab es ein gutes Glas Wein. Niemand freute sich mehr als er über dieses einfache Dasein und über die großzügige Genügsamkeit dieser ursprünglichen Nahrungsmittel der Menschheit. Wenn jetzt das Brot in einer Etagenwohnung gebacken und unter die Geschwister verteilt wird, dann soll damit diese Geste von früher in Erinnerung gerufen werden. Freilich weiß keines von den Geschwistern um diese Absicht. Nur das Unbewußte und die Tiefenstrukturen des Lebens wissen darum. Das Brot bringt in den Bereich der bewußten Erinnerung, was in den Tiefen des Unbewußten unserer Familie verborgen liegt. Es kann immer wieder verlebendigt und jeweils neu belebt werden. Wir Geschwister halten Mutters Brot für das beste der Welt, nicht weil es nach irgendeiner Geheimformel hergestellt würde, mit der clevere Geschäftsleute riesige Gewinne machen, sondern weil es ein archetypisches und sakramentales Brot ist. Als Sakrament läßt es einen jeden von uns am Leben der Geschwister teilnehmen. Als solches spricht es das Herz an, nährt den Geist des Lebens und steckt voller Sinn, der durch die Materialität des Brotes hindurchscheint und transparent wird.

Schneider, Theodor; Zeichen der Nähe Gottes, Grundriß einer Sakramententheologie
M. Grünewald, Mainz, 1979, 322 Seiten
Eine fachtheologische Darstellung der katholischen Lehre von den Sakramenten.

Zulehner, Paul M.; Übergänge zum Leben
Kyrios Verlag, Meitingen, Fresing, 1980, 279 Seiten
Taufe, Firmung, Ehe, Tod

Zulehner, Paul M.; Heirat, Geburt, Tod
Herder, Wien, 1978

Taufe *zu 7.1*

Für die Spendung der Taufe gibt es eigene Textbücher.

Die Feier der Eingliederung Erwachsener in die Kirche
Herder, Freiburg, 1975, 270 Seiten

Die Feier der Kindertaufe
Herder, Freiburg, 1971

Kleinheyer, Bruno; Die Feiern der Eingliederung in die Kirche, Taufe
und Firmung, Band z'7.1 des Handbuches "Gottesdienst der Kirche",
Regensburg 1989

Taufe - theologisch gesehen

Barth, Gerhard; Die Taufe in frühchristlicher Zeit
Neunkirchener Verlag, Neunkirchen-Vluyn, 1981, 151 Seiten
Die biblische Tauflehre, die Ergebnisse der Bibelwissenschaft werden
knapp zusammengefaßt.

Stenzel, Alois; Die Taufe, Eine genetische Erklärung der Taufliturgie
Verlag Felizian Rauch, Innsbruck, 1958, 319 Seiten
Eine Darstellung der christlichen Tauffeier im Verlauf der Jahrhunder-
te.

Ratschow, Carl Heinz; Die eine christliche Taufe
Gütersloher Verlagshaus G. Mohn, Gütersloh 2/1979, 279 Seiten
Eine Darstellung der christlichen Tauftheologie eines evangelischen
Theologen.

Taufe, Eucharistie und Amt, Konvergenzerklärung (Lima Dokument);
in: Dokumente wachsender Übereinstimmung, Paderborn, Frankfurt,
1983, s. 549-556

Grethlein, Christian; Taufpraxis heute. Praktisch-theologische Überlegungen zu einer theologisch verantworteten Gestaltung der Taufpraxis
im Raum der EKD; Gütersloher Verlagshaus, Gütersloh 1991

Taufe   Jorissen, Ingrid/Meyer, Hans B.; Die Taufe der Kinder
             Tyrolia, Innsbruck, 1975

             Huber, Max; Taufgespräche
             Pustet, Regensburg, 1976, 96 Seiten

             Stelzer, Karl; Unser Kind wird getauft, Zur Vorbereitung der Eltern
             Rex, Luzern, Stuttgart, 1974, 101 Seiten

zu 7.2   Erstkommunion

s. 6.2. und 3.6. Gründonnerstag 401

zu 7.4   Firmung

s. 6.3. S. 451

zu 7.5   Versöhnung

Zigenaus, Anton; Umkehr, Versöhnung, Friede
Herder, Freiburg, 1975, 324 Seiten
Es wird u.a. die Geschichte der kirchlichen Bußpraxis dargestellt.

Nikolasch, Franz; Die Feier der Buße, Theologie und Liturgie
Echter Verlag, Würzburg, 1974, 108 Seiten

Pastorale Handreichung für den pastoralen Dienst; Hrsg. Konferenz
der deutschsprachigen Pastoraltheologen
Buße und Bußsakrament in der heutigen Kirche
Grünewald, Mainz, 3/1970, 44 Seiten

Feifel, E. (Hrsg.); Buße, Bußsakrament, Bußpraxis
Don Bosco, München, 1975, 152 Seiten

Tölg, Hans; Hinführung der Kinder zum Bußsakrament
Knecht, Frankfurt, 1980, 96 Seiten

Eheschließung *zu 7.6*

Gemeinsame Synode der Bistümer der Bundesrepublik Deutschland
Beschlüsse der Vollversammlung; Abschnitt: Christlich gelebte Ehe
und Familie
Herder, Freiburg, 1976, S. 411-457
Der Text der Synode gibt das heutige katholische Eheverständnis
wieder, das auch von vielen Katholiken in dieser Formulierung mitgetragen wird.

Kasper, Walter; Zur Theologie der christlichen Ehe
Grünewald, Mainz, 1977, 95 Seiten

Emeis, Dieter; Die Ehe christlich leben, Anregungen
Herder, Freiburg, 1980, 128 Seiten

Gottesdienst der Kirche. Handbuch der Liturgiewissenschaft, Bd. 8,
Riten um Ehe und Familie, Regenburg 1989

Richter, Klemens/Plock, Heinrich/Probst, Manfred; Die kirchliche
Trauung
Herder, Freiburg, 1979, 175 Seiten

Reich, Werner; Vor Gott in Liebe vereint
Echter Verlag, Würzburg, 1982

Seuffert, Josef; Einander anvertraut
Grünewald, Mainz, 1981

Diakonats-, Priester- und Bischofsweihe *zu 7.8*

Congar, Yves; Priester und Laien
Herder, Freiburg, 1965

Schwere Krankheit, Tod *zu 7.9*

Die Feier der Krankensakramente
Herder, Freiburg, 1980, 176 Seiten

Engelke, Ernst; Sterbenskranke und die Kirche
Kaiser, München, Grünewald, Mainz, 1980, 196 Seiten

Jorissen, Ingrid/Meyer, Hans B.; Über Krankheit und Alter und das
Sakrament der Krankensalbung
Tyrolia, Innsbruck, 1974, 108 Seiten

Heilssorge für die Kranken und Hilfen zur Erneuerung eines miß-
verstandenen Sakraments; Hrsg. von M. Probst, K. Richter
Herder, Freiburg, 1975, 158 Seiten

Gottesdienst der Kirche. Handbuch der Liturgiewissenschaft; Feier der
Krankensalbung, Teil 7.2, Regensburg 1992

Stary, Otmar; Wir können dem Sterbenden helfen
Styria, Graz, 1976

zu 7.10 *Begräbnis*

Die kirchliche Begräbnisfeier in den katholischen Bistümern des deutschen Sprachgebietes
Herder, Freiburg, 1980, 200 Seiten

Zeichen der Hoffnung in Tod und Trauer, Ein Werkbuch für die
pastoralliturgische Praxis; Hrsg. von K. Richter, M. Probst, H. Plock
Herder, Freiburg, 1975, 176 Seiten

Berger, Placidus; Religiöses Brauchtum im Umkreis der Sterbeliturgie
in Deutschland, Münster 1966

Waldenfels, Hans (Hg.); Ein Leben nach dem Tod? Die Antwort der
Religionen, Düsseldorf 1988

Wallfahrten

Artikel Wallfahrt im Lexikon für Theologie und Kirche
Faktenreicher Überblick über die christliche Wallfahrt seit den Zeiten
der alten Kirche.

Kolb, Karl; Große Wallfahrten in Europa; Würzburg, 1976

Hansen, Susanne; Die deutschen Wallfahrtsorte, Ein Kunst- und
Kulturführer, Pattloch, Augsburg ²1991

Donner, Herbert; Pilgerfahrt ins Heilige Land, Die ältesten Berichte
christlicher Palestinapilger (4. - 7. Jahrhundert), Stuttgart, 1979

Itinerarim Egeriae (Peregrinato Aetheriae). Hrsg. von Otto Prinz,
Winter, Heidelberg ⁵1960

Hell, Vera/Hell, Helmut; Die große Wallfahrt des Mittelalters; Kunst an
den romanischen Pilgerstraßen durch Frankreich und Spanien nach
Santiago de Compostela; Tübingen, 1979

Fink, Humbert; Auf Pilgerstraßen durch Europa
List Verlag, München, 1980, 384 Seiten
Subjektiv geschriebene Berichte über die einzelnen Wallfahrtsorte mit
ausführlicher Darstellung der Geschichte des Ortes, 30 Wallfahrtsorte
u.a. Santiago de Compostela, Lourdes, Altötting, Die Wies, St. Wolfgang, Gargano, Mont Saint Michel

Lanczkowski, Günter; Die Heilige Reise, Auf den Wegen von Göttern
und Menschen
Herder, Freiburg, 1983, 253 Seiten
Schutzmächte der Reise, Brückenheilige, Bildstöcke, Mythen,
Himmelsreisen, Todesfahrten

Läpple, Alfred; Deutschland, deine Wallfahrtsorte
Pattloch, Aschaffenburg, 1983

zu 8.2   **Tourismus**

Bleistein, Roman; Freizeit wofür? Christliche Antwort auf eine Herausforderung der Zeit
Echter Verlag, Würzburg, 1978, 156 Seiten

Bleistein, Roman; Tourismus - Pastoral, Situationen, Probleme, Modelle
Echter Verlag, Würzburg, 1973, 272 Seiten

Eicher, Peter; Der Herr gibt's den Seinen im Schlaf
Kösel, München, 1980, 111 Seiten

Heilige und Gedenktage - alphabetisch

12.5. Achilleus
20.6. Adalbert v. Magdeburg
23.4. Adalbert v. Prag
25.12. Adam und Eva
30.1. Adelgundis
16.12. Adelheid
5.2.   Adelheid (Elke) v. Vilich
28.8. Adelind
25.2. Adeltrud
4.12. Adolf Kolping
13.2. Adolf v. Tecklenburg
17.9. Adriadne (Ariane)
7.8.   Afra
5.2.   Agatha
1.9.   Ägidius (Egid)
11.11. Agnes v. Bayern
2.3.   Agnes v. Böhmen
21.1. Agnes v. Rom
21.6. Alban v. Mainz
14.11. Alberich
15.11. Albert d. Gr.
24.11. Albert v. Lüttich
1.3.   Albin v. Angers
22.6. Albin v. Rom
10.7. Alexander
3.5.   Alexander I., Papst
17.7. Alexius v. Edessa
1.8.   Alfons Maria v. Liguori
28.10. Alfred
2.2.   Alfred Delp
8.12. Alfrida (Frieda)
19.5. Alkuin
1.11. Allerheiligen
2.11. Allerseelen
12.3. Almud
21.6. Aloysius Gonzaga
15.8. Altfried v. Hildesheim
9.2.   Alto
26.5. Alwin
30.8. Amadeus
30.3. Amadeus v. Savoyen
21.11. Amalberg (Amalie)

26.10. Amandus
13.9. Amatus
7.12. Ambrosius
5.1.   Ämiliana (Emilie)
22.5. Ämilius (Emil)
25.12. Anastasia v. Sirmium
30.11. Andreas/Apostel
27.1. Angela v. Merici
5.5.   Angelus
26.7. Anna
5.12. Anno
21.4. Anselm v. Canterbury
3.2.   Ansgar
15.7. Answer
13.3. Answin (Oswin)
26.6. Anthelm
6.5.   Antonia
17.1. Antonius von Ägypten
24.10. Antonius Maria Claret
5.7.   Antonius Maria Zaccaria
13.6. Antonius v. Padua
23.7. Apollonaris v. Ravenna
18.4. Apollonius
21.7. Arbogast
2.6.   Armin
24.1. Arno v. Salzburg
13.7. Arno v. Würzburg
18.7. Arnold
15.1. Arnold Janssen
1.5.   Arnold v. Hiltensweiler
18.7. Arnulf
19.7. Arsenius v. Ägypten
1.11. Arthur
10.8. Asteria (Asta, Astrid)
2.5.   Athanasius d. Gr.
5.12. Attala v. Straßburg
5.10. Attila
27.5. Augustinus v. Canterbury
28.8. Augustinus v. Hippo
13.10. Aurelia
15.10. Aurelia v. Regensburg

21.8.	Balduin	15.7.	Bonaventura
6.1.	Balthasar	5.6.	Bonifatius (Winfrid)
4.12.	Barbara	7.5.	Boris v. Bulgarien
10.6.	Bardo	16.5.	Brendan
11.6.	Barnabas	1.2.	Brigida (Brigitta)
24.8.	Bartholomäus/Apostel	23.7.	Brigitta
2.1.	Basilius d. Gr.	10.12.	Bruno
17.6.	Batho v. Andechs	6.10.	Bruno d. Kartäuser
8.4.	Beate v. Ribnitz	11.10.	Bruno v. Köln
29.8.	Beatrix v. Aa	9.3.	Bruno v. Querfurt
17.1.	Beatrix v. Cappenberg	27.5.	Bruno v. Würzburg
12.3.	Beatrix v. Engelport	18.5.	Burkhard
30.7.	Beatrix v. Rom	14.10.	Burkhard v. Würzburg
9.5.	Beatus		
28.7.	Beatus v. Trier	22.11.	Cäcilia (Silke)
25.5.	Beda	16.7.	Carmen
25.1.	Bekehrung des Apostels Paulus	4.6.	Christa
21.3.	Benedikt	14.5.	Christian v. Galatien
16.4.	Benedikt Josef Labre	4.2.	Christian v. Himmerod
11.2.	Benedikt v. Aniane	21.3.	Christian v. Köln
11.7.	Benedikt v. Nursia	4.12.	Christian v. Oliva
20.6.	Benigna	15.12.	Christiane v. Georgien
17.2.	Benignus	24.7.	Christina v. Bolsena
31.3.	Benjamin	6.11.	Christine v. Stommeln
3.8.	Benno v. Einsiedeln	24.7.	Christophorus
16.6.	Benno v. Meißen	20.3.	Claudia
16.4.	Bernadette Soubirous	20.3.	Claudia
15.6.	Bernhard v. Aosta	6.6.	Claudius
15.7.	Bernhard v. Baden	10.5.	Comgall
20.8.	Bernhard v. Clairvaux	16.9.	Cyprian
20.7.	Bernhard v. Hildesheim	8.8.	Cyriacus
20.5.	Bernhardin v. Siena	14.2.	Cyrill
20.11.	Bernward	27.6.	Cyrill v. Alexandrien
28.11.	Berta v. Bingen	18.3.	Cyrill v. Jerusalem
4.7.	Berta v. Blangy		
5.11.	Berthild	24.5.	Dagmar
27.7.	Bertold v. Garsten	23.12.	Dagobert
14.12.	Bertold v. Regensburg	11.12.	Damasus
6.6.	Bertram (Bertrona)	26.9.	Damian
2.12.	Bibiana	21.7.	Daniel
18.5.	Blandine v. Merten	25.10.	Daria
1.12.	Blanka (Bianca)	29.12.	David
3.2.	Blasius	11.12.	David v. Himmerod
2.2.	Bodo	1.3.	David v. Wales

21.9. Debora	20.11. Edmund v. Ostanglius
9.10. Denis	5.1. Eduard
23.5. Desiderius v. Vienne	13.10. Eduard
8.5. Désiré	18.3. Eduard v. England
23.11. Detlev	12.10. Edwin
10.6 Diana	24.4. Egbert v. Irland
11.2. Dietbert	25.11. Egbert v. Münsterschwarzach
8.2. Dietgrim	20.12. Eido (Eico)
10.12. Diethard	14.3. Einhard
30.1. Diethild	13.2. Ekkehard
22.1. Dietlinde	28.6. Ekkehard v. Huysburg
5.3. Dietmar v. Minden	25.6. Eleonore v. England
17.5. Dietmar v. Neumünster	20.5. Elfriede
2.1. Dietmar v. Prag	24.3. Elias
12.12. Dietrich v. Kremsmünster	4.7. Elisabeth v. Portugal
7.9. Dietrich v. Metz	19.6. Elisabeth v. Schönau
2.2. Dietrich v. Minden	19.11. Elisabeth v. Thüringen
27.9. Dietrich v. Naumburg	31.10. Elisabeth v. Ungarn
16.12. Dietrich v. Rommersdorf	5.2. Elke v. Vilich
29.4. Dietrich v. Thoreida	28.8. Elmar
26.2. Dionysius v. Augsburg	25.8. Elvira
9.10. Dionysius v. Paris	16.7. Elvira v. Öhren
5.8. Dominika	1.10. Emanuel (Manuel)
8.8. Dominikus	30.10. Emicho v. Mallersdorf
15.7. Donald	22.5. Emil
17.7. Donata	5.1. Emilie
30.6. Donatus	3.12. Emma v. Lesum
7.8. Donatus v. Besancon	22.9. Emmeran
25.6. Dorothea	5.11. Emmerich
6.2. Dorothea v. Kappadozien	10.4. Engelbert v. Admont
15.2. Druthmar v. Corvey	7.11. Engelbert v. Köln
	8.6. Engelbert v. Schäftlarn
22.6. Eberhard v. Biburg	29.8. Enthauptung Johannes' des Täufers
14.8. Eberhard v. Einsiedeln	
25.3. Eberhard v. Nellenburg	9.6. Ephräm d. Syrer
17.4. Eberhard v. Obermarchtal	2.6. Erasmus
9.1. Eberhard v. Schäftlarn	28.5. Erbin (Erwin)
1.7. Eckhart v. Scheida	21.5. Erentrid
23.6. Edeltraud (Ortrud)	30.6. Erentrud
8.7. Edgar	8.1. Erhard
10.9. Edgar v. Friesland	18.5. Erich
9.8. Edith Stein	10.7. Erich v. Schweden
16.9. Edith v. Wilton	29.10. Ermelind
16.11. Edmund v. Abingdon	13.2. Ermenhild (Irmhild)

463

25.4. Ermin (Erwin)	3.3. Friedrich v. Hallum
7.10. Ernst v. Neresheim	8.5. Friedrich v. Hirsau
30.6. Ernst v. Prag	29.11.Friedrich v. Regensburg
7.11. Ernst v. Zwiefalten	18.7. Friedrich v. Utrecht
14.4. Ernstine (Erna) v. Bayern	27.3. Frowin
24.5. Esther	5.6. Fulger
9.12. Eucharius	
27.2. Euderius v. Maastricht	29.9. Gabriel
2.6. Eugen	16.10.Gallus
25.12.Eugenia	17.1. Gamalbert
26.9. Eugenia v. Odilienberg	3.4. Gandolf v. Binasco
9.12. Eulalia	11.5. Gangolf
31.1 Eusebius d. Einsiedler	26.11.Gebhard v. Konstanz
2.8 Eusebius v. Vercelli	15.6. Gebhard v. Salzburg
20.9 Eustachius v. Rom	15.9. Gedächtnis der Schmerzen
25.12.Eva	Mariens
3.10. Ewald	3.1. Genovefa
	23.4. Georg
20.1. Fabian/Märtyrer/Papst	7.12. Gerald
27.12.Fabiola	24.7. Gerburg
7.3. Felicitas	10.10.Gereon
23.11.Felicitas v. Rom	12.9. Gerfried v. Münster
30.12.Felix I./Papst	29.1. Gerhard
11.9. Felix und Regula v. Zürich	7.12. Gerhard
18.5. Felix v. Cantalice	24.9. Gerhard v. Cdanád
12.7. Felix v. Lodi	23.4. Gerhard v. Toul
26.3. Felix v. Trier	23.9. Gerhild
7.3. Felizitas	10.6. Gerlach v. Obermarchtal
30.5. Ferdinand	3.12. Gerlinde
24.4. Fidelis v. Sigmaringen	21.2. Germanus
12.3. Fina	28.5. Germanus
29.7. Flora	31.7. Germanus v. Auxerre
24.11.Flora	7.5. Gernot (Notker)
4.5. Florian	27.6. Gernot v. Reichersberg
17.11.Florin	19.4. Gerold
17.2. Franz Regis	13.8. Gerold
4.10. Franz v. Assisi	10.4. Gerold v. Großwalsertal
2.4. Franz v. Paola	7.10. Gerold v. Köln
24.1. Franz v. Sales	13.8. Gertrud v. Altenberg
3.12. Franz Xaver	17.11.Gertrud v. Helfta
14.12.Franziska Schervier	17.3. Gertrud v. Nivelles
9.3. Franziska v. Rom	6.8. Gilbert v. Maria Laach
6.3. Fridolin	4.2. Gilbert v. Sempringham
19.4. Friedrich v. Altzelle	13.2. Gisela

7.5.	Gisela	14.6.	Hartwig v. Salzburg
8.6.	Giselbert v. Cappenberg	16.10.	Hedwig
5.5.	Godehard (Gotthard)	17.7.	Hedwig v. Polen
8.11.	Gottfried v. Amiens	14.1.	Heilika v. Köln (Helga)
14.3	Gottfried	30.4.	Heimo v. Verdun
12.10.	Gottfried v. Arnstein	13.7.	Heinrich II. und Kunigunde
13.1.	Gottfried v. Cappenberg	23.1.	Heinrich Seuse
6.2.	Gottfried v. Hirsau	10.6.	Heinrich v. Bozen
7.6.	Gottlieb	15.5.	Heinrich v. Ebrantshausen
14.6.	Gottschalk	19.1.	Heinrich v. Staufen
9.2.	Gottschalk v. Siloe	18.8.	Helena
7.6.	Götz	2.2.	Helena
21.8.	Gratia	26.4.	Helene
3.9.	Gregor d. Gr.	7.5.	Helga
11.2.	Gregor II., Papst	29.3.	Helmstan (Helmut)
8.11.	Gregor v. Einsiedeln	31.5.	Helmtrud (Hiltrud)
2.1.	Gregor v. Nazianz	12.2.	Helmward (Helmut)
9.3.	Gregor v. Nyssa	31.1.	Hemma
26.8.	Gregor v. Pfalzel (v. Utrecht)	27.6.	Hemma v. Gurk
25.5.	Gregor VII./Papst	19.4.	Hemma v. Paderborn
1.10.	Griselbert v. Zusmarshausen	9.11.	Herfrid
17.8.	Guda (Jutta)	16.3.	Heribert
8.1.	Gudula (Guda, Gudrun)	25.5.	Heribert v. Knechtsteden
12.9.	Guido (Wido) v. Anderlecht	30.8.	Heribert v. Köln
31.3.	Guido v. Pomposa	25.4.	Hermann v. Baden
2.8.	Gundekas	6.8.	Hermann v. Cappenberg
28.3.	Gundelind	24.9.	Hermann v. Reichenau
6.9.	Gundolf	3.1.	Hermine
6.5.	Gundula	21.5.	Herrmann Josef
9.10.	Gunther	12.4.	Herta v. Rom
28.11.	Gunther v. Melk	19.4.	Herula v. Bernried
8.10.	Gunther v. Regensburg	30.9.	Hieronymus
28.3.	Guntram	8.2.	Hieronymus Ämiliani
10.3.	Gustav v. Schweden	13.1.	Hilarius
		5.5.	Hilarius v. Ars
8.9.	Hadrian	17.11.	Hilda v. Whitby
9.7.	Hagilolf (Agilolf)	12.1.	Hilde v. Salzburg
27.3.	Haimo v. Halberstadt	17.9.	Hildegard v. Bingen
24.12.	Hanno v. Worms	6.2.	Hildegund v. Meer
27.6.	Harald	14.10.	Hildegund v. Münchaurach
13.4.	Hardward v. Minden	20.4.	Hildegund v. Schönau
12.12.	Hartmann	8.8.	Hildiger (Hilger)
23.1.	Hartmut	27.9.	Hiltrud v. Lissies
5.12.	Hartwich (Hartwig, Hedwig)	17.11.	Hiltrud v. Rupertsberg

13.8. Hippolyt
3.11. Hubert
28.4. Hugo v. Cluny
1.4. Hugo v. Grenoble
20.8. Hugo v. Tennenbach
30.4. Hulda (Hilda)
4.3. Humbert
15.4. Hunna

13.4. Ida v. Boulogne
9.9. Ida v. Herzfeld
24.2. Ida v. Hohenfels
26.11.Ida v. Köln
3.11. Ida v. Toggenburg
17.10.Ignatius v. Antiochien
31.7. Ignatius v. Loyola
19.9. Igor
28.3. Ingbert
22.10.Ingbert
30.7. Ingeborg
2.9. Ingrid
12.3. Innozens I
28.7. Innozenz
28.6. Irenäus
1.4. Irene
4.9. Iris
24.2. Irmengard v. Baden
16.7. Irmengard v. Chiemsee
19.2. Irmgard v. Aspel
3.10. Irmgard v. Baindt
4.9. Irmgard v. Süchteln
20.3. Irmgard, Kaiserin
3.1. Irmina (Hermine)
21.10.Irmtrud
29.4. Irmtrud v. Hasnon
29.5. Irmtrud v. Millendonk
19.10.Isaak Jogues
22.2. Isabella v. Frankreich
15.5. Isidor
4.4. Isidor v. Sevilla
24.8. Isolde
13.1. Ivette (Jutta)
19.5. Ivo
23.12.Ivo v. Chartres

25.7. Jakobus d. Ä./Apostel
19.9. Januarius
19.10.Jean de Brébeuf
30.5. Jeanne d'Arc
26.7. Joachim und Anna
13.12.Jodok
7.4. Johann Baptist de la Salle
5.1. Johann N. Neumann
12.12.Johanna Franziska v. Chantal
27.12.Johannes
23.10.Johannes v. Kapestrano
31.1. Johannes Bosco
27.5. Johannes Calvin
13.9. Johannes Chrysostomus
24.6. Johannes der Täufer
8.11. Johannes Duns Scotus
19.8. Johannes Eudes
18.5. Johannes I./Papst
9.10. Johannes Leonardi
4.8. Johannes Maria Vianney (Pfarrer v. Ars)
16.5. Johannes Nepomuk
10.3. Johannes Ogilvie
4.12. Johannes v. Damaskus
8.3. Johannes v. Gott
23.12.Johannes v. Krakau
14.12.Johannes v. Kreuz
22.6. John Fisher
29.11.Jolanda
17.12.Jolanda v. Vianden
21.9. Jona(s)
12.11.Josaphat v. Polozk
19.3. Josef
1.5. Josef v. Arabien
25.8. Josef v. Calasanza
28.10.Judas Thaddäus (Apostel)
6.9. Judith
13.3. Judith (Jutta) v. Ringelheim
22.5. Julia v. Karthago
16.9. Julia v. Öhren
9.2. Julian
27.1. Julian v. Le Mans
5.4. Juliana v. Lüttich

26.3. Ludger	15.9. Maria, Gedächtnis der Schmerzen Mariens
15.9. Ludmilla	
29.3. Ludolf v. Ratzeburg	7.10. Rosenkranzfest
13.8. Ludolf v. Evreux	8.12. Maria, Unbefleckte Empfängnis
25.8. Ludwig IX. König	
25.10. Ludwig v. Arnstein	5.9. Maria Theresia
3.4. Luidbirg	22.12 Marian
24.7. Luise v. Savoyen	17.7. Marina
16.6. Luitgard v. Tongern	19.1. Marius
16.10. Luitgard v. Wittichen	4.1. Marius (Maro)
1.11. Luitpold	25.4. Markus
18.10. Lukas	18.6. Markus und Marcellianus
13.12. Luzia	29.7. Martha
2.12. Luzius	27.2. Martin Butzer
3.8. Lydia	13.4. Martin I., Papst
	18.2. Martin Luther
6.9. Magnus	3.11. Martin v. Porres
28.1. Manfred	11.11. Martin v. Tours
1.10. Manuel	30.1. Martina
11.9. Marbel v. Rennes	30.1. Mary Ward
16.1. Marcellus I	2.6. Marzellinus (Marcel)
20.7. Margareta (Margit, Margot) v. Antiochien	14.9. Maternus v. Köln
	14.3. Mathilde
16.10. Margareta Maria Alacoque	21.9. Matthäus/Apostel
27.8. Margareta v. Bayern	24.2. Matthias
29.10. Margareta v. Sponheim	22.9. Mauritius (Moritz)
16.11. Margarete v. Schottland	15.1. Maurus
6.7. Maria Goretti	14.8. Maximilian Kolbe
2.2. Maria K. Kaspar	12.10. Maximilian v. Pongau
22.7. Maria Magdalena	29.5. Maximin
25.5. Maria Magdalena v. Pazzi	31.5. Mechthild v. Dießen
2.2. Maria Stollenwerk	6.3. Mechthild v. Hochsal
	18.8. Mechthild v. Magdeburg
Marienfeste	26.2. Mechthild v. Sponheim
1.1. Hochfest der Gottesmutter Maria	8.6. Medardus v. Noyon
	14.8. Meinhard
2.2. Maria Lichtmeß	26.9. Meinhard
2.7. Mariä Heimsuchung	5.10. Meinolf
15.8. Mariä Aufnahme in den Himmel	21.1. Meinrad von der Reichenau
22.8. Maria Königin	31.12. Melanie
8.9. Mariä Geburt	6.1. Melchior
12.9. Maria Namen (Mirjam, Marion)	27.2. Merkward v. Prüm
	19.11. Methild v. Hackeborn
	14.2. Methodius

29.9. Michael	14.5. Pachomius
13.7. Mildred	12.5. Pankratius
6.11. Modesta	27.7. Pantaleon
27.11.Modestus	17.3. Patrick
27.8. Monika	6.2. Paul Miki
	19.10.Paul v. Kreuz
1.12. Natalie	26.1. Paula
27.7. Natalie v. Cordoba	13.3. Paulina
12.5. Nereus	30.4. Pauline v. Mallinckrodt
15.4. Nidgar	11.1. Paulinus v. Aquileja
5.12. Niels Stensen	22.6. Paulinus v. Nola
25.9. Nikolaus v. Flüe	31.8. Paulinus v. Trier
6.12. Nikolaus v. Myra	29.6. Paulus
10.9. Nikolaus v. Tolentius	10.1. Paulus v. Theben
6.6. Norbert	7.3. Perpetua
26.1. Notburga v. Bühl	29.6. Petrus und Paulus
14.9. Notburga v. Eben	30.7. Petrus Chrysologus
13.9. Notburga von Hochhausen	21.2. Petrus Damiani
7.5. Notker (Gernot)	1.8. Petrus Faber
6.4. Notker der Stammler	27.4. Petrus Kanisius
	29.6. Petrus und Paulus, Apostel
23.10.Oda (Uta) v. Amay	22.2. Petrus - Kathedra Petri
27.11.Oda (Uta) v. Brabant	2.6. Petrus, röm. Märtyrer
20.4. Odette	26.5. Philipp Neri
18.7. Odilia	3.5. Philippus und Jakobus, Apostel
13.12.Odilia v. Elsaß	11.8. Philomenia
18.1. Odilo v. Bayern	22.11.Philemon
3.1. Odilo v. Cluny	28.4. Pierre Chanel
19.6. Odo v. Cambrai	3.11. Pirmin
18.11.Odo v. Cluny	30.4. Pius V./ Papst
10.7. Olaf v. Norwegen	21.8. Piux X./Papst
11.7. Olga	23.2. Polykarp
5.3. Oliva (Olivia)	13.8. Pontianus
11.7. Oliver	18.1. Priska v. Rom
23.6. Ortrud	
5.8 Oswald	30.4. Quirin v. Neuß
29.2 Oswald v. York	16.6. Quirin v. Tegernsee
13.3. Oswin	11.10.Quirinus
16.11.Otmar v. St. Gallen	
9.9. Ottmar	4.2. Rabanus Maurus
30.6. Otto v. Bamberg	11.7. Rachel
23.2. Otto v. Cappenberg	12.8. Radegund
7.9. Otto v. Freising	13.8. Radegundis
26.2. Ottokar	29.9. Rafael

3.7.	Raimundus Lullus	17.4	Rudolf v. Bern
7.1.	Raimund v. Penafort	6.11.	Rudolf v. Büren
17.6.	Rainer v. Pisa	4.1.	Rüdiger
23.3.	Rebekka	1.11.	Rupert Mayer
18.1.	Regina	24.9.	Rupert und Virgil v. Salzburg
22.8.	Regina	15.5.	Rupert v. Bingen
7.9.	Regina v. Burgund	4.3.	Rupert v. Deutz
13.10.	Reginbald	15.8.	Rupert v. Ottobeuren
5.12.	Reginhard	1.9.	Ruth
11.6.	Reinbert (Rumbert)	28.5.	Ruthard
14.1.	Reiner v. Arnsberg		
11.4.	Reiner v. Osnabrück	29.8.	Sabine v. Rom
7.3.	Reinhard v. Reinhausen	22.10.	Salome
6.2.	Reinhild v. Aldeneyck	28.7.	Samson
30.5.	Reinhild v. Westerkappeln	20.8.	Samuel
7.1.	Reinold v. Köln	13.7.	Sara
2.10.	Remigius	9.10.	Sara
22.5.	Renate	10.2.	Scholastika
6.10.	Renatus (René)	2.10.	Schutzengel
7.2.	Richard aus Wessex	19.8.	Sebald
21.12.	Richard v. Adwerth	20.1.	Sebastian
30.12.	Richard v. Arnsberg	7.10.	Sergius
18.9.	Richardis	13.5.	Servatius
23.8.	Richildis	23.10.	Severin v. Köln
26.12.	Richlind	8.1.	Severin v. Norikum
22.5.	Rita	9.10.	Sibylle
17.9.	Robert Bellarmin	17.2.	Sieben Gründer des Serviten-
7.6.	Robert v. Newminster		ordens
16.8.	Rochus	22.8.	Siegfried v. Wearmouth
4.1.	Roger (Rüdiger) v. Elan	15.2.	Sigfrid (Sigurd) v. Schweden
1.3.	Roger v. Bourges	11.7.	Sigisbert
15.9.	Roland	2.5.	Sigismund
14.7.	Roland v. Chézery	24.7.	Siglinde
9.11.	Roland v. Hasnon	7.1.	Sigrid
28.2.	Roman	5.5.	Sigrid
15.1.	Romedius v. Thaur	28.2.	Silvana
19.6.	Romuald	31.12.	Silvester
20.8.	Ronald	3.11.	Silvia
23.8.	Rosa v. Lima	8.10.	Simeon
4.9.	Rosa v. Viterbo	1.6.	Simeon v. Trier
30.4.	Rosamunde	18.2.	Simon
7.10.	Rosenkranzfest	28.10.	Simon u. Judas Thaddäus/Apo-
11.3.	Rosine		stel
5.9.	Roswitha v. Gandersheim	15.5.	Sophia (Sonja)

3.9. Sophia v. Minden
13.11. Stanislaus Kostka
11.4. Stanislaus v. Krakau
16.8. Stephan v. Ungarn
26.12. Stephanus
17.12. Sturmius
11.8. Susanna
4.9. Swidbert (Sven)

12.1 Tanja
11.12. Tassilo
12.1. Tatiana (Tanja)
29.12. Thamar (Tamara)
25.7. Thea
23.9. Thekla
15.10. Thekla
16.1. Theobald
30.6. Theobald v. Provins
11.2. Theobert (Dietbert)
21.5. Theobald v. Vienne
22.1. Theodelinde (Dietlinde)
1.7. Theoderich
19.9. Theodor v. Canterbury
9.11. Theodor v. Euchaita
16.8. Theodor v. Martigny
29.8. Theodora
24.6. Theodulf
9.5. Theresia Gerhardinger
15.10. Theresia v. Avila
1.10. Theresia v. Lisieux
8.2. Thiatgrim
3.7. Thomas/Apostel
29.12. Thomas Becket
22.6. Thomas More
28.1. Thomas v. Aquin
25.7. Thomas v. Kempten
16.1. Tillo (Tillmann)
26.1. Timotheus
26.1 Titus
3.3 Tobias
13.9. Tobias
26.4. Trudpert
23.3. Turibio v. Lima

3.10. Udo
4.7. Ulrich v. Augsburg
14.7. Ulrich v. Zell
28.12. Unschuldige Kinder
25.5. Urban I
19.12. Urban/Papst
30.9. Urs
21.10. Ursula v. Köln
20.1. Ursula v. Villingen

7.1. Valentin v. Rhätien
14.2. Valentin v. Terni
20.5. Valeria
4.5. Valeria v. Lorch
29.1. Valerius v. Trier
2.4. Valéry
24.1. Vera
22.7. Verena (Elvira)
1.9. Verena v. Zurzach
25.3. Verkündigung des Herrn
4.2. Veronika
21.9. Versöhnungstag (jüd.)
30.9. Viktor v. Solothurn
10.10. Viktor v. Xanten
23.12. Viktoria v. Rom
5.4. Vinzenz Ferrer
22.1. Vinzenz Pallotti
27.9. Vinzenz v. Paul
22.1. Vinzenz v. Saragossa
3.5. Viola
20.10 Vitalis
15.6. Vitus (Veit)
24.9. Virgil v. Salzburg
7.3. Volker v. Segeberg
9.5 Volkmar

2.4 Walarich (Valéry)
25.2. Walburga v. Heidenheim
22.1. Walter v. Birbeck
17.5 Walter v. Mondsee
8.4 Walter v. Rebais
22.7. Walter v. Lodi
9.4. Waltraud
20.10. Wendelin

28.9. Wenzel
14.8. Werenfrid
4.6. Werner v. Ellerbach
19.4. Werner v. Oberwesel
4.7. Werner v. Wiblingen
1.10. Werner v. Wilten
24.4. Wilfried v. York
28.3. Wilhelm
6.4. Wilhelm v. Aebelholt
28.5. Wilhelm v. Aquitanien
10.1. Wilhelm v. Bourges
10.2. Wilhelm v. Brabant
1.1. Wilhelm v. Dijon
5.7. Wilhelm v. Hirsau
20.4. Wilhelm v. Windberg
8.11. Willehad v. Bremen
4.5 Willerich v. Bremen
7.7 Willibald
7.11 Willibrord

23.2 Willigis v. Mainz
6.1. Wiltrud v. Bergen
30.7. Wiltrud v. Hohenwart
21.5. Wiltrud v. Ardel
1.2. Winand
5.6. Winfried
31.10. Wolfgang
27.10. Wolfhard
22.4. Wolfhelm
8.5. Wolfhild
1.2. Wolfhold v. Hohenwart
20.3. Wolfram v. Sens
25.1. Wolfram v. Wadgassen
18.12. Wunibald
7.2. Wunna

15.3. Zacharias
12.4. Zeno
27.4. Zita
2.5. Zol

Stichwortverzeichnis